本书受西南财经大学"中央高校基本科研业务费专项资金资助",即2016年专著出版与后期资助项目"体制转型背景下的中国民间公共组织发展"(项目编号:JBK160804)和2014年重大基础理论研究后续资助项目"使市场在资源配置中起决定性作用和更好发挥政府作用研究"(项目编号:16CX141115)

体制转型背景下的
中国民间公共组织发展

公共物品的第三种供给主体研究

杨海涛 著

北京大学出版社
PEKING UNIVERSITY PRESS

图书在版编目(CIP)数据

体制转型背景下的中国民间公共组织发展：公共物品的第三种供给主体研究/杨海涛著．—北京：北京大学出版社，2016.11
ISBN 978-7-301-27678-5

Ⅰ．①体⋯　Ⅱ．①杨⋯　Ⅲ．①社会团体—研究—中国　Ⅳ．①C232

中国版本图书馆 CIP 数据核字(2016)第 267631 号

书　　　名	体制转型背景下的中国民间公共组织发展 ——公共物品的第三种供给主体研究 TIZHI ZHUANXING BEIJING XIA DE ZHONGGUO MINJIAN GONGGONG ZUZHI FAZHAN
著作责任者	杨海涛　著
责 任 编 辑	郝小楠
标 准 书 号	ISBN 978-7-301-27678-5
出 版 发 行	北京大学出版社
地　　　址	北京市海淀区成府路 205 号　100871
网　　　址	http://www.pup.cn
电 子 信 箱	em@pup.cn　QQ:552063295
新 浪 微 博	@北京大学出版社　@北京大学出版社经管图书
电　　　话	邮购部 62752015　发行部 62750672　编辑部 62752926
印 刷 者	北京中科印刷有限公司
经 销 者	新华书店 720 毫米×1020 毫米　16 开本　22 印张　348 千字 2016 年 11 月第 1 版　2016 年 11 月第 1 次印刷
定　　　价	68.00 元

未经许可，不得以任何方式复制或抄袭本书之部分或全部内容。
版权所有，侵权必究
举报电话：010-62752024　电子信箱：fd@pup.pku.edu.cn
图书如有印装质量问题，请与出版部联系，电话：010-62756370

序

《体制转型背景下的中国民间公共组织发展——公共物品的第三种供给主体研究》是一本可读性较强的著作，也是一项具有深厚学术基础的创新性成果。其学术价值在于：

（1）对公共物品理论进行了两方面扩展：一是从公共物品供求矛盾的现象层面，深入到现象背后的经济主体行为层面，解释公共物品供求矛盾的深层原因。特别是重点分析了供给机制方面，提出从组织角度来思考对公共物品供给效率的改善措施。二是借鉴关于公共物品的各种经典定义，将"社会风险"纳入到公共物品的分析范围，拓展了公共物品的研究范围。

（2）初步构建了关于中国民间公共组织发展的基本分析框架。在这个基本分析框架的基础上，对民间公共组织命题感兴趣的研究者能够进行更加深入的研究分析，获得更加丰富的理论研究成果。

（3）在梳理了关于中国民间公共组织的大量事实资料的基础上，强调两项重要因素：一是空间条件方面，中国地域内发生的各种事实具有中国特征；二是时间条件方面，中国社会变革的现实场景具有转型特征。这些研究成果具有拓展性和创新性，对于丰富和推进符合中国实际的公共组织理论具有重要意义。

同时，本书做到了理论与实践的契合，具有重要的应用价值。在中国社会经济体制转型的背景下，社会阶层分化现象日益严重，不同社会群体之间的利益冲突日益尖锐。针对这种现实情况，中央政府提出了"构建和谐社会"的发展目标。正是在这种历史场景中，本书将"社会风险"纳入公共物品的分析范围，探索民间公共组织发展的路径，对于中国转型期社会有效减小社会风险和缓解社会矛盾具有重要实践价值，从而凸显中国民间公共组织命题的公共意义。

理论创新依赖于创新者的长期知识积累和学术历练。本书作者是一位从事现代经济学教学科研的青年教授,在公共物品和公共组织理论研究领域具有浓厚的研究兴趣和热情,他在该领域进行了多年研究积累,并在国家社科基金项目成果的基础上完成本书,为中国公共组织理论创新与实践应用做出积极贡献。全书结构合理,逻辑严密,行文严谨,表达流畅;在阅读本书的过程中,细致梳理的理论基础、缜密的逻辑论证、丰富的案例分析、翔实的资料、规范的注释,都能够让读者感悟到本书内在逻辑力量和作者严谨学术态度。

学术研究和理论创新是无止境的。正如作者所说,中国民间公共组织发展是一个宏大命题,本书无法在有限的时间和篇幅限制条件下,对每种民间公共组织类型进行多维度的深入具体分析。同时,中国全面深化改革实践和经济社会结构的不断变化,也给中国民间公共组织发展带来了许多新课题。在这种情况下,本书留下了一些未能完成的研究任务,例如,如何针对各种民间公共组织类型,进一步探究它们的现实发展障碍和未来发展方向等问题;如何结合社会热点问题,进一步探讨各种民间公共组织的运行机制和影响因素;如何继续完善关于民间公共组织的基本分析框架,通过问题分析的不断细化过程,从多角度来展示民间公共组织的现实图景,提炼出更具有理论价值的逻辑推理体系。当然,我相信作者在后续研究工作中将会有更多新收获,并衷心希望作者信守自己的承诺,在今后漫长的学术大道上继续努力前行,取得更多的创新成果!

是为序。

刘　灿
2016 年 4 月 12 日于光华园

前　言

在中国社会经济体制转型的历史背景中,"公共物品的供求矛盾"问题日益突出,深刻影响着社会公众的福利水平;同时,由于转型期中国社会的阶段性特征,社会阶层分化趋势日益明显,各种社会群体之间利益冲突日益尖锐,大规模群体性事件频发,严重影响着中国社会的稳定发展。

本书试图将"公共物品"和"和谐社会"两大命题结合起来,把"社会风险"纳入"公共物品"的分析范围,从"组织"角度探求改善公共物品供给效率的有效途径。通过合理发展民间公共组织,探求缓解社会矛盾和降低社会风险的有效途径,进而推动转型期中国社会朝着"和谐"目标发展。

一、主要研究内容

根据"问题导向"的研究思路,参照"凤头、猪肚、豹尾"的传统谋篇布局,本书主要内容的结构安排如下:① 通过理论梳理和转型期中国社会场景分析,阐明民间公共组织的理论意义和实践意义;② 通过对民间公共组织的四种典型组织形态进行案例分析,详细探究其发展路径和演进条件;③ 构建关于民间公共组织的一般化分析框架,提出政策建议,并由"经济意义"拓展到"社会意义"。

1. 第一部分:民间公共组织的理论逻辑和实践意义

(1)第1章梳理现有文献资料,从理论层面阐明民间公共组织发展的重要性。具体包括三部分:① 回顾"公共物品问题的学术渊源",强调"公共物品"的研究范围呈现出逐渐扩展的规律,即由"有形的物品和服务"到"无形的权利主张和利益诉求",再到"无形的社会价值观念认同";② 介绍关于"公共物品的供给机制"的各种经典观点,探求改善公共物品供给效率的可能途径;③ 基于"公共物品"的"组织含义",强调民间公共组织发展的理论意义。

(2) 第 2 章则将转型期中国社会设定为分析场景,从实践层面阐明民间公共组织发展的重要性。具体包括三部分:① 根据中国社会经济体制转型的历史进程和现实特征,说明目前民间公共组织发展的制度环境特殊性;② 通过分析公共物品的需求特征和供给机制,揭示转型期中国社会的公共物品供求矛盾;③ 基于现实场景中的利益主体多元化和社会矛盾多维性,强调转型期中国社会更需要关注"无形共同需求",应该依靠民间公共组织发展来营造和谐稳定的社会局面。

2. 第二部分:中国民间公共组织的历史演进:案例分析

根据产生原因的差异,本书将中国民间公共组织分为三种类型:① 生产协作组织,典型案例是"农村专业合作组织";② 利益诉求共同体,典型案例是代表劳动者集体利益的"工会"和代表资本控制者利益的"商会";③ 社会价值观念共同体,典型案例是"民间志愿组织"。

该部分是重点内容,即本书的第 3 章至第 6 章。针对中国民间公共组织的各种典型案例,借助历史分析和案例分析方法,探究其产生原因、形成机制、现实发展状况、未来发展方向。具体内容如下:

(1) 该种民间公共组织形态的国外起源和基本发展趋势。

(2) 在中国社会的历史场景中,该种民间公共组织形态的产生原因和历史演进过程。

(3) 在转型期中国社会的现实背景下,该种民间公共组织形态的现实特征及其深层次原因。

(4) 在中国社会发展的未来图景中,该种民间公共组织形态的发展方向。

特别需要说明的是,这里的"工会"不仅仅是政党组织的延伸;在现代中国社会的市场经济背景下,工会应当成为代表劳动者集体利益的社会组织,目前大量涌现的律师协会、注册会计师协会、出租车司机协会等民间组织,正在逐渐成为劳动者集体利益的重要代言人。

3. 第三部分:转型期中国民间公共组织的演进逻辑和未来发展格局

基于前文的典型案例分析和大量事实资料,第 7 章着眼于归纳中国民间公共组织发展的演变规律,构建关于"转型期中国民间公共组织"的一般化分析框架。主要包括三个层面:

(1) "中国民间公共组织的演进逻辑"梳理中国民间公共组织的共性特征,

根据上述四种典型组织的案例事实,从生成机制、动力机制、演进路径的角度,归纳中国民间公共组织发展的一般规律。

(2)"'政府—市场—社会'三维空间视野中的公共领域混合格局"描述中国民间公共组织发展的未来图景。在多维关系的社会网络结构中,重点讨论三种关系:① 民间公共组织与政府机构的关系;② 民间公共组织与市场企业的关系;③ 各种民间公共组织之间的关系。

(3)"组织变迁与社会制度演进"则将研究命题的理论意义进一步拓展,由"经济意义"拓展到"社会意义",强调民间公共组织发展对构建"和谐社会"的重要性。

二、基本观点

(1)针对不同类型的民间公共组织,政府机构将会采取不同态度。具体而言:① 对于"农村专业合作社"等经济类生产协作组织,政府机构采取积极扶持策略,在资金、技术、政策等方面给予支持;② 对于"工会"等代表"劳动者集体利益"的社会组织,政府机构采取引导支持策略,其目的是"维护社会稳定";③ 对于"商会"等代表"资本控制者利益"的社会组织,政府机构采取适度监管策略,其目的是"促进社会发展";④ 对于"民间志愿组织",政府机构采取"不反对、不支持"的策略,但如果该民间志愿组织具有较强烈的政治意图,则会受到政府机构的严格控制。

(2)针对"公共物品的供求矛盾"命题,民间公共组织具有重要作用:① 直接增加公共物品供给数量,利用民间公共组织的"自主治理"机制,提高公共物品供给效率;② 间接协助政府机构提供公共物品,通过增强民间公共组织的信息传递功能,改善政府机构提供公共物品的现实状况。

(3)针对"和谐社会"命题,民间公共组织是转型期中国社会的重要"润滑机制",其主要功能体现在:① 提供社会中介服务,满足由于社会分工细化导致的社会需求膨胀;② 缓解社会矛盾和减小社会风险,帮助政府机构妥善处理各种社会群体之间的利益冲突;③ 促进社会公益事业发展,改善中国社会的人文环境和社会氛围。

(4)发展民间公共组织,并不意味着政府机构的卸责。针对本课题的研究命题,在中国社会经济体制转型的背景下,政府机构的重要责任包括:① 政府机构仍然是公共物品的最重要供给主体，它控制着公共物品供给的绝大部分资源，根据"权责对等"的原则，政府机构必须承担提供公共物品的主要责任；② 政府机构应该重视民间公共组织的重要作用，利用民间力量和社会组织灵活性，提高公共物品的供给效率。

三、后续研究问题

由于"中国民间公共组织发展"是一个宏大命题，本书实在无法在有限时间和篇幅条件下，对每种民间公共组织类型进行多维度的深入具体分析。在这种情况下，本书的主要任务是借助典型组织的事实资料，构建关于"民间公共组织"的基本分析框架。针对该书未能完成的研究任务，作者准备在后续研究过程中重点开展三方面的研究工作：

（1）针对各种民间公共组织类型，进行深入而具体的分析。根据本书基本内容，后续研究将会重点分析四种民间公共组织：农村专业合作组织、工会、商会、民间志愿组织。基于民间公共组织的基本分析框架，作者将继续采用历史分析和案例分析结合的研究方法，依次详细探究各种民间公共组织的产生原因、形成机制、现实发展障碍、未来发展方向等问题。

（2）增加案例分析。在依次详细分析各种民间公共组织时，结合现实世界中的具体案例，探讨该种民间公共组织的运行机制和影响因素。结合社会热点问题，借助关于民间公共组织的基础理论，具体分析这些社会热点问题的深层次原因，探究该种民间公共组织的现实发展策略。

（3）在大量翔实资料和详细分析各种民间公共组织的基础上，或许在很多年后，我们将会重新回到这个起点，继续完善关于"民间公共组织"的基本分析框架。通过问题分析的不断细化过程，从多角度来展示"民间公共组织"的现实图景，提炼出更具有理论价值的逻辑推理体系。

杨海涛
2016 年夏于成都光华园

目 录

第1章 民间公共组织的社会起源和理论逻辑 ……………………（1）
 第一节 公共物品问题的学术渊源…………………………………（1）
 第二节 公共物品的供给机制………………………………………（9）
 第三节 公共物品的第三种供给主体：民间公共组织……………（15）

第2章 转型期中国社会的公共物品供求矛盾 ……………………（18）
 第一节 中国社会经济体制转型的历史场景………………………（18）
 第二节 转型期中国社会的公共物品供求矛盾……………………（25）
 第三节 转型期中国社会的公共物品概念拓展：无形公共需求 …（27）

第3章 生产协作组织的典型案例：农村专业合作组织 …………（32）
 第一节 农村专业合作组织发展的理论渊源和事实证据…………（32）
 第二节 中国农村合作组织的历史演进……………………………（46）
 第三节 转型期中国农村专业合作组织发展的现实困境…………（58）
 第四节 转型期中国农村专业合作组织的发展策略………………（67）

第4章 利益诉求共同体的典型案例Ⅰ：工会 ……………………（77）
 第一节 工会组织发展的世界经验…………………………………（78）
 第二节 中国工会组织的历史变迁…………………………………（92）
 第三节 体制转型背景下的中国工会现实特征……………………（107）
 第四节 中国工会发展的制度设计…………………………………（118）

第5章 利益诉求共同体的典型案例Ⅱ：商会 ……………………（132）
 第一节 英国行会的历史起源和组织演变…………………………（132）
 第二节 中国传统行会的历史变迁…………………………………（162）

第三节　当代中国商会的现实处境……………………………(184)
　　第四节　中国商会组织的未来发展……………………………(202)

第6章　社会价值观念共同体的典型案例：民间志愿组织…………(226)
　　第一节　全球志愿组织的发展趋势……………………………(227)
　　第二节　中国志愿组织发展的现实格局………………………(246)
　　第三节　中国民间志愿组织的现实困境………………………(262)
　　第四节　社会价值观念共享：中国民间志愿组织的未来发展趋势……(278)

第7章　中国民间公共组织的演进逻辑与未来发展格局……………(297)
　　第一节　中国民间公共组织的演进逻辑………………………(297)
　　第二节　"政府—市场—社会"三维空间视野中的公共领域混合
　　　　　　格局…………………………………………………………(311)
　　第三节　社会和谐：组织变迁与社会制度演进………………(322)

参考文献……………………………………………………………………(329)

后记…………………………………………………………………………(339)

第 1 章

民间公共组织的社会起源和理论逻辑

随着中国社会经济体制转型的不断推进,社会公众对公共物品的需求逐渐增加,但公共物品的供给效率问题却未能得到有效改善,公共物品的供求矛盾日益成为社会公众关注的焦点问题之一。针对真实世界的公共物品供求矛盾问题,探求中国体制转型条件下的公共物品的有效供给机制,构成了本书意图和作者长期关注的研究领域。

现实问题不是孤立的,梳理历史文献资料和学术传承渊源,将会凸显该研究命题的理论意义,这也是我们分析公共物品问题的理论起点。基于这种考虑,本章将从两个层面展开分析:① "公共物品问题的学术渊源",回顾各种公共物品理论的历史演变,特别强调对"公共物品"的范围界定;② "公共物品的供给机制",介绍不同学者从多角度提出的公共物品供给途径。

第一节 公共物品问题的学术渊源

"公共物品供给"是现代经济中的重要命题,对这个命题的任何理论分析都必须面对一个前置问题:什么是"公共物品"?事实上,学者们对该问题的答案构成了各种公共物品理论的分析基点,呈现出公共物品理论的演变进程。主要分为三个阶段:① 公共物品理论的古典经济学渊源;② 奥意学者和瑞典学派的财政观点;③ 现代公共物品理论。

一、公共物品理论的古典经济学渊源

在经济学理论的历史演变进程中,"公共物品"始终是学者们关注的重点问题之一。虽然"公共物品"概念提出的时间较晚,但经济理论中的"公共利益"思想却具有悠久历史,甚至可以追溯到18世纪的古典经济学理论时期。

1. 大卫·休谟:公共物品理论的思想萌芽

在传统经济学的视野中,"私人利益"是理论关注的重点,理论分析中的"物品"被锁定在"私人物品"范畴。然而,一些具有历史眼光和现实敏感性的学者注意到,如果全体社会公众都只关注私人利益,那就必然导致大量破坏社会公道的事情,从而引起社会混乱。为了维护社会公道和所有社会公众的私人利益,就需要两个重要条件:① 稳定的制度环境;② 服务于公共利益的物质条件。

作为政治经济学的理论先驱,大卫·休谟在1739年出版的《人性论》中提到:某些任务的完成对单个人来讲并无好处,但对整个社会却是有好处的,因而只能通过集体行动来执行。他认为,人们具有追逐私利的天然动机,更加关注自己利益和"小家庭"利益,而忽视"大家庭"利益。① 然而,从社会发展的整体角度来看,"公共利益"是维护"私人利益"的重要前提,因此必须借助各种力量来满足"公共利益",提供社会公众共同需要的制度环境和物质条件。事实上,虽然这种学术观点没有直接提出"公共物品"概念,但已经形成了公共物品理论的思想萌芽。

2. 亚当·斯密和穆勒:市场与政府

1776年亚当·斯密出版了传世巨著《国富论》,对自由主义经济思想和市场体系进行了充分论述。在分析市场与政府的关系时,斯密提出,政府具有三项职责:"第一,保护社会不受其他独立社会的侵犯;第二,尽可能保护社会任何成员不受任何成员的侵犯或压迫,即设立完全公正的司法机构;第三,建立和维护个人或小团体所不感兴趣投入的某些公共设施和公共机构。"② 由此可见,斯密不仅注意到"公共设施和公共机构"问题,而且强调通过政府部门来提供公共设施和公共机构,以维护公共利益。

---

① 约翰·伊特韦尔、默里·米尔盖特、彼得·纽曼,《新帕尔格雷夫经济学大辞典》(第三卷),经济科学出版社,1996,第1133页。
② 亚当·斯密,《国富论》,唐日松译,华夏出版社,2005,第494页。

其后,穆勒等古典经济学家在分析政府行为时,也经常触及公共物品和公共资源问题。虽然他们没有明确提出"公共物品"概念,但都以描述性语言探讨了公共物品的范围界定;在他们的理论文献中,"公共物品"包括国防、安全、司法、道路、桥梁、制度法律、基础教育等。更为重要的是,他们从政府职责角度,提出了关于公共物品的范围和供给方式的许多重要理念。

二、奥意学者和瑞典学派的财政观点

19世纪80年代以后,奥意学者和瑞典学派在分析市场与政府之间关系的基础上,将研究重点集中在政府机构的财政收支方面;他们将边际效用理论运用到财政领域,构建了"威克塞尔—林达尔模型"和"鲍温模型"。

1. 奥意学者对公共物品的分析

(1) 1890年马佐拉在《论财政科学》中分析了公共物品的价格形成机制。他认为,公共物品与私人物品存在差异,公共物品不能被分割使用,也难以排除不付费者。

(2) 奥地利的萨克斯则对"公共需求"进行细分,将之分为"个人的集体需要"和"集体需要";前者是某些利益集团的特殊利益需要,后者是全体社会公众的共同利益需要。

2. 瑞典学派对公共物品的分析

(1) 威克塞尔特别关注政治程序对公共物品供给效率的影响,强调通过民主政治决策来决定课税问题,并且指出政府不是利他主义者和全能者。

(2) 林达尔则对威克塞尔的思想进行模型化,以市场自愿交换方式来模拟公共物品配置过程,其理论模型与鲍温理论合称为"自愿交换理论";同时,他第一次正式使用了"公共物品"概念。

三、现代公共物品理论

现代公共物品理论开始于20世纪50年代,起点是萨缪尔森提出的"纯公共物品理论",随后引起马斯格雷夫、布坎南、斯蒂格利茨、奥斯特罗姆等人的学术兴趣,他们从不同角度对公共物品进行了深入研究。

(一) 萨缪尔森:纯公共物品理论

1954年萨缪尔森发表文章《公共支出的纯理论》,对公共物品的性质和有效供给机制进行详细分析,这标志着现代公共物品理论的建立。萨缪尔森将物品分为"私人物品"和"集体消费物品"①,"私人物品"的性质是"该物品的消费总量等于所有消费者的消费之和";"集体消费物品"的性质则是"每个人对此类物品的消费不会减少任何其他消费者的消费"。

在随后的1955年,萨缪尔森又发表《公共支出理论的图解》,用"公共消费品"概念来替代"集体消费品"概念。② 在著名的教科书《经济学》中,萨缪尔森第一次明确给出"公共物品"的定义。他指出:"公共物品是指这样一类商品,将该种商品的效用扩展于他人的成本为零,无法排除他人参与共享。"③

同时,萨缪尔森概括了公共物品的三项基本特征:(1)效用的不可分割性。公共物品由全体社会成员共同享用和联合消费,其效用不能分割为独立部分,不能分别归属于单个经济主体。

(2)消费的非竞争性。某个经济主体对公共物品的享用不会影响其他人享用该物品,即边际成本为零。这意味着,① 边际生产成本为零,不需要增加资源投入;② 边际拥挤成本也为零,不会减少其他人的满意程度。

(3)受益的非排他性。公共物品被提供出来之后,就不能排除任何人对它的消费。由此衍生出三层含义:① 即使单个经济主体有独占念头,但由于技术困难,他也无法将其他人排斥在该物品的受益范围之外,特别是无法拒绝那些没有付费的使用者。② 即使单个经济主体不愿意,他也不得不强制性地接受公共物品。③ 任何人都可以消费相同数量的公共物品。

(二)马斯格雷夫:公共物品和有益物品

沿着萨缪尔森的思想路径,马斯格雷夫将物品分为三类:私人物品、有益物品、公共物品。他对"有益物品"的概念界定是,当权威机构对该物品在市场机制下的消费水平不满意时,它甚至可以在违背消费者个人意愿的情况下对该物品的消费进行干预。例如,政府为低收入者提供的免费医疗服务和廉租房。

马斯格雷夫强调,有益物品和公共物品都是"非私人物品",它们不能通过

---

① Samuelson, P. A. "The Pure Theory of Public Expenditure", *Review of Economics and Statistics*, 1954, 36(4), pp.387—389.
② Samuelson, P. A. "Diagrammatic Exposition of a Theory of Public Expenditure", *Review of Economics and Statistics*, 1955, 37(4), pp.350—356.
③ 保罗·萨缪尔森、威廉·诺德豪斯,《宏观经济学》(第17版),人民邮电出版社,2004,第29页。

市场机制来实现优化配置,而必须依赖于政府职能。正是由于这个原因,这些"非私人物品"又被称为"政治经济物品"。

根据马斯格雷夫的观点,有益物品和公共物品的区别在于是否尊重消费者的个人意愿和消费偏好。具体而言:(1)政府提供有益物品不需要考虑个人偏好,甚至在违背个人意愿的条件下进行强制消费。(2)政府提供公共物品则必须尊重消费者的个人偏好,由于技术特性使得市场机制无法有效提供公共物品,所以公共物品应该由政府机构来提供。

需要指出的是,在萨缪尔森和马斯格雷夫的理论分析基础上,阿特金森和斯蒂格利茨构建了"公共物品的一般化模型"。该模型将物品分类由离散型扩展到连续型,从而对私人物品和公共物品之间的"中间状态"进行一般化处理,使得公共物品理论更加趋于标准化。

(三)布坎南:俱乐部物品

针对现实世界中的物品复杂性,1965年布坎南发表文章《俱乐部的经济理论》,指出萨缪尔森的物品"两分法"太简单,忽略了介于纯公共物品和纯私人物品之间的"混合物品"。他认为,现实世界中的物品不能简单地归属于"私人物品"或"公共物品",两者之间不存在非此即彼的明确界限,在两个极端之间存在着物品特征的连续变化过程,真实世界中的所有物品都具有某种程度的"公共属性"。沿着这种思路,布坎南提出了"俱乐部物品"理论,重点分析两个核心问题:① 俱乐部的最优规模;② 俱乐部成员对俱乐部物品的最优消费数量。

布坎南提出的"俱乐部物品"理论具有两项假定条件:① 对于俱乐部以外的社会成员而言,俱乐部物品具有排他性;而在现实世界中,物品的"排他性"特征与产权制度具有密切关系。② 俱乐部内部的所有成员对俱乐部物品具有相同偏好,他们从该物品中获得相等效用,因此他们对俱乐部物品的供给成本分担方式是均等的。

针对第二项假定条件,布坎南强调,如果俱乐部物品对俱乐部成员的效用存在差异,那么俱乐部物品的供给成本分担方式就不会是均等的。进而言之,针对俱乐部物品的供给成本分担方式,俱乐部成员必须进行集体决策,这就必然产生俱乐部成员之间的"谈判成本"。随着俱乐部规模的扩大,这种"谈判成本"将会急剧增加;当俱乐部成员付出的"谈判成本"超过了从俱乐部物品中获得的收益时,俱乐部就会崩溃。

从学术渊源上来看，布坎南的"俱乐部物品"理论是对以前公共物品理论的拓展。它通过假定条件来破解"公共物品供给"的两个难题：① 针对公共物品供给的"搭便车"问题，提出"排他性"假定；② 针对公共物品的成本分担问题，提出"个人偏好相同"假定。

（四）多重维度的物品分类

在萨缪尔森的公共物品理论中，公共物品的基本属性是非竞争性和非排他性；而这两重属性是彼此独立的，这就形成了多重维度的物品分类标准，可以对私人物品和公共物品之间的"中间状态"进行深入分析。

1. 布朗和杰克逊的观点

在《公共部门经济学》中，布朗和杰克逊根据排他性和竞争性的双重维度，将真实世界的所有物品分为四种类型，并且分析了每种类型物品的排他性程度、供给主体、分配方式、融资方式。详见表1-1。

表1-1　布朗和杰克逊的物品分类①

	排他性	非排他性
竞争性	纯私人物品 1. 排他成本低。 2. 私人企业生产。 3. 由市场分配。 4. 通过销售收入融资。 实例：食物、鞋子。	混合物品：公共资源 1. 利益主体共同消费，但受拥挤限制。 2. 私人企业或公共部门直接生产。 3. 由市场分配或政府公共预算分配。 4. 通过销售收入或税收融资。 实例：公共花园、公有财产资源、公共游泳池。
非竞争性	混合物品：俱乐部物品 1. 具有外在性的私人物品。 2. 私人企业生产。 3. 由包含补贴或税收因素的市场分配。 4. 通过销售收入融资。 实例：学校、交通系统、医疗保健、有线电视、不拥挤的桥梁、私人游泳池、高尔夫球俱乐部。	纯公共物品 1. 很高的排他成本。 2. 公共部门直接生产或由与政府签约的私人企业生产。 3. 由政府公共预算分配。 4. 通过强制性税收融资。 实例：国防。

---

① 〔英〕布朗、杰克逊：《公共部门经济学》（第4版），张馨等译，中国人民大学出版社，2000，第30页。

2. 奥斯特罗姆夫妇的观点

根据排他性和共用性的差异,奥斯特罗姆夫妇将真实世界的所有物品分为四种类型:私益物品、公益物品、收费物品、公共池塘资源。详见表 1-2。①

表 1-2 奥斯特罗姆夫妇的物品分类

	分别使用	共同使用
可排他	私益物品 实例:面包、鞋、汽车、理发、书。	收费物品 实例:剧院、夜总会、电话服务、收费公路、有线电视、电力、图书馆。
不可排他	公共池塘资源 实例:地下水、海鱼、地下石油。	公益物品 实例:社群安全、国防、灭蚊、空气污染控制、消防、街道、天气预报、公共电视。

3. 萨瓦斯的观点

根据排他性和竞争性的程度不同,萨瓦斯对物品的二重性进行了连续型处理,将真实世界中的各种物品标示在平面坐标系中的相应位置。详见图 1-1②。

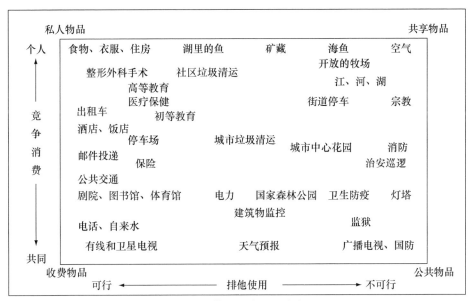

图 1-1 萨瓦斯的物品分类

---

① 〔美〕文森特·奥斯特罗姆、埃莉诺·奥斯特罗姆,《公益物品与公共选择》,载于迈克尔·麦金尼斯,《多中心体制与地方公共经济》,毛寿龙、李梅译,上海三联书店,2000,第 102 页。

② 〔美〕萨瓦斯,《民营化与公私部门的伙伴关系》,周志忍译,中国人民大学出版社,2002,第 80 页。

4. 奥尔森的观点

1965年奥尔森出版《集体行动的逻辑》,对萨缪尔森的公共物品理论进行拓展。根据排他性、竞争性、拥挤程度的三重维度,奥尔森将真实世界的所有物品分为8类。详见表1-3。

表1-3 奥尔森的物品分类[①]

	竞争性	非竞争性
排他性	不拥挤:私人物品 市场供给。	不拥挤:收费物品 在零价格条件下,无法实现私人有效供给;在价格为正的条件下,也会出现消费不足。
排他性	拥挤:具有消费外部性的私人物品 消费者对市场价格而不是对边际社会成本作出反应。	拥挤:有拥挤的收费物品 如果市场价格等于边际社会成本,则能够实现私人有效供给。
非排他性	不拥挤:免费物品 在零价格条件下,供给充分。	不拥挤:纯粹公共物品 私人供给不可能。
非排他性	拥挤:自由进入和公共产权的资源 消费者对私人边际成本作出反应,从而导致过度消费。	拥挤:具有消费外部性的公共物品 消费者会忽视外部成本,从而导致过度消费。

(五)蒂博特和布雷顿:地方性公共物品理论

(1)沿着布坎南的"俱乐部物品"思路,蒂博特在1956年发表文章《地方支出的纯理论》,提出"地方性公共物品"属于"俱乐部物品",包括地区范围内的治安、消费、教育、医疗、法庭等。[②] 他强调,地方性公共物品应该由地方政府来提供,由于不同地区的地方政府提供的地方性公共物品具有差异性,因此居民将会通过"用脚投票"来进行选择,迁移到地方性公共物品更好的地区。

(2)根据公共物品覆盖的地域范围,布雷顿将公共物品分为三类:① 全国性公共物品,主要包括全国范围的制度体系、基础研究、国防、电视、广播频道等。② 区域性公共物品,主要覆盖大区域范围。③ 地方性公共物品,主要指地

[①] 〔美〕曼瑟尔·奥尔森,《集体行动的逻辑》,陈郁等译,上海三联书店、上海人民出版社,1994,第13页。

[②] Tiebout, C. M., "A Pure Theory of Local Expenditure", *Journal of Public Economy*, 1956(5), pp. 416—424.

方政府直接提供的公共物品,其覆盖范围限制在当地政府的行政管辖地域。①

综合而言,自古典学者提出"公共利益"思想以来,公共物品理论取得了丰硕的研究成果。"公共物品"的概念呈现出两个维度的拓展:① 从"公共物品"的内涵来看,逐渐由"有形的物质要求"演变为"无形的权利诉求和观念认同";② 从"公共物品"的外延来看,由成员集体利益诉求,逐渐演变为对更广泛的社会群体(甚至是不确定对象)的倡导行动。

在本书的研究命题中,"公共物品"概念着重强调"无形的权利诉求和观念认同",强调民间志愿组织的倡导行动,强调化解社会风险和增加社会服务的"公共意义"。本书认为,通过民间公共组织发展,能够有效提高公共物品的供给效率,有利于形成具有中国特色的和谐社会。

第二节 公共物品的供给机制

随着学者们对"公共物品"概念的认识深化,关于"公共物品的供给机制"也衍生出各种学术观点。根据学术传统和研究角度的不同,本书将这些学术观点概括为以下六类。

一、古典经济学的公共物品供给机制

(1) 古典经济学的基本观点是,市场机制是具有基础性和优先性的资源配置方式,但政府不能推卸提供"公共物品"的必要责任。休谟在分析"公共草地积水"案例的基础上,提出政府应当承担对每个人都有利的事务,应当保护人们缔结契约和执行契约的正当权利,应当强制性地规范社会成员行为,以维护公共利益。更为重要的是,休谟在肯定市场机制作用的前提下,充分说明在"公共利益"方面的个人局限性和政府优越性,从而为政府存在提供理论基础。②

(2) 亚当·斯密坚持"看不见的手"和自由主义理论,但他同样认识到,那些对全社会有益的公共服务和公共设施需要政府来提供。在他的经典巨著《国富论》中,列举了大量案例,说明政府在提供公共物品方面的重要作用。例如,

---

① Breton, A., "A Theory of Government Grants", *Canadian Journal of Economics and Political Science*, 1965, May Vol. 31, pp. 175—187.

② 〔英〕大卫·休谟,《人性论》,关文运译,商务印书馆,1983,第578页。

良好的道路、桥梁、运河、港湾①；伦敦的照明和铺路费用②；基础教育③。亚当·斯密强调，如果私人方式不能有效提供公共物品，那就不能排斥政府提供公共物品的基本职能。同时，他强调两点重要事项：① 政府权力必须受到一定限制；② 公共物品的供给方式不存在唯一模式，人们必须根据社会发展的具体状况进行考察。

（3）穆勒在《政治经济学原理》中也提出，政府的必要职能比许多人最初想象的更多。④ 穆勒特别关注那些人类共同拥有的自然资源，指出："不是还有地球本身、地球上的森林、河流，以及地球表面的和地球之下的所有其他自然资源吗？这些是人类的遗产，必须制定法规来规定人类应如何共同享用它们。"

显然，在古典经济学的视野中，市场机制仍然是最基本的资源配置方式，政府职能只是弥补市场失灵的必要手段。同时，它只提出了政府"应该"承担提供公共物品的必要责任，但没有给出政府"如何"提供公共物品的有效途径。

二、奥意学者和瑞典学派的公共物品供给机制

（1）奥意学者认为，政府为了弥补提供公共物品的成本，就必须获得足够的经济资源和社会资源，由此产生公共财政的合理性和必要性。意大利的马佐拉（Mazzola）在1890年出版的《论财政科学》中提出，政府应该根据社会成员从公共物品消费中得到的边际效用来"收费"，因此税收方式必须具有多样性。

（2）意大利的马尔科（Marco）则认为，所有社会成员都是公共物品的消费者，并且社会成员对公共物品的需求量与个人收入呈同向变动关系，应该对高收入者征收更高的税额，因此主张采取累进制的所得税。

（3）奥地利的萨克斯认为：① "公共需要"可以分为"个人的集体需要"和"集体需要"；② "个人的集体需要"可以通过缴纳会费方式来解决；③ "集体需要"则必须通过税收方式来解决，并且纳税额应该等于每个人的价值标准。因此，他主张比例制的所得税。

（4）瑞典的威克塞尔认识到，政治程序将会影响公共物品的供给效率；如

---

① 〔英〕亚当·斯密，《国富论》，唐日松等译，华夏出版社，2005，第516页。
② 同上书，第522页。
③ 同上书，第559页。
④ 〔英〕约翰·穆勒，《政治经济学原理》，赵荣潜等译，商务印书馆，1991，第368页。

果没有政治程序的介入,就无法获得社会公众对公共物品的真实偏好信息。他提出了公共物品供给的两种途径:① 在现实社会中,公共物品提供的种类和规模取决于各种利益集团之间的协商行动,个人作用微不足道。② 在理想的政治程序方案中,社会公众对公共服务的各种方案进行投票,并尽量接近"一致原则"。由此可见,威克塞尔已经提出"公共选择"的思想萌芽。随后,林达尔对威克塞尔的学术思想进行模型化,构建了"自愿交换理论"。

三、蒂博特:地方政府提供地方性公共物品

蒂博特在1956年发表的《地方支出的纯理论》中指出,自古典经济学到萨缪尔森,学者们提出的公共物品供给机制都以"中央政府支出"为研究对象,而没有充分考虑到"地方性公共物品"的特殊性质。[①]

针对"地方性公共物品"的特殊性,蒂博特强调了两点:① 地方性公共物品与全国性公共物品不同,后者可以由中央政府来提供,前者则应该由地方政府来提供。② 不同地区的地方性公共物品存在着差异,就像私人物品之间存在着竞争性,当地居民将会通过"用脚投票"的方式来选择居住地,从而获得更好的地方性公共物品。

在分析大量案例的基础上,蒂博特认为,能够提供最佳数量公共物品的地方社区必须具备7项条件:① 居民在各社区之间的迁移不受任何限制;② 各社区能够提供关于"税收—服务"的充分信息;③ 可供选择的社区数量很多;④ 选择不同社区不会影响就业机会;⑤ 公共服务在各社区之间没有外部性;⑥ 任意类型的社区总会存在一个最优规模;⑦ 小于最低规模的社会总能寻找到新居民以降低平均成本。

四、实验经济学:公共物品的自愿供给机制

传统意义上的公共物品供给机制有两条途径:① 市场机制;② 政府机制。然而,大量现实案例表明,"市场失灵"和"政府失灵"是真实世界的普遍现象。换言之,依靠市场机制或政府机制来提供公共物品,都可能面临着"供给不足"

---

① Tiebout, C. M., "A Pure Theory of Local Expenditure", *Journal of Public Economy*, 1956(5), pp. 416–424.

局面。针对这个问题,一些学者开始重新思考"公共物品的自愿供给机制"。

这些学者试图摆脱传统的理论逻辑分析方法,通过实验经济学来考察"公共物品的自愿供给机制"。他们的研究成果主要体现在三方面:

(1) 在实验次数较少的条件下,公共物品的自愿供给行为显著;随着实验次数增加和参与者经验越来越丰富,公共物品的自愿供给动机逐渐削弱。

(2) 当参与者能够从公共物品中获得较高的人均收益时,他们具有较强烈的自愿供给动机。因此,特殊利益群体更有可能采取集体行动,以维护他们的"共同利益"。

(3) 无论在完美监督,还是在不完美监督条件下,参与者之间的信息交流都将会增加自愿供给公共物品的可能性。因此,从公共物品供给角度来看,社会各阶层的彼此沟通是相当必要的,这是协调社会利益冲突的有效途径。

五、萨瓦斯:公共物品的生产者和安排者分离

萨瓦斯认为,公共物品的生产者和安排者是可以分离的,这是"整个民营化概念的核心,也是政府角色界定的基础"。[①] 他进一步指出,公共物品的生产者和安排者扮演着不同角色:① "生产者直接组织生产,或者直接向消费者提供公共服务";② "安排者指派生产者给消费者,或者指派消费者给生产者,或者选择公共服务的生产者"。[②] 换言之,在公共物品的供给过程中,政府角色的必要职责是"安排者",公共物品的具体生产任务则可以交给私人企业去完成。

根据美国各级政府机构提供公共服务的大量实际案例,萨瓦斯概括出公共服务供给的 10 种具体模式。详见表 1-4。

表 1-4 公共服务提供的制度安排[③]

序号	服务安排类型	安排者	生产者	成本承担者
1	政府服务	政府机构	政府机构	政府机构
2	政府出售	消费者	政府机构	消费者

---

① 〔美〕萨瓦斯,《民营化与公私部门的伙伴关系》,周志忍等译,中国人民大学出版社,2002,第 68 页。
② 同上书,第 328 页。
③ 同上书,第 106 页。

（续表）

序号	服务安排类型	安排者	生产者	成本承担者
3	政府间协议	政府机构 A	政府机构 B	政府机构 A
4	合同承包	政府机构	私人企业	政府机构
5	特许经营（排他）	政府机构	私人企业	消费者
	特许经营（非排他）	政府机构和消费者	私人企业	消费者
6	补助	政府机构和消费者	私人企业	政府机构和消费者
7	凭单制	消费者	私人企业	政府机构和消费者
8	自由市场	消费者	私人企业	消费者
9	志愿服务	志愿消费者团体	志愿消费者团体	不适用
	有合同承包的志愿服务	志愿消费者团体	私人企业	志愿消费者团体
10	自我服务	消费者	消费者	不适用

六、奥斯特罗姆：公共事物的治理之道

2009年诺贝尔经济学奖得主奥斯特罗姆的主要研究领域就是"公共物品"。她在该领域的主要学术贡献体现为：① 在《都市警察服务的制度建构》中，对美国大都市地区的警察服务进行实证分析，提出公共物品的"多中心治理理论"[①]；② 在1990年出版的《公共事物的治理之道》中，通过大量案例的实地考察和理论分析，提出市场机制和政府机制之外的"自主治理"，可能是解决公共物品供给不足问题或过度使用问题的有效途径。

针对"公共池塘资源"的供给效率问题，奥斯特罗姆考察了三种类型的供给机制：① 即使在短期内，该机制也是无效的，无法提供足够的"公共池塘资源"。② 该机制在短期内有效，但随着时间延长，它能够提供的"公共池塘资源"逐渐减少。③ 无论在短期，还是在长期，该机制都是有效的，能够提供社会需要的"公共池塘资源"。

在分析大量案例的基础上，奥斯特罗姆提出有效利用"公共池塘资源"的8

---

① Ostrom Elinor, "On the Meaning and Measure of Output and Efficiency in the Provision of Urban Police Service", *Journal of Criminal Justice*, Vol.1(June), 1973, pp.93—112.

项原则:① 清晰界定"公共池塘资源"的产权边界。② 根据当地条件来确定占用和供给规则。③ 受集体选择规则影响的大多数社会成员能够参与规则修改。④ 利用监督机制来及时检查"公共池塘资源"状况和占用者行为。⑤ 违反集体选择规则的社会成员将会受到严厉的分级制裁。⑥ 通过地方公共论坛,占用者和政府官员能够迅速协调各种潜在的社会群体利益冲突。⑦ 占用者设计组织和制度的基本权利,能够得到外部政府威权的认可。⑧ 通过多层次的分权制企业来进行各种组织活动,包括占用、供给、监督、强制执行、冲突解决等。①

需要强调的是,奥斯特罗姆提出一种具有启发意义的重要观点:"任何特定的集体消费单位可以依靠若干不同生产者的共同努力,来提供特定组别的共同消费的物品和服务。"② 换言之,对于同一项公共物品,可以通过多种经济主体的"合作"来提供:某些经济主体提供该公共物品的某些要素,另一些经济主体提供该公共物品的其他要素。

综合而言,关于公共物品的分类和供给机制,学界的基本共识是:① "纯公共物品"由政府机构提供。例如,国防、基础教育、基础研究、生态环境等。② "纯私人物品"由私人企业通过市场机制提供。例如,牛奶、服装等。③ 具有较小排他性和较高边际使用成本的物品,被称为"拥挤物品",可以依据使用者付费原则来提供。例如,公共绿地、道路、桥梁等。④ 具有较强排他性和较低边际使用成本的物品,应该由政府机构来提供。例如,防疫、防灾等。此外,根据公共物品的受益范围不同,供给主体也应当随之变化:全国性公共物品由中央政府提供;地方性公共物品由地方政府提供。

事实上,在公共物品理论的演变过程中,关于"公共物品的供给机制"问题,一直是学界关注的重要命题。然而,学者们一直没有找到解决这个问题的"终极完美方案"。特别是在理论分析和现实考察之间,总是存在着相当的距离。针对公共物品供给的类型、数量、供给途径等现实问题,学者们提出了各种解决方案,但总是无法充分满足社会需要。

---

① 〔美〕埃莉诺·奥斯特罗姆,《公共事物的治理之道》,余逊达、陈旭东译,上海三联书店,2000,第144页。
② 〔美〕文森特·奥斯特罗姆、埃莉诺·奥斯特罗姆,《公益物品与公共选择》,载于迈克尔·麦金尼斯,《多中心体制与地方公共经济》,毛寿龙、李梅译,上海三联书店,2000,第113页。

这就迫使我们进一步思考：是否还存在着提供公共物品的其他途径？或者，公共物品的供给途径根本就没有固定模式，它需要根据当地情况来进行选择。那么，在多元化的选择方案中，什么样的当地情况与什么样的供给途径是可以匹配的？

第三节 公共物品的第三种供给主体：民间公共组织

沿着公共物品的"多元供给机制"思路，社会组织的重要性逐渐进入社会公众的视野。本书认为，随着社会经济空间的不断扩展，逐渐形成三个领域：① 行政力量主导的"公权领域"，对应的主要组织形态是政府机构；② 市场力量主导的"私权领域"，对应的主要组织形态是市场企业；③ 社会力量主导的"公共领域"，对应的主要组织形态是民间公共组织。①

这三个领域共同构成特定社会经济体系的整体场景，相应的三种重要组织形态也构成社会经济活动的组织基础。鉴于大量学术资源集中在前两个领域，本书试图另辟蹊径，重点分析"公共领域"。换言之，针对"公共物品的供求矛盾"问题，本书强调："民间公共组织"是解决这个问题的重要途径之一。这正是本书研究的意图所在。

一、公共物品供给的组织含义

理论问题是观察现实世界的结果。社会公众对"公共物品"问题的最初兴趣，就是源自这些物品的供给方式："有些物品和服务是通过市场制度实现需求与供给的，而另一些物品与服务则通过政治制度实现需求与供给，前者被称为私人物品，后者则成为公共物品。"②无论这种理论概括是否正确，它至少提供了对"公共物品"问题的一种本初认识。换言之，"从一开始公共物品理论就含有组织—制度含义"。

虽然自萨缪尔森提出"公共物品"的界定标准之后，学界将更多目光投向公共物品的"物品属性"方面，但仍然有许多学者坚持对公共物品的"本初"认识。

---

① 杨海涛，《转型期中国行业协会的社会结构网络定位》，载于《中国经济问题》，2011(6)。
② 〔美〕詹姆斯·布坎南，《公共物品的需求与供给》，马珺译，上海人民出版社，2009，第1页。

例如,布坎南指出:"我强调物品实际被供给的方式,而不是物品按其描述性特征被分类的方式。"①

当然,萨缪尔森的学术贡献是不可否认的,他更加清晰地描述了物品属性的两种极端情形:"纯公共物品"与"纯私人物品"。在"政府—市场"的二维分析框架中,纯公共物品的供给主体是政府机构,纯私人物品的供给主体是市场企业。

然而,如何处理"纯公共物品"与"纯私人物品"之间的大量中间状态呢?这是长期困扰学术界的重要问题。根据学术的表述习惯,处于中间状态的这些物品被称为"准公共物品",它们被细分为"俱乐部物品"和"共有资源"。

针对现实世界中的"准公共物品"供给难题,学界逐渐形成了三种解决思路:① 改革行政体制,调整政府行为,使之能够以更高效率来提供公共物品。② 对市场企业进行诱导,利用各种利益机制吸引市场企业参与公共物品的生产。③ 政府机构与市场企业合作,前者负责公共物品的分配和任务安排,后者负责公共物品的生产。

这三种解决思路仍然未能彻底突破"政府—市场"的二维分析框架。本书认为,在"政府—市场—社会"的三维分析框架中,可能会出现一种场景:政府机构的一部分被剥离出来,市场企业的一部分也脱离追逐利润的行列,它们互相交织在一起,构成一种新型的组织形态,即民间公共组织。依靠民间公共组织来解决"公共物品的供求矛盾"问题,可能是更加符合中国社会经济体制转型场景的现实选择。

需要强调的是,在"政府—市场—社会"的三维分析框架中,在理想化的理论分析场景中,三种组织形态的利益目标和行动策略是不同的:① 政府机构的利益目标是纯粹利他的,即"维护社会整体的共同利益",其行动力量来自于"公权力"。② 市场企业的行动目标是纯粹利己的,即通过市场交易活动来"追逐利润"。③ 民间公共组织的行动策略则是"在利他行为中实现利己目标",即通过提供公共物品和社会中介服务,来获取维持组织生存和推动组织发展的社会资源。

---

① 〔美〕詹姆斯·布坎南,《公共物品的需求与供给》,马珺译,上海人民出版社,2009,第157页。

二、民间公共组织的主要类型和基本问题

在国内外的理论文献中,关于"社会组织"、"NGO"、"第三部门"的学术成果相当丰富;但为了更加清晰地展示本书的分析思路,本书不准备专门进行"文献综述",而把相关文献与本书相关内容结合起来讨论,在此不再赘述。

在真实世界中,不同社会个体具有不同利益诉求,但单个社会主体很难在社会层面实现自己的利益主张,他们将会通过特定的社会组织形式,进行具有共同利益指向的集体行动。进而言之,各种类型的社会组织代表着不同社会群体的集体利益,实质上构成了各种社会利益集团,利益集团的多元化必然造成民间公共组织的多样性。

根据产生原因的差异,本书将民间公共组织分为三种主要类型。

(1) 生产协作组织。例如,专业技术协会、农村合作社等。主要研究命题包括:组织成员之间的分工和协作效率如何?他们的共同利益目标是什么?他们实现共同利益目标的有效途径是什么?如何保证生产协作组织的权威性和公正性?

(2) 利益诉求共同体。例如,工会、从业人员协会、商会等。主要研究命题包括:为什么社会转型过程中的信息交流和利益诉求机制相当重要?现有体制资源为什么无法提供缓解社会利益冲突的有效途径?如何构建合理有效的利益诉求机制?如何保证这种利益诉求机制的运行效率?如何实现利益诉求共同体的自我发展?

(3) 社会价值观念共同体。例如,非政府组织 NGO、非营利组织 NPO、环境保护组织、慈善组织、民间志愿组织等。主要研究命题包括:组织成员的共同价值取向与组织类型之间的关系是什么?组织成员如何实现共同行动目标?这些组织的资金来源和资源使用效率如何?这些组织的运行机制和现实特征如何?如何改善这些组织的现实运行机制?

需要强调的是,在综合运用案例分析和演化博弈方法的基础上,本书始终把握着两项要点:① 中国民间公共组织发展具有理论与实践的双重意义,因此必须重视大量事实资料的调查和梳理,特别是强调这些事实的"中国特征"。② 由于公共物品问题的复杂性,针对该命题的理论分析必须注重多学科领域交叉,只有综合运用经济学、社会学、公共管理等多学科知识,才能构建理论分析的系统框架和事实分析的真实场景。

第 2 章

转型期中国社会的公共物品供求矛盾

理论分析的落脚点是解释和解决现实问题,自 1992 年邓小平南方谈话以来,"转型和改革"始终是中国社会发展的最主要内容;① 中共十四大强调,邓小平关于"建立中国特色的社会主义"理论是未来时期中国经济发展的重要纲领,中国经济体制改革的目标是建立"社会主义市场经济体制"。② 中共十六大则提出建设"和谐社会",将政策视野拓展到社会领域。

经济领域和社会领域的重大变化,使得中国社会的资源配置格局也在发生深刻变化,这就必然影响"公共领域"的需求特征和供给机制,从而改变供求双方的力量对比。基于这种认识,本部分内容试图在剖析中国社会经济体制转型背景的基础上,分析公共物品的需求特征和供给机制,进而揭示公共物品供求矛盾的现实问题。

第一节 中国社会经济体制转型的历史场景

任何组织形态总有特定的产生背景。随着中国体制转型过程的不断深化,经济制度、社会氛围、政治体制环境不断调整,从而营造现阶段中国社会的特定制度环境,构成转型期民间公共组织发展的历史场景。

一、中国体制转型的阶段性特征

按照中国改革的初始制度设计,邓小平的基本改革思路是,"让一部分人先富起来,然后带动大家共同富裕"。暂且不论中国改革的实际进程是否符合初始制度设计,它至少传递出一种信号:改革进程不可能一蹴而就,它必须按步骤、分阶段来推进。进而言之,根据康晓光的观点,中国体制转型具有显著的阶段性特征,随着社会经济体制改革的不断深化,改革重点领域顺序将呈现为"经济领域—社会领域—政治领域"。① 针对本书的研究命题,民间公共组织正是社会领域的重要活动主体;如果要深入分析中国民间公共组织的发展机制和未来趋势,就必须将之纳入中国体制转型的阶段性背景。

1. 第一阶段的重点内容:经济利益增进

在1978年中国体制转型之前,中国社会面临着"经济领域—社会领域—政治领域"的三重危机:① 在经济领域,自1949年新中国成立以来,国民财富增长相当缓慢,产业发展严重滞后;居民生活质量仍然停留在较低水准;国有企业构成国民经济体系的主要部分,生产效率低下。② 在社会领域,社会秩序混乱,传统价值观念体系崩溃,社会公众缺乏较为统一的精神信仰。③ 在政治领域,新中国成立之后的多次政治运动深刻影响了中国社会的政治格局,增加了政治领域的动荡因素。

古人云:"穷则变,变则通。"正是在三重危机的催化作用之下,中国社会经济体制改革才会在短期内迸发巨大能量,取得相当显著的成效。事实上,在中国社会经济体制转型的初始阶段,几乎所有阶层的社会公众都能够深切感受到物质财富增加和社会氛围改善,他们的福利水平都得到增进,这就形成了新古典经济学意义上的"帕累托改进"局面。

毫无疑问,在中国改革的最初20年中,改革重点始终是"经济领域",改革成效也主要表现在经济利益增加方面。那么,实现这一目标的有效途径是什么呢?答案就是"经济体制改革"。根据谈志林的观点,"中国经济体制改革表现为从计划经济制度向市场经济制度的演进,实质上是从一种制度均衡向另一种制度均衡的缓慢推演的过程"。②

随着中国经济体制改革的不断深化,社会领域变革的初始条件也正在逐渐形成。主要表现在两方面:① 经济体制改革创造了大量物质财富,不断提高社

---

① 康晓光,《权力的转移》,浙江人民出版社,1999,第61页。
② 谈志林,《走向公民社会:地方社团发展的制度分析》,中国社会出版社,2010,第70页。

会公众的生活质量和福利水平,这就构成了社会领域变革的物质基础。② 经济体制改革使国民经济体系的内容和结构发生深刻变化,特别是在国有经济体系和单位体制之外,出现了日益增多的具有自由选择意志的经济主体,逐渐形成经济利益主体多元化的局面。

2. 第二阶段的重点内容:社会利益分配

随着中国经济体制改革的不断推进,"分配问题"日益成为社会公众的关注焦点,中国社会经济体制转型的重点领域正在逐渐转移到"社会领域"。在经济利益重要性凸显的过程中,不同社会利益主体之间的冲突也日益加剧,主要表现在国有企业与民营企业之间、不同行业之间、不同劳动者之间、劳动者群体与资本拥有者群体之间……

事实上,当中国经济体制改革进行到一定程度,必然会形成各种利益集团。在此基础上,任何进一步的改革措施,都必然会改变现有的社会利益格局,使得一些利益集团受益,而另一些利益集团受损。这就直接导致两个层面的影响。

(1) 从单纯的经济意义层面来看,那些利益受损的利益集团将会构成政府行动的"障碍制造者"。他们可以"用手投票",在立法阶段阻挠某些政策措施通过;也可以"用脚投票",利用"使绊子"的方式来增加政策措施的实施成本。这就使得中国社会经济体制转型将不会再是"帕累托改进",而必须借助于"补偿"方式才能继续推进中国社会经济体制转型。

(2) 从道德意义层面来看,那些利益受损的利益集团是否应该承担"利益受损"的社会责任呢?事实上,那些容易遭受利益损害的社会公众往往是社会弱势群体,他们在经济领域和社会领域的"话语权"都相当弱小,往往成为社会强势力量的欺压对象。特别是在有些地方行政权力和货币权力结合起来,形成"权贵经济"格局的历史背景中,这些社会弱势群体无法通过正常途径进行利益表达和利益维护,只能通过"非正常方式"来传递他们的利益诉求。近年来,大量的社会冲突事件已经显示出这种明显迹象。

无论是从经济意义层面,还是从道德意义层面,中国社会经济体制转型都必须正视"多元利益主体之间的利益冲突"。本书认为,对这些利益冲突问题的求解之道,应该在"社会领域"中寻找。可以设想,一种良性的社会机制将会使得利益冲突转变为社会发展动力,推动现实社会经济体系朝着可持续发展方向演进。

那么,如何构建这种良性社会机制呢？显然,我们不可能在书本中找到现成答案,而只能在真实世界的历史场景中,通过不断试错来逐渐逼近。从这个角度来看,在中国社会经济体制转型的过程中,无论经济利益增进,还是社会利益分配;无论效率,还是公平;无论"做大蛋糕",还是"分好蛋糕",都不仅仅是一个理论问题,更是一个实践问题。当然,中国社会经济体制转型已经不再停留在"摸着石头过河"的阶段,这就更需要深刻认识"理论与实践的关系"。

事实上,学界对此早有定论:① 从实践到理论,构建符号体系和理论框架,解释真实世界发生的各种现象;② 再从理论到实践,使理论分析具有现实意义,能够对真实世界产生一定影响,引导它朝着"我们"期望的方向发展。遗憾的是,在具体问题的分析过程中,研究者往往容易沉迷于细节之中,容易忽略"从实践到理论"和"再从理论到实践"的思想进路。

二、市场空间发育和公共空间拓展

循着"从实践到理论"的思想进路,基于中国社会经济体制转型的历史事实,本书试图构建一个简单的理论模式,对当代中国社会的制度环境条件进行理论解释。根据前文内容,"经济领域"对应着"市场空间";"社会领域"对应着"公共空间"。它们构成了当代中国社会制度环境的主要内容。

1. 市场空间的发育

在中国社会经济体制转型过程中,市场空间发育遵循着两条路径:① 政府让渡部分权力给一些经济组织,增强其自主选择意愿和行动能力,但仍然将之纳入政府力量的控制范围之内。② 在政府放松市场管制的前提条件下,市场空间自身生长出新的经济组织,并且形成自我发展机制。虽然这两条路径在时间序列上是同时进行的,但为了表述方便,本书描述的时间顺序将是,市场空间发育将先遵循第一条路径,然后衍生出第二条路径。具体分析见图2-1。

根据图2-1的直观描述,结合中国社会经济体制转型的历史事实,经济体制改革后的中国市场空间发育过程分为三个阶段。

(1) 根据图(A)的现实含义,在经济体制改革之前,中国社会呈现出"总体性社会"特征;政府对市场空间保持着高度控制力,所有经济组织都被纳入强制管理范围之内,缺乏独立活动空间和独立利益表达方式。需要说明的是,因为

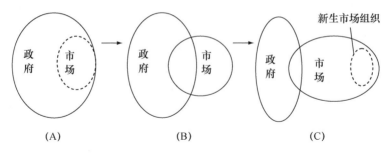

图 2-1 市场空间发育过程

经济体制改革之前的市场体系缺乏独立运行机制,因此本书在图(A)中用虚线表示市场空间的边界,意味着此时的经济主体不是"真正"的市场主体。

(2)根据图(B)的现实含义,在经济体制改革初期,市场空间拓展的主要途径是政府让渡市场管理权力,赋予国有企业等经济组织越来越大的经营自主权,政府权力范围的缩小和市场范围的扩大同时进行。更加重要的是,虽然这些经济组织的许多方面仍然处于政府的控制之中,但有些方面已经逐步脱离政府的控制范围,使得这些经济组织在一定程度上具有独立利益和独立行动能力,扮演着"半市场主体"的角色。

事实上,中国经济体制改革的初始起点是农村联产承包责任制,它改变了农村社会经济的运行机制。主要表现在:① 在经济体制改革之前,农村政权和经济管理的基本单位是"政社合一"的人民公社,政府通过"人民公社"等组织形式牢牢控制着农村经济领域。② 在经济体制改革初期,中国广大农村地区取消了人民公社,实行农村家庭联产承包责任制,让家庭农户拥有一定土地使用权,能够自主支配劳动力资源,从而使家庭农户成为中国农村社会的基本单位。

自1984年起,中国经济体制改革的重心逐渐由农村转向城市,改革战略的主要内容转变为"国有企业改革"。其影响主要体现在:① 在国有企业改革之前,政府对国有企业拥有绝对控制权,企业实际上只是国民经济体系的"生产车间"。② 在国有企业改革开始之后,通过"扩权让利"、"股份制改造"、"建立现代企业制度"等一系列措施,国有企业逐渐脱离政府的绝对控制,具有更多的独立行动能力。

值得强调的是,随着经济体制改革的不断推进,"单位制度"逐渐瓦解,经济主体的自主选择意志得到极大伸张。与此同时,政府也在不断调整行政管理方式,部门管理体制逐渐被行业管理体制替代。

(3) 根据图(C)的现实含义,随着经济体制改革进程的不断深化,体制外经济成分不断扩张,从而衍生出大量新生市场组织。从所有制属性来看,大部分新生市场组织属于民间经济组织。根据演化博弈理论,这些新生市场组织是市场自然演进的结果;当经济体制改革营造出适宜市场组织的生存和发展环境时,市场组织就会"自然而然"地生长出来。

显然,这些新生的市场组织具有更加纯粹的市场特征,也更能适应市场环境变化。更重要的是,它们能够在社会经济环境逐渐改善的条件下,逐步形成自我发展能力,最终成为真正具有独立利益和自由选择能力的市场主体。考虑到这些新生市场组织的主要活动范围仍然在经济领域,因此本书在图(C)中用虚线表示它们的活动范围。

2. 公共空间的拓展

伴随着市场空间发育过程的不断推进,中国社会经济体制改革也推动着公共空间的拓展。公共空间的拓展过程也遵循着两条路径:① 政府主动让渡部分社会领域,将部分政府权力转移到"社会";② 公共空间的拓展和公共组织的自我发展。具体分析见图 2-2。

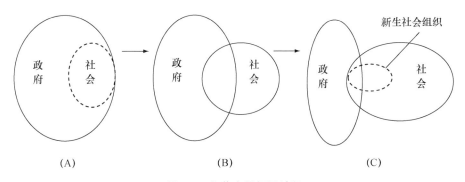

图 2-2 公共空间拓展过程

根据图(2-2)的图解描述,结合中国社会经济体制转型的历史演进事实,体制转型背景中的公共空间拓展过程也分为三个阶段。

(1) 根据图(A)的具体含义,在中国社会经济体制改革之前,中央政府和地方政府始终严格控制着公共领域的各项事务,不允许任何社会组织的任何活动脱离政府的控制范围。中国社会的所有领域呈现出政府控制一切的"单极社会结构"。

（2）根据图（B）的具体含义，在中国社会经济体制改革初期，政府有意识地逐步转移社会事务管理权力，同时也将提供某些"公共物品"的责任转移出来。公共物品提供责任的转移具有两层重要内涵：① 权利和责任是对等的，公共物品的提供责任也意味着提供公共物品的垄断性权利，这就使得公共领域成为垄断力量高度控制的市场区域。② 权利和责任需要特定组织形态来承载，一些以前没有的组织形态被"创造"出来，新的组织功能被不断挖掘，这就直接导致公共事务处理方式的根本变革。

根据中国社会经济体制改革的具体实践，公共空间的拓展主要表现在：① 在农村地区，各地取消人民公社之后，允许农民群体在政府监督之下，成立农村基层群众自治组织"村民委员会"，负责处理农村社区的各种公共事务。② 在城市地区，各种公共服务的提供方式发生根本性变化。例如，在医疗服务领域，各地通过建立和完善医疗保障体系，将原来由单位和政府承担的单位职工医疗报销责任，转变为由政府、企业、个人分担的"责任分享"制度。

（3）根据图（C）的具体含义，随着社会体制改革的不断深化，社会领域出现大量新生的社会组织。这些新生社会组织的形成途径主要有两种方式：① 政府逐渐把社会管理事务转移给一些事业单位，并且积极推动事业单位脱离政府行政序列，赋予其新的组织功能，以承载由政府转移出来的各项公共事务责任。② 市场体制改革推动着社会领域的拓展，产生许多以前未曾出现的社会问题和社会需求，这就必然催生新型的社会组织形态。例如，近年来大量涌现的各种NGO组织，就是社会公众对环境污染、公民道德、慈善事业等方面的社会需求的结果。

需要说明的是，市场空间发育和公共空间拓展是同时进行的，它们都是中国社会经济体制改革的必然结果。同时，无论在市场领域，还是在社会领域，组织形态的演变途径也存在着两条线索：一是原有组织形态被赋予新功能，二是催生新型组织。这两条线索是相互交错的，结合不同组织的活动空间也是相互交错的，这就形成了中国社会经济体制转型的复杂性。

第二节　转型期中国社会的公共物品供求矛盾

正是随着中国经济体制改革和社会转型的不断深化，公共物品的供求矛盾日益成为社会各界关注的焦点问题之一。当公共物品的需求增加和供给不足同时发生的时候，转型期中国社会的"公共物品供求矛盾"就成为社会各界必须面对的重要命题。

一、转型期中国社会的公共需求膨胀

根据瓦格纳的观点：随着一国社会经济发展，政府公共支出占GDP的比例将会越来越高。对照1978年以来的中国现实，"瓦格纳法则"具有很强的解释能力。在经济体制改革和社会转型的过程中，中国社会创造了巨大的物质财富，社会公众对公共物品的需求必然呈现日益增加的趋势。

转型期中国社会公共需求膨胀的主要原因包括：① 随着市场经济体制的不断完善，社会公众的契约意识逐渐增强，这就迫使政府不断完善立法体系，增强司法组织和监督体制的公正性。② 随着城市规模扩张和农村人口向城市地区的大规模迁移，政府必须投入更多的财力和人力来维护社会秩序。③ 在市场经济发展过程中，"垄断问题"日益显性化，在社会舆论的广泛质疑中，迫使政府给予适当回应。④ 教育领域和医疗领域的体制改革难题，正在成为阻碍中国居民福利水平提高的重要瓶颈因素。

正是基于这些原因，近年来中央政府和各级地方政府越来越重视"民生"和"民声"。针对社会公众的利益诉求，各级政府给予积极回应；努力通过改善行政管理效率和调整社会管理方式，提高社会公众的福利水平，巩固执政党的社会基础，强调"和谐社会"的发展目标。

二、转型期中国社会的公共物品供给机制

面对日益增加的公共需求，转型期中国社会的公共物品供给机制正在发生深刻变化。由于缺乏足够的行动资源，传统供给机制正在逐渐萎缩；同时，新型的多元供给机制也未能获得社会各界的广泛认同。这两方面的综合影响直接导致公共物品的供给不足。

1. 传统的公共物品供给机制

这里所谓的"传统"并不久远,仅仅指代"改革开放之前"。在改革开放之前的计划经济时期,中国社会的几乎所有公共物品都由政府机构来负责提供。政府机构控制着社会领域的各个方面,并且承担着提供公共物品的"天然"责任。通过政府管制的各种事业单位和企业单位,计划经济时期的中国居民可以几乎免费地获得教育、医疗卫生等公共物品。

然而,自中国改革开放之后,市场企业逐渐脱离政府控制,成为具有独立权利和独立行动能力的经济主体。与之相应,企业单位也摆脱了提供社会福利的历史角色,提供公共物品的责任被"退回"给政府。事实上,在中国改革后相当长的时期内,政府依然承担着提供公共物品的主要责任。

随着中国政府的行政体制改革和事业单位改革,政府逐渐意识到,提供公共物品的"天然"责任未必是合理的,它逐渐尝试将这种责任剥离出去。例如,① 通过教育体制改革,在保证义务教育的基础上,让高等教育的受教育者分担教育成本,使高等教育转变为"俱乐部物品"。② 通过医疗体制改革,使就医者直接承担医疗成本,然后政府机构利用医疗保障体系给予适当补贴。

毋庸讳言,在中国社会经济体制改革的未来图景中,中央政府将会逐步收缩活动领域;除了国防、义务教育等"纯公共物品"之外,中央政府正在逐渐放弃管理公共事务的权力,同时也在放弃提供公共物品的责任。

当然,从理论上来讲,除"纯公共物品"之外的大量"俱乐部物品"和"公共资源"应当由地方政府来提供。然而,地方政府具有提供这些"准公共物品"的能力吗?答案是否定的。许多学者指出,自1994年分税制改革之后,地方政府的"财权"被极大削弱,提供地方性公共物品的能力受到极大限制;与之同时,随着地方社会经济发展,地方政府的"事权"则逐渐增强。"财权"的削弱与"事权"的增强结合在一起,使得地方政府往往面临着"巧妇难为无米之炊"的局面,这自然会影响到地方性公共物品的供给状况。

2. 公共物品供给的多元供给机制

在公共物品的供给问题上,传统经济学已经通过"市场失灵"理论,否定了完全通过私人企业提供公共物品的可能性;中国社会经济体制的实践表明,中央政府和地方政府也缺乏提供公共物品的足够动力,那么究竟依靠什么力量来提供公共物品呢?这个问题是目前学界广泛讨论的重要命题,它必须置于中国社会转型的特定历史场景中进行分析。

根据康晓光的观点,中国社会正在经历"权力多极化"过程,伴随着政治领域的权力减弱,经济领域和社会领域的权力正在逐渐成长,原先那种政治领域垄断所有权力的"单极结构"正在向三个领域分享权力的"多极结构"转变。[①] 在这种"权力多极化"的历史场景中,公共物品的供给责任不能简单地交给政府机构、市场企业、民间公共组织或其中的某一个。更加可能的局面是,政府机构、市场企业、民间公共组织进行合作,分别提供不同类型的"公共物品"。

然而,这三种组织形态未必总是能够进行有效合作,这就极大地限制着它们的公共物品供给能力。因此,转型期中国社会公共物品的需求膨胀与供给不足结合起来,直接导致转型期中国社会的公共物品供求矛盾。

第三节 转型期中国社会的公共物品概念拓展:无形公共需求

在中国社会经济体制转型的复杂历史场景中,"公共物品"的概念理解逐渐由"有形"拓展到"无形",这是"公共物品的供求矛盾"问题变得日益复杂的重要原因。事实上,如果追溯到大卫·休谟提出的"公共利益",学界分析的"公共物品"概念至少应该包括两个层面:①"有形的公共需求",主要指交通设施、图书馆、医院、环境保护、学校等方面;②"无形的公共需求",主要指社会稳定、公共安全、社会公正、公序良俗等方面。

正是针对"无形的公共需求",本书强调,在利益主体多元化和社会矛盾多维化的中国社会场景中,缓解各种社会群体之间的利益冲突和减小社会风险是最重要的公共物品。通过各种民间公共组织的合作和竞争活动,不同社会群体能够进行权利主张和利益表达,使中国社会逐渐形成力量平衡的"公共领域"。

一、利益主体的多元化和社会矛盾的多维性

在中国社会经济体制改革的过程中,逐渐形成不同利益群体和不同社会阶层,他们的就业方式、利益诉求、分配方式都呈现出多元化特征,进而导致社会

---

① 康晓光,《权力的转移》,浙江人民出版社,1999,第3页。

管理和社会公共服务变得日益复杂。在中国社会经济体制转型的历史背景中，各种社会群体不断进行着博弈，深刻影响着转型期中国社会的制度环境，主要表现在两方面。

1. 利益主体的多元化

根据胡锦涛的观点，转型期中国社会呈现出"四个多样化"特征，具体内涵包括：① 经济成分多样化；② 社会就业多样化；③ 利益分配多样化；④ 生活服务多样化。[①] 这种社会场景的多样化特征必然导致社会利益主体多元化，主要表现在两方面。

（1）原有社会阶层进行分化，形成不同的社会利益群体。例如，在国有企业改革过程中，"工人阶级"逐渐分化，他们之间的差异性变得越来越大。夕阳产业与高科技产业的工人、老工业基地与新兴产业基地的工人、劳动密集型产业的下岗职工与知识密集型产业的技术工人，他们都具有显著不同的职业性质，从而形成不同利益诉求和共同利益群体。

（2）社会经济发展形成新的社会利益群体。主要表现在：① 改革开放之后，部分农民进入当时刚刚兴起的乡镇企业，转变为企业职工；部分农民进入城市，转变为农民工。② 知识分子逐渐脱离"工人阶级"，转变为具有独立利益诉求和行动能力的特定阶层。③ 个体私营阶层逐渐发展壮大，形成民营企业家群体。④ 国有企业的经营管理层逐渐形成特定利益群体。

随着社会经济体制变革和社会群体分化，各种利益集团的多元化趋势，正在改变传统意义上的"公共"理念。在特定社会场景中，各种社会群体必然拥有不同的利益诉求。单个利益主体有时难以实现自己的利益主张，就需要借助于"集体行动"力量，使具有相同利益取向的单个利益主体聚集起来，形成特定利益集团。

特别需要说明的是，处于政治强势和经济强势地位的社会利益集团，更容易实现自己的利益诉求。然而，那些社会弱势群体则缺乏政治话语权，或者缺乏经济独立性，无法独立自主地维护自身利益；在自身利益被严重侵害的极端情形下，他们将可能做出过激行动，这就是近年来出现大量社会冲突事件的原

---

① 胡锦涛，《在省部级主要领导干部提高建构社会主义和谐社会能力专题研讨班上的讲话》，载于《人民日报》，2005 年 2 月 20 日。

因之一。

2. 社会矛盾的多维性

在现代社会,社会矛盾不可能通过回避和压制来"抹杀"。事实上,在中国经济体制转型和社会转型过程中,随着社会控制的放松和社会监督渠道的日益畅通,各种社会群体之间的利益冲突正在以各种方式呈现在世人面前。从某种意义上来讲,以前被"压制"和"掩盖"的社会矛盾能够逐渐显露出来,也是社会进步的一种表现。在中国社会经济体制转型的过程中,社会矛盾主要集中表现在三方面。

(1) 中央政府和地方政府之间的利益冲突。中央政府制定的全国发展战略具有全局性,地方政府则更多关注本地区的利益,地方政府官员更加关心政治晋升的可能性。在相当长的时期内,中国社会经济的"诸侯"特征显著。

(2) 城市地区和农村地区之间的利益冲突。具体表现在:① 社会保障方面,城市居民与农村居民拥有的社会资源是严重不对称的;② 在户籍管理制度的限制下,农村地区的教育机会、就业机会严重不足;③ 在农村居民非农化背景下,农民能够自由流动到城市地区就业,但却不能享受到城市居民的同等劳动报酬和公共服务,甚至"农民工"提法本身就具有显著的"二元经济"痕迹。

(3) 中国与外国之间的利益冲突。在开放经济条件下,中国与世界各国的交往日益密切,随之而来的利益冲突也日益尖锐,突出表现为经济领域的贸易摩擦,文化交流方面的文化冲突,政治磋商方面的国家利益差异。

社会冲突事件是一种信号,它表明中国社会存在着多元化的利益集团,各种利益集团都有着自己的利益诉求和行动策略。中央政府和地方政府都不可能采用计划经济时期的高强度社会控制方式来维持表面的"社会和谐"。从这个角度来看,目前中国社会大量出现的社会冲突事件,正是中国社会转型的重要"体制性资源"。如果各级政府机构和各种社会组织能够从社会冲突事件中吸取经验和教训,将会极大改善现有社会结构和提高社会组织行动效率。

二、"多元中心秩序"的平衡机制

根据韩福国和骆小俊的观点,社会矛盾"不仅会形成一种不受旧的制度机制约束的新环境,而且还将通过促进新的制度与机制的加速形成,使社会进一步增加弹性和协调性,进而在各种利益分化的相互协调中,为大幅度提高社会的文明程度而提供体制性资源"。①

本书认为,这种新的制度体系包含两层含义:① 新的社会组织形式。② 新的社会运行秩序。前者代表着新兴社会力量和新型社会活动主体,后者代表着这些社会活动主体应当遵循的行为原则,两者结合起来构成了特定时间条件和特定空间条件下的社会场景。

1. 新兴社会力量源于当代中国社会的"市民化"特征

根据邓正来的观点,市民社会对国家行为的影响主要表现在两方面:① 从消极意义来讲,市民社会具有制衡国家行为的力量,即社会公众能够维护独立自主的行动权利,使自己免受国家行为的不正当侵犯。② 从积极意义来讲,市民社会发展将会培育出多元化利益群体,这些利益群体的行动方向将会逐渐由经济利益转向政治利益,从而为民主政治奠定坚实的社会基础。② 当然,这种新兴社会力量主要来自非官方社会,其活动内容主要是提供各种社会公共服务,目前的行动指向主要是经济利益。

2. 新社会运行秩序日益具有"自主治理"特征

在传统社会学和政治学视野中,维护社会秩序的基本模式有两种:① 自上而下的"管理",依靠政府机构的强制力量来压制社会利益分歧,进而维护社会秩序稳定;② 自下而上的"治理",承认社会公众的利益多元化局面,但他们之间将会通过协商和约定来形成"自发秩序",进而在无序的个人行动基础上,实现社会整体的有序运行。

根据哈耶克的观点,"秩序之所以称心如意,不在于它使一切各就其位,而在于它创造着前所未有的新力量。……这种秩序只能产生于作为社会要素的个人之间的相互调适,以及对那些直接作用于他们事业的回应过程之中。这就是博兰尼所谓的自发形成的'多元中心秩序'"。③

本书基本认同哈耶克的观点,在中国社会经济体制转型的历史场景中,社会利益主体多元化正在改变现有的社会结构和社会运行秩序。不同的社会利益群体具有不同的利益取向和行动指向,这就使得中国社会结构呈现出"多元

---

① 韩福国、骆小俊,《新型产业工人与中国工会》,上海人民出版社,2008,第313页。
② 邓正来,《国家与社会——回顾中国的市民社会》,载于《中国社会科学季刊》,1996年夏季卷,总第15期。
③ 哈耶克,《自由秩序原理》(上册),上海三联书店,1997,第200页。

中心"趋势。基于这种社会局面,我们不应该抹杀多元化利益取向之间的差异,盲目地推行"统一化"。我们需要正视不同社会利益集团之间的差异,通过设计"治理"机制来协调各种意见分歧,在差异性中寻找妥协之道。

综合而言,第 1 章强调"公共物品"的概念范围和供给机制,从理论层面阐明民间公共组织的重要性;第 2 章则在转型期中国社会的现实场景中,强调缓解社会冲突和减小社会风险是目前中国社会最重要的公共物品,从实践层面阐明民间公共组织的重要性。事实上,在现代经济学的语境中,"无形的公共需求"更着眼于社会公众需要的精神层面,追求社会福利的不断增进。唯有如此,中国社会经济体制改革创造的物质财富才能转化为中国社会公众的精神财富,才能实现真正意义上的经济发展和社会进步,避免陷入"没有发展的增长"。

第 3 章

生产协作组织的典型案例:农村专业合作组织

"合作组织"是民间公共组织的一种重要形式,它主要强调生产层面的合作,试图提高市场组织的运行效率。根据前文所述,民间公共组织的形成原因主要有三种:① 生产协作;② 集体利益诉求;③ 社会价值观念共享。基于"生产协作"原因而形成的民间公共组织,典型代表就是"合作组织",它源于人类社会最原始的合作理念。

根据合作组织的历史发展事实,它主要分为两类:① 专业合作组织;② 社区合作组织。它们的关注重点具有差异:专业合作组织强调某种产品的生产链条和经营方式;社区合作组织则强调特定地域范围的综合性的生产联合。简而言之,前者更强调"纵向合作",后者更强调"横向合作"。考虑到本书研究需要,该部分将在分析"合作组织"的基础上,重点研究"专业合作组织"。

本章的研究命题是"农村专业合作组织",其分析思路有:① 通过回顾"农村专业合作组织发展的理论渊源和事实证据",从理论和实践两个层面来解释农村专业合作组织的产生原因和形成机制;② 在中国社会的特定历史背景下,介绍"中国农村合作组织的历史演进";③ 最后在考察历史事实的基础上,分析转型期中国社会中的农村专业合作组织,探讨其现实困境和未来发展策略。

第一节 农村专业合作组织发展的理论渊源和事实证据

"生产协作"是民间公共组织形成的最基本动力,也是"合作组织"的产生根源。这个问题可以从两个层面进行分析：① 理论层面，社会经济发展必然产生"合作思想"，并衍生出相应的组织形式，即"合作组织"。② 事实层面，世界各国在实践过程中已经形成农村专业合作组织的各种发展模式。

一、农村专业合作组织发展的理论渊源：合作思想

"合作思想"是社会经济发展的必然结果。然而，特定思想观念必须借助特定的有形载体才能表现出来，才能体现其社会价值。基于这种思路，我们需要从多角度分析农村专业合作组织，剖析其产生原因、基本性质、类型特征。

（一）农村专业合作组织的产生原因

市场组织之间进行合作的原因有很多种，针对农村专业合作组织，主要原因表现在三方面：① 降低交易费用和管理费用；② 填补"市场失灵"和"政府失灵"的空间；③ 集体行动的逻辑。

1. 降低交易费用和管理费用

根据科斯的观点，企业组织是市场的替代物，其形成原因是"节约交易费用"，但代价是"增加管理费用"。沿着这种思路，合作组织是介于企业和市场之间的组织形态，其形成原因是"降低交易费用"和"降低管理费用"。

（1）与单个农户直接进行市场交易相比，农村专业合作组织能够降低交易费用。随着社会经济发展和交易范围的扩大，农业生产组织需要摆脱传统的"小农经济"模式，不能局限于家庭生产规模。在不借助集体力量的条件下，家庭农户将会面临越来越高的市场交易费用。例如，① 在农业生产资料市场上，农户购买种子、农药、化肥、农业机械、技术服务等，需要考虑保障农资产品质量、寻找适合的农资产品提供者、对劣质产品的提供者进行制裁等诸多方面。② 在农产品市场上，农户需要了解各方面信息，包括该种农产品的全国行情、恰当的销售区域、市场成交价格等。

如果由单个农户来承担这些交易费用，显然会增加它们的提供成本。如果让这些农户联合起来，构建一种"共享平台"，就可以使之获得技术信息、生产协作、市场信息共享等多方面支持，从而有效降低交易费用。

（2）与其他提供农业服务的中介组织相比，农村专业合作组织能够降低管理费用。农村专业合作组织是农村家庭生产者之间的联合，它具有三方面特点：① 农户之间熟悉彼此情况，能够节约信息搜寻成本；② 农村传统的认知模式提供了较多的"信任资本",降低了监督成本和制裁成本;③ 农户之间的"主动联合",降低了利益冲突的可能性。

2. 填补"市场失灵"和"政府失灵"的空间

正如前文所言,市场机制和政府机制是配置社会资源的两种重要方式;然而,在某些领域中,市场机制和政府机制的资源配置功能可能受到抑制,这就为"合作组织"提供了发展空间。具体而言,农村专业合作组织的发展机会可能存在于两方面。

(1) 农产品生产方面,单边垄断的市场结构促进了农村专业合作组织的发展。在农产品市场上,一方是数量多和经营规模小的农户,另一方是数量有限和规模较大的初级农产品加工企业。显然,买方的市场力量远远超过了卖方,农户缺乏足够的谈判能力。根据李普西的观点,打破这种市场不平衡局面的有效方法是"引入抗衡垄断"的力量。如果众多的农户们能够联合起来,就可以增强它们的市场谈判力量,争取有利于自己的市场地位。

(2) 农村公共物品提供方面,农村专业合作组织具有改善农村基础设施建设和促进技术推广的动力。针对"农村公共物品提供"问题,可能存在着"市场失灵"和"政府失灵":① 由于公共物品的非竞争性和非排他性,市场企业无法获得足够的市场回报,它们"不愿意"进入农村公共领域,市场机制的资源配置功能失效。② 由于信息不对称和行政组织运行的高成本,政府机构也未必能够提供适当种类和适当数量的公共物品。

根据李建军和刘平的观点,"当特定商品的农业生产经营者认为迫切需要某类公共产品和服务,如迫切需要与特定作物有关的技术研发和技术培训,而政府资助和公共服务体系又不能满足其需要时,农业生产经营者就会有足够的动力去成立相应的专业技术研究会等农村专业合作组织,并通过合作和共享机制来满足自身利益需求"。①

3. 集体行动的逻辑

在任何社会经济场景中,单个市场组织都必然面临"市场中的孤独感",它们无力依靠自己的独立行动来实现生产和销售的高效率运行。因此,一些市场组织联合起来,试图通过集体行动来克服单个组织的弱势地位,为集体行动的

---

① 李建军、刘平主编,《农村专业合作组织发展》,中国农业大学出版社,2010,第39页。

成员们提供"共享平台"。通过"共享平台"的运行,单个组织能够获得技术信息、生产协作、市场信息共享等多方面支持,从而不断提高生产效率,增强市场竞争能力。这种"共享平台"的依托形式,就是各种各样的"合作组织"。

根据斯科特的观点,传统农业社会是具有高度认同感的内聚型共同体,"集体意识"使每个组织成员都关注集体利益,并且愿意为其他成员提供互惠和庇护的非正式社会保障。事实上,边远地区保持着较为完整的农业社会"公序良俗",以此作为合作制度基础,农村专业合作组织才能逐渐形成和发展。

随着市场经济发展,农户将逐渐变为"理性小农",更加关注个人利益;但这并不妨碍集体行动的展开,其根本原因就是"增强抵御风险的能力"。在农业生产过程中,农户面临着多重风险,例如,自然灾害风险、市场风险、技术风险、经营风险等。如果农户们能够联合起来,就可以通过两种途径来控制风险:① 通过事前的信息交流,降低风险发生的概率;② 通过事后的集体行动,合理分散风险,降低风险引起的不良影响。

(二) 农村专业合作组织的基本性质

在中国社会经济体制转型的背景中,农村专业合作组织是建立在家庭联产承包责任制基础上、由农户自愿联合形成的互助组织。其基本性质主要包括三方面。

1. 俱乐部性

农村专业合作组织具有典型的"俱乐部"性质。

(1) 对于没有参加农村专业合作组织的农户而言,该"俱乐部"具有排他性。农村专业合作组织提供的许多生产技术服务和市场信息,都严格限制在组织成员的范围之内,非组织成员不能获得该种"俱乐部"物品。

(2) 对于参加农村专业合作组织的农户而言,它们能够共同享有该"俱乐部"提供的各种物品和服务。换言之,该种"俱乐部"物品具有共享性。这种共享性体现为:① 组织成员们平等享受权利,农村专业合作组织提供的所有服务,组织成员都有权利分享,不应当受制于组织成员的生产规模和市场地位。② 组织成员们共同履行义务,农村专业合作组织的所有成员,都应当积极参与各种生产技术交流活动,与其他组织成员分享市场信息。

简而言之,农村专业合作组织同时具有"对外排他性"和"对内共享性"。"对外排他性"保证了组织内部成员与组织之外农户存在着差异,这是农村专业合作组织能够被农户们接受的重要条件。"对内共享性"则体现了组织内部成员之间的平等地位,使得组织内部成员能够更好地"求同存异",利用集体行动来追求共同利益。

2. 非营利性

农村专业合作组织的初始创建意图是通过农户之间的联合行动,解决生产物资采购、生产技术服务、产品销售等方面的问题;如果这些问题由单个农户来解决,可能成本相当高昂。由此可见,虽然农村专业合作组织也要参与各种市场活动,但它与市场企业具有显著区别,其基本行动目标不是获取利润最大化,而是追求"合作利益"最大化。

在市场竞争环境中,农村专业合作组织也属于一种市场组织,也会追求经济利益。然而,它获得的经济利益并不以股息和分红形式分配给组织成员,这是农村专业合作组织与市场企业的重要区别。进而言之,农村专业合作组织的经营剩余在提取公积金和公益金之后,主要依据组织成员与合作组织之间的"惠顾"额度进行分配,这里的"惠顾"额度就是生产物资采购额和农产品销售量。正因如此,部分学者认为,"资本"是股份制度的核心,"交易额"是合作制度的核心。

3. 组织成员身份的多重性

在农村专业合作组织中,组织成员身份具有多重属性。

(1) 所有者身份。农村专业合作组织源自农户们的联合行动,它们构成该组织的创建者和共同所有者。从这个角度来看,农村专业合作组织的所有权归属于所有组织成员,它必须体现所有者们的"合作意图"。

(2) 管理者身份。通常情况下,农村专业合作组织的管理者来自于组织成员之中,农户们会挑选具有较强专业技术能力和市场驾驭能力的组织成员来承担管理职责。在中国农村社会的现实场景中,扮演这种角色的往往是当地的种植能手或专业大户。原因在于,农村专业合作组织的分配依据是"交易额",专业大户与合作组织之间的交易额度较多,它对该组织的依存度和影响力也就必然较大。

(3) 受益者身份。农村专业合作组织不是福利组织,它是农户们依据生产经营需要而形成的合作组织。正如美国"新奇士"农村专业协会的口号:"走向合作不是一种情操,而是一种经济需要。"这种组织应当满足组织成员的需要,从这个意义上来看,农村专业合作组织的所有者与受益者是身份重合的。

需要强调的是,农村专业合作组织与集体组织具有差异:① 农村专业合作组织坚持家庭经营制度,充分尊重农户的自主经营权;每个农户的经济权利都是独立的,它们只是在某些方面进行联合,也只在这些方面来"分享权利"。② 集体组织则要求每个农户放弃独立的经济权利,而将私人产权和土地经营自主权集合起来,交给集体组织进行统一运作。针对这两种不同性质的组织形式,本书认为,就目前中国农村经济发展的现实状况来看,大力发展农村专业合作组织,可能是更为合理的制度选择。

(三)农村专业合作组织的范围界定和类型

1. 农村专业合作组织的范围界定

根据温铁军等人的观点,目前中国社会的农村组织主要分为四类:① 政治组织,如政权组织和党派组织等;② 经济组织,如农村乡镇的各类市场企业和金融机构等;③ 群众团体组织,如妇联、共青团、村民委员会等;④ 文化组织,如学校、医院、文化馆、剧团、宗教团体等。[①] 在中国农村社会的现实场景中,"合作组织"的构建意图主要集中在经济需要方面,因此,许多农村合作组织都属于"经济组织"。

根据组织运作内容的差异,农村合作组织又被分为两类:① 社区合作组织,着眼于区域范围的全方位"合作",统筹规划农村经济发展、行政、社会、文化等诸方面。② 专业合作组织,依据某种产品的生产价值链条和销售环节,促进农业生产者之间的联合。考虑到对"生产协作"的研究需要,本书重点分析"农村专业合作组织"。

2. 农村专业合作组织的类型

根据组织成员之间进行合作的紧密程度和运营特征,农村专业合作组织被分为三种基本类型:① 农村专业协会;② 农民专业合作社;③ 农村股份合作社。这三种组织类型显示出农村专业合作组织的发展趋势:由松散型转变为紧密型,由非实体型转变为实体型。

(1)农村专业协会是农村专业合作组织发展的初级形态。它是一种较松散的合作组织形式,通常是基于技术信息和市场服务的特殊需要而形成的互助

---

① 温铁军,《中国农村基本经济制度研究》,中国经济出版社,2000,第36页。

组织。农村专业协会的组织成员之间,没有产权的联合,协会不具有实体性质,主要集中在专业化程度较高的蔬菜、水果、花卉、家禽、水产品等专业生产经营领域。由于农村专业协会与组织成员之间的合作程度较低,当组织成员掌握某种专业技术之后,往往脱离协会组织,这就使得许多协会组织缺乏持续发展能力。

根据服务内容的不同,农村专业协会又被分为三类:① 农村专业技术协会,服务内容主要集中在技术推广、技术信息交流、生产技术指导等方面。② 农产品产销协会,服务内容主要集中在市场信息搜寻、签订集体购销合同、统一产品质量等方面,通常由农村经纪人或供销社牵头成立。③ 农民贷款担保协会,将多个"有项目"的农户联合起来,相互担保,申请贷款,从而有效降低信用社的贷款风险,解决农户扩大生产经营的资金需求难题。

(2) 农民专业合作社是农村专业合作组织发展的成熟形式。根据 2006 年颁布的《农民专业合作社法》:"农民专业合作社是在农村家庭承包经营基础上,同类农产品的生产经营者或同类农业生产经营服务的提供者、利用者,自愿联合、民主管理的互助性经济组织。……农民专业合作社以其成员为主要服务对象,提供农产品生产资料的购买,农产品的销售、加工、运输、贮藏以及与农业生产经营有关的技术、信息等服务。"

由此可见,与农村专业协会相比,农民专业合作社的最大特点是"实体性",它的范围界定是相当严格的,只包括那些直接从事农业生产经营的实体型专业合作组织,而不包括那些只提供技术和信息服务,不直接从事经营活动的社团组织。

进而言之,农民专业合作社具有法人地位,它可以在工商管理部门登记为"合作社法人",拥有自主支配的财产。由于它与组织成员之间的联系较紧密,所以农民专业合作社具有更加规范的管理制度和运营程序;它对组织成员的约束能力更强,使得农民专业合作社的"集体行动能力"更加强大,从而增强它与相关企业进行谈判的能力。

(3) 农村股份合作社是农村专业合作组织的拓展形式。它是专业合作组织与股份制企业的融合体,兼具合作社和股份公司的特征,这是中国农村专业合作组织进行制度创新的结果。从理论上讲,它既能体现合作社的"合作意图",又能吸纳更多的外部资金,使农村专业合作组织能够获得更多的社会资源,不断增强自我发展能力。然而,这种组织形态是否真的是"融合了两种组织形态的优势",而"避免了两种组织形态的劣势"呢?这是一个需要学界深入思考的问题。鉴于研究命题的限制,本书对此问题不作详细分析。

二、世界范围内农村专业合作组织发展的事实证据

农业专业合作组织发展不仅是一个理论问题,更是被实践证明了的现实社会需要。事实上,任何理论分析都来自于现实活动,现实活动的场景描述被不断抽象,通过一系列假定条件的限制,最终形成特定的理论模型,衍生出相应的理论结论。正因如此,关注农村专业合作组织发展的学者们,总是对事实经验充满了极大兴趣。基于这种考虑,本书将从世界范围的全局性角度,探究农村专业合作组织发展的事实证据;依据时间序列的发展顺序,描述其演变历程。具体而言,世界范围内的农村专业合作组织发展主要分为三个时期。

1. 初始发展时期(19世纪20年代至20世纪20年代)

"合作组织"是世界范围内社会经济形势发展的结果。自亚当·斯密提出"自由放任"思想以来,资本主义社会不断突破封建社会的制度限制,取得物质财富和精神世界的极大进步。然而,任何事物发展总是具有两面性,正面力量越强大,反面力量也会越强大,两者之间的相互制衡使得世界保持着相对平衡。随着资本主义社会的逐渐发展,其反抗力量"合作运动"也逐渐形成。

起源于17世纪的欧洲启蒙运动产生了两种后果:① 鼓励自由竞争,奠定了市场经济制度的思想基础;② 强调权利平等和个人自由,推动了"合作运动"的理论和实践进程。在早期空想社会主义思想家构想的社会蓝图中,"合作组织"是最重要的基本元素。例如,法国思想家傅立叶设计的社会基层组织"法郎吉",就是组织成员共同生产和共同消费的合作组织;1824年英国思想家罗伯特·欧文在美国印第安纳州创立"新和谐公社",试图构建"合作新村"。

1844年10月24日,在英国曼彻斯特市郊的罗奇代尔镇,28名失业的纺织工人为改善自身生活用品的供给状况,联合创立"罗奇代尔公平先锋社",这是世界上第一个消费合作社。1848年法国二月革命成功之后,社会改良主义者路易·勃朗倡导建立大规模的生产型合作组织——"社会工厂"。由于这些合作组织的示范效应,全球范围内的合作运动迅速发展壮大。

在这一时期,合作组织是独立自主的,政府并不直接参与合作组织的发展事务,只是通过立法方式来调整政府对合作组织发展的态度。更重要的是,这一时期的合作组织发展奠定了未来发展的基调:合作组织是一种自助组织,它是社会弱势群体进行自我经济保护的重要途径。

值得强调的是,以马克思为代表的社会主义合作学派对合作运动的现有成果给予充分肯定,认为"合作运动是改造以阶级对抗为基础的现代社会的各种力量之一"①;但对国家社会主义学派倡导的"国家支持建立合作组织"的发展方向,马克思主义者提出质疑,指出"在资本主义制度下,合作制度不可能实现对资本主义社会的改造,相反,它往往被资本主义所改造","无产阶级只有通过阶级斗争去夺取政权,而不是通过合作社改造资本主义,并和平过渡到社会主义"。②

2. 全面兴起时期(20 世纪 20 年代至 20 世纪 70 年代)

随着"市场失灵"现象的日益突出,国家干预思想逐渐兴起。西方世界的合作运动也逐渐调整发展方向,改良主义思潮在合作运动中逐渐占据上风,合作运动的发展方向由"取代资本主义制度"转变为"与资本主义制度共存";它们进一步指出,合作组织的自助原则与接受政府援助是不矛盾的,政府援助将会促进合作组织的自力更生,因此合作组织应当最大限度地寻求政府支持。

从西方世界的各国政府角度来看,合作运动不但不会威胁现有政权,反倒可能缓解阶级矛盾。因此,它们也逐渐增强对合作组织发展的干预力度,试图将之纳入资本主义经济体系。即使在 20 世纪 20 年代末期,苏联社会主义兴起和德国法西斯出现之后,西方各国政府对合作组织的看法仍然没有发生很大变化,合作组织日益成为"经济改进方法",而不是"社会改造途径"。

特别是在 20 世纪 30 年代的西方世界经济大危机时期,合作组织逐渐成为各国政府摆脱经济危机和缓解社会矛盾的重要途径。例如,① 1929 年美国政府颁布《农产品销售法》,通过对合作组织提供优惠贷款,鼓励它们建造仓库和储存过剩农产品。② 1935 年加拿大政府建立小麦局,它由合作组织的农民代表和政府代表联合组成,代表农户共同经营谷物。③ 20 世纪 30 年代,法国政

---

① 马克思、恩格斯,《马克思恩格斯全集》第 16 卷,人民出版社,1972,第 57 页。
② 张晓山、苑鹏,《合作经济理论与中国农民合作社的实践》,首都经济贸易大学出版社,2009,第 65 页。

府建立"农业合作高级评议会"等机构,形成合作组织与政府的长期联络机制。

在第二次世界大战之后,西方各国政府继续增强对合作组织的扶持力度。例如,① 荷兰政府为推行农业机械化,对农业合作组织给予特别拨款补助;为解决平民居住问题,对住宅合作组织给予优惠政策。② 20 世纪 50 年代,法国在推进农业现代化过程中,为了保证农业生产的集中化和专业化,也借助于农村专业合作组织的平台功能,通过对合作组织成员提供优惠贷款和生产补助金来实现政策目标。

3. 创新时期(20 世纪 70 年代至今)

20 世纪 70 年代全球爆发石油危机之后,政府干预主义遭到广泛质疑,主要表现在:① 西方发达国家都出现了"滞胀"现象,高通货膨胀率和高失业率并存,但凯恩斯主义的经济理论无法给予合理解释。② 发展中国家利用政府主导力量来推动现代化进程,结果导致日益严重的农业凋敝和城乡矛盾。正因如此,"政府失灵"逐渐成为社会关注焦点,各国政府的政策导向逐渐调整为放松管制和实行经济自由化。

由于世界范围内的社会经济环境发生变化,合作组织发展呈现出两种趋势:① 主流观点仍然强调政府对合作组织的支持,强调合作组织是私人部门、政府公共部门之外的第三部门,它"减少了失望和暴力的农民在经济上和政治上边缘化形象的可能性"[①]。② 政府机构对合作组织的态度则逐渐发生转变,其基本趋势是减弱政府支持力度,政府援助领域主要集中在技术咨询、信息、合作教育等公共服务项目。

事实上,在经济全球化和政府放松管制的宏观经济背景中,世界各国政府与合作组织的关系逐渐进入一种新状态:政府逐渐减少对合作组织的直接支持,合作组织面临着组织转型和制度创新。

例如,① 澳大利亚的农村合作组织为了面对政府职能转变和全球经济竞争的挑战,逐渐调整组织行动目标,由"追求初级农产品供给规模和农产品价格"转变为"关注农产品供应链和农产品增值",通过建立质量控制系统和市场信息交换系统,更好地满足农户成员的需求。政府部门的职能则转变为提供更

[①] 张晓山、苑鹏,《合作经济理论与中国农民合作社的实践》,首都经济贸易大学出版社,2009,第 70 页。

好的公共服务和推行地区发展规划。② 瑞典的消费合作组织则改革经营方向,经营重点由"批发业"转变为"零售业",建立统一的零售连锁系统。③ 加拿大进一步强调"合作组织秘书处"的重要作用,加强它与政府机构之间的沟通,通过彼此间的交流互动来创造合作组织发展的良好政策环境。④ 美国政府对合作组织的支持重点则逐渐调整,由"资金方面的直接投入"转变为"各种免费的技术服务";根据合作组织的需求差异,政府机构提供相应的技术培训项目和科研项目。

三、各国农村专业合作组织的发展模式

针对世界各国农村专业合作组织发展的事实经验,实际上有两种考察角度:① 从时间序列角度来看,世界范围内的农村专业合作组织具有较为相似的整体发展趋势,呈现出一定的时间顺序特征。② 从空间角度来看,各国农村专业合作组织具有不同的发展模式,这种差异性是各国不同的政治体制、经济体制、经济发展程度进行综合影响的结果。

为了深入剖析不同发展模式的差异性,本书以政府与合作组织的关系远近为标准,选取了三个典型国家进行分析:① 美国模式意味着,政府与合作组织的关系较为松散,政府主要通过立法手段来影响合作组织;② 日本模式意味着,政府对合作组织具有较强的控制力度,但两者的合作领域主要集中在经济事务方面;③ 印度模式意味着,政府与合作组织的关系相当紧密,通过社区范围的合作运动,政府对合作组织的每个方面都具有强烈影响,甚至直接决定着合作组织的发展方向。

(一) 美国模式

在所有农村专业合作组织的发展模式中,美国的农村专业合作组织与市场企业最为相似,但两者存在着一些显著区别。根据美国农业部的规定,"合作社是由拥有共同所有权的人们在非盈利的基础上为提供他们自己所需要的服务而自愿联合起来的组织";其社员是"使用者",而不是"合作社资本结构中的投资者"。

1. 美国农村专业合作组织的特征

(1) 业务范围主要集中在销售和加工领域。围绕着农产品的销售和加工链条,美国农村专业合作组织相当活跃,遍布产前、产中、产后的各个环节。例

如,美国爱荷华州 Carroll 县的农村专业合作组织 West Central,就拥有大豆榨油厂和大豆生物柴油厂等,通过农工贸一体化经营,实现农产品的生产、加工、销售的有机结合,引导农民走向市场。

(2) 专业技术性强。在美国的各种农产品行业,如小麦、玉米、大豆、马铃薯等行业,都有一个专门的行业协会;其组织体系从产地延伸到销售地,形成覆盖全行业的全国性网络。

(3) 跨区域合作,实力雄厚。美国的农村专业合作组织往往跨越地域界线,形成全国范围内的生产经营服务网络,具有较强的技术服务能力。例如,总部设在伊利诺伊州的格鲁玛克合作社,下辖 130 个当地农村专业合作组织,为三个州的农场主提供各种服务,服务范围涉及生产资料供应、农业机械维护、良种繁育、作物保护、运输、金融等。

2. 美国农村专业合作组织的组织结构类型

根据组织成员的构成差异,美国农村专业合作组织有三种典型结构类型:① 中央集权型合作社,其组织成员是单个农户,服务区域集中在较小的地域范围内。② 联盟型合作社,它主要由多个合作社联合构成,绝大多数联盟合作社成员都是当地的中央集权型合作社。③ 混合型合作社,其组织成员既有个体农场主,也有其他合作组织。

3. 美国政府对农村专业合作组织的支持

美国政府强调,只支持那些遵循现代合作社原则的合作组织,要求使用者拥有合作社和使用者控制合作社,并按照合作社的业务量进行利益分配。通常情况下,美国政府支持农村专业合作组织发展的政策措施主要包括四点。

(1) 法律保护。例如,1922 年美国国会通过《卡帕-沃尔斯塔德法案》(Capper-Volstead Act),承认农业生产者在自愿基础上为共同利益结成协会的权利,并提供有限的反垄断豁免。

(2) 税收优惠。例如,美国税法规定,联邦政府对合作组织免征联邦所得税;享有联邦所得税优惠的非盈利组织也免征州所得税;主要业务是与社员进行交易的合作社免征公司所得税。

(3) 信贷支持。例如,1916 年美国国会制定《农业信贷法》,成立联邦土地银行;1923 年美国国会通过《中期信贷法》,帮助农场主解决农业危机中的短期贷款需求。值得强调的是,美国政府对农村专业合作组织的直接信贷支持很有限,主要集中在三个领域:① 通过援助中心,支持新建合作组织;② 提供直接补助和贷款,补贴公共事业合作社;③ 通过政府基金,对农村专业合作组织提供贷款担保。

(4) 技术援助。美国政府对农村专业合作组织的最主要支持就是体现在各种技术服务和技术援助方面,包括:合作组织的发展战略规划、联营方式、农业投资项目的可行性分析、合作组织运营状况、财务状况分析、项目预算、内部治理结构调整等。与此同时,美国政府大力支持对农业专业合作组织发展的调研和咨询项目,提出关于"农村专业合作组织发展"的七个关键问题:① 生产者想做什么?② 生产者想怎样去做?③ 生产者想得到什么?④ 什么利益最重要?⑤ 生产者如何平衡利益?⑥ 生产者取得成功需要什么?⑦ 什么是最合适的组织形式?

(二)日本模式

日本农村专业合作组织的特定称谓是"农业协同组合",它是直接代表农民利益和农村利益的社会组织,也是政府推行农业政策的准公共机构。

1. 日本农村专业合作组织的服务功能

主要包括六个方面:① 为农户成员提供生产资料和生活资料的购买服务;② 帮助农户成员进行农产品销售;③ 技术推广和生产服务;④ 农产品加工服务;⑤ 信用和保险服务;⑥ 为农户成员提供生活服务和社会服务。

2. 日本农村专业合作组织的类型

根据业务活动范围,日本农业协同组合分为两类:① 综合农业协同组合,业务范围包括农产品生产的产前、产中、产后,服务内容涉及农业生产指导、生产资料供应、农户借贷、农产品销售、农村卫生事业等。② 专业农村协同组合,专门经营一种农产品,业务范围集中在畜牧业、养殖业、加工业等。

3. 日本农村专业合作组织的组织架构

日本农业协同组合的组织架构包括三个层次:市(町、村)级、县(道、府、都)级、国家级。① 市级农业协同是基层组织,它们直接面对基层农民的生产和生活需求。② 县级农业协同组合包括县中央会和各种县联合会;县中央会负责对下属基层农业协同组合进行管理、监督、行政指导;县联合会则依据业务种类而设立,它对基层农业协同组合不具备领导和监督责任,而是对之进行业务支持和活动协调。③ 国家级农业协同组合与县级农业协同组合在组织搭配上基本对应,主要包括以行政指导为重点的农业协同组合全国中央会、以特定业务为重点的各种全国联合会。三者之间的关系如图3-1所示。

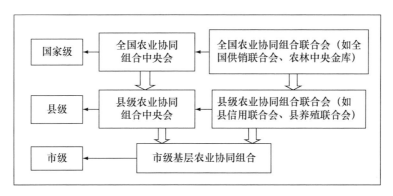

图3-1 日本农业协同组合的组织架构[①]

(三) 印度模式

印度农村专业合作组织是目前世界上最大的农业合作组织网络。据统计,印度全国有52.8万个农村合作组织,组织成员人数达到2.29亿,总运营资本为285 643亿卢比,覆盖范围是全国所有村庄和67%的农户。

1. 印度农村专业合作组织的类型

根据农产品的专业分工,印度农村专业合作组织主要分为六类:① 信贷合作社;② 生产合作社;③ 销售和消费合作社;④ 加工和仓储合作社;⑤ 生产资料供应合作社;⑥ 支持农业的工业合作社。

2. 印度农村专业合作组织的组织架构

主要包括四个层次:① 基层合作社;② 县级合作社;③ 邦级合作社;④ 国家级的中心合作社。印度合作组织的最高机构是印度全国合作社联合会,其成员包括21个全国性专业合作联合社和360个邦级联合社。

3. 印度政府对农村专业合作组织的支持

在印度农村专业合作组织的发展过程中,政府的作用主要体现在四个方面。

(1) 通过颁布法律来引导农村专业合作组织的发展方向。例如,印度政府

---

① 李建军、刘平主编,《农村专业合作组织发展》,中国农业大学出版社,2010,第141页。

先后制定《信贷合作社法》《合作社法》等。

（2）帮助农村专业合作组织制定发展战略规划。例如，印度政府成立"全印度奶业发展局"（National Dairy Development Bureau, NDDB）等管理机构，以项目实施形式帮助合作组织发展。

（3）通过信贷合作社直接提供资金支持。例如，截至2003年，印度的信贷合作社数量达到13.9万，占农村合作组织的27.8%；信贷合作社在20世纪90年代提供的农业信贷达到479亿卢比，占农村信贷总量的33%。

（4）通过教育和宣传，增强农民的合作理念。例如，印度全国形成较完整的合作社教育培训网络，包括国家级合作学院、邦级合作学校、区域性合作学校；自1997年以来，每年接受合作社培训的人数达到120万。

第二节　中国农村合作组织的历史演进

在中国农村合作组织的历史演进过程中，存在着专业合作组织与社区合作组织相互交叉的历史现象，很难将两者截然分开。事实上，在中国农村合作组织发展的早期阶段，社区合作组织的功能特征更加显著；在新中国社会经济体制改革之后，专业合作组织逐渐崛起，日益成为农村合作组织的重要类型，但中国农村地区仍然存在着大量社区合作组织。

基于这种考虑，本节将综合考察中国农村合作组织的历史演进过程，主要包括四部分：① 中国古代的公共物品供给机制；② 民国时期的农村合作组织；③ 新中国改革开放前的农村合作组织；④ 改革开放后的新型农村合作组织。

一、中国古代的公共物品供给机制

在中国文化传统中，"天人合一"与"社会和谐"始终是社会精英们追求的理想境界。实现这一社会目标的重要途径，就是为社会各阶层提供必需的"公共物品"，使之服从于"天命"和"王权"。从这个角度来看，"公共物品"在中国传统社会中始终占据着重要地位。本书认为，中国古代社会的公共物品供给主要有三种途径。

1. 土地制度

自古以来，对于中国农村居民而言，土地制度始终是最重要的社会保障机制。根据《文献通考》记载,萌芽于黄帝时期的"井田制"具有特定功能:"一则通地气,二则无费一家,三则同风俗,四则齐巧拙,五则通财货,六则存亡更守,七则出入相同,八则嫁娶相媒,九则无有相贷,十则疾病相救。"由此可见,由"井田制"而形成的"公田"能够提供一定的"公共物品"功能,它的部分谷物收获应当满足"疾病相救"等社会需要。事实上,土地制度对于中国农民的社会保障功能,至今仍然发挥着重要作用。

2. 政府机构

在传统中国社会,政府机构提供的"公共物品"主要集中在两方面:(1)社会救济方面。历朝历代的政府机构都对社会救济内容进行了一系列规定,例如,① 西周时期的地方政府机构强调的社会救济内容有六项:"一曰慈幼,二曰养老,三曰赈穷,四曰恤贫,五曰宽疾,六曰安富。"② 汉文帝规定赈穷和养老政策,要求"恤鳏寡孤独,假民公田,临时赈贷,移民就粟"。③ 宋朝设置"居养院"和"惠民仓"等救济机构。④ 明朝洪武年间颁布诏书,规定"民年七十岁以上者,许一丁侍养,免其杂泛差役"。⑤ 清代则举办育婴堂、义学、施粥厂、埋葬局等机构。①

(2)协助生产方面。由于中国古代社会具有强烈的农耕经济特征,因此协助生产的"公共物品"也集中在农业生产服务方面。例如,① 农田水利系统。早在《尚书·益稷》中就记载了"决九川距四海",讲述夏朝大禹带领百姓治水和改善农田水利系统的故事。② 防治虫害。自周代以来,中国农业社会就相当关注病虫害的防治问题;唐代设置了治蝗吏,宋代制定了治虫法规。

需要说明的是,虽然中国古代的政府机构强调提供公共物品,但公共物品的提供不是免费的,其成本必须由所有公民来共同承担。农民通过两种方式来承担公共物品成本:① 货币支出,即捐税;② 劳务支出,即"以工代赈"。事实上,农民为了换取政府机构提供的各种公共服务,往往付出高昂的货币支出和劳务支出;当他们无法忍受超出其支付能力的各种成本时,就会产生农民起义的初始动力。

3. 民间公共组织

中国古代农村公共物品的第三种供给途径是民间公共组织。源自农民自

---

① 李燕凌,《农村公共产品供给效率论》,中国社会科学出版社,2001,第111页。

发力量形成的各种民间组织,在保护地区安全和维持农业社会稳定方面具有重要作用。

(1) 协助农业生产。由农民自发形成的管理组织,因地制宜地解决了水利灌溉设施的维护问题。《考工记》具体记载了古代中国的沟洫制度,"九夫为井,井间广四尺深四尺谓之沟。方十里为成,成间广八尺深八尺谓之洫"。

(2) 保护地区安全。基于中国农村的宗族血统关系,农民自发组织的"护卫队",保护本乡本土的公共治安,使之免遭社会动荡的侵害。《后汉书集解》中曾记载:"王莽末,盗贼起,宗族闾里争往附之。伦乃依险固筑营壁,有贼,辄奋厉其众,引强持满以拒之,铜马、赤眉之属前后数十辈,皆不能下。"

(3) 提供教育机会。在中国古代的农村社会,通常由乡绅望族出面,设立私塾,招收同乡适龄子弟,讲授文章经典。通过这种"草根式"的教育组织,农村社会的贫寒子弟能够得到一定教育机会,通过读书考试途径,改变自身的社会地位和前途命运。事实上,私塾在中国农村一直长期存在,成为传承中国传统文化的重要途径。

值得强调的是,中国古代的农村公共物品供给制度与乡村社会的治权结构具有密切关系。根据梁方仲的观点,中国古代的乡村治理结构演变分为三个阶段:① 自秦汉至唐代中叶,主持乡村地方事务的管理人员,属于"乡官",他们拥有正规的官秩和俸给。② 自唐代末期至元代末期,乡村事务的管理者地位逐渐下降为"差役",并且没有正规的俸给。③ 自明清时期以来,"乡官"的地位进一步下降,只是由公家佥点的职役。① 正是由于中国古代的行政制度对乡村社会保持"放任态度","皇权不下县",使得大量的乡村地方事务只能依靠农村社会的居民们自发行动起来,进行自我服务。从这个角度来看,在中国古代的农村社会,公共物品的主要供给者是农民自己,他们自发形成的各种民间公共组织是满足农村社会公共需求的重要依托。

二、民国时期的农村合作组织

由于合作思想与中国传统文化具有相当的亲和力,当一些精英知识分子将合作理念从国外引入中国社会之后,在民间力量和政府力量的共同推动下,合

---

① 梁方仲,《明代粮长制度》,上海人民出版社,2001,第 58 页。

作组织迅速在中国场景中发展起来。从时间上来看,中国合作组织的正式出现是在民国时期;从地域上来看,农村地区的合作运动较为发达;从组织形式上来看,合作金融组织是合作组织的最初典范。考虑到本书的研究主题是"供给主体",因此主要从两个层面展开分析:① 民间力量,它构成了最初的合作思想启蒙和初始推动力;② 政府力量,它包括当时"执政"的国民党政权和"在野"的共产党政权,它们都对农村合作组织给予了相当支持。

1. 中国合作运动的开始

最早将合作思想引入中国社会的学者是薛仙舟,他被称为"中国合作运动导师"。薛仙舟曾先后留学于美国、德国、英国,深切感受到合作组织的社会改造能力;特别是在德国留学期间,他系统研究了德国合作组织,并逐渐形成在中国发展合作组织的思想理念。1910年薛仙舟回国任教于复旦公学之后,就以讲台为阵地,积极传播合作思想,在国内大力倡导合作运动。

正是在薛仙舟的倡导之下,徐沧水、朱进之、胡钧、王建祖等人相继撰文,宣传合作思想。在社会各界的共同努力下,民国时期涌现出中国合作组织的许多"第一":① 1918年3月30日,北京大学的胡钧教授及其学生创办"北京大学消费公社",拉开近代中国合作运动的序幕。[①] ②1919年10月22日,薛仙舟联合学界同仁,创办"上海国民储蓄银行",中国历史上第一个现代意义的合作金融组织由此诞生。[②] ③1923年6月,华洋义赈会在河北省香河县福音堂创设"香河县第一信用合作社",这是近代中国第一个农村信用合作组织。同时,由于华洋义赈会的社会影响较大,它倡导的农村低息贷款举措得到了社会各界的广泛认同。

2. 民间力量推动的农村合作组织发展

自20世纪20年代以来,中国社会的许多精英知识分子积极投身于合作运动思潮,组织乡村建设团体,兴办平民教育,掀起了"复兴农村和恢复经济"的合作运动高潮。其中影响最显著者,当属晏阳初主持的"河北省定县平民教育实验"和梁漱溟主持的"山东省邹平县乡村建设实验"。

(1) "河北省定县平民教育实验"。1924年晏阳初创立"中华平民教育促进

[①] 郭铁民、林善浪,《中国合作经济发展史》(上),当代中国出版社,1998,第72页。
[②] 胡振华,《中国农村合作组织分析:回顾与创新》,知识产权出版社,2010,第68页。

会"(简称"平教会"),意在通过教育途径来改造中国农村社会。晏阳初强调四种教育方式:① 以文化教育"治愚";② 以生计教育"治贫";③ 以卫生教育"治弱";④ 以公民教育"治私"。晏阳初认为,通过教育能够使农民"知自救",通过发展经济使农民"能自救",兼具教育和经济双重功能的最佳途径就是合作组织。

平教会推广的农村合作组织以信用合作为主,兼营购买、运销、生产业务;将农民个体力量组合起来,形成改造中国乡村社会的集体力量。正如张元善所言,平教会"从办平教而办合作,将来更会以经济组织——合作社为中心发展村治"。① 在平教会的不懈努力下,"定县平民教育实验"成为世界闻名的乡村建设实验区;其实验进程一直延续到1937年抗日战争爆发。

(2)"山东省邹平县乡村建设实验"。1931年梁漱溟在山东省邹平县创立"乡村建设研究院"。根据梁漱溟的观点,当时中国的最大问题是"文化失调",这是导致乡村社会发展缓慢的主要原因;要重塑中国文化和改造中国社会,就必须从"乡村建设"着手。他认为,乡村建设主要包括三方面:经济、政治、文化教育;其中的核心内容是经济建设,在农业社会中,经济建设的主要途径是"合作"。梁漱溟强调,中国社会是以家庭为社会组织细胞的"伦理本位和职业分途"的特殊社会,合作组织能够将农民的个体力量集合起来,共同发展农业经济和抵抗外国侵略。②

在上述思想的引导下,"乡村建设研究院"积极推动中国农村地区的合作运动。1931年研究院宣传推广脱籽美棉;1932年秋,研究院将最初试种脱籽美棉的219户农民组织为15个"美棉运销合作社";1932年邹平县被确定为"县政建设实验县";1935年梁漱溟相继担任邹平实验县县长和邹平实验县合作事业指导委员会委员长。由于邹平县"合作运动"的示范效应,乡村建设实验区的范围不断扩大:1933年7月增加菏泽13个县;1935年增加济宁14个县;农村合作组织发展迅速扩展到整个鲁西南地区。遗憾的是,这项运动也因1937年抗日战争爆发而中断。

---

① 张元善,《从定县回来》,载于《独立评论》,1934,第95页。
② 梁漱溟,《梁漱溟全集》(第一卷),山东人民出版社,1989,第611页。

3. 国民党政权倡导的农村合作组织发展

(1) 国民党政权对农村合作组织的重视由来已久：① 1919 年孙中山在《地方自治开始实行法》中提出："地方自治团体所应办者,则农业合作、工业合作、交易合作、银行合作、保险合作等。"这被视为国民党政权重视农村合作组织的起点。② 1927 年陈果夫组织编写《全国合作化方案》,提出："三民主义归结为民生主义……要实现民生主义,应该以国家的权力,用大规模的计划,去促成全国的合作化。"这就在理论上阐明了合作组织发展与三民主义的高度相关性,强调三民主义是合作组织发展的理论基础,合作组织发展是实现三民主义的必要途径。

(2) 为倡导农村合作组织发展,国民党政权颁布了一系列政策法规：① 1928 年 2 月,国民党第四次执监会通过《组织合作运动委员会建议案》,开始大范围宣传合作运动。② 1929 年 3 月,国民党第三次全国代表大会确定了开展民众运动的基本原则,强调"农村经济占中国国民经济的主要部分,今后之民众运动,必须以扶植农村教育、农村组织、合作运动及灌输农业新生产方法为主要任务"。③ 1931 年 5 月,国民会议通过《训政时期约法》,强调"为发展农村经济,改善农民生活,增进佃农福利,国家应积极……奖励农村合作事业"。① ④ 1931 年,国民党颁布实施《农村合作事业暂行条例》。⑤ 1932 年 12 月,国民党通过了"县政改革"和"地方自治改革"议案,制定《各县设立县政建设实验区办法》,规定各省自行选择实验地区,并可截留地方收入的 50% 作为实验经费。⑥ 1933 年 9 月,国民党中央政治会议规定了"合作社法十大原则",立法院据此起草《中华民国合作社法草案》,并于 1934 年 2 月 17 日颁布实施。

(3) 在政策法规的倡导下,国民党政权的各级机关积极支持农村合作组织发展：① 1935 年国民党政府在实业部设立合作司,集中管理全国合作组织。② 1936 年,在合作司的主持下,全国所有合作组织都完成登记注册手续,正式纳入统一管理行政系统。③ 针对农业发展资金缺乏问题,实业部等部门联合组建了全国性农业金融和供销组织管理机构——农本局。④ 针对工作人员缺乏问题,金陵、燕京、南开等大学开设合作课程,中央政治学院设立合作学院；1935 年 5 月,国民党中央党部设立中央合作指导人员培训所；各级机关还积极

---

① 秦孝仪,《抗战前国家建设史料——合作运动》,中国国民党中央党史委员会,1981,第 22 页。

兴办"合作讲习会",出版各种关于合作事业的专刊。⑤ 1940年8月,为配合抗日战争需要,国民党行政院颁布《县各级合作社组织大纲》,要求合作社设置与行政区域保持一致,每户必须入保,每保一社,每保合作社加入乡(镇)合作社,乡合作社加入县联社,由此增强政府机构对农村合作组织的控制力度。

需要强调的是,正是由于国民党政权试图控制农村合作组织发展的强烈动机,使得农村合作运动的发展方向逐渐发生偏移,它已经逐渐演变为由政府机构主导的农村社会变革运动。这种行政力量主导的农村合作组织发展运动,并不是建立在民间自发意愿的基础上,而是通过"自上而下"的管制行动来巩固政权目标,从而使得农村合作组织逐渐成为国民党政权控制农村社会和统制农村经济的政策工具,其经济效果和社会意义受到限制,无法根本改变中国农民的生存状态。

4. 共产党政权倡导的农村合作组织发展

(1) 中国共产党对农村合作组织的关注源于革命实践。① 在20世纪20年代的"广州农民运动讲习所",每期都由共产党教员讲授"农村合作"课程。② 1923年共产党领导的海陆丰农民运动中,建立了农民协会和农民消费合作社。③ 1928—1937年间,为应对国民党的长期经济封锁,共产党在苏区号召农民"自力更生,生产自救",鼓励他们在个体经济基础上进行互助合作,自愿组织劳动互助社、耕田队、消费合作社、犁牛合作社,以调剂劳动力和耕牛。④ 为解决农村发展资金短缺问题,1939年山西抗日根据地建立了"农民低利借贷所",1945年建立了正式采用"信用合作"名称的农村金融合作组织。

(2) 实践需要理论的引导,理论需要政策的支撑,中国共产党在长期的革命斗争和农民运动过程中,不断深化对农村合作组织的认识。① 1927年毛泽东在《湖南农民运动考察报告》中提出:"合作社,特别是消费、贩卖、信用三种合作社,确是农民需要的。"② 1932—1933年,苏维埃政府相继颁布了《合作社暂行组织条例》《合作社工作纲要》《合作社发展大纲》等文件。③ 1949年毛泽东在中共中央七届二中全会的报告中指出:"必须组织生产的、消费的、信用的合作社和中央、省、市、县、区的合作社的领导机关。"

三、新中国改革开放前的农村合作组织

新中国成立之后,政务院在1950年年初设立了"中央合作事业管理局",并

于同年7月成立"中华全国合作社联合社",统一指导全国性的合作运动。自1949年到1952年,新中国进行了大规模的土地改革,以实现农民世代期望的"耕者有其田"。截至1952年年底,除新疆、西藏和部分边远地区,全国基本完成土地改革。然而,"天下事了犹未了",一个问题解决之后,又会相应地产生另一个新问题。以农户为单位的个体生产方式,缺乏大牲畜、大农具,制约着农业生产能力的持续提高。针对这种情况,中国共产党又提出了"农业合作化道路"的政策方针,由此开始了农村合作组织发展的新时代。

根据农业生产资料的归属主体差异,考虑地方行政机构对农村社会的控制程度,本书将新中国改革开放前的农村合作组织发展分为两个时期:① 在互助组、初级生产合作社、高级生产合作社时期,农村地区的生产资料由农户"个体拥有",逐渐转变为农村"集体所有"。② 在人民公社时期,农村基层社会组织不仅是农业经济的基本单位,更全面控制着农村地区的经济、文化、教育、军事等诸多方面。

1. 互助组、初级生产合作社、高级生产合作社时期

自1952年完成土地改革之后,新中国政府对农村合作组织发展采取了"三步走"战略,三个阶段的具体内容如下。

(1) 互助组阶段(1952年至1953年年底)。1951年12月,中共中央颁布《关于农业生产互助合作的决议(草案)》,提出在尊重个体经济和劳动互助的基础上,按照自愿互利原则,在农村地区建立具有社会主义萌芽性质的农业生产互助组。截至1952年年底,全国参加互助组的农户占农户总数的39.9%。

(2) 初级生产合作社阶段(1953年年底至1955年上半年)。1953年12月6日,中共中央颁布《关于发展农业生产合作组织的决议》,号召在互助组基础上,发展以土地入股分红为主要特征的初级生产合作社。在决议的指导下,全国农村合作组织进入迅速发展阶段,具有半社会主义性质的农业生产合作社快速增加,其数量由1953年12月的14 000猛增到1954年春的95 000,远远超过预计的35 800。

(3) 高级生产合作社阶段(1955年下半年至1956年年底)。① 1955年7月31日,毛泽东发表《关于农业合作化问题》,标志着农村合作组织发展逐渐进入高潮阶段。② 1955年10月的中共中央第七届六中全会通过《关于农业合作化问题的决议》,极大地推动了农业合作化运动。③ 1956年6月通过的《高级

农业生产合作社示范章程》规定,高级生产合作社是在初级生产合作社基础上发展起来的,它是重要的集体经济组织。截至1956年春,全国参加合作社的农户比例增加到90%以上;到1956年年底,高级生产合作社的数量增加到54万个,占入社总户数的87.8%。

值得注意的是,在农村合作组织形式的演变过程中,生产资料的归属性质也逐渐变化:① 互助组阶段保留了农户个人对生产资料的所有权和使用权;② 初级生产合作社阶段承认生产资料的所有权,但其使用权由集体拥有;③ 高级生产合作社阶段则直接废止了生产资料的私人所有权。

更加重要的是,该时期农村合作组织的演变过程带有强烈的政府行为特征,各级政府推动农村合作组织发展的主要方式是阶级斗争和政治工作手段。由此导致的结果是不佳的,1956年秋季之后,中国农村地区出现了退社风波。这引起了政府高层的思考,试图放慢农村合作化步伐,寻求一种更新的农村基层组织形式,推动农村经济发展和维持农村社会稳定。

2. 人民公社时期

自1956年年底到1957年,新中国政府高层都在不同场合提出,应该认真思考农村合作组织的发展方向。然而,1958年之后,一种集体化性质更强的组织形式逐渐兴起,这就是"人民公社"。

1958年7月,陈伯达在《红旗》上发表文章《全新的社会,全新的人》,第一次公开使用"人民公社"名称。最早形成公社体制的基层典型,是因"放卫星"而闻名的河北省遂平县嵖岈山卫星集体农庄,它第一次提出"组织军事化、行动战斗化、生活集体化"的公社模式。河南省新乡县七里营人民公社则是第一家正式命名为"人民公社"的农村基层组织,时间是1958年8月1日。

1958年8月29日,中央政治局北戴河会议通过《关于在农村建立人民公社问题的决议》,决定将各地的高级农业生产合作社,升级为政社合一的人民公社。这就在政策层面确立了发展人民公社的行政合法性。在随后的几个月时间里,全国74万个农村合作组织被"改造"为2.6万个人民公社,参加的农户数量达到1.2亿户,覆盖面达到99%以上。由此之后,中国农村地区的政治、经济、文化完全被纳入政府的高度控制范围之中,直至1978年中国改革开放。

伴随着人民公社的发展过程,出现了许多具有中国特色的历史问题,例如,

"大跃进""大锅饭"……国内外学者也对此给予了高度关注,提出了各种观点。例如,针对"人民公社的组织行动目标和行动能力"问题,林毅夫提出了"退出权假说"。这些观点对于中国农村合作组织发展的现在和未来,都具有重要的借鉴意义。当然,由于研究主题的限制,本书对此无法进行详细分析。

四、改革开放后的新型农村合作组织

随着新中国社会经济发展和政策调整,农村合作组织逐渐形成日益行政化的大量"合作组织",主要包括供销合作社、信用合作社。自1978年中国社会经济体制改革以来,农村地区又出现了专业协会、专业合作社、股份合作社等各种新形式的合作组织,学界将之统称为"新型农村合作组织"。① 根据中国社会经济改革的进程,改革开放后的新型农村合作组织发展分为三个阶段。

1. 第一阶段(1978—1992年)

自1978年"小岗村"拉开中国经济体制改革序幕之后,中国政府启动了两项农村改革措施:"家庭联产承包责任制"和"农副产品市场化改革"。它们构成了新型农村合作组织发展的重要原因:① "家庭联产承包责任制"重新确立了农民个体利益在农业生产中的基础地位,使农民个体具有联合行动的能力;② "农副产品市场化改革"则大幅度提高了农副产品价格,加强了农民与市场的结合程度,使他们产生互助合作的愿望。

事实上,正是在政府力量和民间力量的共同推动下,农户个体纷纷联合起来,形成了各种形式的互助合作组织,其活动领域主要是种植业和养殖业。随着人民公社体制的解体,新型合作组织在农村地区社会经济发展中变得越来越重要,也得到了政府层面的日益重视。① 1983年10月,中共中央发布《关于实行政社分开建立乡政府的通知》,要求各地废除"人民公社",建立乡党委、乡政府、乡经济合作组织。② 1984年,中共中央1号文件指出,为协调统一管理和分散经营,各地应建立以土地公有为特征的地区性合作经济组织。③ 1986年,中国科协提出,把推动合作组织发展作为农村科普工作的重要内容。④ 1987年,国务院55号文件强调:"在自愿原则下,组织生产者建立不同产品的生产专业协会,或按照合作社的组织原则,建立专业合作社。"⑤ 1987年,中共中央正

---

① 胡振华,《中国农村合作组织分析:回顾与创新》,知识产权出版社,2010,第89页。

式启动"中国农村改革试验区",将"合作经济组织与基本经营制度建设"作为重要项目之一。

2. 第二阶段(1992—2006年)

1992年邓小平南方谈话之后,中国社会逐渐确立了"社会主义市场经济体制"的改革目标,农村经济的市场化程度也不断增强。为了解决"小农民与大市场"之间的矛盾,农村地区需要大量有效的组织载体,以连接农户个体生产经营与市场交易,这就极大促进了新型农村合作组织发展。

截至1992年年底,全国共有专业合作组织13万个,社员500万人。其中,地区性合作组织800多个,全国性专业合作组织24个。该阶段的主要特征包括:① 发起者主要是能人和专业大户;② 活动内容主要是技术合作;③ 组织形式主要是农村专业技术协会。

针对新型农村合作的发展方向问题,政府层面采取了一系列相应措施:① 1993年国务院明确规定,农业部是指导农村专业合作与联合组织的行政主管部门。② 1994年,农业部与相关部门共同起草《农民专业协会示范章程》。③ 1994年,农业部与中国科协联合发布《关于加强对农民专业技术协会指导和扶持工作的通知》。④ 1995年,中共中央发布《关于深化供销合作社改革的决定》,把发展专业合作社作为供销合作社改革的重要措施。⑤ 1998年11月,第九届全国人大常委会第五次会议通过《中华人民共和国村民委员会组织法》,促进了农村合作组织在活动内容和组织形式上的创新。⑥ 2005年,中共中央1号文件《中共中央国务院关于进一步加强农村工作提高农业综合生产能力若干政策的意见》指出:"集体经济组织要……同其他专业合作组织一起,发挥连接龙头企业和农户的桥梁和纽带作用。"

根据农业部统计,截至2005年年底,全国范围内的较规范农村专业合作组织数量已经超过15万个,成员数量达到2363万人,占全国农户总数的9.8%。

3. 第三阶段(2006年至今)

2006年中共中央1号文件《中共中央、国务院关于推进社会主义新农村建设的若干意见》强调:"积极引导和支持农民发展各类专业合作经济组织……建立有利于农民合作经济发展的信贷、财税和登记等制度。"这就确立了新型农村合作组织发展的宏观场景。

正是在这样的宏观经济背景下,关于新型农村合作组织的行政法规相继出台：① 2006年10月31日,十届全国人大第24次会议通过《中华人民共和国农民专业合作社法》,正式确立了农村专业合作社的法律地位。② 2007年中共中央1号文件《中共中央国务院关于积极发展现代农业、扎实推进社会主义新农村建设的若干意见》强调:"认真贯彻农民专业合作社法,支持农民专业合作组织加快发展。"③ 2007年5月28日,国务院颁布《农民专业合作社登记管理条例》。④ 2008年中共中央1号文件《中共中央国务院关于切实加强农业基础建设,进一步促进农业发展、农民增收的若干意见》强调:"积极发展农民专业合作社和农村服务组织。……各地财政要继续加大对农民专业合作社的扶持……支持发展农业生产经营服务组织……鼓励发展农村综合服务组织……农村社区服务中心和公益服务站。"

该阶段的新型农村合作组织发展呈现出三项显著特征:(1)重点发展农村金融合作组织。由于资金融通在农产品生产和经营中的重要作用,金融组织逐渐成为农村合作组织的重要内容之一。① 2006年3月25日,浙江瑞安组建新中国第一家综合性农村合作组织——瑞安农村合作协会,兼具农村金融、农产品生产、农产品流通功能。② 自此之后,各种类型的农村资金互助组织和担保公司大量涌现,扩大了农村地区的融资担保范围和融资渠道,通过多种组织之间的竞争活动提高了融资效率。

(2) 根据农村经济发展现实,逐步调整农村基本经营制度。① 十七届三中全会提出了农村基本经营制度的转变方向:一是由"家庭经营"转变为"注重技术改进";二是由"统一管理"转变为"发展农户联合"。② 在实践过程中,农村地区逐渐形成"公司+合作组织+农户"的利益共同体,农户生产初级农产品,公司进行加工生产次级农副产品,合作组织则成为连接上下游生产的中介组织。

中国农村合作组织的历史演变过程带有显著的历史痕迹,不同时期的农村合作组织具有不同的功能和结构:① 在中国社会经济体制改革之前,农村合作组织主要是政策执行工具,它是中国农村行政管理体系的末端。② 在中国社会经济体制改革之后,农村合作组织主要承担着市场中介职能,连接着"农户个体生产"和"市场交易"的两端,也连接着农业生产的上下游领域。

在考察中国农村合作组织的历史演变过程中,最关键的问题是理解"社会经济场景多样性与组织形式多样性的匹配"。对此,奈特给出了最好的解释:

"在一个基本社会里,所有能想到的组织形式都能找到自己的位置,问题在于哪种形式最适用于已确定的任务和社会为达成这一任务的活动范围。"①

第三节 转型期中国农村专业合作组织发展的现实困境

通过介绍世界各国农村专业合作组织的发展模式,本书确定了中国农村专业合作组织发展的"经度";通过考察中国农村合作组织的历史演进,本书确定了中国农村专业合作组织发展的"纬度"。根据"经度"和"纬度"的两个维度,中国农村专业合作组织被锁定在目前的"社会经济体制转型"场景中。

当历史与现实发生冲撞的时候,真实世界的各种可能性发生了。在真实世界的现实场景中,中国农村专业合作组织发展面临着许多阻碍因素,呈现出各种表面现象。本书试图透过这些表面现象,剖析其背后的深层次原因。本书将这些表面现象概括为三个方面:① 从整体发展状况来看,目前中国农村专业合作组织呈现出覆盖范围小和发展不平衡的特征;② 造成这种现象的直接原因是农村专业合作组织的活动能力较弱;③ 从组织内部结构来看,影响农村专业合作组织活动能力的主要因素则是产权制度和管理机制。

一、现实困境之一:覆盖范围小和发展不平衡

自中国社会经济体制改革之后,农村专业合作组织发展速度很快。然而,从整体发展状况来看,目前中国农村专业合作组织的发展程度仍然较低,主要表现为覆盖范围小和发展不平衡。

1. 覆盖范围小

根据农业部的统计数据,截至 2007 年,中国农村专业合作组织的数量约占村落总数的 22%,参加合作组织的农户数量约占农户总数的 9.8%。与世界范围的其他国家相比,美国的每个农户平均参加 2.6 个专业合作组织,日本有 90% 的农户参加农村专业合作组织,印度等亚洲国家农民参加专业合作组织的比例也达到 30%—60%。② 由此可见,中国农村专业合作组织的发展程度远远

---

① 奈特,《风险部确定性与利润》,安佳译,商务印书馆,2006,前言。
② 韩俊,《中国农民专业合作社调查》,上海远东出版社,2007,第 10 页。

低于这些国家,尚有许多农村地区缺乏专业合作组织提供的公共服务。

同时,"覆盖范围小"的另一层含义是,单个农村专业合作组织的规模较小,只能覆盖某个乡或某个村,缺少跨越村、乡、县界限的农村专业合作组织,跨省的农业专业合作组织更加少见。① 正是由于目前中国农村专业合作组织缺乏足够规模,覆盖范围较小,才导致它远远无法满足现代农业发展和农户增收的现实需要。

2. 发展不平衡

中国农村专业合作组织的发展程度较低不仅表现在数量层面,而且表现在结构层面。从全国范围来看,农村专业合作组织的分布范围呈现出结构层面的严重不平衡。

(1) 区域分布不平衡。多数农村专业合作组织集中在发达地区,而欠发达地区则缺乏农村专业合作组织的有效支持,这也是欠发达地区经济落后的重要原因。

(2) 产业分布不平衡。① 目前中国农村专业合作组织主要集中在种植业、养殖业、加工业、运输业,其中种植业占47.6%,畜牧业占24.7%,渔业占5.1%,农业服务业占4.1%。② 在种植业的农村专业合作组织中,粮食业占30%,蔬菜业占60%。③ 在农业服务业的农村专业合作组织中,加工服务业占5.5%,仓储运输服务业占11.4%,产加销综合服务的专业合作社占34.3%。② 由此可见,多数农村专业合作组织集中在初级农产品生产领域,而在流通领域的农村专业合作组织数量严重不足,这制约着农产品生产的业务空间和农民增收能力。

二、现实困境之二:公共服务能力弱

为什么目前中国农村专业合作组织的发展程度不高呢? 如果暂时不考虑外部环境的影响,那么农村专业合作组织自身的活动能力就是决定其发展程度的关键因素。事实上,正是由于目前中国农村专业合作组织的自身能力较弱,未能充分满足农户生产经营的各种需要,没有得到农村社会的全面认可,因此

---

① 吕新业、卢向虎,《新形势下农民专业合作组织研究》,中国农业出版社,2008,第66页。
② 周祥、徐万彬,《农村流通现代化的路径:大力发展农村合作组织》,载于《商场现代化》,2007(8)。

其发展空间受到相当限制。

针对目前中国农村专业合作组织的活动能力问题,本书将从两个层面进行分析:① 现象层面,主要体现在技术服务、销售体系、资金运营等方面;② 原因层面,主要从农村专业合作组织的成员"异质性"角度,探究各种异质成员之间的利益冲突,进而解释组织运行成本偏高和活动能力较弱的原因。

1. 公共服务能力弱的表现

农村专业合作组织是"个体行动的联合",其行动目标是实现组织成员的共同利益。从这个角度来看,农村专业合作组织的活动内容属于"公共服务"范畴,着眼于搭建信息交流和生产联合的"公共平台",提供单个农户无法通过独立行动获得的社会资源。当然,目前中国农村专业合作组织与这个目标之间还存在着相当距离,其公共服务能力有待继续提高,主要表现在三个方面。

(1) 技术服务方面。在目前中国农村地区,多数专业合作组织只能提供一般性的技术信息和专业知识咨询,无力向农户推广新产品和新技术,远远不能满足广大农户的多层次需要。由于缺乏专门的技术人才,多数专业合作组织仍然只能通过当地政府的农业技术推广部门获得技术信息,缺少与科研院所、涉农企业的技术联系;这就限制着农业生产领域的技术创新,使得农户成员无法通过及时调整生产技术来增加收入。

(2) 农产品销售渠道方面。对于发达地区的农村专业合作组织而言,其重要功能之一是提供农产品销售的有效渠道。针对农户成员的现实需要,农产品销售渠道主要包括两个层面:① 无形层面,集中体现为市场销售信息缺乏。农村专业合作组织应当为农户成员提供市场销售前景预测和实时市场交易信息,特别是对市场价格变动、不同地区的市场供求状况进行及时的信息传递。② 有形层面,集中体现为销售体系残缺。由于缺乏业务能力较强的农产品销售人员和成熟稳固的销售网络,农户成员可能面临着"增产不增收"的局面,形成"谷贱伤农"的后果。事实上,国外农村专业合作社在发展初期,主要目的就是解决生产与销售的衔接问题,使得"小农户"与"大市场"能够实现有效对接。

(3) 生产要素方面。单个农户面临着生产要素缺乏的难题,主要体现在三方面:① 化肥和农药的缺乏,如果没有正规渠道来保证化肥和农药的质量,农业生产的正常进行就不可能实现。从这个角度来看,农村地区的技术推广部门和供销社应当承担必要责任。② 农业机械的缺乏,由于单个农户缺少大型农业机械,这就制约着农业生产的规模化经营,难以有效提高农业生产效率。③ 资金运营困难。事实上,单个农户在生产经营中面临着的最大障碍是资金缺乏,资金运营能力也是影响农村专业合作组织的公共服务能力的最重要因素。许多农户在扩大生产规模时,都存在着从家庭外部获取资金的需求。遗憾的是,现有的农村金融服务体系未能充分满足这种需求。如果农村专业合作组织能够通过"公共服务平台"提供资金融通的调剂渠道,这对农户生产和农村经济发展都是相当有益的事情。然而,虽然目前农村金融体系和农村专业合作组织正在为此进行相应的业务调整和制度创新,但真正解决农户资金难题还需要一个相当漫长的过程。

事实上,目前中国农村专业合作组织的自身资金也相当缺乏。根据国务院农村发展中心的调查结果,截至2004年年底,在所有注册登记的农村专业合作组织中,营运资金为10万元以下的占31.13%,营运资金为10万—50万元的占37.74%,营运资金为50万—100万元的占12.26%。就农村专业合作组织的公共积累而言,平均每个组织的公共积累为23.49万元,但大部分组织的公共积累都在5万元以下。① 由此可见,目前多数中国农村专业合作组织面临着较大的资金瓶颈,且很难从银行或信用合作社获得借贷资金,这就极大地限制了它们的业务范围和公共服务能力。

2. 公共服务能力弱的深层次原因

如果只从农村专业合作组织自身来看,公共服务能力弱的深层次原因主要是内部成员的异质性。根据黄胜忠的观点,农村专业合作组织的内部成员异质性主要体现在两方面:资源禀赋影响着组织成员的行动能力;行动动机则影响着组织成员的主观愿望,两者共同决定着组织成员的实际行为。② 由于存在着组织内部成员之间的异质性,不同参与主体之间将会形成复杂的博弈局面,从而增加组织运行成本,降低农村专业合作组织的运行效率和公共服务能力。

(1) 资源禀赋的异质性。在目前中国农村专业合作的博弈格局中,不同参与主体占据着不同资源优势,由此决定着它们的谈判能力。根据现代农业生产

---

① 韩俊,《中国农民专业合作社调查》,上海远东出版社,2007,第192页。
② 黄胜忠,《转型时期农民专业合作社的组织行为研究:基于成员异质性的视角》,浙江大学出版社,2008,第61页。

的特点,资源禀赋主要体现在四方面:① 自然资源。农户成员拥有承包土地的经营自主权,但这种权利仅局限于乡村集体组织所规定的"承包土地"范围内,缺少增加"承包土地"和扩大经营规模的合理途径。② 资金资源。农村金融合作组织掌握着大量资金资源,如果这些资金资源不能顺利转化为农业生产资本,它将会丧失可能获得的资本增值;但根据现有的金融管理条例,农村金融合作组织不得不在资金借贷方面保持高度谨慎。③ 人力资源。专业技术人员和市场销售人员具有一定的人力资源优势。他们都是农业生产服务的提供者,他们必须与农户生产进行紧密结合,才能将人力资源优势转化为现实生产力,从而在服务农业生产的过程中,获得相应的利益回报。④ 社会资源。在中国农村地区,传统文化所构建的"关系型社会"特征显著,非正式制度发挥着重要作用。在农村专业合作组织的发展过程中,具有较高社会威望和较广人际关系网络的"精英"构成了该组织的核心成员。毫无疑问,这种"精英"角色的扮演者往往也是乡村行政部门的管理者,至少与基层政府部门保持着密切联系。

(2) 行动动机的异质性。参与者的主观动机决定着他们的行动方向和行为方式,在农村专业合作运动中,涉及多方面的参与者,他们的主观动机存在着显著差异。具体体现在:① 多数小农户参加专业合作运动的动机是保证农产品销路和增加收入;② 生产大户的动机是扩大生产规模和增加销售量,增强市场谈判地位;③ 运输大户的动机是转换营利模式,通过品牌营销和质量标准化,实现稳定收益;④ 涉农企业的动机是获得稳定的原料供应,并取得政府部门的财政支持和税收优惠;⑤ 基层政府部门的动机是增加部门利益,提高部门官员的政治收益和货币收益。①

综合而言,在任何博弈格局中,"愿意"和"能够"始终是博弈分析的核心内容。根据目前中国农村专业合作组织的内部成员异质性分析,各种不同的参与主体应当具有不同的角色定位:① 多数小农户是农村专业合作组织的普通成员,他们构成组织运行的基础力量;通常情况下他们扮演着"惠顾者"角色,根据惠顾量获得相应的返还收益。② 专业大户和基层政治"精英"通常扮演着农村专业合作组织的领导者角色,他们掌握着市场销售渠道、生产技术、社会人际网

---

① 黄胜忠,《转型时期农民专业合作社的组织行为研究:基于成员异质性的视角》,浙江大学出版社,2008,第63页。

络等关键资源;同时,与普通小农户相比,他们可能具有更强的组织管理能力,能够更好地利用专业合作组织提供的"公共服务平台",带动更多农户走上富裕之路。③ 涉农企业和基层政府部门通常扮演着重要的协作者角色,他们可以利用手中掌握的各种资源来影响农村专业合作组织的发展方向。

事实上,在某些农村地区,涉农企业和基层政府部门也可能成为创建农村专业合作组织的主导力量,并由此成为组织领导者。从这个意义上讲,农村专业合作组织的内部成员实际上只有两类:① 普通成员,主要是多数小农户,他们是博弈格局中的"行动追随者";② 核心成员,主要包括专业大户、涉农企业、农村基层政府部门,他们是博弈格局中的"行动引领者"。

根据组织成员异质性分析,目前中国农村专业合作组织的公共服务能力较弱就不再是一个难以理解的命题:① 多数小农户只是农村专业合作组织的普通成员,他们无法影响组织行动的基本策略。这就存在着一种可能性:核心成员利用"农村专业合作组织"的名义,扩大自身利益,而将多数小农户的共同利益置于一旁,其结果必然不符合农村专业合作组织的公共服务功能。② 各种核心成员拥有不同的资源优势,他们之间的"内部争斗"将会增加专业合作组织的运行成本,减弱其活动能力。

进而言之,无论是政府力量,还是民间力量,都希望通过农村专业合作组织提供的"公共服务平台",推动农村经济发展和农村社会进步。这一目标能否实现,主要取决于农村专业合作组织的行动能力;后者又依赖于它获取资源和整合资源的能力,这两种能力的结合才能构成现实的"生产力"。在中国农村地区,拥有更强资源整合能力的"主导力量"应当成为农村专业合作组织的领导者,它应当积极寻求其他资源拥有者的支持,从而有效提高农村专业合作组织的运作效率。至于这种"主导力量"是核心成员中的哪种组织,各地可以有不同选择,重要的是适合当地的实际情况和社会经济发展需要。

三、现实困境之三:组织内部机制不合理

沿着前文的分析思路,探究中国农村专业合作组织缺乏较强公共服务能力的原因,可以从组织内部机制和组织外部环境两方面进行考察。如果将视线集中在农村专业合作组织自身,透过外在表现形式,深入到组织内部的制度安排,由此得到的一系列结论更具有针对性和解释能力。对于目前中国农村专业合

作组织而言,组织内部的制度安排问题主要体现在两方面:一是产权制度,二是管理机制。两者互为表里,共同决定着农村专业合作组织的自我发展能力。

1. 产权制度

目前中国农村专业合作组织的产权制度呈现出模糊特征,主要表现在三方面:(1) 农村专业合作组织的法人财产权利未能得到有效认可。虽然2006年的十届全国人大第24次会议已经审议通过《中华人民共和国农民专业合作社法》,正式确立"农村专业合作社"的法律地位,但对于哪些农村专业合作组织属于"农村专业合作社",在实践过程中还存在着许多争议问题。事实上,大量的农村专业合作组织是自发形成的,并未到行政管理部门进行正式登记,更不符合"农村专业合作社"的严格条件[①];它们无法享有国家法律赋予"农村专业合作社"的各种法律权利,这就制约着它们的业务活动能力。

例如,四川省成都市五通桥区的"花卉和林木种植协会"(简称"花木协会")与花卉批发商建立了稳定的合作关系,协会成员的近四分之一花卉产品直接销售给批发商,直接降低了交易成本,使得协会成员的收益增加。然而,根据现有的法律规定,"花木协会"不具有法人资格,不能直接签订商业合同。无奈之下,"花木协会"只好注册成立"五通桥区花卉和林木有限责任公司",实际上增加了组织管理的复杂性,也埋藏着未来产权纠纷的可能性。[②]

(2) 农村专业合作组织中的个人产权模糊。在专业合作组织的创建过程中,由于程序方面的缺陷和合作原因的多样性,整个专业合作组织的产权并未明确到个人层面,也没有详细规定单个成员的权利和义务。随着农村专业合作组织的规模扩张,更多的资金和成员进入到专业合作组织,个人产权模糊的问题也会越来越突出。

例如,内蒙古自治区武川县的"哈乐镇种薯协会"(简称"种薯协会")由哈乐镇科技站在2004年3月发起成立,科技站工作人员共同入股9万元。种薯协会与会员农户之间订立合同,做出两项规定:① "借一还二",即春播时,农户向种薯协会借种1公斤;秋收后,农户向种薯协会还薯2公斤;② "超额回收制",即种薯协会按照高于市场价格0.1元/公斤的收购价格回收会员农户收获的马

---

① 胡振华,《中国农村合作组织分析:回顾与创新》,知识产权出版社,2010,第170页。
② 世界银行,《中国农民专业协会回顾与政策建议》,中国农业出版社,2006,第33页。

铃薯。然而,虽然"种薯协会"的项目运作很成功,当年盈余 13 万元,并且获得了地方政府提供的 10 万元专项推广资金;但由于科技站工作人员的资金股份、会员农户的收益返还比例等权利没有事先妥善安排,使得"种薯协会"的经营盈余无法得到合理分配,直接影响到股东和会员农户继续参与的积极性。与之相对应,如果农村专业合作组织经营失败,也无法追究相关的经营责任。[①]

(3) 农村专业合作组织与其他相关组织的产权边界模糊。这个问题涉及农村专业合作组织的初始发展方式。在中国改革开放之后,为了迅速推动农村专业合作组织发展,一些地方采取"外力推动"方式。典型的农村专业合作组织发展途径,就是由地方政府的某个职能部门牵头,由社区范围的集体经济组织主导,共同成立农村专业合作组织。然而,在组织创建初期,由于各种参与者没有对合作组织的原始资产进行明确界定,也就导致新增资产难以进行准确分割,随着该合作组织的业务范围拓宽和经济收益增加,产权边界模糊问题将会越来越严重。

2. 管理机制

在特定产权制度的基础上,目前中国农村专业合作组织的管理机制也存在着一定缺陷,主要表现在两方面。

(1) 缺乏完善的成员参与机制。农村专业合作组织的基本理念是"合作"思想,众多个体农户联合起来,共同构建生产要素交流平台和市场交易平台。从这个角度来看,这种组织的核心力量是"联合行动",它要求个体农户积极参与农村专业合作组织的运行过程。遗憾的是,由于产权制度的不健全,目前许多中国农村专业合作组织缺乏完善的成员参与机制;除核心成员之外,众多的小农户成员较少参加组织管理活动,甚至很少参与专业合作组织的各种运作项目。当然,众多的小农户成员也就较少有机会享受专业合作组织提供的各项生产经营服务。

(2) 缺乏高效率的决策机制。"高效率"意味着两层含义:一是尽可能降低决策成本,二是尽可能增加决策收益。从决策收益的角度来看,农村专业合作组织应当按照合理程序,提供合理的决策方案;在决定各项事务处理意见的同时,也明确各方参与主体的相应权力和责任。

---

① 韩俊,《中国农民专业合作社调查》,上海远东出版社,2007,第 197 页。

事实上,正是由于没有构建合理的决策机制,直接导致目前中国农村专业合作组织的运作效率低下局面。主要体现在:① 由于缺乏明确的利益分配和责任追究制度,许多农村专业合作组织的经营盈余无法按照"交易额"原则进行合理返还,导致小农户成员的利益无法得到有效保护。① ② 由于缺乏民主监督机制和权力制衡机制,虽然许多农村专业合作组织设置了会员代表大会和理事会,但在实际操作过程中,专业合作组织往往被专业大户或基层政府官员控制着,"集中有余"而"民主不足"。

进而言之,目前中国农村专业合作组织的内部机制方面还存在着许多有待改善之处。例如,① 财务管理制度不健全,会计账目没有公开,资金运作的随意性大;② 专业合作组织的进入门槛较低,组织成员的内部纪律混乱;③ 缺乏长期发展规划,注重短期利益;④ 缺乏高层次的资源整合和社会资本积累,满足于低层次的生产经营服务。

综合考察中国农村专业合作组织发展的现实困境,仅仅从农村专业合作组织自身来看,前文所言的三个方面无疑是最主要问题。这三个方面构成"由表及里"的递进关系:① 最表面的直观现象是目前中国农村专业合作组织的发展程度较低;② "发展程度较低"的直接原因是这些农村专业合作组织没有发挥本应该具有的组织功能,缺乏足够的公共服务能力;③ "公共服务能力弱"的深层次原因是组织内部的制度安排不完善,未能充分体现各种参与主体的真实意愿,未能真正实现"个体力量的联合"。

需要强调的是,本书的假设前提是"仅仅从农村专业合作组织自身来看",无疑具有很强的理论假设气息。本书只选取这个侧面进行分析,实际上是假定这些农村专业合作组织能够有效控制外部生存环境,或者它们与外部环境之间没有交互影响。做出这种假定的唯一原因,就是希望更加深入而清晰地展示目前中国农村专业合作组织发展的各种问题,而不是简单地将之"透过"于社会经济环境。

当然,没有任何组织可以脱离特定的社会经济环境,它们的生存状态和未来发展状态都是特定历史场景的产物。正是从这个意义上来讲,中国农村专业合作组织发展的现实困境是多方面原因综合作用的结果,这种结果不仅受到组

---

① 李建军、刘平主编,《农村专业合作组织发展》,中国农业大学出版社,2010,第170页。

织自身运行状况的影响,也体现着中国社会经济体制转型过程中的一系列现实矛盾。

第四节 转型期中国农村专业合作组织的发展策略

特定环境条件下的任何组织发展都是一个不断检验"适应性"的过程。在中国社会经济体制转型的历史背景下,农村专业合作组织的现实发展策略也必须纳入这种检验"适应性"的分析框架。根据制度环境与组织形态之间的"适应性"关系,下面将从两个角度来分析转型期中国农村专业合作组织的发展策略:① 从政府角度来看,政府行为是影响制度环境的重要力量,它通过各种政策措施来引导制度环境变化。② 从农村专业合作组织角度来看,它必须处理好组织内部的各种利益关系,不断优化组织结构,促进组织形态的高级化和复杂化。概而言之,第一层面强调"外部制度环境",其调整途径是"政府主导策略";第二层面强调"内部组织结构",其调整途径是"农村专业合作组织的自我发展策略"。

一、政府主导策略

在新中国的发展历程中,政府行为影响制度环境的主要途径有两种:① 立法行为;② 行政行为。事实上,自中国社会经济体制改革以来,在中央政府的积极推动下,一系列法律规范相继出台,改变了中国社会的制度环境,使之更有利于市场经济体系的不断完善和市场经济组织的持续发展。针对农村专业合作组织问题,近年来出台的相关法律有:2002年颁布的《农村土地承包法》、2003年颁布的《农业法》、2007年实行的《农民专业合作社法》,它们都极大地改善了中国农村专业合作组织的生存发展环境。

然而,随着中国社会法制化进程的不断推进,越来越多的学者强调行政权力与司法权力的相互独立。接下来着重从政府行政行为的角度展开分析,主要包括三方面:① 宏观政策导向;② 政策重点;③ 具体行动框架。

1. 宏观政策导向

自2004年以来,连续六年的中共中央1号文件都对农村社会经济问题做出重要指示,从而提供了中国农村专业合作组织发展的政策依据和发展方向。

(1) 2004 年的中央 1 号文件《中共中央、国务院关于促进农民增加收入若干政策的意见》中,第 12 条强调,要"培育农产品营销主体,鼓励发展各类农产品专业合作组织、购销大户和农民经纪人,积极推进有关农民专业合作组织的立法工作"。基于这种政策导向,各级政府积极安排专项资金,支持农民专业合作组织开展信息交流、技术培训、农产品加工、农产品运销等方面的各种服务。

(2) 2005 年的中央 1 号文件《中共中央、国务院关于进一步加强农村工作、提高农业综合生产能力若干政策的意见》中,第 20 条强调,要"发展农业产业化经营,积极探索龙头企业和专业合作组织为农户承贷承还、提供贷款担保等有效办法。支持农民专业合作组织发展,对专业合作组织及其所办加工、流通实体适当减免有关税费"。

(3) 2006 年的中央 1 号文件《关于推进社会主义新农村建设的若干意见》中指出,要"积极引导和支持农民发展各类专业合作经济组织"。通过中央政府和地方政府的共同努力,建立有利于农村专业合作组织发展的登记、信贷、财税等制度。

(4) 2007 年的中央 1 号文件《关于积极发展现代农业、扎实推进社会主义新农村建设的若干意见》中指出,要"认真贯彻《农民专业合作社法》,支持农民专业合作组织加快发展。各地要加快制定推动农民专业合作社发展的实施细则。要采取有利于农民专业合作组织发展的税收和金融政策,增大农民专业合作社建设示范项目资金规模,着力支持农民专业合作组织开展市场营销、信息服务、技术培训、农产品加工贮藏和农资采购经营"。

(5) 2008 年的中央 1 号文件《中共中央、国务院关于切实加强农业基础建设,进一步促进农业发展、农民增收的若干意见》中强调,要"积极发展农民专业合作社和农村服务组织。全面贯彻落实《农民专业合作社法》,抓紧出台配套法规政策,尽快制定税收优惠办法,清理取消不合理收费。各级财政要继续加大对农民专业合作社的扶持,农民专业合作社可以申请承担国家的有关涉农项目。支持发展农业生产经营服务组织,为农民提供代耕代种、用水管理和仓储运输等服务。鼓励发展农村综合服务组织,具备条件的地方可建立便民利民的农村社区服务中心和公益服务站"。

(6) 2009 年的中央 1 号文件《中共中央、国务院关于 2009 年促进农业稳定发展、农民持续增收的若干意见》中指出,要"扶持农民专业合作社和龙头企业发展;加快发展农民专业合作社,开展示范社建设行动;加强合作社人员培训,各级财政给予经费支持;将合作社纳入税务登记系统,免收税务登记工本费;尽快制定金融支持合作社、有条件的合作社承担国家涉农项目的具体办法"。

2. 政策重点

自2007年实施《农民专业合作社法》之后,中央政府和地方政府相继制定了一系列配套政策,逐步构建有利于中国农村专业合作组织发展的制度体系,主要包括四个方面。

(1) 注册登记制度。2007年7月1日实施《农民专业合作社登记管理条例》,明确规定:① 工商行政管理部门是农民专业合作社登记机关,农民专业合作社由所在地的县(市)、区工商行政管理部门登记,领取农民专业合作社法人营业执照,取得法人资格;② 国务院工商行政管理部门负责全国的农民专业合作社登记管理工作,并可以对规模较大或者跨地区的农民专业合作社的登记管辖做出特别规定;③ 登记机关办理农民专业合作社的登记不得收费。

(2) 财务会计制度。针对农村专业合作组织的内部财务管理问题,中央政府制定了《农民专业合作社财务会计制度》,明确规定:① 各级农村经营管理部门应当对农村专业合作社的会计工作进行指导和监督;② 农村专业合作社应当及时、准确、完整地编制会计报表,向登记机关、农村经营管理部门和有关单位报送;③ 各级农村经营管理部门应该对所辖地区的合作社资产负债表、盈余分配表、成员权益变动表,进行严格审查。

(3) 税收减免政策。2008年财政部和国家税务总局联合发文,实施《关于农民专业合作社有关税收政策的通知》(财税[2008]81号),具体规定:① 对农民专业合作社销售本社成员生产的农业产品,视同农业生产者销售自产农业产品,免征增值税;② 增值税的一般纳税人从农民专业合作社购进的免税农业产品,可按13%的扣除率,计算抵扣增值税进项税额;③ 对农民专业合作社向本社成员销售的农膜、种子、种苗、化肥、农药、农机,免征增值税;④ 对农民专业合作社与本社成员签订的农业产品和农业生产资料购销合同,免征印花税。

(4) 财政金融政策扶持。① 财政政策方面。在2003—2007年间,中央政府累计安排专项资金5.15亿元,对2700多个农村专业合作组织进行扶助;在2004—2007年间,农业部累计安排专项资金8500万元,扶持508个农村专业合作组织示范单位;据不完全统计,在2004—2007年间,省级财政安排的专项扶持资金也超过4.6亿元。② 金融政策方面。虽然中央政府尚未颁布针对农村专业合作组织的全国性政策文件，但许多地方政府已经进行了大胆尝试。例如，2008年山东省农村信用联社出台《山东省农村信用社农民专业合作社贷款指引》，强调对农村专业合作组织的金融服务支持。再如，陕西省规定，对促进农村专业合作社发展的个人和组织，县级以上政府给予表彰和奖励。

3. 具体行动框架

根据中央政府和地方政府提供的政策导向，各级政府机构在推动农村专业合作组织发展的过程中，应当结合各地的现实情况，选择制度成本较低的行动策略。根据目前各地农村专业合作组织发展的实际经验，政府机构的备选行动策略主要包括以下几点。

（1）确定易实现的小目标。农村专业合作组织的基本理念是"合作思想"，它要求单个农户摆脱个体利益的约束，将众多个体力量集合起来，形成集体行动策略。这里的关键问题是让普通农户相信：集体行动能够给单个农户带来更多利益，完成他们依靠自身的单独力量无法实现的行动目标。

行动力量胜于漂亮的言语。当普通农户通过联合行动获得更大的实际利益时，他们自然就会相信集体行动的力量，也会带动更多的普通农户加入到专业合作组织的集体行动之中。因此，在集体行动初期，为了提高经营活动的成功率，农村专业合作组织最好选择一些较易实现和成本较低的行动目标。

例如，农村专业合作组织可以提供更便利的农业生产资料购买途径，拓展农产品的销售平台和信息交流，从而吸引更多的普通农户加入到组织之中，扩大组织规模，进而增强组织行动的社会影响和经济地位。更重要的是，当普通农户成为农村专业合作组织的成员之后，他们也会逐渐学习一些现代管理经验和操作技巧，从而改善农民群体的知识结构，增强他们的发展能力，切实增加农民收入。

（2）项目引导。如果宏观政策导向只停留在文件层面，那么它就只是一句口号。思想的载体是行动，对农村专业合作组织的有效支持，不能仅仅依靠政策，还必须要通过各种合作项目来具体实施。例如，近年来，一些地区积极推动农村基础设施建设和农业综合开发项目，在项目运作过程中，将农村专业合作组织"设计"为重要的参与力量。特别是在农产品销售领域和农田灌溉系统方面，农村专业合作组织正在发挥越来越重要的作用。

事实上,任何社会组织之所以能够存在和发展,就是因为社会需要它,它能够实现社会需要的某种功能。从这个层面来看,"合作组织"和"合作行动"是同一个问题的不同侧面。如果不能实现合作行动目标,那么合作组织也就不可能有存在价值,更遑论组织发展了。

(3)典型示范。榜样的力量是巨大的,在各地农村专业合作组织发展的实践中,先进经验和模范典型具有强烈的示范效应。基于这种观点,各级地方政府应当根据产业种类和服务领域,精心选择典型案例;通过典型案例的示范效应,增加人们对农村专业合作组织的理解,将农村专业合作组织发展由"点"推广到"面",使之能够在经营机制、商业模式、管理策略等方面进行不断调整,从而更好地服务于农村社会经济发展。

(4)教育培训。教育培训着眼于人力资源,它是组织发展的重要条件。针对农村专业合作组织的人才培训问题,各级政府可以建立专项资金,实施教育培训计划,其受训人员主要包括:① 对于涉及农村专业合作组织管理的部分员工,提供专门的能力培养计划,使之了解农村专业合作组织的原则、特征、行动策略。② 对于农村专业合作组织的领导者、骨干成员、普通农户成员,通过学习参观、案例分析、集体讨论等形式,使之掌握农村专业合作组织运作的管理知识,了解相关的国内外市场形势。③ 对于各类涉农的职业技校和高等院校学生,提供关于农村专业合作组织的系统知识,使之熟悉现代农村专业合作组织的管理方法和经营策略。

此外,中央政府和地方政府还可以通过电视、报刊、网络等媒体,向社会公众传播"合作思想",以营造有利于农村专业合作组织发展的社会氛围。

二、农村专业合作组织的自我发展策略

在中国社会经济体制转型的宏观背景下,农村专业合作组织的发展进程可以设计为两个阶段:① 第一阶段由政府力量主导,通过政策引导和政府部门的直接干预来推动农村专业合作组织的建立,争取实现"数量扩张";② 在第二阶段,政府逐渐退出农村专业合作组织的经营管理活动,让后者逐步实现自主决策和自我管理;通过过渡时期的组织结构调整,农村专业合作组织真正成为适应市场经济环境的社会组织,充分利用各种社会资源,不断增强自我发展能力,逐渐形成持续发展的良性机制。

由此可见,在第二阶段的整个过程中,甚至第一阶段的中后期,农村专业合作组织都必须不断增强自身发展能力,必须通过自我发展策略,更好地实现这种特定组织的社会功能。从农村专业合作组织的自我发展策略来看,需要重点关注两方面:① 组织内部的利益关系;② 组织结构的调整。

1. 组织内部的利益关系

在农村专业合作组织内部,存在着多种权利主体,他们之间的利益关系构成了影响农村专业合作组织发展能力的重要因素。根据各地的实践经验,农村专业合作组织内部的利益关系集中在两方面:① 农村专业合作组织与普通农户之间的关系;② 专业大户与普通农户之间的关系。

(1) 农村专业合作组织与普通农户之间的关系。合作思想的社会起源表明,普通农户为了实现集体行动才能获得的更大利益,集结起来构成特定的合作组织形态。从这个意义上讲,农村专业合作组织应该将普通农户的利益放在最高位置,这是合作组织存在的社会基础。然而,在真实世界中,农村专业合作组织与普通农户不可能始终保持利益目标一致性,两者的利益分歧将会导致它们的行为取向不同,进而影响它们的实际行动方案。

在市场竞争过程中,农村专业合作组织作为独立的经济主体,独立承担着经营风险,因此它必然要求对经营利润拥有绝大部分的控制权。与之相对应,即使普通农户参与农村专业合作组织的各项活动,也未必能够按照"交易额原则"来分享经营剩余。

例如,浙江省临海市上盘镇西兰花产业合作社(简称"西兰花合作社")从社员手中收购600万头西兰花,支付540万元原料款;从非社员手中收购200万头西兰花,支付170万元原料款;其他费用支出300万元;合作社的加工收入为1100万元,获得利润100万元。在利润分配时,社员得到了总利润的7%,大部分利润留在了合作组织之中。

这种现象的产生原因是农村专业合作组织与普通农户之间存在着行动目标差异:① 西兰花合作社认为,合作社支付了原料款给普通农户,完全承担市场销售风险,当然应该得到大部分利润。② 普通农户则认为,合作社是由普通农户共同组建的,他们应该更多地参与利润分享。

从各自的利益角度来看,两者的观点都有一定合理成分。这个问题的实质是短期目标与长期目标的关系,从农村专业合作组织的长远发展来看,普通农户必须处理好短期利益与长期利益之间的关系。换言之,如果大部分利润被分配给普通农户,就可能限制农村专业合作组织可以利用的发展资源,从而制约它的市场竞争能力和可持续发展能力。

基于这种考虑,在经营利润的分配问题方面,农村专业合作组织可以将大部分利润留在组织内部,作为组织发展基金。与此同时,合作组织也必须重新调整普通农户成员的产权分享份额,使其收益与组织发展同步增长,从而分享合作组织发展的成果。

(2) 专业大户与普通农户之间的关系。从理论上讲,农村专业合作组织应该是普通农户的集合,它们联合起来共同采取行动,从而将个体力量集结为集体力量,保护弱势群体的利益,实现它们依靠自身的单独行动无法得到的利益。

然而,在中国农村社会的现实场景中,农村专业合作组织的推广普及不能仅仅依靠普通农户,专业大户在农村专业合作组织的构建和发展过程中起着关键性作用。在中国农村的许多地区,专业大户往往具有比普通农户更强的社会活动能力,它们的经济地位和社会地位都在社区环境中处于优势。因此,当地政府在推广普及农村专业合作组织时,往往借助于专业大户的力量,甚至将它们"设定"为农村专业合作组织的领导者和产业发展带头人。

事实上,一些专业大户是在地方政府的命令下,被动地参与农村专业合作组织的构建。为了吸引这些专业大户,地方政府往往提供相当优厚的条件,作为专业大户配合政府行动的"回报"。这些条件中的重要内容就是对合作组织的经营控制权和对集体利润的分配权。当专业大户获得这些条件许可之后,他们与普通农户就形成了实质上的不平等关系。

这种不平等的具体表现包括:① 专业大户往往利用经营控制权和利润分配权,通过农村专业合作组织的各项活动来获取超过普通农户的市场利益和社会收益。② 普通农户则采取消极对抗的态度,以"不合作"的姿态来参与合作组织的各项活动。显然,如果把两者的行为结合起来,将会形成典型的"囚徒困境",从而极大地增加合作组织的运行成本。

进而言之,这种现象体现为农村专业合作组织的生存与发展之间的矛盾:① 从合作组织的创建和生存角度来看,专业大户具有正面影响,他们往往决定着合作组织能否顺利建立起来。② 从合作组织的发展角度来看,如果专业大户掌握着对合作组织的绝大部分控制权,就会使之逐渐沦为专业大户的工具,增强专业大户的市场优势地位,加剧市场力量的不平衡。

本书认为,根据专业大户对农村专业合作组织的正面影响和负面影响,关键是确定在农村专业合作组织的不同发展阶段,专业大户应该具有怎样的地位和作用,由此来设计相应的产权结构和运行机制。基于这种观点,专业大户的合理定位可以设定为:① 在农村专业合作组织的发展初期,应当充分调动专业大户的参与积极性,使之成为合作组织发展的重要初始推动力量。② 在农村专业合作组织发展到一定程度之后,应当逐渐增强合作组织自身的经济实力和社会地位,特别是增加合作组织的自有资产,相应地削弱专业大户对合作组织的控制权,使合作组织能够发展为真正意义上的"弱势群体的联合"。

2. 组织结构的调整

随着农村专业合作组织的规模扩张,它的组织结构也会逐渐发生调整,以适应不断变化的组织功能,满足现实社会对这种特定组织形态的要求。根据中央政府和地方政府的实际行动策略,农村专业合作组织的调整过程呈现出循序渐进的特征:由鼓励单个合作组织发展,到尽量使单个组织的组织安排规范化,再到多个合作组织之间的联合。

(1) 第一阶段:单个农村专业合作组织的创建。在中国农村地区,单个农业生产者凭借自身力量难以对付复杂的市场竞争局面;只有将个体力量集合起来,才能形成集体行动力量,从而实现单独行动无法得到的市场利益。正是基于这种原因,中国农村社会产生了对专业合作组织的需求。这就构成了中国农村专业合作组织产生的现实社会根源。

根据中国农村地区创建专业合作组织的实践经验,参与者主要包括:直接从事农业生产的农户、为农业生产提供原材料和农业机械的企业、农业产品的加工企业、从事农产品销售和运输的农户。通过农村专业合作组织的特定社会组织形式,它们不再是独立的经济主体,而构成一个整体。依据制度经济学的观点,这种组织形式将分散的市场交易活动连接起来,转变为组织内部的常规交换活动,这就是以组织内部的一系列长期合约来替代分散经济主体之间的短期合约。显然,与短期合约相比,长期合约更加稳定,也更能够抵抗市场风险。从这个角度来看,农村专业合作组织将农业生产过程的各阶段连接起来,以"纵向一体化"来替代市场交易功能,它是农业生产者的现实选择,也体现着中国农村社会的民间智慧。

当然,农村专业合作组织必须借助于实际组织载体,通过具体实践活动才能实现理论上的制度功能。① 就实际组织载体而言,农村专业合作组织的形式呈现出多样化特征,主要包括专业技术协会、专业合作社、股份合作社等。② 就具体实践活动而言,农村专业合作组织的活动项目主要包括提供农业经营生产所需要的技术和信息、购买农业生产资料、为农业生产者提供金融服务、提供农产品销售服务、推广新型的农业生产经营模式等。

(2) 第二阶段:单个农村专业合作组织的规范化调整。随着农村专业合作组织的数量不断增加,组织规模不断扩大,"规范化"问题将会变得越来越重要。在中央政府和地方政府对单个农村专业合作组织进行规范化调整的过程中,应当注重两个层面:① 调整对象主要是一些规模较大和发育程度较高的农村专业合作组织,它们已经较好地解决了"生存问题",正面临着"发展问题"的挑战,需要通过组织形态调整来提高可持续发展能力。② 调整手段是多样化的,主要包括:通过教育宣传,推广现代合作组织发展的先进理念;通过树立典型和经验交流,增强典型个案的示范效应;通过对乡村企业家和技术能手进行专门培训,提高农村专业合作组织内部的人员素质;通过鼓励城市商业资本与农村传统资源的有效结合,培养农村专业合作组织的创新能力,使之逐渐发展为自主经营和自我服务的现代社会组织。

(3) 第三阶段:多个农村专业合作组织的联合。当农村社会涌现出越来越多的专业合作组织,这些专业合作组织变得越来越规范,组织活动能力越来越强之后,那就必然会导致多个专业合作组织之间的联合。事实上,特定专业合作组织的活动领域主要集中在市场体系的某个局部,它们之间的联合行动将会降低它们之间的交易成本,拓展市场影响范围,从而增强它们共同抵御市场风险的能力。

具体而言,多个农村专业合作组织之间的联合主要有两种方式:① 纵向联合。在同种农产品生产的不同环节,存在着各种农村专业合作组织;当它们联合起来,沿着该种农产品生产的链条,基于产业关联效应,就会形成"纵向"的合作组织联盟。② 横向联合。在不同地区和不同产品领域,一些已经具有一定经济实力和社会影响的农村专业合作组织联合起来,就会形成强烈的规模效应,这就是"横向"的合作组织联盟。

进而言之,农村专业合作组织是转型期中国农村社会环境孕育的特定结果,以满足特定群体的某些需要。同时,它也仅仅只能满足"某些"需要,不能满足"全部"需要,其他需要应该由其他社会组织来满足。因此,我们应该对农村专业合作组织持有辩证态度:农村专业合作组织将在农村社会长期存在,但它必须不断增强自身力量,才能更好地满足农村居民的现实需要,也才能不断扩大它在农村社会的影响力,从而真正实现农村专业合作组织的可持续发展。

第4章

利益诉求共同体的典型案例Ⅰ:工会

在现代市场经济体系中,最基本的两大社会力量是劳动者和资本控制者。劳动者拥有劳动要素,强调"劳动是价值创造的唯一源泉";资本控制者则主张"生产过程中的资本控制劳动"。这两种社会力量的发展演变,逐渐形成两种对立的社会制度:社会主义制度和资本主义制度。

事实上,无论在哪种社会制度体系中,劳动者和资本控制者都是重要的社会力量。毫无疑问,在特定的文化传统和国家地域范围内,劳动者和资本控制者之间的力量对比是决定社会经济制度的重要因素。我们有理由相信,在任何情况下,劳动者和资本控制者的力量对比都不应该严重失衡,否则双方利益都会受损,全社会福利水平也会下降。

本书认为,更可能的情况是,代表劳动者的社会力量与代表资本控制者的社会力量保持相对均衡。这就迫使我们思考:在和谐发展的社会环境中,应该由谁来代表劳动者力量?又应该由谁来代表资本控制者力量?前者的答案是工会组织,后者的答案是商会组织。这正是本书第4章和第5章将要讨论的主要命题。本书的所谓"工会",不仅仅是政党组织的延伸,更是代表劳动者集体利益的社会组织,范畴涵盖产业工人、律师、医生、出租车司机等。

本章的研究重点就是,在梳理世界各国工会组织缘起和发展的历史经验基础上,回顾中国工会组织的发展演变历程,剖析中国社会的现实背景和中国工会组织的现实特征,探索现代中国工会组织的发展趋势。

第一节　工会组织发展的世界经验

工会组织是代表劳动者利益的社会力量,劳动者在劳动关系中的地位和作用变化构成工会组织演变的现实基础。事实上,由于资本主义工业文明的发展,劳动关系不断进行调整,工会组织的具体形式和功能也不断演变,这就形成了工会组织发展的历史逻辑。工会组织发展是劳动关系演变的必然结果。欲了解工会组织发展状况,必分析劳动关系特征。基于这种考虑,本书着重从劳动关系角度来考察工会组织的历史演变。[①]

一、工会组织的缘起

在市场经济体系中,单个劳动者与单个资产者的力量对比存在着先天的不平衡:劳动者在劳动关系中处于劣势地位,只能选择出卖劳动力给谁,不能选择是否出卖劳动力;资产者则控制着生产过程和经营决策格局,在劳动关系中处于优势地位。处于劣势地位的单个劳动者如何才能维护自身利益呢?只能依靠"集体行动"。换言之,当单个劳动者意识到自己难以对抗强大的资本力量时,就会自发结成集体组织,通过一致行动来增强维权能力。事实上,这就是工会组织产生的历史根源。以此为起点,在资本主义经济体系的发展进程中,工会组织的演变过程分为四个历史发展阶段。

1. 萌芽期

19世纪初期,随着资本主义经济体系的不断发展,劳动者阶层不断壮大。然而,由于资本主义企业的扩张冲动,大量社会资源被运用于扩大企业规模和拓展市场,劳动者所能得到的回报微乎其微。特别是在工业化初期,劳动者群体的主要来源是丧失土地的农民和破产的小工商业者;在进入城市文明和资本主义工厂之后,"他们改变了自己的整个生活方式而完全成为另一种人"。[②]

在经济条件和社会环境的双重压力下,新生的劳动者阶层面临着严峻的生存危机。由于对传统农业社会熟人共同体的心理依赖,他们必然根据地缘关系

[①] 关于工会问题,学术界的研究视角有工人阶级理论、劳动关系理论、劳权理论、组合主义理论等。
[②] 马克思、恩格斯,《马克思恩格斯全集》第4卷,人民出版社,1957,第370页。

和行业关系结成具有"互助会"性质的社团组织。这就是工会组织的最初萌芽。事实上,在资本主义经济体系的发展初期,英国、法国、德国等国家,都曾经出现"友谊社"或"互助会"。美国学者福斯特指出:"在几乎所有的国家中,在工会出现以前都有'友好会'和'互助会'之类的组织,从而可以使劳动者免于因疾病、事故、死亡等而造成的经济困难。……就其在与企业主做斗争中捍卫工人的经济利益而言,实际上起到了工会的作用。"[1]

2. 禁止期

在"互助会"等组织的基础上,劳动者群体逐渐培育出正式的群众性组织——工会。在工会组织的引导下,劳动者群体的斗争手段逐渐由"自发"转变为"自觉",由"破坏机器厂房"转变为"罢工要求经济权利"。然而,自工会组织诞生之日起,资产者阶层就以警惕的眼光注视着工会组织的一举一动。

特别是在资产阶级政权刚刚成立的历史背景下,资产者阶层不会容许其他社会力量分享经济收益和政治收益。因此,资产阶级政府采取了各种手段来压制工会组织,维护资本力量对劳动力量的控制,从而保证经济利润和资本主义企业的扩张。这些压制手段的核心是以法律形式剥夺劳动者阶层的结社自由权。例如,① 法国政府在1791年6月14日的立宪会议通过决议,禁止工人"采取共同行动"。[2] ② 英国政府在1800年通过《全国性禁止结社法》,将劳动者的结社行动视为"违反公共利益的犯罪阴谋"。

3. 承认期

19世纪后期,当资产阶级政府陆续出台限制结社权利法案时,劳动者阶层日益意识到,生存环境和经济条件的恶化是资产者阶层和政府联合压制的结果。他们没有停止维护自身权利的活动,反而采取更加猛烈的斗争行动。在频繁的罢工行动和日益兴盛的维权斗争压力下,资产阶级政府被迫妥协,承认劳动者阶层的合法结社权利。例如,① 法国政府在1864年颁布法令,不再追究罢工者的法律责任,并在1868年规定政府机构不能迫害工会。② 英国政府在1824年废除禁止工人结社的法令。

---

[1] 〔美〕威廉·福斯特,《世界工会运动史纲》,李华等译,三联书店,1991,第33页。
[2] 《马克思恩格斯全集》第23卷,人民出版社,1957,第809页。

4. 法律保障期

20世纪初期,资本主义经济体系逐渐发展到垄断资本主义阶段,劳动者阶层和资产者阶层之间的利益矛盾也日益尖锐,突出表现为20世纪30年代的经济大萧条。在经济大萧条的恐慌情绪中,资产阶级政府开始重新审视资本主义经济体系的内在矛盾,试图通过调整社会福利计划,改善劳动者的生产条件和生活环境。资产阶级政府的这些行动,根本目的是改善资本主义经济体系的劳动关系,缓解劳资冲突,从而维护资本主义制度和资产者阶层利益。当然,在相对宽松的政治环境中,工会组织也逐渐发展成为最重要的非政党社团。

在该时期,西方资本主义国家纷纷主动出台一系列法律规定,保障工会组织的合法权益。例如,① 德国魏玛共和国政府颁布《失业救济法》《集体合同法》《工作时间法》。② 美国政府在1935年颁布《美国国家劳资关系法》《社会安全法》,1938年颁布《公平劳动基准法》。③ 法国和英国也颁布法规,缩短工作时间,改善劳动者阶层的社会保障待遇。[①]

二、各国工会组织的主要运行模式

世界各国的经济发展程度和资源禀赋条件具有显著差异,这就使得各国的劳动关系呈现不同特征。在不同的文化传统和劳动关系背景下,各国工会组织具有各自不同的具体形式。根据工会与国家政权机构的关系由近至远,本书着重介绍工会组织运行的三种主要模式。

1. 新加坡工会模式

新加坡工会组织具有典型的"统合主义"特征:① 工会是连接强国家政权和弱劳工群体的关键性中介组织;② 国家政权积极争取民族国家的独立和经济发展;③ 工会积极配合国家政权,引领劳动者群体参与到国家政权的政策体系中。换言之,新加坡工会与新加坡执政党具有相当紧密的关系,工会需要执政党提供劳动者阶层和工会组织要求的经济权益,执政党需要工会提供稳定而强大的群众基础。回顾1959—1990年间的新加坡国家"政权—劳动"关系,主要分为四个阶段。

(1) 第一阶段(1959—1961年):自第二次世界大战结束之后,新加坡的反

---

① 刘绪贻,《罗斯福"新政"、劳工运动与劳方、资方、国家间的关系》,载于《美国研究》,1992(2)。

殖民地斗争风起云涌,以华工社团组织为基础的各种劳动组织陆续出现。例如,新加坡职工会联合会(Singapore Federation of Trade Unions,SFTU)、泛马来亚联邦职工会(Pan-Malayan Federation of Trade Union,PMFTU)、新加坡职工总会(Singapore Trade Union Congress,STUC)、新加坡各业厂商职工会(Singapore Factory and Shop Workers Union,SFSWU)等。

在经过艰苦而复杂的政治斗争之后,1959年以李光耀为首的人民行动党(People's Action Party,PAP)在新加坡职工总会支持下,通过大选获得新加坡执政权。人民行动党执政之后,为稳定社会局势,采取统一工运政策。在1960年前后的半年期间,新加坡的独立工会数量减少40多家,但工会会员却增加15 000人。在此期间,李光耀一再表示政府支持新加坡职工总会,新加坡职工总会也积极支持政府的统一工会运动和各项经济政策。新加坡工会与执政党的紧密关系,由此可见一斑。

然而,当人民行动党适应执政党角色之后,执政党内部的纷争日益凸显,党内温和派高层力量和亲共激进派中层力量的矛盾逐渐突出。党内矛盾直接导致1961年人民行动党的分裂,激进派另组反对党"社会主义阵线"(Barisan Sosialis,简称"社阵")。这就直接导致新加坡职工总会分裂为两派:"社阵"支持的"新加坡职工联合会"(Singapore Association of Trade Union,SATU,简称"沙都")和亲人民行动党政府温和派的"全国职工总会"(National Trade Union Congress,NTUC,简称"职总")。

(2) 第二阶段(1961—1968年):在执政党人民行动党的支持下,"职总"逐渐成为新加坡工人运动的中心,其组织体系也不断完善,建立起包括工会支部、附属工会总部和"职总"中央的完整组织框架。更为重要的是,"职总"代表着劳动者利益,构成新加坡"劳资政三方机制"的重要组成部分。

值得注意的是,新加坡"职总"对执政党具有强烈的依赖性,使其代表"劳动者阶层利益"的行动策略,往往从属于国家发展战略和全体国民利益。例如,① 1965年签订《工业进步宪章》之后,"职总"在人民行动党政府的敦促下,被逐渐拉入"劳资政合作"的发展国家竞争力的工业关系框架。② 1968年在人民行动党大力推进出口导向工业化战略的条件下,"职总"接受了新加坡政府通过的《雇佣法》和《工业关系法》,使得工会组织的集体谈判能力大大削弱。

在此期间,新加坡的劳动关系发生显著变化:不再强调以集体谈判为基础的"三方机制",而更多地强调国家利益高于社群利益。事实上,这一时期的新加坡工会和政权机构具有典型的"国家统合主义"特征:"职总工会体系成为人民行动党从上到下推行经济政策的制度工具,成为国家管理和控制分散程度很高的劳工队伍的关键性中间机构,而缺乏实质性的集体利益代表职能。"[1]

(3) 第三阶段(1968—1972年):随着李光耀政府积极推动工业化战略和国家发展计划,新加坡工业体系迅速进入国家竞争力快速发展时期。在政府的倡导下,"现代化"成为当时新加坡社会的主流价值观;"职总"也在1969年提出"劳工运动现代化"的口号。这一时期的"现代化"工运战略具有两方面影响:① 要求劳动者阶层利益服从于国家经济利益,加强"劳资政合作";② 发展工会合作社事业,增强"职总"经济实力,扩大劳动者阶层福利。客观而言,"现代化"工运战略并未改变国家统合主义结构,国家政权仍然主导着劳工运动,但增强了劳动者阶层和工会组织的社会经济势力,使之具备更强的集体谈判力量。

(4) 第四阶段(1972—1990年):在1972年全国工资理事会(National Wages Council,NWC)之后,新加坡的劳动关系格局发生深刻变化:"职总"通过"劳资政三方机制"广泛参与企业管理和经济决策,在国家层次和企业层次主张劳动者利益。在这一时期,"职总"代表劳动者直接参与工资增长、生产力发展、外资引进、公积金等社会经济政策的制定和实行。"劳资政三方代表制在新加坡的国家发展中的关键作用,说明具有自主性质和行动能力的'职总'能够会聚劳方利益,并通过人民行动党政府主导的三方代表制框架进行决策参与。"在这一时期,新加坡工会的主要特征是,"会聚劳工雇员利益并自主参与重要经济决策,在促进经济转型发展的同时,保障广大劳工雇员群体的利益"。[2]

2. 英国工会模式

英国工会是英国资本主义经济体系发展的产物,早在1667年,英国就出现了最早的工会组织"大不列颠及爱尔兰帽业工人工会"。在英国工会组织的发展过程中,英国工会与英国工党始终保持着若即若离的关系,这种关系来自于政治现实的需要:英国工党产生于英国工会运动;作为政治社团的英国工党,必须考虑执政需要和国民利益。与之对应,英国工会组织采取的现实策略是,借

---

[1] 郑振清,《工会体系与国家发展》,社会科学文献出版社,2009,第250页。
[2] 同上书,第251页。

助政治团体实现劳动者群体的经济利益和政治利益；但没有完全依赖于特定政治团体。

纵观英国工会的发展历史，结合英国工党的政治沉浮，英国工会发展主要分为四个阶段。

(1) 工会发展缔造工党阶段(1850—1900年)：19世纪50年代，英国工会组织逐渐发展出"新模范"工会的组织形式，其中影响最大的是"机械业联合工会"。这种组织形式只强调劳动者的经济权益，避免采取暴力对抗方式和政治斗争。由此而生的"工联主义"认为："卷入政治活动引起大的变革，不仅会影响自身的现有利益，而且政治观点的分歧容易造成组织的分裂。"①

然而，1866年的谢菲尔德工厂爆炸案和1867年的炊具工人协会会计贪污会费案，改变了英国工会领导的看法。他们逐渐意识到：缺乏政治力量支持的经济利益是难以得到保障的。当然，由于社会环境和文化传统的影响，英国工会没有采取发动大规模社会革命的行动，而是希望通过宪法框架下的政党竞争来获取政治权利。

随着1988年的"新工会运动"掀起的工会运动高潮，英国工会组织日益强烈地认识到建立劳动者自己政党的必要性。特别是在长期与工会合作的自由党难以维护工会权益的条件下，许多独立工会越来越倾向于通过在议会建立独立政党来维护工会和劳动者的利益。1900年2月27日，来自62个独立工会和一些社会主义团体的129名代表在伦敦召开特别会议，决定"在议会中建立一个独特鲜明的工人团体，它要有自己的督导员和统一的政策，它应当准备同当前从事促进劳工直接利益之措施的党派合作，并准备联合任何党派的群众反对与之相背的措施"。② 大会同时宣布新成立的组织名称为"劳工代表委员会"，这就是英国工党的前身。

(2) 工会主导下的相对和谐阶段(1900—1945年)：自"劳工代表委员会"成立之后，它就积极参与国家政治事务，着眼于从法律角度维护劳动者权益。1906年"劳工代表委员会"正式更名为"工党"，从而使得劳动者阶层不仅仅是政治压力集团，而且以独立政党形式登上英国政治舞台。

---

① 李华锋，《英国工党与工会关系研究》，人民出版社，2009，第27页。
② 〔英〕A.R. 鲍尔，《英国政党》，王曾才等译，"国立"编译馆(台湾)，1988，第44页。

1914年第一次世界大战爆发之后,英国工会和工党积极配合政府当局的行动,建立起"负责任"的社会形象。随着一系列的内部改革和外部联合,英国工党不断获得更多的选票;终于在1922年11月的选举中获得142个席位,超过自由党各派别的116席,仅次于获胜的保守党,第一次成为议会的第二大党。这也成为工党初步崛起于英国政治舞台的起点。

自1922年至1931年的"麦克唐纳时期",工党领导人麦克唐纳在1923年组建英国历史上第一届工党政府。但由于缺乏社会各阶层的广泛支持和应对经济危机的良策,这届政府仅仅维持了10个月。1929年英国工党在劳工选民的支持下再次上台执政,面对1931年开始的世界性经济危机和执政需要,工党采取了大规模削减失业补助等策略,这就引起英国工会与英国工党的分道扬镳。1931年8月23日,麦克唐纳宣布工党政府辞职,随后组建由工党、保守党、自由党组成的"国民政府"。他强调,作为执政党,工党应当把国家利益置于首位,不宜赋予任何阶级特权。由于丧失工会力量的支持,在1931年10月的大选中,麦克唐纳领导的工党惨败。

1931年大选之后,英国工会开始积极介入工党的政治事务,使工党被工会牢牢控制。这种控制体现在三方面:① 由工会控制的全国劳动理事会成为工党的最高决策机构;② 参与国内政治蓝图设计,积极推动国有化运动;③ 支持工党的国际策略,重整军备。通过这段时间的休养生息,英国工会和英国工党的分歧逐渐减少。1939年爆发第二次世界大战之后,英国工会和英国工党密切配合,获得英国社会的广泛认同和支持。在1945年的英国大选中,工党获得393个议会席位,远远超过保守党的210席,首次以多数党身份上台执政。

在此阶段,英国工会与英国工党相互影响,共同扶持;这种共生关系既满足了政党执政需要,也极大拓展了英国工会所代表的劳动者利益。值得注意的是,此时两者的相互影响是不对称的,英国工会控制着两者关系的主导权。

(3) 工会和工党冲突频繁阶段(1945—1983年):从1945年到1951年期间,艾德礼领导的工党先后两次组阁,英国工党和英国工会保持着基本融洽态势,主要表现在:① 工会支持工党的国家发展战略,积极推动主要工业国有化、社会福利制度完善和亲美抗苏等内外政策。② 对于工党关于冻结工资增长的主张,工会采取理解和克制态度。正是在工会力量的支持下,英国工党连续执政。

随着政治地位的不断稳固,英国工党与工会的关系逐渐发生变化:工党越来越强调全体国民利益高于劳动者阶层利益,这是由全国性的执政需要所决定的;工会在利益主张未能得到充分满足的条件下,也对工党产生越来越多的不满情绪。这直接导致1951年的工党竞选失败。

1951—1964年间,工党陷入长达13年的在野时期。英国工党与英国工会的关系也日益疏远,主要原因在于:① 英国工党丧失执政党地位,难以有效保障劳工利益;② 保守党逐渐调整组织策略和社会经济政策,支持工会提出的工业国有化和社会福利改革建议;③ 英国工会积极寻求各种政治势力的支持,对保守党的工会政策表示满意。

1964年英国工党获得执政地位之后,工党与工会继续疏远。1970年工党失去政权,开始重新寻求工会力量的支持。然而,此时的英国工会也在悄然变化:工会内部的左翼势力逐渐占据上风,要求采取更加激进的斗争手段来争取劳工权益。在"铁娘子"撒切尔夫人的强硬政策下,英国工会组织的几次大规模罢工都宣告失败。更重要的是,工会左翼的激进做法与战后恢复经济的民众要求不一致,使得工会的社会形象严重受损,支持英国工会的社会力量迅速流失。在这种情况下,英国工党逐渐向英国工会靠拢,反倒削弱了英国工党的民众基础,这也加深了英国工党与英国工会之间的矛盾。

(4) 工党主导下的"社会伙伴"阶段(1983—2007年):1983年大选惨败后,英国工党面临着二战后最严重的生存危机。在金诺克、史密斯、布莱尔三位领袖的先后领导下,英国工党也开始了艰难的变革进程,试图重塑英国工党与工会的关系。

1983年金诺克出任英国工党领袖时,正值保守党撒切尔夫人执政时期。撒切尔主义的核心思想是自由主义,具体措施是减少政府干预、私有化、削减社会福利,这些措施的实施前提就是削弱工会权力。撒切尔政府通过立法和行政命令,在罢工行动合法性、企业雇佣制度、工资标准等方面,严厉打压工会力量。在这种情况下,金诺克意识到:工会力量的政治影响明显下降,社会公众对公有制、工会权力、社会福利的支持力度在不断削弱,工党必须摆脱"工会党"的负面影响。

在金诺克的推动下,英国工党内部的工会势力逐渐削弱,逐渐发展为代表国民利益的政党。在劳资关系方面,金诺克认为,资产者阶层和劳动者阶层都是推动经济发展和社会繁荣的重要力量；工党的正确定位不是单纯依靠工会或者资方，而是构建公平谈判的社会环境，协调包括劳资关系在内的多元利益主体关系。基于这种认识，金诺克把工党与工会的关系定位为"社会伙伴"。

1992年史密斯接掌英国工党权力之后，仍然遵循金诺克的基本工会政策。1994年布莱尔成为英国工党领袖之后，更是响亮地提出建设"新工党"的口号，强调国家、个人、公共机构的责任分担，力图把工党建设成为"跨越民族、跨越阶级、跨越政治界限"的"多数人的党"。[①] 至此，在英国工党的政治设想中，工会力量和其他各种社会力量是形成和谐社会秩序的基础；工党与工会在性质、任务等方面存在着差异。正视这种差异，使工党与工会保持适当距离，客观上既有利于英国工党执政需要，也有利于英国工会发展。

3. 德国工会模式

由于社会文化中具有集体谈判传统，德国工会组织的发展在相当长时间内保持"政治独立性"。在德国社会架构中，劳方、资方、行政当局的力量对比保持着平衡关系，这种"三方机制"实质上构成了德国社会特有的集体谈判模式：工会代表劳动者利益；雇主委员会代表资产者利益；政府处于第三方地位，协调工会与雇主委员会的争端，维护社会利益。毫无疑问，在这种"三方机制"中，工会与政府的关系更加疏远，工会、雇主委员会、政府代表着各自利益，它们在协商一致的基础上谋求自身合理利益。

追溯德国工会模式的起源和形成过程，主要分为四个阶段。

(1) 萌芽阶段(1848—1892年)：1848年德国印刷业工人建立第一个德国工人组织，随后各种利益团体纷纷出现。在这些工人组织的发展过程中，德国社会逐渐形成工会组织发展的两种理念：① 全德国工人联合会(Allgemeiner Deutcher Arbeiterverein, ADAV)强调，工会组织的主要任务是通过政治运动确立工人的社会主导地位。② 社会民主工人党(Soziale Demokratiche Arbeiter's Partei, SDAP)强调，工会组织是社会民主制度的重要组成部分，主要任务是推动社会变革以实现工人自我管理。

在工会实践过程中，德国社会逐渐接受社会民主工人党的工会理念。1875

---

① 〔英〕托尼·布莱尔，《新英国：我对一个年轻国家的展望》，曹振寰等译，世界知识出版社，1998，第43页。

年在哥塔(Gotha)召开工人组织联席会议,确定所有德国工会组织的共同原则:"工人组织的活动远离政治。"① 1890年德国各独立工会共同协商,组成德国工会组织的统一联盟,确定严格的章程和行动规则。

(2) 初步发展阶段(1892—1919年):1892年德国工会组织的统一联盟在半城(Halberstadt)召开第一次代表大会,探讨德国工会运动的未来发展方向,提出建立全国性的核心联合组织(Zentralverbände),改善工会组织的资金管理和组织写作,推动社会保障计划的实施。随后,核心联合组织计划扩展到影响劳动者权益的各领域,几乎所有独立工会组织都建立了罢工基金、旅游基金、疾病和死亡受益基金、辞退补偿基金、地方性劳动服务基金等。

在工会力量的支持下,德国社会民主党(Sozialedemokratishe Partei Deutschland,SPD)广泛参与德国的内外事务讨论,积极推动"集体合同"和"工业化计划"。1916年德国通过"预备服务法案"(Auxiliary Service Law),进一步强化工会组织的权利。

在第一次世界大战中,德国工会的权利受到政府越来越多的限制,工会成员也逐渐分化为两派:① 社会民主主义者是工会成员的多数派,它们接受"政治停战协议",希望通过"国民社会"(National Community)的民主机制,推动德国社会经济体制改革。② 共产主义者是工会成员的少数派和左翼,他们积极推动工人组织的阶级斗争和罢工运动。

(3) 调整阶段(1919—1945年):第一次世界大战末,德国建立魏玛共和国,实行民主政治体制。1919年德国独立工会组织齐聚纽伦堡,建立"全德国工人联盟"(Allgemeiner Deutscher Gewerkschaftsbund,ADGB),其政治代理人是社会民主党。工人联盟宣称,自己的职责不是"仅代表工会会员的职业利益",而是"成为无产阶级的中心力量,领导社会主义斗争走向胜利"。②

在魏玛共和国初期,工人联盟坚持工会独立性和劳工权益,坚持集会自由权利和缩短工作时间。1924年之后,工人联盟积极参与德国政治活动,促进法

---

① "keep politics out of the trade union",转引自 Horst Küsters:*Social Partnership*:*Basic Aspects of Labor Relations in Germany*,Friedrich-Ebert-Stiftung,Germany,2002,p. 27。

② "The narrow representation of members' occupational interest","become the focus of the proletariat's class endeavors,so as to help lead the struggle for socialism to victory",转引自 Horst Küsters:*Social Partnership*:*Basic Aspects of Labor Relations in Germany*,Friedrich-Ebert-Stiftung,Germany,2002,p. 30。

定失业保险机制的建立,推动社会保障制度的不断完善。1930年的经济大萧条期间,以社会民主党为主的联合政府试图提高失业保险贡献率,但遭到右翼党派的强烈反对。随后的卡宾(Cabinet)政府采取强硬措施,抛弃集体谈判传统,直接规定工资标准和工作条款。

随着德国社会矛盾日益尖锐,魏玛共和国的社会力量逐渐分化,以工会组织为主的左翼力量转而支持希特勒领导的纳粹党。1930年,纳粹党获得德国国会选举胜利;1933年1月30日,希特勒被推选为德国总理;1933年3月23日,国会通过"能够法案"(Enabling Act),赋予希特勒政府更多特权;1933年4月,工人联盟试图脱离社会民主党,组建非政治组织,遭到希特勒政府的无情镇压;1933年5月2日,工人联盟总部大楼被政府武装占领,部分工会成员被杀,其余被关押或流放。

在反思"第三帝国"历史教训的基础上,德国工会的领导者们开始重新考虑德国工会的组织建设问题,强调工会组织的政治独立性和中立性,从而试图将德国工会的组织基础扩大到所有的社会民主人士、基督教成员、共产主义者等。

(4) 重构阶段(1945—1989年):第二次世界大战之后,原民主德国地区建立"自由德国工会联盟"(Freier Deutcher Gewerkschaftsbund,FDGB);原联邦德国地区则建立"现代德国工会"(Deutcher Gewerkschaftsbund,DGB)。

在战后经济恢复的过程中,现代德国工会逐渐确立德国工会的基本纲领:① 参与决定社会经济事务;② 推动重要行业的公有化改革;③ 建立集中决策的国家经济计划;④ 维护社会公正。这四项原则实质上构成了"社会市场经济模式"的思想基础。正是在这种思想的影响下,"基督教民主联盟"(Christdemokratiche Union,CDU)提出"杜塞尔多夫原则"(Düsseldorf Basic Principles),随后被发展为"社会市场经济"(Social Market Economy)理念。

遵循着"社会市场经济"的路径设计,现代德国工会积极调动劳动者阶层的社会力量,广泛参与影响劳工权益的各种社会经济活动:① 改善工人福利;② 1958年反对保守党提出的"危机处理法案"(Emergency Legislation);③ 1959年提出"神圣山方案"(Godesberg Programme),强调工会组织的宗教独立性和政治独立性;④ 1989年推动德国统一进程,使"社会市场经济模式"扩展到整个德国。

比较各国工会组织的三种主要运行模式,工会组织与政府的关系由近到远；① 新加坡工会组织与政府具有相当紧密的依存关系,在两者的相互影响过程中,政府控制着工会组织的行动策略和发展方向。② 英国工会组织与政府具有若即若离的关系,两者曾经是政治盟友,但存在着利益分歧;两者曾经日益疏远,但在经费使用和组织建设方面难以分割。③ 德国工会组织与政府保持着较远距离,它谋求"三方机制"框架下的协商谈判,通过调动各种社会力量来影响政府政策,而不是单纯依靠特定政党组织。

当然,各国工会组织的运行模式都是特定历史条件和社会文化传统的产物,它是各国工会组织在实践过程中逐渐演变的结果。这些运行模式不是工会组织"理性设计"的结果,也不存在对错之分。然而,仔细剖析这些运行模式,能够对思考中国工会组织的历史、现在、未来给予重要启示。

三、近代中国工会组织发展的指导思想

近代中国工会组织是在劳动者与资本家的利益斗争中发展起来的,无论哪个政权和哪个组织,都必然面临劳动者利益与资本家利益的矛盾,对待这种矛盾的态度和策略,构成了近代以来中国工会组织发展的思想基础。基于对劳资关系的不同认识,近代中国历史上曾经出现三种工会组织理论,或者说,这是近代中国工会组织曾经出现的三种发展模式。

1. 三民主义劳资协调模式

三民主义学说的创始人孙中山高度关注劳工问题,他不承认中国存在劳资关系的阶级对立,主张劳资协调和劳资合作。他的"劳资协调"思想具有两项要点:① 阶级利益调和才是社会进化的根本原因。孙中山强调:"社会之所以进化,是由于社会上大多数经济利益相调和,而不是社会上大多数的利益相冲突。"①② 20 世纪初期的中国还不具备阶级斗争条件。他认为,当时中国的私人资本规模尚小,造成劳动者生活痛苦的主要根源不是中国资本家,而是外国资本;工人阶级与资产阶级的利益冲突不是当时社会的主要矛盾,民族国家独立和国家工业化发展才是中国社会必须解决的现实问题。

基于"劳资协调"的思想,孙中山强调:通过发展国家资本主义和制定劳动法规,建立劳动者、资本家、政府的三方合作机制;在提高国家经济实力和增进

---

① 孙中山,《孙中山选集》,人民出版社,1981,第 816 页。

民族利益的前提下,改善劳工的工作条件和生活质量,预防劳资双方利益冲突的激化。根据孙中山"三民主义劳资协调模式"的设想,北伐时期的中国国民党积极扶持工会组织发展:① 扶助农工,壮大国民革命力量;② 制定劳工法,改善劳动者生活状况;③ 保障劳工团体的发展权利。

南京国民党政权建立之后,南京政府则在"劳资协调模式"的前提下,加强"统制"工会组织。《人民团体组织法》规定:社会团体必须"接受党部之指导与协助,及政府之监督",监督范围包括"解散、改组、停止活动、违法制裁"。抗战时期,南京政府更以"非常时期"为由,规定各行业的劳动者应该"强制"参加国民党管办的工人团体,并对这些团体"派遣书记"和"实施训练",增强对工会组织的"统制"力度。事实上,在南京政府的一元化监督管理和垄断控制下,多数工会组织逐渐失去独立地位而演变为官办工会,转变为南京政府辖制下的劳工福利机构。

2. 新民主主义劳资两利模式

"劳资两利"模式源自毛泽东的"新民主主义理论"。毛泽东指出:"所谓新民主主义革命,就是在无产阶级领导下的人民大众的反帝反封建的革命。"①他强调,在新民主主义革命过程和革命胜利后建立的新民主主义社会中,民族资产阶级不是革命的对象,而是可以联合的同盟者;新民主主义的经济纲领是"发展生产、繁荣经济、公私兼顾、劳资两利"②。

根据"新民主主义理论",刘少奇进一步阐释,资本主义经济成分是新民主主义社会经济构成的重要组成部分。这实际上表明,在新民主主义社会体系中,劳动者利益和资产者利益可以实现"双赢",前提条件是经济发展和国家振兴。李立三也强调,在无产阶级领导的新民主主义政权中,资产阶级是工人阶级的同盟者,"是朋友而不是敌人";工人阶级和资产阶级斗争的目的是更好地团结,"从团结出发,为了团结要同他斗争",通过斗争实现劳资两利。③

遵循着"劳资两利"的基本原则,在新民主主义时期,新生的新中国政权在处理劳资纠纷时牢牢把握两项准则:① 处理劳资纠纷的主要途径是劳动法规和集体合同。通过颁布《劳动保护法》《劳动保险法》《工厂法》《劳资仲裁条例》

---

① 毛泽东,《新民主主义论》,载于《毛泽东选集》(第2卷),人民出版社,1991,第663页。
② 毛泽东,《目前形势和我们的任务》,载于《毛泽东选集》(第4卷),人民出版社,1991,第1256页。
③ 李立三,《在全国工会工作会议上关于劳资关系的总结》(1949年8月13日),载于中国工运学院编,《李立三、赖若愚论工会》,档案出版社,1987,第51页。

等法规,既要保护劳动者利益,又要让资本家"有钱可赚"。同时强调,"订立集体合同是实行劳资两利的中心环节"。① ②处理劳资纠纷的基本手段是协商、谈判、调节、仲裁。

值得指出的是,新民主主义的"劳资两利"与资产阶级改良主义的"劳资合作"截然不同,两者的差异表现在:① "劳资合作"否认阶级斗争,"劳资两利"则主张通过阶级斗争实现劳动者和资产者的"双赢"。② "劳资合作"的目标是安抚劳动者阶层,从而巩固资产阶级政权;"劳资两利"的目标是动员各种社会力量参加国民经济建设,从而巩固工人阶级领导的无产阶级政权。

李立三强调,工会组织必须摆正在劳资关系调整和社会发展进程中的位置。"工会只能代表工人进行谈判、协商",不能站在两个阶级之间进行"调解",更不能站在两个阶级之上进行"仲裁"。换言之,工会组织代表劳动者利益,工商局帮助资本控制者建立"商会",通过不同利益集体的协商来解决不同阶级之间的利益冲突。

3. 社会主义公私兼顾模式

"公私兼顾"模式的形成背景是社会主义公有制条件下的劳动关系。基本思想是,在社会主义公有制企业内部,劳动关系双方在总体利益上保持一致,但存在着具体利益的差别和矛盾,具体表现形式就是公私矛盾。公私矛盾是社会主义社会的人民内部矛盾,可以通过"公私兼顾"来解决。

刘少奇在《国营工厂内部的矛盾和工会工作的基本任务》中指出,公私矛盾是国营企业的基本矛盾。在国营企业中,公私矛盾的实质是"工人阶级的整体利益与个人利益、长远利益与日常利益的矛盾",具体表现形式就是发展生产和改善生活的资源冲突。

针对公私矛盾,正确的解决途径是"公私兼顾"。在"公私兼顾"模式中,工会组织具有重要作用:① 工厂管理机关与工人群众之间没有阶级对抗关系,而是同志关系。② 工会在坚持党的立场和国家整体利益的前提下,具有代表工人群众具体利益的现实立场。③ 工会组织的"维护"职能是两个"维护"的统一,既要维护全国人民的整体利益,又要维护职工群众的具体利益。

---

① 李立三,《在全国工会工作会议上关于劳资关系的总结》(1949年8月13日),载于中国工运学院编,《李立三、赖若愚论工会》,档案出版社,1987,第63页。

具体而言,工会组织具有两项重要任务:① 参与调解已经发生的公私矛盾,既要满足职工群众的合理要求,又要在政治上说服工人群众。② 预防公私矛盾的发生,由工会代表工人群众与工厂管理机关签订集体合同,协商解决各种潜在问题。

需要强调的是,"公私兼顾"模式曾经在中国工会发展过程中引起激烈争论,甚至导致一系列政治斗争。① "传统"的社会主义理论认为,社会主义公有制企业中的劳动关系双方具有利益一致性。这种"利益一致"表明,工人群众的具体利益和国家整体利益没有差别;工会组织的存在基础不是社会经济矛盾,而是政治需要。② 在"公私兼顾"模式中,社会主义公有制企业中存在着劳动关系双方的利益冲突,这种利益冲突是具体利益的冲突。对于"公私兼顾"模式的错误理解,曾经导致对李立三、邓子恢、刘少奇、赖若愚等人的错误批判;直至十一届三中全会,社会主义公私兼顾理论的思想精髓才重新得到确认。

审视中国工会组织发展的三种模式,"理论设计"特征相当浓厚。"理论设计"与中国工会组织的实践运行存在着显著差异,发展思路更加简单和清晰,也是特定历史条件和社会经济环境下的思想成果。惟其如此,这三种模式更能体现中国工会组织的发展思路:① 在"三民主义劳资协调模式"中,工会组织是代表劳动者权益的独立组织,它是完全独立于政府机构的非政治组织。② 在"新民主主义劳资两利模式"中,工会组织是政府调节社会利益冲突的重要社会力量,它是与政府机构具有密切联系的社会中介组织。③ 在"社会主义公私兼顾模式"中,工会组织是政府机构的延伸单位,它必须同时维护国家整体利益与工人群众具体利益。

当然,这三种模式深刻反映着当时的社会经济现实,也是当时政治斗争和社会发展的需要。不同历史条件对工会组织发展具有不同要求,社会精英对中国工会组织发展的"理论设计"带有强烈的时代痕迹。历史从来不会按照"理论设计"发展,中国工会组织的实际演进过程如何呢?

第二节 中国工会组织的历史变迁

中国社会历来存在着集体行动的文化传统,同业者通常根据行业和地域特征组建集体组织,这就是中国工会组织的雏形。鸦片战争之后,中国工人阶级产生和逐渐壮大,提供了中国工人的集体组织的发展条件。在中国工会组织的历史变迁过程中,中国社会处于各种意识形态和各种党派的激烈竞争环境中,这就使得中国工会组织具有多元化趋势。各种类型的工会组织信奉各种不同的意识形态,直接影响着它们的行动策略和发展方向。

更为复杂的是,各种类型的工会组织也在不断演变,并且没有明显的时间界限,这就使得梳理中国工会组织的历史变迁事实具有相当难度。考虑到中国工会组织的复杂性和时间交叉性,本书将中国工会组织的历史形态分为三部分:行帮组织、中国早期工会组织、中国共产党领导的革命工会。

一、行帮组织

行帮组织是早期工人集体组织的主要形式,"行帮"由"行会"和"帮口"组成,它是中国工会组织的雏形。在中国封建社会晚期,商品经济具有较大发展,城镇手工业者和商人逐渐增多;基于对外增强竞争力、对内增加凝聚力的共同利益诉求,他们根据地域特征和行业特征结成集体组织,这就是"行帮"的历史起源。

1. 行会

根据全汉升先生的观点,"行会"起源于中国春秋时期,行走四乡的商人群体需要相互扶持,城镇手工业者需要同行间约束,这可能是导致中国行会产生的最初原因。在中国历史记载中,"行"的名称最初见于隋代,同业者结成"行",推选"行头",设立"会馆"或"公所",负责处理行业内部的集体事务,也负责协调与政府、其他行会组织的外部交涉。[①] 自隋以下,行会发展迅速。据宋敏求的《长安志》记载,隋朝洛阳各市至唐朝时,已经由"一百二十行"发展至"二百二十行";据西湖老人《繁胜录》记载,宋代杭州共有"四百十四行"。

值得注意的是,在早期的行会组织中,业主与雇工混合,没有明确界限。鸦片战争之后,随着封建经济体系的解体和资本主义工商关系的发展,行会组织内部出现阶层差异,逐渐演变为代表业主利益的"东家行"和代表雇工利益的"西家行"。

---

① 全汉升,《中国行会制度史》,百花文艺出版社,2007,第26页。

2. 帮口

"帮口"则是城镇苦力工人的集体组织,又被称为"苦力帮"。随着近代工业和城市化发展,大量剩余劳动力聚集在城市、矿区、水陆码头,他们为了独占某项劳务和保障职业利益,避免其他劳工集团的竞争,往往根据地域和行业结成帮口。例如,在清朝末期的上海地区,各业工人就有本地帮、淮扬帮、安徽帮、宁波帮、绍兴帮、广东帮等。

"帮口"通常采取"秘密结社"的组织形式,纪律严格,信奉神道和暴力手段,带有浓厚的黑社会色彩。有的帮口甚至发展成为区域性的社会暴力组织,例如,中国南方的青帮、洪帮、哥老会、三合会等;中国北方的大刀会、红枪会等。

"行会"与"帮口"没有严格界限,有的行中有帮,有的帮中有行。例如,在清朝末期,宁波籍商人的上海"四明公所"按照行业划分为酒帮、海产帮、南货帮、石器帮、竹器帮等;汉口的"茶叶公所"则按照地域划分为广东帮、山西帮、湖北帮等。因此,中国民间习惯将"行会"和"帮口"合称为"行帮"。

3. 行帮内部的利益关系

根据社会地位和阶层利益的差异,行帮内部成员可以分为两派:① 代表雇主利益的"东家行";② 代表雇工利益的"西家行"和代表下层劳动者利益的"帮口"。从这个意义上看,行帮组织的内部分化,实际上体现了各种社会群体的阶层划分。换言之,在近代中国,"西家行"和"帮口"从"行帮"中分离出来,逐渐成为代表社会下层劳动者的集体组织。

在西方资本主义国家,随着城镇手工业的衰落和资本主义经济体系的发展,手工业工会逐渐衰落。然而,在近代中国,行帮组织却迅速发展,甚至超越了手工业和苦力行业,向产业工人渗透。例如,上海金属加工业行会"菊社",1920年已经拥有雄厚资产,能够保证其4万成员每天9小时的工作。究其原因,行帮组织协调着近代工业中的产业工人利益[①],主要表现在:① 维护工作权利,避免其他组织的就业竞争;② 与雇主组织进行交涉,改善工人的工作条件和生活质量;③ 凝聚地域乡情和区域文化传统;④ 成员之间互相扶持,慈善共济。

正是基于这些原因,早期工人集体组织往往采取"行帮"形式。然而,行帮

---

① 颜辉、王永玺主编,《中国工会纵横谈》,中共党史出版社,2008,第226页。

组织也具有明显的时代局限性,例如,黑社会习气较重,崇尚暴力手段,扰乱社会秩序。特别是青帮组织的上层头目,逐渐演变为社会落后势力的利益代理者,使得中国工人群体面临着又一重压迫,促使他们寻求新的社会组织形式来保障自身利益。

二、中国早期工会组织

中国早期工会组织产生于辛亥革命时期。在当时的发达资本主义经济体系中,工人阶级已经成为各国社会的重要政治力量,马克思主义也在社会主义运动中取得重大胜利,并且广泛传播。在辛亥革命以前的中国,资本主义经济关系比较薄弱,工人阶级尚未发展成为重要的政治力量,但许多有识之士已经开始关注劳动问题,提出了各种社会政治思想。

特别是在面临民族国家独立、经济发展、阶级矛盾的多重社会冲突条件下,各种社会思想纷纷涌入中国,形成了各种政党组织和社会意识形态。辛亥革命胜利之后,清政府严禁集会结社的限制被突破,"集会结社,犹如疯狂,而政党之名,如春草怒生"①。其中的大多数政党组织,都相当重视工人阶级的社会力量;通过帮助工人阶级改善工作条件和工资待遇,这些政党组织也获得了相当的政治资本。

遗憾的是,1913年"二次革命"之后,袁世凯政府下令禁止一切反对党的活动;刚刚兴起的中国工会浪潮昙花一现,许多政党组织和劳工团体迅速消失。直至1919年"五四运动"前后,中国工会组织的发展浪潮才重新兴起。

1. 中国早期工会组织的类型

中国早期工会组织的发起者主要是资产阶级政党和各种"社会主义"政党,由于这些政党组织的基本宗旨和社会信念不同,他们所控制的各种工会组织也具有不同行动策略和社会影响。具体而言,中国早期工会组织主要分为四类。②

(1) 新兴资产阶级建立的劳资混合团体。它们主要由早期的资产阶级立宪派和开明绅商发起,具有相当的"改良主义"色彩。例如,1910年湖南资产阶级立宪派建立"湖南工业总会",又称"湖南省总工会"。

---

① 匪石,《两年来政党变迁之大势》,《民权报》,1913年11月13日。
② 刘元文,《工会工作理论与实践》,中国劳动社会保障出版社,2008,第13页。

(2) 以孙中山为代表的资产阶级革命派建立和影响的工会组织。例如，1909 年孙中山指派革命党人，在香港和广州等地建立"中国研机书塾"、"广东机器研究公会"等组织，后来演变为"广东机器工会"。它们具有明确的革命纲领，组织严密，纪律严明，逐渐成为革命政党的基层组织和社会力量基础。

(3) 小资产阶级和无政府主义者建立的工会组织。例如，1911 年江亢虎在上海建立的"中华社会党"；1912 年徐企文等人在上海建立的"中华民国工党"；1912 年无政府主义者在广州建立的"晦鸣学社"；1913 年刘师复等人在上海和广州等地建立的"无政府主义同志会"。它们在某个时期对工人运动影响较大，但由于缺乏坚定的社会信念和政治策略，组织松散，往往难以持续发展。

(4) 工人自发建立的社团组织。例如，"上海缫丝女工同仁会"、江南制造局的"制造工人同盟会"、商务印书馆的"工界青年励志会"和"集成同志会"等。它们集中在纺织和机械行业，反映着工人阶级的自我觉醒；在政治策略和社会行动方面，资产阶级政党的民主共和思想和共产主义者的共产主义信念对之影响颇大。

2. 孙中山领导的国民党工会

早在国民党建立初期，孙中山就非常重视工会组织和工人阶级力量。在孙中山等人领导和影响下的工会组织，对国民党发展孙中山政治理想起着重要作用。

(1) 孙中山鼓励建立的工会组织。辛亥革命之前，孙中山就积极以乡谊关系为基础，联络组建工人团体。例如，1898 年孙中山在日本横滨建立华工俱乐部"中和堂"；1909 年 4 月在香港建立"中国研机书塾"；同年 5 月在广州建立"广东机器研究公会"。1919 年"五四运动"之后，孙中山积极扶持工会运动。例如，1917 年孙中山授命马超俊，制定推进全国工人运动的基本原则和具体办法，八条原则中的第一条就是"扶植工会之组织"。孙中山的南方政府对工人团体采取宽容和支持态度。例如，"广东机器总会"、"茶居工会"等曾经得到孙中山的直接赞助；中国历史上第一个按照产业联合的工会组织——"香港中华海员工业联合总会"更是得到孙中山和南方政府的直接支持。[①]

(2) 在国共两党的统一战线建立之前，国共两党就已经在工会运动中，相

[①] 史兵，《中国工人运动史话》(1)，工人出版社，1985，第 133 页。

互支持和相互援助。1922年1月,在国民党联谊社成员林伟民和苏兆征的领导下,香港海员大罢工引发了第一次全国性罢工高潮。随后,中国共产党领导的"中国劳动组合书记部"积极发动各地工人声援香港海员罢工:湖北等地工人建立"香港海员罢工南方后援会";长辛店等地的铁路工人建立"香港海员罢工北方后援会";上海工人阻止英国商人在上海招募新海员的企图。1922年5月,中国劳动组合书记部发起的第一次全国劳动大会在广州召开,国民党影响下的工会组织积极参加,国民党的南方政府也积极提供会议方便。①

(3) 随着第一次"国共合作",国共两党联合推动工人运动进入新高潮。1924年国民党在广州召开第一次全国代表大会,大会在孙中山"联俄、联共、扶助农工"的新三民主义指导下,确立劳工政策:"制定劳动法,改良劳工之生活状况,保障劳工团体,并扶助其发展。"同年11月,孙中山颁布中国历史上第一个工会法令——《工会条例》,承认工人拥有组织工会的权利,拥有言论、出版、罢工自由。国民党一大决定,共产党员和社会主义青年团员可以个人身份加入国民党。在国民党领导的工会运动机构中,大部分职位都由加入国民党的共产党员担任,促进了中国工人运动和中国工会组织的蓬勃发展。

3. 国民党南京政府控制的工会组织

国共合作之后,国民党内部迅速分化为左派和右派,直接导致中国工会组织的分裂。1924年国民党广东工人部成立"广州工人代表会",国民党右派控制的广东省总工会拒绝加入,在广东形成两个地方工会的对峙局面。1925年3月,国民党右派联合各地"招牌工会",在北平建立"全国各省区工会联合会",并试图以此为基础建立"全国总工会"。国民党右派积极拉拢青洪帮组织,对抗革命力量。他们在上海针对上海总工会建立"上海工界联合总会",针对工人纠察队建立"中华共进会",为反革命政变进行准备。

蒋介石政权在实行反革命政变之后,解散革命工会。在南京政府成立之后,由于国民党内部的势力纷争和工人阶级的努力斗争,南京政府颁布法令,有限制地允许工会合法存在。同时,南京政府扶植大量官办工会,试图把工会组织和工人运动纳入南京政府的统治序列。这些工会组织包括"工会统一委员会"、"工会整理委员会"、"工会改组委员会"等,统称为"黄色工会"。它们与资

---

① 高爱娣,《中国工人运动史》,中国劳动社会保障出版社,2008,第79页。

方联系较少,却与政府关系密切,具有浓厚的官办工会性质;与封建帮会紧密勾结,具有浓厚的封建色彩。

在国民党南京政府控制之下,中国工会组织主要分为四类。①

(1) 由国民党委派得力干部或培植工人中的反动分子,建立工会组织。这类工会组织的主要特征包括:① 集中在重要产业部门;② 思想上接受改良主义;③ 政治上拥护国民党,反对共产党;④ 组织上与国民党政府、封建帮会势力联系紧密。

这类工会组织又分为三种情况:① 纯粹的国民党控制工具,只有上层机关,没有下层组织,紧密依赖南京政府的行政力量来压迫工人运动。例如,"上海工会整理委员会"。② 政治传统上与国民党保持一致,坚定反对共产党领导的工会组织。例如,"广州机器工会"。③ 拥有一定群众基础,在经济上进行一些改良措施,但在政治上依附于南京政权。例如,厦门、福州等地的工会组织。

(2) 工人为保障自身经济利益而自发组织起来的工会组织。这类工会组织的主要特征包括:① 立足工人利益,要求改善工作条件和工资标准,对抗资方力量;② 政治上依附于国民党,明确反对共产党;③ 在工人运动方面与国民党南京政府的劳动政策存在着分歧。

这类工会组织能够在劳资冲突中适当维护工人利益,其典型代表是上海的"七大工会"。七大工会是上海邮务工会、商务印书馆工会、商务印书馆发行所工会、英美烟厂工会、报界工会、南洋烟厂工会、华商电器工会组成的松散工会联合体。1928年5月8日,七大工会发起组织工界对日外交后援会,反对日本在济南制造"五卅惨案"。

(3) 为生存需要,不得不依法到国民党主管部门进行登记备案的革命工会组织。这类工会组织的主要特征包括:① 保留着许多革命因素,甚至隐藏着有未暴露身份的共产党员;② 政治上不公开反对国民党,但也不反对共产党;③ 积极与资本家斗争,争取劳动者阶层利益。

这类工会组织的典型代表是1930年的"上海法商电车公司工会"。该工会领导人是共产党员徐阿梅,工会成立后主动到国民党政府申请备案登记。在1930年3月底,该工会发动"要米贴"的怠工斗争,取得胜利。

---

① 颜辉、王永玺主编,《中国工会纵横谈》,中共党史出版社,2008,第239页。

(4) 只有空架子的"招牌工会"。这类工会的主要特征包括：① 分布在国民党不重视的生产部门和地区；② 只有个别国民党特派员主持，没有群众，没有正常的工会活动；③ 主持者的目标是领取津贴和收取会费，以中饱私囊；④ 国民党支持这类工会的理由是占据工会位置，防止共产党和工人群众再组织新工会。

总体而言，蒋介石的国民党南京政府抛弃了孙中山的新三民主义劳动政策，试图牢牢控制工人阶级力量和工人运动，使之成为国民党南京政府的执政工具。这些控制措施的后果有：① 国民党南京政府颁布《工会法》，规定国家行政、交通、军事、国营、教育、公营事业等，"不得援用本法组织工会"；② 在国民党南京政府的控制下，工会数量迅速减少。例如，1929 年八省五特别市的工会会员数量为 122 万；1931 年 12 省市的工会会员数量减少到 36 万。

三、中国共产党领导的革命工会

在近代中国的工会组织发展历史中，中国共产党领导的革命工会具有最重要的历史研究价值。这种价值体现在两个层面：① 革命工会是推动中国共产党获取政权的重要政治力量，提供了无产阶级政权的群众基础；② 革命工会的制度变迁是中国社会经济体制转变的重要方面，它是研究体制转变缘起和过程的"活化石"。

根据高爱娣的研究成果，中国工会发展进程主要分为三个时期和七个阶段。[①]

(1) 民主革命时期(1840—1949 年)，包括：① 中国工人运动的发端(1840—1919 年)；② 以城市为中心的中国工人组织发展(1919—1927 年)；③ 农村包围城市，武装夺取政权(1927—1949 年)。

(2) 社会主义革命和建设时期(1949—1978 年)，包括：① 向社会主义过渡背景下的中国工会发展黄金阶段(1949—1956 年)；② 社会主义制度建立后的中国工会艰难探索阶段(1957—1978 年)。

(3) 改革开放和体制转型时期(1978 年至今)，包括：① 改革开放初期的中国工会变革阶段(1978—1992 年)；② 向社会主义市场经济转型背景下的中国

---

① 高爱娣，《中国工人运动史》，中国劳动社会保障出版社，2008，第 18 页。

工会创新阶段(1992年至今)。

根据研究命题的需要,本书在"中国共产党领导的革命工会"部分,主要研究:① 中国革命工会的创建和初期发展(1920—1949年);② 社会主义过渡阶段的中国工会发展(1949—1957年);③ 社会主义制度建立后的中国工会艰难探索(1957—1978年);④ 改革开放初期的中国工会变革(1978—1992年)。

(一)中国革命工会的创建和初期发展(1920—1949年)

1. 中国革命工会的创建

中国共产党的发展过程就是一部中国革命工会的发展史。早在中国共产党成立之前,早期的中国共产党组织——"共产主义小组"就相当重视工人群众基础和工会力量。1920年陈独秀在《劳动界》发表文章《真的工人团体》,呼吁"工人联合起来","组织真的工人团体"。

1920年11月21日,中国共产主义小组领导的第一个现代工会——"上海机器工会"成立,其宗旨是,"第一不要变为资本利用的工会;第二不要变为同乡观念的工会;第三不要变为政客和流氓把弄的工会;第四不要变为不纯粹的工会;第五不要变为只挂招牌的工会"。①

在1921年中国共产党成立前后,各地纷纷成立革命工会组织,特别是在"长辛店工人俱乐部"的示范效应下,中华大地上出现许多"工人俱乐部"。例如,上海共产主义小组领导建立的"三大工会"——机器工会、印刷工会、纺织工会;广东共产主义小组领导建立的"广东土木建筑工会"和"理发工会";山东共产主义小组领导建立的"济南津浦机车厂工会俱乐部"等。

2. 中国劳动组合书记部和中华全国总工会

随着各地工会组织的迅速发展,各种政治力量都注意到工人群众力量的重要性,工会组织的组织结构和组织任务也呈现多元化趋势。这种情况势必分散工人群众力量的政治影响。在这种情况下,如何构建全国性的工会组织,统领各种工会组织,充分调动工人群众来服务于特定的政治目标,就成为重要的政治敏感命题。

在中国共产党的领导下,中国近代革命史上先后出现过两个全国性工会机构:① 1921年8月11日,中国共产党领导建立的第一个全国性工会机构——

---

① 《本埠机器工会会议》,载于《民国日报》,1920年1月6日。

"中国劳动组合书记部"在上海成立。由于该机构不是全国各地工会选举产生，共产国际驻中国代表马林建议如此命名。1922年5月，第一次全国劳动大会在广州召开，"中国劳动组合书记部"被确定为全国各地工会的总通讯机关。1922年6月，"中国劳动组合书记部"的总部迁往北京，并在上海建立分部，先后建立北方分部、湖南分部、武汉分部、广东分部、山东分部、上海分部。② 1925年5月，"中华全国总工会"成立，全面接替"中国劳动组合书记部"的工作。1923年"二七惨案"之后，"中国劳动组合书记部"的总部由北京秘密迁回上海；同年6月，在上海秘密成立"中华全国总工会筹备委员会"。1925年5月，第二次全国劳动大会在广州召开，正式成立"中华全国总工会"，简称"全总"；1926年5月，在广州召开第三次全国劳动大会。1927年1月，"中华全国总工会"由广州迁往武汉；1927年6月，在汉口召开第四次全国劳动大会。大革命失败之后，白区工人运动转入地下；1928年2月，"中华全国总工会"由武汉秘密迁往上海；1929年在上海召开第五次全国劳动大会。1933年年初，"中华全国总工会"被迫迁往苏区，与全总中央苏区执行局合并，改称为"中华全国总工会苏区中央执行局"；同时，"中华全国总工会"停止活动。

3. 革命根据地的工会发展

(1) 随着土地革命发展和革命根据地建立，苏维埃根据地的工会组织迅速壮大。例如，据1930年9月的不完全统计，湘鄂赣苏区有工会414个，会员44 700人；闽西苏区有会员2 000人；赣东北有县工会8个，会员4 270人。为统一领导苏区工会运动，1931年2月，"中华全国总工会"在苏区建立"全总中央苏区执行局"。1933年2月，全总机关迁往中央苏区瑞金，与中央苏区执行局合并。

全总苏区中央执行局成立之后，中央苏区先后成立五大工会：中国农业工人工会、中国店员手艺工人工会、中国纸业工人工会、中国苦力运输工人工会、国家企业职工工会。随后，各苏区工会组织发展迅速，截至1934年3月，全国各苏区的工会会员共计35万人。

(2) 抗日根据地和解放区的工会组织是民主政权和自给工业发展的伴生物。自1938年成立"陕甘宁边区总工会"和"晋察冀边区总工会"之后，革命根据地和解放区的工会组织发展迅速。1944年年初，全国各根据地的工会成员达到80万人；1945年年初增至92万人。1945年4月，为响应"世界工会联合会"的成立,中共中央决定建立"中国解放区职工联合会筹备委员会"。1948年6月,在哈尔滨召开"全国解放区工会代表大会",准备成立解放区统一的工会联合会,具体步骤分为两步:第一步是成立解放区工会联合会;第二步是团结全国解放区和蒋管区的进步工会,"走向成立全国统一的工会组织"。1948年8月,在哈尔滨召开第六次全国劳动大会,决议恢复"中华全国总工会"。

(二)社会主义过渡阶段的中国工会发展(1949—1957年)

1. 新中国成立初期的工会组织体系

新中国成立初期,中国工会组织发展有两项重点。

(1)产业工会。1949年10月,全总召开执委扩大会议,决定筹建21个全国性产业工会。在全总方针的指导下,截至1950年年底,中国共建立85个大行政区级的产业工会和73个省(市)级产业工会。

(2)地方工会。根据地域特征,新中国的地方工会体系逐渐形成。截至1950年年底,相继成立东北、西北、中南的三大行政区总工会;筹建全国总工会的华东行政区和西南行政区的办事处以及47个直属大行政区的省(市)总工会,176个省属市总工会,168个县工会,173个专区工会办事处。

2. 新中国的工会法

1950年6月,《中华人民共和国工会法》正式颁布,这是新中国成立后颁布的第一项国家大法。《工会法》规定了中国工会的基本性质:工会是工人阶级自愿结合的群众组织。《工会法》强调:"凡在中国境内一切企业、机关和学校中,以工资收入为其生活资料之全部或主要来源之体力与脑力的雇佣劳动者,均有组织工会之权。"

3. 在巩固人民政权和发展国民经济中的工会活动

在新中国成立初期,人民政权面临着政治经济方面的各种考验。中国共产党和人民政府的迫切任务是巩固政权和发展国民经济,与之相配合,新形势下的中国工会组织积极投入到各项政治经济活动中。具体而言:① 在巩固人民政权方面,工会积极组织工人群众参加抗美援朝、支援土地革命、镇压反革命、"三反""五反"活动。② 在发展国民经济方面,工会积极协助政府接管官僚资本主义企业、反对敌人的破坏和封锁禁运、开展劳动竞赛,妥善解决公私合营中的劳资纠纷,恢复生产能力,维护社会秩序。

（三）社会主义制度建立后的中国工会艰难探索(1957—1978年)

1."左"倾思想和"工会消亡论"

1958年的中共八大二次会议提出，无产阶级与资产阶级的斗争是中国过渡时期的主要社会矛盾，必须严厉批判"右倾机会主义"。在这种"左"倾思想影响下，全总党组第三次扩大会议于1958年5月在北京召开，会议主题是整风精神检查和解决全总指导思想问题，批判赖若愚同志，要求工会必须绝对服从党的领导。

随着"左"倾思想的日益泛滥，工会系统出现"工会消亡论"的声音，提出"为工会消亡而斗争"的荒谬口号，掀起第一次"工会消亡"风潮。1958年10月，全总负责人甚至在上海工作会议上声言："孩子大了，尿布还有什么用处？"在"工会消亡论"的指导下，全国各地工会活动陷入停滞。据河北等11省588县的统计，截至1958年年底，已撤销县工会230个，占总数的39.2%；已停止活动的县工会170个，占总数的30%。

即使在1959年"工会消亡"风潮逐渐平息之后，这种错误思想仍然没有得到根本扭转。在1960年的"城市人民公社"运动中，全总党组提出，"工会纳入公社"，"多谈公社，少谈工会"。1960年5月的全总省市工会主席会议决议，在已经建立公社的地区和社办企业中，不再建立工会。这是第二次"工会消亡"浪潮，再度干扰工会干部和工人群众的思想；幸亏"城市人民公社"运动很快终止，"工会纳入公社"主张也就随之消失。

2."大跃进"中的社会主义劳动竞赛和技术革新

1958年中共中央发动的"大跃进"运动，实质是单纯追求高产值和高速度，这是一种非理性的经济发展思路。然而，工人群众积极参与"大跃进"运动的热情和努力，却是值得充分肯定的。具体而言，"大跃进"中的工会运动主要包括：① 各级工会组织普遍开展"社会主义劳动竞赛"，涌现出大量劳动模范和先进生产集体。更加难能可贵的是，这种劳动竞赛深化为群众性的"先进帮扶后进"活动，鼓励"一枝独秀不是春，万紫千红才是春"。② 掀起技术创新浪潮，积极改进操作技术和机器设备。

3."三年困难时期"的协助政府工作

"大跃进"运动之后，中国经济陷入严重困难局面。1961年1月，中共八届九次会议提出"调整、巩固、充实、提高"方针，各级工会组织积极配合政府行动，主要体现在两方面:① 协助政府精简富余工人,做好被精简工人的安置工作。② 关心工人群众的基本生活,通过困难补助和互助储金会等形式来解决职工的实际生活困难。

4."文化大革命"中的工会工作陷入停滞

"文化大革命"开始之后,中国工会面临着严重危机。工人群众在缺乏正式工会组织的条件下,自发地组织起来,形成一股重要的政治力量和社会力量。随着"文化大革命"的不断推进,工会组织和工人群众有以下实际行动。

(1)"文化大革命"初期,全总于1966年6月发表《关于工会各级组织高举毛泽东思想伟大旗帜,积极参加社会主义文化大革命的通知》。1966年11月,以王洪文为首的"上海工人革命造反司令部"(简称"工总司")成立,获得张春桥等人的积极支持,宣称"工人群众在文化大革命中有建立革命组织的权力"。1966年12月,由合同工和临时工组成的"全国红色劳动者造反总团"(简称"全红总")冲击全国总工会机关,致使许多企业和党政机关陷入瘫痪。1967年1月,中共中央政治局决定:全国总工会停止一切工作活动。

(2)1967年1月,上海"工总司"发动"一月风暴",夺取上海市委和市人大的领导权,历时20个月,影响波及全国,引起"全国山河一片红"。通过"全面夺权"运动,各级工会组织陷入停滞,各级工会领导和劳动模范遭到迫害。"文化大革命"的高层组织者为夺取工会阵地,制造了"工运黑线统治论",诬蔑新中国成立17年来的工会工作业绩。他们的论调是,工会是取消阶级斗争的"生产工会";工会是腐蚀工人阶级的"福利工会";工会是体现资产阶级利益的"全民工会"。在"砸烂旧工会"之后,1967年3月起,各地普遍成立"革命职工代表大会"(简称"工代会"),取代工会组织,实质是各种造反派组织的联合机构。1968年秋,在造反派组织之间的"武斗"日益升级的背景下,毛泽东决定派遣工人和解放军指战员的"毛泽东思想宣传队"(简称"工宣队"和"军宣队"),进驻学校和各机关单位。

(3)1971年9月,"林彪事件"之后,全国总工会开始整顿和健全基层工会组织,中国工会运动逐渐恢复。全国各地的工会组织纷纷恢复工作,在形式上否定了"工代会"。1974年开始,"四人帮"借助"批林批孔"运动,迫害周恩来等老一辈革命家,使工会组织再次陷入瘫痪。

(4)随着"文化大革命"进程的不断发展,工人群众开始逐渐转变态度,由初期的"积极投入"转变为"不理解"。部分工人开始觉醒和反抗,主要体现在三方面:① 坚持生产建设,抵制"不为错误路线生产"等错误思想。② 支持刘少奇、周恩来等革命领导,抵制王洪文等人的嚣张举动。③ 在1976年4月的"天安门事件"中,工人群众自发组织起来,显示出粉碎"四人帮"的强大群众基础。

(四)改革开放初期的中国工会变革(1978—1992年)

"文化大革命"结束之后,中国工会从"九大"到"十一大"逐步调整发展思路,以适应不断变化的社会经济环境。特别是在中国实施改革开放战略的重大历史转折时刻,中国工会如何确定自己的位置,中国工会的时代任务和发展目标是什么,这些问题都是刚刚恢复的中国工会组织必须解决的重要问题。

1. 工会工作的指导思想

(1) 1978年10月,中国工会"九大"在北京召开。时任国务院副总理邓小平代表中共中央和国务院致词,指出:"全国总工会和各级工会组织在党的领导下做了许多很好的工作,对社会主义革命和社会主义建设的胜利发展起了重大作用。""在本世纪内把我国建设成为现代化的伟大的社会主义强国,是全国人民为之奋斗的伟大目标,也是工人阶级新的伟大历史使命和新时期工人运动的主要任务。""密切联系群众,替工人说话办事、让工人信得过,是工会的特征,是工会最基本的职能,也是工会存在的基础。"①这是新时期中国工会发展的纲领性文件。

(2) 1978年12月,中共第十一届三中全会召开,邓小平发表具有历史意义的重要讲话《解放思想、实事求是,团结一致向前看》,确立"实践是检验真理的唯一标准",批评"两个凡是"的错误方针。根据十一届三中全会精神,自1979年开始,全总党组本着"实事求是、有错必纠"的原则,为李立三、赖若愚、董昕等人平反昭雪。更重要的是,"工团主义"和"经济主义"不再是束缚各级工会组织的精神枷锁。

(3) 1983年10月,中国工会"十大"在北京召开。倪志福代表上届执委会提交大会报告《在社会主义物质文明和精神文明建设中发扬工人阶级的主人翁精神》,强调三个"一定要":① 一定要从自己是党领导的群众组织这个特点出

---

① 邓小平,《邓小平在中国工会第九次全国代表大会上的致词》,载于《邓小平文选》(第2卷),人民出版社,1994,第134—139页。

发,切实为职工多办事、办好事,把职工的积极性调动起来;② 一定要维护职工的合法权益,勇敢地扶持正气、压制邪气,在社会和国家生活中起积极作用;③ 一定要面向基层,面向群众,密切联系群众,反映职工的呼声和要求,真正成为"职工之家"。这是中国工会改革的主要内容。

2. 工会改革的基本设想

1988年9月,全总第十届六次执委会正式审议通过《工会改革的基本设想》,确定中国工会改革的基本框架。中国工会改革的基本框架是,"一个中心"、"两个维护"、"四项职能"。具体而言:①"一个中心"是以经济建设为中心;②"两个维护"是维护全国人民的总体利益和维护职工群众的具体利益;③"四项职能"是维护、建设、参与、教育。

《工会改革的基本设想》强调,工会改革的主要目标是,"把中国工会建设成为中国共产党领导的,独立自主、充分民主、职工信赖的工人阶级群众组织,在国家和社会生活中发挥重要作用的社会政治团体"。具体措施有两项要点:① 理顺工会的外部关系,主要是工会与党的关系、工会与政府的关系;② 密切工会与职工群众的联系,增强基层工会活力,逐步改革工会组织制度和干部管理制度,努力构建"上级代表下级、工会代表职工"的工会运行机制。

特别需要强调的是,在全总的多次建议下,中共中央在1989年12月发布《中共中央关于加强和改善党对工会、共青团、妇联工作领导的通知》,指出:中国工会的主要现实问题是工会不能很好地代表和维护群众利益,从而导致工会脱离群众;而工会一旦严重脱离群众,就会制约工会组织的自身发展,也限制着工会组织应当实现的"桥梁"、"纽带"、"学校"功能。

3. 工会改革的具体实践

随着中国工会的改革思路和改革设想逐渐明朗化,中国工会改革逐步深化。

(1) 1978年10月,中国工会"九大"之后,各级工会组织的专业工作部门逐步恢复和完善;各级工会组织的机构改革和组织建设不断深化;围绕着"以经济建设为中心",各地普遍开展以"增产节约"和"安全生产"为主要内容的劳动竞赛。

(2) 1983年10月,中国工会"十大"之后,各级工会组织积极开拓工会工作的新领域,主要集中在三方面:① 积极参政议政,维护职工合法权益;② 建设

"职工之家",增强基层工会活力;③ 针对乡镇企业和"三资企业",进行工会组建试点。

（3）1988年10月,中国工会"十一大"之后,工会组织的基层建设成为中国工会发展的重点内容。① 根据《企业法》等法规,各地工会组织积极参与政府的改革方案研究,解决企业劳动人事、工资分配、养老保险、待业保险、住房制度等方面的职工问题。② 继续深入开展建设"职工之家",推广各地基层工会的先进工作经验。例如,辽宁省朝阳市总工会提出"四个放开":工作重点放开;活动形式放开;工作机构放开;领导方式放开。③ 大力推动各地工会兴办经济实体的行动。

总体而言,中国工会组织的历史变迁具有重要特征:① 在组织成员构成方面,中国工会成员由地域关系和行业关系的联结,演变到跨地域和跨行业的"阶级"范畴。② 在组织目标层面,中国工会由关注工会成员的具体生存机会和工作条件,演变到关注集体组织成员的经济权利和政治权利,特别是发展权利。③ 在组织结构层面,中国工会逐渐由松散组织,演变到具有严密组织和严格纪律的集体组织机构,并且逐步发展到全国、行业、地方、企业的多层级机构。

特别需要强调的是,中国工会组织的历史变迁背景是中国社会的整体演进过程。在中国社会的历史发展进程中,社会经济环境逐渐发生着深刻变化,各种社会经济关系也在不断变化;作为社会组织的重要组成部分,中国工会组织必然反映特定历史条件下的社会特征。尤其是在各种政治利益集团的行动策略影响下,工人群众的各种社会团体必然反映不同的利益诉求,从而使得中国工会组织具有多元化特征。虽然在新中国成立之后的相当长时期内,中国工会的政治特征表现得更加突出,但根据更长的中国近代历史演进过程,中国工会组织是特定历史条件下的具有多元化特征的工人群众的集体组织。

第三节 体制转型背景下的中国工会现实特征

随着中国社会经济体制转型的不断深化,中国工会的发展环境逐渐发生深刻变化,这就促使中国工会面临着调整职能和重新构建组织的历史机遇。特别是在微观环境层面,中国社会的劳动关系正在发生急剧变化,以"工人阶级"为特征的社会群体逐渐分化,形成不同的社会阶层,不同社会阶层的利益诉求影响着中国工会的组织功能。当然,无论中国工会如何确定组织功能,都不能脱离现实基础。换言之,中国工会的现实状况是工会组织行为调整策略的分析基础,也是中国工会未来发展的现实条件。正是从这个意义上,研究"中国工会的现实特征"具有重要价值。需要说明的是,在本章内容中,如果没有特别说明,"工人阶级"的主要内涵就是国有企业的产业工人。

一、微观环境:劳动关系变化和工人阶层分化

中国工会生存和发展的社会基础是社会劳动关系,在中国经济体制改革和社会转型过程中,社会经济运行方式、企业运营模式、社会结构都发生着深刻变化,中国社会的劳动关系也逐渐改变。劳动关系的变化使得"工人阶级"的内涵和外延都不断拓展,与计划经济时期相比,社会主义市场经济条件下的"工人"和"工会"具有更加广泛的指向性。随着"工人"范畴的变化,中国工会承载的组织职能也必须不断调整,以适应社会转型的需要,适应新时期"工人"的需要。从这个意义上讲,劳动关系特征构成了中国工会发展的微观基础。

(一)国有企业改革和劳动关系变化

从1978年中国经济体制改革以来,中国劳动关系逐渐发生变化,两者的演变轨迹呈现高度一致的特征。中国经济体制改革的重要组成部分是国有企业改革,国有企业改革包括国有企业内部的产权制度改革和分配制度改革,它们直接导致新的劳动关系出现。具体而言,国有企业改革主要包括三个阶段。

1. 第一阶段(1979—1992年)

中国经济体制改革的切入点之一是国有企业改革,该阶段的国有企业改革具有两个层面的内容:① 产权制度层面,中央政府试图扩大国有企业经营者的管理权限;在所有权和经营权分离的原则下,构建责权利统一的经营机制,使国有企业真正成为独立自主、自负盈亏的经济主体。② 劳动用工制度层面,1983年通过的《关于实行劳动合同制的通知》要求,新招收的工人需要签订劳动合同,逐步扩展到所有企业职工都实行劳动合同制。同时,劳动人事部提出"优化劳动组合",允许国有企业部分辞退在"优化劳动组合"中未能获得聘用合同的工人和管理人员,实质上赋予了企业经营管理者在工人"无过错"条件下解除劳动关系的权力。

该阶段的改革措施有效地改变了"平均主义"的分配方式,使国有企业内部逐渐形成利益激励机制。政府机构也逐渐退出企业劳动关系,淡化了"劳动行政关系"中的行政色彩,主要表现为:① 政府取消劳动力分配计划,由企业经营者负责招收和解雇工人。② 政府不直接参与企业工资分配,企业经营者自主决定企业工资分配方案。

该阶段的社会结构特征包括:① 国民经济构成方面,国有企业仍然是最重要的经济成分,国有经济成分占据着经济结构中的绝对控制地位。② 劳动者的经济地位和社会地位方面,国有企业职工仍然保留着计划经济时期的大部分既得利益,他们的身份、地位、工资待遇没有发生重大变化,国有企业工人仍然是"企业的主人"。

2. 第二阶段(1992—2002年)

前期是1992—1998年。1992年10月的中共第十四次全国代表大会,江泽民提出"社会主义市场经济"概念;1993年11月,中共第十四届三中全会通过《关于建立社会主义市场经济体制若干问题的决定》,提出国有企业的改革方向是转换经营机制,构建现代企业制度。根据中央政府的基本思路,劳动部在1993年12月发布《关于建立社会主义市场经济体制时期劳动体制改革总体设想》(以下简称《总体设想》),强调企业的自主用工权,培育劳动力市场。围绕着企业裁减富余人员和实行全员劳动合同制度,《总体设想》规定了劳动者求职、就业、失业、转业、退休的全过程;规定了劳动者的职业培训、工资薪酬、社会保险、劳动保护等环节;规定了劳动市场的中介服务、信息发布、行业规范等方面。

在该时期,政府开始有意识地减少对国有企业生产经营和劳动关系的直接控制,而把企业控制权转交给国有企业经营者,国有企业被逐渐推向市场。随着国有企业参与到市场化进程,中央政府不得不考虑国有企业普遍面临着的一系列问题。例如,企业如何安排富余人员?如果企业按照劳动合同解雇富余人员,这些人员将会如何影响社会稳定?中央政府在再三权衡之后,坚持调整政企关系和企业内部管理机制,试图提高国有企业的运行效率;对于企业富余人员的安置,主要是进行解雇之前的程序公开化,强调减员增效、下岗分流的过程公平。

后期是1998—2002年。在中央政府的强力推动下,国有企业改革取得了初步成效。然而,私营企业和外资企业的迅速发展改变了中国宏观经济环境,使得中央政府调整发展战略。1999年9月,中国第十五届四中全会通过《关于国有企业改革和发展的若干重大问题的决定》,提出调整国有经济布局,使国有经济成分集中在关键领域和关系到国计民生的重要领域;在发展国有大型企业的前提下,采取联合、兼并、租赁、承包、股份制等多种形式,改组国有企业,允许私营经济成分进入竞争性行业。

针对国有企业富余人员的安置问题,1998年6月国务院发布《关于切实做好国有企业下岗职工基本生活保障和再就业工作的通知》,要求凡有下岗职工的国有企业,必须建立再就业服务中心,负责对下岗职工发放基本生活费、缴纳社会保险费用,组织下岗职工参加再就业培训,帮助他们实现再就业。如果下岗职工在三年内仍未能再就业,就与企业解除劳动关系,接受社会保障体系提供的失业救济。以此为契机,中国社会开始建立和完善社会保障体系,使得国有企业逐渐放弃对企业职工的社会责任,真正成为具有独立经营权利的经济主体。

随着现代企业制度的建立,在改制后的国有企业和新兴私营企业中,劳动关系呈现出典型的雇佣关系特征。企业经营者和工人之间的利益界限日益清晰。特别是在改制后的国有企业中,企业职工和企业的利益一致性不复存在,一元化的利益格局转变为二元化的利益冲突,企业经营者和企业职工之间的利益分歧日益突出。原来的企业经营者取得企业管理权,开始扮演"雇佣者"角色;原来的企业职工则沦为"被雇佣者"角色。

值得提出的是,在该时期,中央政府出于社会稳定的考虑,没有很快地推动国有企业的彻底转型,使得国有企业内部的"雇佣关系"特征没有明确界定。事实上,虽然中央政府提出"分离企业与社会的职能,切实减轻国有企业的社会负担",但国有企业经营者仍然需要把政府设定的部分社会目标引入企业管理目标体系,按照政府的"修复政策"要求,继续为工人提供必要的职业保障和福利保障。

3. 第三阶段(2002年至今)

该阶段的典型特征是,政府全面退出国有企业的劳动关系。由于劳动市场发育和企业职工管理机制尚未健全,国有企业的劳动关系处于混乱无序状态。尽管《总体设想》规定,国有企业"自主建立、自行协调"劳动关系,但由于劳资双方的力量对比悬殊,劳资矛盾不能通过正常的协商途径来解决。事实上,近年来的劳资纠纷及其引起的社会冲突事件,已经成为影响中国社会稳定的重要因素,也增加了中国经济体制转型和社会转型的制度成本。①

根据国有企业的劳动关系状况,中央政府也意识到:经济体制转型和国有企业改革的各项措施强调"效率",忽视社会公平和工人利益;而劳动关系是最基本的社会关系,它是维护社会稳定的基础力量。然而,随着政府职能的转变,中央政府不可能再直接介入劳动关系,而只能通过立法、执法监察、社会舆论来强调社会弱势群体的权利。

针对社会公正和民生问题,2003年中央政府提出"权为民所用、情为民所系、利为民所谋"的执政理念。2004年9月,中共第十六届四次会议通过《关于加强党的执政能力建设的决定》,提出构建"社会主义和谐社会"。与此同时,政府在调整劳动关系方面进行了一系列工作,例如,加强劳动立法和制定劳工政策、关注农民工权益、发展非正规就业、加强对企业的劳动执法监察、完善三方协商机制、建立新型信访制度等。

伴随着国有企业改革进程,中国劳动关系变化主要体现在四方面:① 国有企业改制改变了中国劳动力市场的供求状况。通过优化组合和下岗,国有企业释放出近5 000万富余人员,为城市劳动力市场提供了巨大的产业后备军。② 由于国有企业管理者和国有企业职工的身份差异,逐渐形成作为"暴发户"的资本控制者阶层和作为"贫困者"的城市劳动者阶层。③ 企业职工和企业利益不再是一体化的,劳动者和资本控制者具有利益冲突,他们之间构成劳动要素和资本要素的人格化关系。④ 在劳资双方的力量对抗中,劳动要素处于弱势地位,劳动者权益难以得到有效保障。

(二)工人群体的阶层分化

1978年中国经济体制改革之前,工人群体依据行政性分层原则分为三个基本阶层:工人、干部、知识分子。这种阶层划分的特征包括:① 体现社会主义的平等理念,各阶层之间的经济利益差异很小。② 具有强烈的身份制色彩,各阶层成员缺乏横向和纵向的流动。

随着国有企业改革的不断深化,社会阶层的划分标准逐渐由行政性原则转变为职业性原则,各阶层依据职业特征和经济地位,享有不同的经济、政治、文

---

① 瞭望,《当前社会治安群体性事件成突出问题》,载于《南方日报》,2004年6月10日。

化待遇。根据职业性原则,目前中国社会的"工人群体"主要包括五个阶层:① 公务员阶层;② 国有企业经营管理者阶层;③ 专业技术人员阶层;④ 企业工人阶层;⑤ 城镇失业和下岗职工阶层。在国有企业改革的过程中,"工人群体"不断分化为不同阶层,各阶层之间的利益差异越来越大,直接导致了工人群体内部的利益冲突。特别是在国有企业内部,企业管理者和企业工人之间的矛盾日益加深,极易形成引发社会冲突事件的诱因。

究其原因,主要体现在三方面:① 国有企业管理者取得更多的企业经营权,能够更加自主地决定工人去留和企业内部事务。② 国有企业管理者和企业工人之间不仅存在着劳动分工差异,更是资本权利和劳动权利的较量;在社会主义市场经济发展初期,资本权利的强势力量必然压制劳动权利的主张。③ 工人群体的阶层分化打破身份制和等级制,通过引入市场机制,各阶层成员可以依靠竞争来建立契约关系,但他们的经济地位和社会地位具有显著的"代际传递"影响,阻碍着各阶层成员的横向和纵向流动。

二、中国工会的现实特征

随着中国经济体制转型和社会转型的进程,中国工会面临着社会主义市场经济条件下的各种变化,必须正视社会制度变迁的事实,依据社会变迁的未来方向来确定组织发展目标。中国工会的现实特征影响着它的未来发展构架,根据中国工会的转型事实,本书从三个层面来剖析中国工会的现实特征:① 中国工会行为空间的界定,确定中国工会"有所作为"的行动领域和行动方式。② 工会职能的基本定位,强调中国工会的现实行动目标。③ 集体协商行动的困境,描述中国工会在采取集体行动实现组织职能的过程中面临的主要现实障碍。

(一)中国工会行为空间的界定

中国工会自产生以来就始终是联系中国共产党和工人群体的重要纽带,也是工人阶级合法权益的代表者和维护者。随着中国共产党的政治战略和经济战略调整,中国工会的行为空间也在不断调整。中共十六大指出,新中国成立以来,中国共产党"已经从领导人民为夺取全国政权而奋斗的党,成为领导人民掌握全国政权并长期执政的党";执政环境已经从"受到外部封锁和实行计划经济",转变为"对外开放和发展社会主义市场经济"。① 在社会主义市场经济条件下,中国社会和政治经济体制发生深刻变化,中国工会的行为空间必须重新界定,以明确工会组织的活动领域和行为方式。

1. 由"革命组织"转变为"建设性组织"

在中国共产党由"革命党"转变为"执政党"的过程中,中国工会的基本性质由"革命组织"转变为"建设性组织"。回顾中国工会的发展历史:① 产生之初的中国革命工会是对抗性组织,它是支持中国共产党武装夺取政权的阶级基础。② 新中国成立之后,中国共产党成为执政党,工人阶级也成为国家政权的主要支柱和国民经济发展的社会基石。③ 在社会主义市场经济的发展过程中,企业管理者利益通过企业家协会和行业组织来协调,中国工会的基本性质回归到劳动者集体利益代表者的本来面目。

2. 由"宏观维护"转变为"微观帮扶"

随着中国共产党执政理念的逐渐成熟,中央政府的国家发展战略由"发奋图强、赶超争强"转变为"以人为本、亲政为民",政治重点由"民主"转向"民生"和"民权",这就使得中国工会的基本活动领域由"宏观维护"转变为"微观帮扶",强调人文化、亲民化、社会化的工会工作方式。

值得强调的是,中国工会的行为空间始终遵循着四项"坚持":① 坚持中国共产党对工会的领导;② 坚持依法独立自主工作;③ 坚持发展中国特色的工会组织;④ 坚持依据法律行动。特别是在社会主义市场经济的条件下,中国工会正在逐渐形成独特的发展路径,从而形成"中国模式"的重要组成部分。

(二) 工会职能的基本定位

1. 工会职能的历史演变

随着中国社会的制度变迁,中国工会的基本职能也在不断变化:① 新中国成立初期,中国工会的基本职能是多元化的,既要保卫革命政权,又要进行国民经济建设;既要逐步改善工人生活,又要领导工人进行阶级互助活动。② 1952年以后,中国工会的基本工作方针是"生产、生活、教育"。③ 1988年中国工会的第十一次代表大会确定,中国工会的基本职能是"维护、参与、建设、教育",即"维护职工具体利益"、"代表职工参与管理"、"开展群众性生产活动"、

---

① 《全面建设小康社会,开创社会主义事业新局面》,载于《人民日报》,2002年11月8日。

"帮助职工提高素质"。① ④随着中国社会转型和社会利益矛盾越来越突出,中国工会的主要职能集中在"维护"方面,强调工会是维护劳动者利益的基础性组织。

事实上,中国工会很早就将"维护"职能纳入到基本职能的框架之中,但在计划经济时期,它的"维护"职能是双重的,既要维护企业职工利益,更要维护国家利益。这种双重"维护"职能实际上削弱了中国工会的利益代表性,也是中国工会职能萎缩的主要原因。在计划经济时期和国家主义的制度框架内,工会是国家体制内组织,"职工的政治权利、教育权利、生存权利都得到国家体制的基本保障,因此基本上不存在工会组织需要维护职工权益的问题",这就直接导致中国工会沦为"福利工会"。②

2. "维护"职能的外延

在体制转型时期,目前中国工会的基本职能主要定位于"维护"。

(1) 维护工人群体的经济利益,主要分为两方面:① 在国有企业改制过程中,最大限度保障企业职工的合法权益。② 在普遍关注企业职工利益的基础上,强调对弱势群体的扶助,着眼于他们的子女入学难、住房难、医疗难、法律援助难等"四难"问题,积极推动再就业工程和"送温暖"工程。

(2) 维护工人群体的劳动权利。工会能够在三方面有所作为:① 参与劳动关系协调工作,构建以"平等协商和集体合同"为主体,以"劳动争议调解和劳动争议仲裁"为补充的劳动关系协调机制。② 建立和健全劳动保护机制,增强工会的监督能力,营造安全的工作环境,最大限度地避免工伤事故发生。③ 针对突发性劳动争议事件,协助政府机构和企业,在维护劳动者利益的前提下妥善解决问题。

(3) 维护工人群体的民主权利,主要表现在三方面:① 建立职工董事制度和职工监事制度,增强工会在企业民主决策和民主管理中的作用。② 完善企业职工的民主评议机制,以此作为衡量企业领导业绩的重要依据。③ 积极推动厂务公开制度,确保企业职工的知情权。

---

① 《中华人民共和国年鉴》,中华人民共和国年鉴社,2006,第35页。
② 韩福国、骆小俊,《新型产业工人与中国工会》,上海人民出版社,2008,第215页。

(三) 集体谈判行动的现实困境

1. 新中国的集体谈判行动

(1) 新中国成立初期的集体谈判。根据工会运动的世界经验,集体谈判行动是最有效和最主要的工会运动方式。集体谈判起源于工业化市场经济国家,主要由雇员组织和雇主组织进行谈判,签订集体合同。"集体合同"概念曾经出现在新中国成立初期,1949 年中国政治协商会议通过的《共同纲领》中规定:"私人经营的企业,为实现劳资两利的原则,应由工会代表工人职员与资方订立集体合同。"然而,随着资本主义工商业改造顺利完成,推进集体谈判的"私人经营企业"不再存在,国有企业则采取高度集中和行政化的管理方式,以劳动关系自治为基本特征的集体谈判缺乏现实基础。

(2) 20 世纪 80 年代的集体谈判。在改革开放之后实行企业承包责任制的过程中,部分企业采取具有集体性质的"共保合同"。然而,共保合同与集体合同不同,主要表现在三方面:① 合同当事人方面,集体合同的当事人是雇主和雇员;共保合同的当事人是雇主、雇员、党组织。② 合同目标方面,集体合同的目标是维护职工合法权益;共保合同的目标是保证企业完成生产任务。③ 合同内容方面,集体合同只规定雇主与雇员的权责,雇员不承担雇主的经营风险,只要雇员履行了自己的责任,就应当享受集体合同规定的权益;共保合同则规定党政工的各方责任,这些责任之间存在着牵连关系,企业经营风险有可能被转嫁给职工。

2. 中国集体谈判行动的现实特征

集体谈判起源于西方市场经济国家,中国集体谈判行动是借鉴其经验而建立和发展起来的。由于中国体制转型的特殊背景,中国范围内的集体谈判行动具有独特的现实特征。

(1) 立法先行,自上而下推行。西方国家的集体谈判是在劳资矛盾逐渐发展的基础上,以"劳资双方自愿交涉"为特征的协调机制;中国的集体谈判行动则是在由计划经济体制转变为市场经济体制的过程中,由政府以立法形式确立的。随着《劳动法》《工会法》《集体合同规定》等法规的实施,劳动部逐渐建立以"集体合同审查备案"为核心的集体合同管理制度。集体合同的"自上而下"推进方式与中国市场化推进路径保持着高度一致,它的优势是组织措施有力和责任目标明确,但容易造成形式主义和文本主义,集体合同的作用未必能够有效发挥。

(2) 政府主导。西方国家的集体谈判"以劳资双方的高度自治为前提",先出现劳资矛盾,再出现集体谈判,最后由政府立法予以承认。在集体谈判过程中,政府极少直接介入,主要通过相关法规来施加间接影响。在中国的集体谈判行动中,政府劳动部门自始至终都参与其中,由政府、工会、企业家组织联合行动,构成中国集体合同制度的主要运行方式。

(3) 谈判层次主要是企业层面。西方国家的集体谈判由全国层次、行业层次、企业层次的同步实施构成;中国的集体谈判行动则集中在企业层次。这种现象的原因有:① 中国经济体制改革的基点是国有企业,集体谈判机制是协调企业内部劳动关系的重要内容之一。② 目前中国缺乏全国层次和行业层次的雇主代表组织,集体谈判只能在企业层面进行。这种局面对于协调劳资关系是不利的,在中小企业中,雇主力量处于强势地位,劳动者缺乏工资谈判的能力;即使劳资双方能够在一起协商工资待遇问题,这种谈判活动也很难建立在"平等自愿"基础上。

3. 中国集体谈判的法律困境

中国集体谈判制度依靠政府立法来确立,随着中国社会经济形势的发展和集体谈判行动的推行,集体谈判方面的立法问题也日益突出,主要表现在四方面。

(1) 立法层次低,缺乏法律权威性。目前中国的集体谈判立法,主要是劳动和社会保障部在 2000 年颁布的《工资集体协商试行办法》和 2004 年颁布的《集体合同规定》。这两项法规仅仅属于部委规章,其法律效力低于全国性法规,直接限制着集体谈判的实际推行和相关司法手段的执行。

(2) 法律概念模糊,缺乏操作性。① 在《劳动法》和《工会法》中,都有涉及集体合同的条款,但只规定了集体合同的主体、内容、争议处理等基本内容,缺乏实践操作性。②《劳动法》第三十三条规定:"工会可以代表职工与企业签订集体合同。"这种选择性表述成为企业拒绝与工会签订集体合同的"法律依据",反倒限制着集体谈判的推行。③《工会法》与《劳动法》的某些规定不一致,但两者的效力高低判断很难:根据立法层次,《劳动法》具有更高效力;根据特别法优于一般法的原则,《工会法》具有更高效力。

(3) 立法覆盖面窄,使集体谈判的实施范围过小。中国的集体谈判法规,很少涉及区域层次和行业层次,更不用说产业级别的集体合同,这就限制着集体谈判的实施范围和实施效果。事实上,根据西方国家的成功经验,只有构建集体谈判的全国、行业、产业、地区、企业的多层次和交叉性谈判结构,才能切实维护工人群体的经济利益。

(4) 集体谈判的责任不明。《集体合同规定》规定,企业在收到集体协商要求后无正当理由不得拒绝,但什么理由是正当的,拒绝协商要承担的法律责任是什么,都尚未明确规定。类似情况在集体谈判法规中相当常见。

4. 中国集体谈判困境的体制原因

目前,中国集体谈判的主要问题是集体合同流于形式,表现为:① 集体合同内容空洞,照抄法律;② 重签订,轻履行;③ 集体谈判主体错位;④ 集体合同覆盖面小;⑤ 集体谈判中的争议少。究其原因,主要的体制原因是中国文化传统惯性和体制转型特殊性的双重影响,表现在以下四方面。

(1) 中国传统文化中缺乏集体谈判精神。在中国传统文化中,一元化领导和集权主义的思想根深蒂固;中国公民崇尚集体主义,个人权利意识淡薄,很难想象他们以"平等自愿"主体的身份参与集体谈判。事实上,从计划经济时期到市场经济时期,政府部门的直接干预始终没有停止;某种意义上讲,政府部门一直是集体谈判的主角。

(2) 自上而下的推行方式无法适应自由决策的市场环境。中国政府和全国总工会积极推动集体谈判行动,但企业管理者却响应寥寥。在市场经济环境中,自上而下的推行方式固然能够起到目标明确和组织有力的效果,但这种效果难以持久,特别是难以在企业管理者和企业工会之间建立"自愿谈判"机制,使之形成持续性的集体谈判框架。

(3) 中国集体谈判的规模和影响不断增大,但集体合同争议较少,这说明集体谈判尚未触及谈判各方的真正利益所在。特别是在近年来,非正规性和突发性冲突成为劳资关系矛盾的主要表现形式,但集体谈判行动却没有考虑到相应的纠纷协调途径。

(4) "人治"因素大于"法治"因素。中国集体谈判行动的成功案例都与"人治"因素具有高度相关性,主要表现在:① 雇主方具有较强集体谈判意识和企业长远发展眼光;② 工会主席具有超强的工作能力和社会影响力。

正视体制转型背景下的中国工会和集体谈判行动,不难发现,政府机构的影子无处不在。事实上,在中国经济体制转型和社会转型的过程中,政府始终是最重要的推动力量;在中国工会发展演变的过程中,政府也扮演着引导者和支持者的重要角色。正是由于政府机构的积极参与,中国经济才创造了"中国奇迹";也正是由于政府地位的独特性,中国体制转型才形成了"中国模式"。然而,成功历史不能说明政府干预的合理性。需要提出的问题是,随着社会主义市场经济体制的完善和工会职能的确立,中国政府应当如何调整角色定位?这个问题可能是所有中国现象的根源,也是我们必须深入思考的问题。

第四节 中国工会发展的制度设计

基于中国转型时期的时代背景,中国工会如何进行制度创新,调整组织特征和组织功能,适应特定历史时期的时代要求呢?这是研究中国工会发展命题必须面对的问题。事实上,在中国体制改革进程中,工会组织的实践者们已经不断对中国工会组织的现状提出质疑。他们在实际工作中遇到许多难以逾越的制度障碍,发出"中国工会走向何方"的呼声。

针对中国工会发展的制度设计问题,本书的基本构想是,① 在确定现代中国工会的组织功能的基础上,变革工会组织结构,以适应多维劳动关系的现实需要;② 基于社会冲突激化和利益诉求渠道不畅的实际状况,提出重新构建"利益诉求的信息传递机制";③ 中国工会组织的可持续发展,短期内依赖于政府的认可和支持,长期内取决于组织变迁与社会制度演进的契合性。

一、现代中国工会的功能定位

关于现代中国工会的功能定位问题,学术界存在着一定争议。理论纷争的根源是研究视角的差异,基于不同的理论体系和现实目标,学术界对中国工会功能进行了广泛探讨。梳理各家各派的不同见解,能够为我们确定现代中国工会的组织功能,提供深厚的理论基础。概括而言,目前学术界关于中国工会的理论视角主要包括工人阶级论、劳动关系视角、法团主义视角、中间机构论、独立利益主体论等。

1. 工人阶级论

工人阶级论是中国工会制度设计初期的主要理论基础。在中国共产党夺取执政地位的过程中,工人阶级是中国共产党依靠的主要群众力量,中国共产党领导的工会运动是工人阶级革命的主要形式。自中国工会产生之日起,就与中国共产党具有密不可分的关系,这种关系被国家政治体系确定下来,并由新民主主义革命时期持续到社会主义市场经济建设时期。

基于工人阶级论视角,中国工会十四大对工会地位进行了系统总结,主要包括三方面:① 工人阶级是国家政权的领导阶级,中国社会经济发展必须依靠工人阶级力量。② 中国工会是中国共产党领导的工人阶级群众组织,它是体现工人阶级力量的主要形式。③ 工会工作是中国共产党的群众工作的重要组成部分,工会应当在维护全国人民整体利益的同时,更好地维护工人群体的具体利益。

近年来,随着社会经济环境变化和工人群体分化,中国工会组织的政策方针也在不断调整。突出特点是,根据工人群体分化的地域特征和职业特征,发展各种特色工会,更好地满足特定工人群体的经济需要、文化需要、社会需要。这种变化实质上是工人阶级论的理论延伸。

2. 劳动关系视角

在中国经济体制转型和国有企业改革过程中,劳动者利益与企业利益逐渐分离,企业职工与企业管理者的身份逐渐对立;根据劳动关系主体的利益分化状况,工会应当成为劳动者集体利益的代表者。在劳动关系视角下,工会的活动场景集中在劳动关系领域;工会的基本职责是维护劳动者的合法权益;工会在市场经济条件下维护劳动者利益的基本手段是集体合同制度和民主参与制度。

根据目前中国劳动关系失衡状况,郭悦等人强调:"劳资力量对比严重失衡的一个重要原因是工会的力量太弱。"[①]主要体现在两方面:① 工会在集体合同制度中的代表性薄弱。西方国家的集体谈判主体是雇主组织和雇员组织,政府居中协调;中国的集体谈判主体则由四方组成,即政府、雇主、工会、工人,工会必须同时向政府、企业和工人负责,这种多重角色使得工会难以在多方利益冲突中实现"维护"职能。② 中国工会在行政关系上隶属于企业,工会干部由企

---

① 郭悦,《消除原始式的劳动关系是当前刻不容缓的任务——中国劳动关系现状与调节模式选择》,载于《经济要参》,2004(15)。

业管理者任命,工会经费来自于企业拨付,这就使得工会难以保持独立性。工会与企业管理者进行谈判时,"工会干部很难理直气壮、毫无顾忌地就劳动者的合法权益与管理方讨价还价,不敢也不愿拿自己的饭碗去冒险"。①

需要强调的是,在劳动关系研究的基础上,常凯等人提出"劳权"理论。常凯强调:工会是"集体劳权"的代表,"集体劳权"是包括团结权、集体谈判权、集体争议权、民主参与权在内的完整体系。② 根据"劳权"理论,工会是劳动者维护自身权益的产物,劳动者权益是工会的生存基础。

随着中国社会经济体制转型的不断深化,工会职能及其实现途径必须进行适应性调整,主要包括:① 基本性质方面,由"计划经济时期的行政性工会运动"转变为"市场经济条件下的群众性工会运动";② 活动内容方面,由"政治活动主导"转变为"以经济领域为基础的社会活动";③ 活动方式方面,由"行政化和自上而下"转变为"法律化和自下而上";④ 组织特征方面,由"集权制"转变为"民主制"。

3. 法团主义视角

"法团主义"又被称为"组合主义"、"统合主义",意指在处理国家与社会的关系时,政府通过利益代表系统,将功能性社会组织整合到国家决策机构之中的制度安排。③ 根据法团主义的理论视角,张静认为,工会是一种功能性社会组织,它是联结政府和工人群体的中间渠道,负责将工人需求传递给政府决策机构;工会的基本角色是利益协调,而不是利益对抗。④ 换言之,中国工会的基本功能是利益诉求传递的"渠道"。基于这种视角,工会的基本职能必须服从政府利益和执政党利益,工会的组织特征和领导者选择都带有强烈的政府主导色彩。

事实上,在 20 世纪 80 年代,中国工会确实是"功能性社会组织"。通过"传送带"、"管道"、"纽带"等功能描述,我们可以大致勾勒出中国工会的基本职能:① 自上而下地代表国家整体利益,将政府指令传递给基层工人,动员工人进行

---

① 程延园,《集体谈判制度研究》,中国人民大学出版社,2004,第 158 页。
② 常凯,《劳动关系·劳动者·劳权——当代中国的劳动问题》,中国劳动出版社,1995,第 476 页。
③ 常凯,《中国劳动关系报告——当代中国劳动关系的特点和趋向》,中国劳动社会保障出版社,2009,第 184 页。
④ 张静,《"法团主义"模式下的工会角色》,载于《工会理论与实践》,2001(1)。

生产劳动;② 自下而上地传递工人的各种要求,保护工人合法权利和利益。根据法团主义的观点,在中国经济体制改革和社会转型的时代背景下,中国工会可能处于由国家法团主义向社会法团主义的转变过程之中,中国工会的未来发展将更加注重社会性和自治性。

4. 中间机构论和独立利益主体论

根据中间机构论的观点,中国工会是介于国家和工人之间的中间组织。中间机构论认为:① 中间机构象征了社会力量向以往被国家占据的领域或在改革中新出现领域的扩张;② 中国工会的中间机构角色通过消除国家和社会之间增长的分歧,促进社会分层,恢复社会凝聚力。简而言之,中国工会的中间机构职能是社会转型时期的特殊产物,它既不同于计划经济时期的"国家统合主义"角色,也不同于市场体制改革完成之后的"社会统合主义"角色。

既然工会组织能够以中间机构角色存在,那就必然具有独立的社会地位和利益主张,因此工会必然是独立利益主体。独立利益主体论则强调:① 工会组织具有拟人化的独立利益和行动能力,它为了自身生存和发展,选择代表工人利益,同时与其他利益群体保持着冲突、妥协、联合的关系。② 工会组织的国家垄断特征和自上而下的组织结构特点,以及工会领导的人事安排和工会经费的拨付,都表明工会不是纯粹的工人利益代表。③ 在转型期中国社会的特定关系网络中,工会应当充分利用政党组织和行政资源,实现自身利益最大化。

5. 基于公共物品视角的中国工会功能

通过梳理关于中国工会功能的各种理论观点,本书的基本判断是,① 传统计划经济时期的中国工会,同时代表着国家利益和工人群体利益,实际上很难把它视为纯粹利益代表者;② 新中国成立之后,中国工会的工作重点逐渐转移到组织工人进行劳动竞赛、发放福利品等方面,阶级利益倾向逐渐淡化;③ 随着社会主义市场经济体制改革的不断深化,中国劳动关系发生深刻变化,劳动者阶层不断分化,工人群体的利益多元化使得中国工会的实践形式呈现出多元化特征;④ 中国社会转型和政治体制改革的推进,使得政府逐渐退出原来承担的社会事务领域,而企业等营利性市场组织不愿或不能介入这些领域,这就给工会等各种社会组织提供了更为适宜的生存和发展环境。

基于公共物品的理论视角,本书认为,中国工会的基本职能应当重点关注三个方向。

（1）在未来相当长的时间内，包括中国工会在内的各种社会组织，应当把目光更多地投向社会公共事务，弥补由于政府职能收缩而导致的公共部门职能残缺。对于中国工会而言，既有工会组织进行制度变革的挑战，也有组织功能不断拓展的机遇。

（2）中国工会已经日益脱离企业附庸的地位，甚至在某种程度上具有不同于政府利益的具体利益。"工会组织代表的是劳动者集体利益"，它与企业利益、国家利益存在着区别。这意味着，中国工会正在摆脱传统计划经济模式的局限性，不再盲目承认"工人利益、企业利益、国家利益具有高度一致性"的基本论断。事实上，在中国社会转型过程中，各种社会利益集团逐渐形成，劳动者群体也应当具有承载其利益诉求的集体组织。沿着这个思路，中国工会应当重新审视"代表谁的利益"这个问题，答案很简单：中国工会组织应当代表工人群体的利益，这实际上回到了工会职能的初始起点。因此，探求中国工会的基本定位的过程，就是要剥离各种意识形态和特定历史阶段局限性的影响，使工会组织回归其本来面目。

（3）中国工会在社会架构中的位置决定了工会功能和特征。在社会主义市场经济体制下，社会架构的一端是政府代表的公权力量，另一端是企业代表的市场力量；两者之间存在着很大的交叉区域，社会组织在社会架构中的位置就是在"中间区域"。如果剖解市场力量，我们将发现具有大量多元化利益取向的微观社会主体，这些社会主体如何实现自身利益目标呢？根据法团主义和中间机构论的视角，具有劳动者特征的微观社会主体，需要通过"中间组织"来进行利益表达，把自身需求信息传递给企业，或者传递给政府。因此，未来的中国工会更可能具有"中间组织"的组织功能和组织特征。

二、多维劳动关系的利益协调机制

既然中国工会的基本职能是代表工人群体利益，那么，在中国社会转型的现实背景下，何谓"工人群体"呢？自新中国成立以来，"工人群体"的内涵和外延都在逐渐变化。在中国经济体制改革和社会转型过程中，"工人群体"的概念解释直接影响着中国工会进行利益代表的具体指向，因此，我们有必要重新审视"工人群体"这个"熟悉"的概念。

(一) 工人群体和多维劳动关系

1. 工人群体

在中国话语体系中,"工人群体"主要指非农产业中的脑力劳动者和体力劳动者,以对应"农民群体"。"以工农联盟为基础"意味着,两大群体共同构成了中国共产党的执政基础。简单地以地域为标准,城镇地区的劳动者被归入"工人群体";农村地区的劳动者被归入"农民群体"。

那么,何谓"劳动者"呢?根据马克思主义政治经济学的观点,劳动者具有三项基本特征:① 劳动者是劳动力的所有者;② 劳动者具有人身自由,可以自由支配自己的劳动力;③ 劳动者只拥有劳动力要素,只能通过受雇于人来获得生存和发展资源。换言之,劳动者的最重要特点是自由独立性和雇佣性,他们只能依靠体力和脑力来获取报酬。这是"劳动者"概念的内涵。

基于"劳动者"概念的内涵,"工人群体"就是在城镇地区的只能依靠体力和脑力来获得报酬的社会群体。根据常凯的观点,"工人群体"的外延主要包括三部分:城镇蓝领工人群体、白领工人群体(下层管理者和专业技术人员)、农民工群体。[①] 其中,城镇蓝领工人是"工人群体"的主要组成部分。

2. 工人群体分化和多维劳动关系

根据职业性原则,转型期中国社会的"工人群体"主要包括:① 公务员;② 国有企业经营管理者;③ 专业技术人员;④ 企业工人;⑤ 城镇失业职工。在中国经济体制改革和社会转型过程中,社会阶层不断分化,"工人群体"的外延也在不断调整,这些变化主要体现在:① 高层国有企业经营管理者通过企业产权改革,转变经济地位和社会地位,成为国有企业产权的拥有者,逐渐脱离"工人群体"。② 社会主义市场经济发展要求提高分工专业化程度,专业技术人员的职业特征逐渐突出,形成各种具有独立职业特点和经济利益的"分群体",例如,医生、律师、出租车司机、教师等。

社会群体分化必然导致社会价值观念和经济利益的多元化,这就使得中国劳动关系呈现出多维特征。这种多维特征表现在:① "工人群体"分化形成许多"分群体",各种"分群体"之间存在着利益差异和利益冲突,构成多维的利益网络结构。② "工人群体"的各种"分群体"在进行利益主张时,必然与相应的

---

① 常凯,《中国劳动关系报告》,中国劳动社会保障出版社,2009,第68页。

市场部门、政府部门发生联系,这就构成了"多维"利益网络结构的另一个层面。③ 由于职业特征的规定性,"工人群体"的各种"分群体"具有不同的经济地位和社会地位,它们的具体利益代表对应着不同的社会组织。例如,医生协会、律师协会、出租车司机协会等。这些社会组织实质上是"工会"的衍生形式,它们都根据"工会"的基本理念和基本职能,向政府和社会传递着特定群体的利益诉求信息,采取各种行动来维护自己代表的特定群体利益。

(二)多维劳动关系的利益协调机制和社会和谐发展

由于中国劳动关系的网络结构具有多维特征,必然需要各种"工会"组织来代表特定劳动者群体的利益。换言之,多维劳动关系直接导致利益主张的多元化,不同的利益主张之间存在着分歧和冲突,从而成为中国社会发展的不稳定因素。

在转型期的中国社会,"工人群体"的各种"分群体"与相应市场部门之间具有利益冲突。特定"工会"代表着"分群体"利益,高层企业管理者代表着市场部门的利益,两者之间的利益冲突与以前的"劳资冲突"具有相似性,但在表现形式上存在着差异。

在市场经济环境中,政府扮演着调解"劳资冲突"的中间角色。然而,在中国社会的现实场景中,地方政府考虑到地区经济发展的需要,往往倾向于资方利益,忽视甚至牺牲劳动者群体的利益。这就很容易产生劳动者群体与政府之间的对立冲突,随着社会公众对地方政府信任度的降低,各种民间抵制行为将会不断出现;在极端情形下,甚至演变为大规模的群体性事件。

那么,在这种社会经济体制转型情境中,中国工会应当扮演什么角色呢?本书认为,中国工会的基本任务是进行利益协调,具体表现在两方面:① 在外部利益协调方面,特定工会组织代表着特定劳动者群体利益,与对立方(企业、政府)进行集体谈判,最大限度地维护特定劳动者"分群体"的经济利益和社会利益。② 在内部利益协调方面,特定工会组织需要把微观劳动者主体的利益诉求进行整合,缩小组织内部的微观主体之间的利益分歧,提炼出具有共同指向的"集体利益",并且制订相应的集体行动方案。

事实上,中央政府已经关注到社会利益冲突的严重性,意识到它是制约中国经济发展和社会进步的重要因素,提出构建"和谐社会"的政治主张。中国工会的利益协调机制与"和谐社会"恰好具有高度契合性,它们分别从微观层面和宏观层面来解决社会利益冲突问题。正是在这个意义上,如果中国工会把主要任务定位于"多维劳动关系的利益协调机制",将获得政府资源的积极支持。更为重要的是,如果不断完善微观层面的利益协调机制,转型期中国社会将逐渐形成"和谐社会"的微观基础,推动中国经济体制改革和社会转型顺利进行。

三、利益诉求的信息传递机制

根据本书观点,中国工会的基本职能是维护劳动者群体利益,基本组织任务是在多维劳动关系结构条件下协调各方利益冲突。那么,中国工会实现基本任务的途径是什么呢?在中国经济体制改革和社会转型的背景下,中国工会实现基本任务的主要途径是"利益诉求的信息传递机制"。

1. 市场规制的非平衡性

在成熟的市场经济体系中,劳动关系结构是社会关系的重要组成部分。劳动关系的主要内容是劳动者群体与资本控制者群体之间的利益冲突,双方通过集体谈判活动来实现平等的权利和义务。这是中国社会的劳动关系发展的远景目标。

在中国社会的现实场景中,随着社会主义市场经济体系的逐渐形成,劳动者群体的独立性日益增强。更重要的是,中国经济体制改革推动着社会群体分化进程,社会群体之间的利益分歧日益加剧。这种利益分歧体现在劳动关系方面,就是劳动者群体与资方的关系日益紧张;从社会稳定发展的角度来看,劳方和资方的权利平衡是协调这种利益冲突的重要途径。

然而,现阶段的中国劳动关系是显著不平衡的,劳动者群体处于明显的弱势地位。这种弱势地位主要源于三项因素:① 中国社会发展的主要目标是经济发展,中央政府把经济发展程度作为考察地方政府业绩的重要指标。在经济发展目标的推动下,各级地方政府在劳方和资方的关系处理上,更倾向于保护资方利益,压制劳动者群体的合法权利和利益主张。② 由于人口因素的影响,中国劳动市场长期存在着供给过剩,这就使得劳动供给方在市场谈判中处于不利地位。③ 在资本要素短缺的前提下,中国经济体制改革更加强调资本控制者的权利,资方权利的不断增强意味着劳方权利的相对削弱。正是由于这些原因,在国有企业改革过程中,许多工人感到地位下降和利益受到侵害。

事实上,即使在成熟的市场经济体系中,劳方和资方的力量对比也是不平衡的。正因如此，劳动关系的和谐运行就是通过法律、社团、资方自我约束等途径，来限制这种"不平衡"的过程。换言之，必须通过各种合法的市场规制手段，有效限制资方力量和保护劳方力量，才能保证劳动关系的平衡。遗憾的是，中国现有的劳动立法和司法活动尚不能完全保护劳方权益；依靠资方的自我约束来保障劳方利益，也是"缘木求鱼"。因此，单纯的市场规制绝非实现"和谐"劳动关系的基本途径。

2. 政府干预的制度陷阱

在市场规制的各种手段中，社团发展是选项之一；同理，工会发展是增强劳动者群体谈判能力和维护劳动者权益的重要途径。劳动者权益的载体，主要分为个别劳权和集体劳权。个别劳权是集体劳权的最终目标，集体劳权是个别劳权的机制保障。集体劳权的组织载体就是工会，工会通过集体行动来维护劳动者群体的权益，从而保证劳动者的个人权益。单个劳动者处于弱势地位，弱势群体必须通过联合和集体行动，才能实现"人多势众"，从而与资方保持力量平衡。

劳动者群体的利益维护是通过工会组织来实现的，工会组织代表着劳动者群体的利益。在任何一个社会体系中，劳动者群体都是相当重要的社会力量，许多政党团体都试图利用工会组织来获取劳动者群体的支持。因此，工会组织发展与政党团体具有密切关系。考察世界各国的工会发展经验，新加坡模式、英国模式、德国模式的主要差别就是工会组织与政党团体的关系亲疏。两者之间的关系存在着两种可能性。

（1）如果工会组织与政党的关系太近，就可能被政党团体的政治利益所"俘虏"，沦为政治团体的政治工具。由此衍生出两种可能结果：① 当该政党团体获得执政权力时，工会组织很可能成为行政机构的延伸，从而逐渐丧失劳动者群体利益的代表性。② 当该政党团体由执政地位转为在野地位时，工会组织能够获得的各种社会资源和经济资源将会急剧减少，从而限制着工会组织的发展空间。

（2）如果工会组织与政党的关系太远，也可能产生两种后果：① 当工会组织与各种政党团体都疏远时，它就可能成为政治角逐的边缘组织。无论哪种政党团体获得执政权力，工会组织都难以取得强有力的行政力量支持。② 当工会组织与各种政党团体都保持着一定松散联系时，工会组织必然缺乏政治独立性,从而影响着经济地位和社会地位的独立性,也就难以与资方力量进行对抗,以保证劳动者群体的合法权益。

根据中国工会的经验事实,第一种情况的可能性更大。事实上,近年来学界对中国工会的批评主要集中于"代表性缺失"。与之相对,学界存在着另一种声音:如果中国工会能够超然于政治领域之外,它就能够摆脱政党团体的束缚,从而获得更大的发展空间。其实,这种想法也是需要商榷的:即使工会组织能够保持经济地位的独立性,但由于缺乏政治力量的有效支持,这种社会组织究竟能够在多大程度上获得发展资源?这是许多学者提出的质疑。孰是孰非,尚待事实检验。

3. 信息传递机制的合理性

既然单纯的市场规制和单纯的政府干预都不能保证中国工会的健康发展,那么就只能通过市场手段和政府行政手段的结合,来实现中国工会的基本职能。那么,在中国工会发展命题上,市场手段和行政手段应当如何结合?

从工会发展的角度来看:① 市场手段意味着,工会组织需要代表劳动者群体在市场体系中的合法利益,特别是体现劳动市场的供给方诉求。② 行政手段意味着,工会组织应当充分利用行政当局制定的各种法规和制度,借助行政力量来实现劳动者群体的利益。

在中国社会经济体制转型的现实背景中,中国工会实现基本职能的主要途径是"信息传递机制"。若要实现信息传递的有效性,就要求中国工会重视两项工作重点:① 充分了解劳动者群体的真实情况,及时反映他们的利益诉求,维护他们的经济利益和社会利益。② 借助行政部门的公权力,在法律制度允许的框架内,帮助劳动者群体实现利益主张。

事实上,在中国经济体制改革和社会转型的背景下,如果中国工会能够真正承担"信息传递机制"的职责,那么劳动者群体的利益诉求将通过正当途径表达出来,他们也能通过正常程序实现自身利益,不至于采取极端行为。

四、高效率的自我发展机制

在中国社会经济体制转型背景下,工会遵循着社会组织的演化规律。只有保持"生存可能和持续发展能力",才能实现"高效率的自我发展机制"。具体含义表现为:① "生存可能"是社会组织的现实立足点,也是中国工会在现阶段必须解决的现实生存问题。②"持续发展能力"是社会组织的未来发展问题,如果中国工会试图在更长时期体现个体价值和社会价值,就必须形成可持续发展机制,寻找更合适的途径来实现工会组织的"重生"。

(一)中国工会的生存可能

1. 中国工会生存的社会基础

(1)社会组织生存是社会力量和政府力量共同支持的结果;社会群体的力量支持是组织生存的微观基础;政府力量形成组织生存的宏观基础。从社会群体力量的角度来看,中国工会必须获得广大劳动者的力量支持,才具有存在的必要性。当然,如果特定工会组织的覆盖面太广,就难以有效代表特定劳动者"分群体"的利益,也就难以获得特定劳动者群体的力量支持,这种劳动者集体组织也就会丧失立足之本。

(2)针对"中国工会生存的社会基础"命题,本书的基本观点是,在工会组织体系的制度设计方面,既要考虑针对特定劳动者群体的特殊利益诉求,又要考虑"集体行动组织"要求的"人多才能势众"。鉴于这种考虑,中国工会的未来组织体系架构应当是"分散组织的联合",单个分散组织代表着特定劳动者群体利益;分散组织联合起来形成具有更大社会影响力和资源调动能力的"联合组织体"。

(3)目前中国工会的组织架构安排是,在全国总工会的领导下,各地工会机构负责处理当地企业工会的各项"集体要求";企业工会直接面对劳动者和企业管理者,它的事务处理能力直接决定着工会生存的社会基础。这种组织架构的基本特征是,全国总工会—地区工会—企业工会,与国外工会的组织体系相比,它缺少了"行业工会"部分,这就严重影响了中国工会的利益代表能力和社会基础。在中国社会转型过程中,劳动者群体的分化标准逐渐由行政性原则转变为职业性原则;根据职业特征和经济地位,相同职业的劳动者更容易形成共同的利益诉求,不同职业的劳动者群体具有利益诉求差异性。

(4)中国工会的未来组织架构设想。中国工会组织的微观层面应当由企业工会和行业工会组成,仅仅依靠地区工会不足以形成利益诉求的整合力量。具体而言,根据劳动者的职业特征和身份地位,特定劳动者群体的集体行动组织分为律师协会、教师协会、会计师协会、出租车司机协会等。各种协会组织充分考虑协会成员的利益诉求,提出具有职业特征的特定集体利益要求,采取集体行动形式来实现特定协会组织的基本功能,维护特定劳动者群体的权益。

只有通过"个体利益"集中为"特定群体利益"的过程,集体利益维护行动才具有现实基础。劳动者群体利益的实现路径应当是,个体利益—特定群体利益—地区范围的集体利益—劳动者群体的整体利益;相应的中国工会未来组织架构设想是,企业工会—行业工会—地区工会—全国总工会。

2. 中国工会存在的制度可能性

根据社会主义市场经济体系的制度架构,目前中国工会属于体制内组织,它应该得到正式制度的有效保证,但这不能证明中国工会具有"天然"的存在可能性。根据中国工会的演变历史,关于"中国工会存在的制度可能性"命题曾经有过两次重大争论。

(1) 第一次争论发生在新中国成立初期。通过"资本主义改造"和"赎买"政策,新中国逐渐构建起以国有企业为主体的国民经济体系。正是在这种企业形态条件下,理论界和实业界逐渐产生一种疑问:中国工会是否还有存在的必要性? 这种疑问直接导致部分政府官员在中国工会发展问题上的否定态度,逐渐形成"工会消亡论"。1959年1月,全国总工会党组第四次扩大会议强调:工会消亡是必然趋势;工会是阶级矛盾和阶级斗争的产物,新中国不存在尖锐的阶级斗争,因此工会没有存在必要。[①]

(2) 第二次争论发生在中国经济体制改革初期。由于长期的组织功能残缺,大量企业工会逐渐沦为"福利工会",工会组织的利益代表性受到社会各界的广泛质疑。其中一种质疑意见认为,中国工会没有能够真正维护劳动者群体的权益,也没有能够实现中国共产党要求的"纽带"和"学校"功能,中国工会正在逐渐偏离中国共产党的领导体系。这种质疑意见被学界称为"工团主义"。自1987年中共十三大提出社会主义初级阶段基本路线以来,政府机构和社会各界日益重视中国工会的职能转变,希望通过工会组织变革来推动中国工会的进一步发展,这是对"工团主义"的强烈否定。

事实证明,这两次争论深化了理论界和实业界对"中国工会存在的制度可能性"的理解。① 一种社会组织必须具有宏观层面的社会价值,才能获得政府机构的认可和支持。② 虽然中国工会属于体制内组织,它得到政府机构在劳

---

① 高爱娣,《中国工人运动史》,中国劳动社会保障出版社,2008,第199页。

动立法和组织建设资源等方面的有力支持,但我们必须意识到,如果中国工会不能体现劳动者权益,那就会逐渐失去社会认同和政府资源支持。③ 特别是在社会转型时期,中国工会必须调整组织职能和组织机构,以适应新形势下的劳动者利益诉求和维权途径,帮助劳动者群体更好地实现经济利益和社会利益。唯有如此,中国工会才能寻找到适合自身的"生存之道"。

(二)中国工会的可持续发展机制

1. 社会制度演进条件下的中国工会组织变迁

(1)中国工会的组织功能调整。回顾中国社会的历史发展历程,中国工会组织总是随着社会发展而不断演变:在新中国成立初期,中国工会的工作重点是"协调劳资关系"和组织"劳动竞赛";在经济体制改革初期,中国工会强调"维持劳动者队伍稳定"和"维护社会安定"。这种动态调整过程始终围绕着"适应性"原则:① 如果中国工会适应社会发展需要,它就能够推动社会进程,并且获得组织发展需要的社会资源和组织资源;② 如果中国工会不适应当时的社会历史条件,它就可能成为社会发展的限制因素。

(2)在中国社会经济体制转型的历史背景下,中国工会发展必须适应"社会主义市场经济"的现实需要。在未来很长时期内,中国社会的发展目标是不断完善社会主义市场经济体系。中国工会必须认清这种历史发展趋势,在这种长期趋势条件下来确定工会发展的未来目标和组织架构。中国工会发展的未来模式是,构建利益诉求的信息传递机制,协调多维劳动关系的利益冲突。

2. 组织变迁和社会制度演进的互动

中国工会的组织变迁与社会制度演进具有互动特征。(1)在社会主义市场经济发展进程中,劳动者群体分化导致劳动者利益分歧。这种利益分歧突出表现为劳动者群体和企业管理者群体的利益冲突,它必然要求工会组织通过社会舆论和政府信息渠道来传递利益诉求。随着中国工会组织的利益立场逐渐明确和信息传递功能逐渐增强,政府机构必然会强烈感受到劳动者权益要求的强大压力,从而深化经济体制改革和政治体制改革,改善新时期劳动者的生存环境。

(2)随着经济体制改革和政治体制改革的不断推进,社会环境不断变化,大量的基层工会组织已经意识到这种社会环境变化,逐渐调整"维护劳动者权益"的行动方式。这种行动方式调整体现在两方面:① 改变工会运作机制,调整工会组织的内部结构,提高工会的"维权"效率。② 改变工会的"维权"方式,从单纯依靠政府力量和"集体行动暴力",逐渐转变为利用法律手段和社会舆论的影响力,降低"维权"成本和增强行动效果。

总而言之,在中国社会经济体制转型的历史场景中,中国工会是最重要的社会组织之一,它应当被纳入未来中国社会的构想图景之中。换言之,在多维劳动关系和劳动者群体分化的社会背景下,中国工会应当充分运用"协调利益冲突"的组织机制,化解特定劳动者群体之间的利益冲突,缓解劳动者群体与企业、政府的对立情绪,使各种社会力量集中到"社会主义市场经济"的建设进程之中。古人云:"皮之不存,毛将焉附。"只有在社会主义市场经济体系不断完善的时代背景中,中国工会才会真正实现个体价值和社会价值,从而形成可持续发展的长期机制。

第 5 章

利益诉求共同体的典型案例Ⅱ:商会

社会经济体系的持续稳定发展依赖于各种社会势力之间的力量平衡。在各种社会力量的关系结构中,劳动者与资本控制者之间的力量平衡无疑是最重要的内容之一。第 4 章探讨了劳动者组织——工会;本章将要分析的是"社会力量天平"的另一端——资本控制者力量。针对这个命题,需要考察两个主要问题:① 资本控制者力量来自于何方?亦即这种力量形成的历史根源和现实需要。② 资本控制者力量将去向何方?亦即资本控制者力量与社会环境的适应性特征。

需要说明的是,本章所言"商会"是资本控制者力量的现代组织。在更加久远的历史叙事资料中,资本控制者力量曾经被赋予各种名称,其中最为社会公众熟悉的是"行会"。正因如此,本章在分析历史资料时,以"行会"作为资本控制者力量的集体组织;在探讨资本控制者力量的现代发展时,则采用"商会"名称。

第一节 英国行会的历史起源和组织演变

资本控制者力量是在资本主义生产关系发展过程中逐渐形成的,而资本主义生产关系的最初兴起重镇是英国。通过梳理英国行会的历史起源,我们希望能够了解资本控制者力量形成之前的历史情境,挖掘社会生产力发展与社会组织变迁之间的关系;通过回顾英国行会的演变过程,我们将找到资本控制者力量逐渐脱离具体生产活动,专门从事商业活动和资本控制过程,并逐步取得社会经济控制权的历史证据。

一、英国行会的历史起源

在英国封建时代的小商品经济条件下,不存在资本控制者力量与劳动者力量的分离,他们共同构成普通民众阶层。除封建贵族和宗教特权阶层之外的所有社会民众,只能通过自身劳动来获得必要的生活资料,没有太多的剩余产品来进行交易。在这种社会经济背景下,普通民众的社会地位和经济地位都是相同的,至少在生产关系方面不存在着地位差异。他们的共同对手是封建势力,从封建特权阶层手中获取自治权利和社会独立地位,始终是封建时代后期社会力量变化的主旋律。事实上,这正是英国行会产生的历史背景。

(一) 关于英国行会的早期记载

根据英国历史资料记载,"行会"(gild)一词最早出现于公元7世纪。在大约颁布于690年的《伊尼法典》[①]中就有"gegildam"一词;在大约颁布于890年的《阿尔弗雷德法典》[②]中,也有"gegildan"一词。一些英国学者认为,"gegildam"或"gegildan"就是指"行会成员"。这意味着,至少在公元7世纪以前,英国历史上就存在着类似行会的社会组织形态。

自公元9世纪开始,关于"行会"的记载频繁出现在各种官方资料中。例如,① 在威塞克斯国王爱塞斯坦统治时期(924—939年),伦敦曾经有过"治安行会"(Frith Gild),其组织章程是《伦敦市法令》[③]。② 在公元11世纪左右,伦敦还存在过"英格兰骑士行会"(Anglica Cnihtene Gild),其成员包括许多市政官员[④]。此外,英国的其他城市也有许多关于早期行会组织的历史记载。根据这些历史资料的描述,"行会"就是指"城市工商业者组织,它们不仅具有社会职能和宗教职能,更重要的是具有经济职能"[⑤]。

(二) 中世纪的城市经济

在分析大量历史资料的基础上,自19世纪开始,许多历史学家就提出了关

---

① 伊尼(Ine),英国威塞克斯国王,执政时期是688—726年。
② 阿尔弗雷德(Alfred),英国威塞克斯国王,执政时期是871—899年。
③ Kemble, J. M., *The Saxons in England Vol. 2*, London: Camden Society, 1849, p.523.
④ Unwin, George, *The Gilds and Companies of London*, London: F. Cass, 1963, p.24.
⑤ 金志霖,《英国行会史》,上海社会科学院出版社,1996,第8页。

于英国行会起源的各种观点,其中较重要观点有西比尔的"日耳曼氏族说"、梅恩的"原始村民互助兄弟会说"、温泽的"斯堪的纳维亚劫掠同盟说"、威尔达的"基督教会说"、哈特威格的"法兰克王国牧师联盟说"等。这些观点对英国行会起源提出了各种不同解释,但它们都具有一个共同特征:强调社会生产条件是英国行会的产生基础,特定时期的英国社会经济发展状况决定着行会组织发展的时间条件和空间条件,也决定着英国行会演变的阶段性特征。

1. 城市经济中的手工业发展

在中世纪早期,英国社会尚属于农业社会;手工业生产仅仅满足于领主需要和农民基本生活资料。自11世纪起,英国手工业在动力技术和产品质量方面逐步提高水平,与农业逐渐分离,并发展成为一个需要专门技巧和能够提供大量手工产品的生产部门。随着手工业的不断发展,以物品交换为主要内容的商品经济体系逐渐形成,这就推动了"城市经济"的兴起。在英国城市经济的发展过程中,手工业发展起着关键性作用。

(1) 手工业与农业的不断分离,形成了特定的手工业者阶层。手工业者阶层与农民具有显著不同,他们对土地的依赖程度较低,可以在远离农村地区的"城市"定居下来,身份特征也逐渐转变为"市民"。

(2) 与农耕经济时期不同,城市手工业者生产的产品主要用于物品交换,手工业者通过出售产品来换取自己需要的生活费用。随着物品交换规模的不断扩大,商业发展成为必然趋势,这就进一步拓展了城市经济发展的广度和深度。事实上,在11世纪之后的英国社会中,手工业和商业相互促进,共同构成城市经济发展的重要基础。

2. 城市经济的空间载体:城市

早期的"城市"实际上是封建领主的"城堡",基本功能是抵御外敌,地理位置多在交通要道。在此后相当长的时期,由于部分封建领主家族的逐渐衰落,一些"城市"变得日益破败。直至11世纪之后,基于物品交换需要,手工业者和商人往往集中居住在交通便利和交易安全之处,"城市"地区就成为他们的理想选择。

该时期的城市发源地通常是封建领主的"城堡"或修道院。前者是因为封建领主的"城堡"较为坚固,能够抵御外敌和提供必要的安全保护;后者是因为修道院具有道德规劝的宗教影响力,也能够提供适当的安全保障。据《末日审判书》记载,中世纪的贝里·圣埃德蒙兹修道院边上就居住着"面包师、啤酒酿造者、裁缝、洗衣妇、鞋匠、罩袍缝制工、厨师、搬运工、代理商",修道院给他们提供保护,使得这里逐渐发展成为一个新兴的中世纪城市。①

虽然城市经济发展导致封建势力逐渐没落,但在中世纪城市的复兴过程中,封建领主的支持却是必不可少的重要条件。事实上,中世纪城市所在地的多数封建领主都参与到城市兴建过程中,有些封建领主甚至采取更加积极的支持措施。这些支持措施的主要内容包括:

(1) 直接投入资金和物力,帮助修复和新建"城市"。由于封建领主掌握着城市地区的行政大权,能够在一定范围内调动人力、物力、资金,从而成为城市兴建的当然领导者。以伦敦的城市复兴为例,阿尔弗雷德国王在"爱丁顿战役"打败丹麦入侵者之后,于886年收复伦敦,即刻着手将伦敦重建为高墙环绕的城堡,其初衷是加强伦敦防卫,但客观上为城市居民提供了更为安全的居住场所和物品交易场所。

(2) 运用行政权力,为城市居民的人身安全和交易便利提供法律保障。城市复兴之初,逃亡农奴是城市居民的主要组成部分。封建领主考虑到城市发展的需要,采取"一年零一天"等特许规定,使逃亡农奴能够在一定条件下获得人身自由和"市民"身份。更为重要的是,封建领主为维护城市经济秩序颁布了一系列商业交易规定和市民行为准则,其实质是规范城市经济的"公共领域",约束城市居民的生产活动和交易活动,乃至城市范围内的诸多方面。

(三) 市民力量和封建主力量的博弈

在中世纪城市经济发展过程中,封建领主的积极支持并非源于他们的善心和道德觉醒,他们的行动是利益动机驱使的结果。历史资料表明,正是在封建领主追逐更大货币收益的过程中,城市自治权利不断扩大,市民力量不断增强。这种自我管理的强烈需要直接推动了英国行会组织的形成。

1. 中世纪城市经济发展中的自律行动

在中世纪城市中,手工业和商业发展不仅是城市经济发展的重要基础,也是众多城市居民获取生活资源的重要途径。因此,如何维护城市范围内的手工

---

① Lipson, Ephraim, *The Economic History of England Vol. 1*, London: Adam and Charles Black, 1949, p. 190.

业的持续稳定发展,是所有手工业者关心的重要问题。手工业者和商人发现,物品交换能够顺利实现的关键条件是产品质量。产品质量好才会有居民愿意购买,手工业者和商人才能由此换取货币收益,从而获得各种生活必需品和资金积累。

那么,如何才能保证产品质量呢?针对这个问题,中世纪的城市手工业者和商人采取了"集体行动的暴力"。他们认识到,要保证产品质量,就必须对产品生产程序和规格实行严格规定;要保证严格规定能够被所有行业参与者接受,就必须建立统一行动的集体组织。换言之,最初的英国行会就是在"自律"行动中逐渐形成的。当然,随着城市经济的不断发展,英国行会也经历了不同阶段。不同阶段的英国行会对产品生产程序、产品规格和交易程序都有着不同规定,这些差异将在后文详细分析。

2. 封建领主货币收益与城市自治权利的交换

英国行会的发展背景是中世纪城市经济规模的不断拓展,后者的关键性历史因素是城市自治权利。幸运的是,正是由于中世纪英国封建领主的各种"支持"活动,许多英国城市才获得城市自治权利。回顾中世纪的英国历史,封建领主对货币收益具有强烈欲望,其程度只能用"贪婪"来形容。频繁战争带来的巨额军费开支,以及封建领主追求奢侈生活所需要的大量金钱,使得中世纪的英国封建领主想尽一切办法来增加货币收益,甚至不惜牺牲部分政治利益。

在最初情况下,英国封建领主为了获得稳定的货币收益,可能会把部分特权转交给特定城市。例如,亨利二世时期,林肯、剑桥等五个城市就获得了自行征税特权,前提条件是向王室缴纳一笔固定的款项。[①] 这种权利交换是英国封建领主和城市都可以接受的方案。

(1) 从英国封建领主的角度来看,这笔固定款项的金额与王室直接征税收入大致相同,甚至前者比后者更多,并且省却了直接征税的种种麻烦,保证了稳定的王室收入,相当于"包税制"。同时,英国封建主转让的这种特权通常有时间限制,到期后他们将收回该项特权;如果城市希望保留这项特权,就必须再次申请和重新确定固定款项的数额。

---

① Stephenson, Carl, *Borough and Town: A Study of Urban Origins in England*, Cambridge, Mass.: The Mediaeval Academy of America, 1933, p. 166.

(2) 从城市角度来看,获得自治权利无疑是城市经济发展的重要保障。这就在立法层面和政治权利层面赋予了城市经济独立性,也是对城市居民的居住权利和交易权利的必要保障。至于缴纳的固定款项,无非是缴纳税金的转换形式,城市居民的经济负担并未大幅度增加。更重要的是,城市居民可以摆脱封建权力的严格管束,从而获得管理自己城市的权利。正因如此,当英国封建主提出用城市自治权利换取固定款项的时候,大多数英国城市都接受了这项提议。

值得提出的是,城市经济发展不仅给封建领主带来巨大的直接税金收入,而且使得封建领主在城市地区拥有的固定资产不断升值,从而给他们带来可观的间接收益。正因如此,中世纪的英国领主没有对城市采取"涸泽而渔"的行动,而是从各方面给城市经济发展提供有利条件,甚至"免费"赋予某些城市对某些商品的征税特权。

3. 城市自治权利与行会组织

行会组织是保障税额分担和城市自治权利的重要组织基础。当许多英国城市获得城市自治权利之后,它们都面临着两个重要问题需要解决:一是如何筹集承诺给封建领主的固定款项;二是如何保障城市自治的社会秩序和经济秩序。在当时的历史条件下,这两个问题的解决途径都与行会组织具有密切联系。

(1) 针对第一个问题,行会组织是税收缴纳的重要保障。既然支付给封建领主的固定款项是换取城市自治权利的代价,那就当然应该由全体城市居民来分担。通常情况下,城市自治团体采取的方式是,由各种行会组织向城市自治团体或者封建领主直接缴纳固定款项,再由行会组织要求行会成员予以支付货币。换言之,行会组织成为封建领主和城市自治团体的税收管理机构,通过行规的约束力量来保证货币支付。当然,货币支付的具体形式由税款转变为各种行会组织的会费。

(2) 针对第二个问题,行会组织是城市自治管理的组织基础。在理论上,城市自治团体应该代表所有城市居民的利益,但由于经营行业、地域、种族等因素的差异,不同城市居民必然具有不同的利益诉求。在这种情形下,基于经营需要而结合在一起的行会组织就成为强有力的利益代表者。事实上,在中世纪的许多英国城市,城市自治团体成员往往是各种行会组织的领导者,城市自治管理机构几乎被该城市范围内的各种强势行会力量把持。

由各种强势行会力量来控制城市自治团体,必然会忽视某些弱势行会组织的利益诉求,但从另一方面来看,这是保持城市自治团体内部的政治力量平衡的重要途径。由于城市自治团体由各种行会组织的利益代言人组成,这些利益代言人就具有双重身份,既代表着特定行会组织的具体利益,也代表着城市居民的公共利益。因此,当单个行会组织试图推动某项城市法案,进而扩张本行会组织的利益时;其他行会组织将会站在"公共利益"的角度上,对这项法案进行严格审查和质疑,从而在客观上保障城市自治权利的"公平"履行。

由此可见,英国行会产生于中世纪的城市经济发展过程中,既是中世纪城市经济发展的结果,也是推动中世纪城市经济发展的重要力量,两者在相互影响过程中促进彼此的演化和发展。进而言之,在封建领主进行特权转让和市民力量扩张的条件下,随着中世纪城市经济的不断发展,英国行会的基本职责和组织形式也在逐渐变化。

二、英国行会的组织演变之一:商人行会

根据金志霖的观点,随着城市经济不断发展,英国行会逐渐调整组织形式,主要经历了三个阶段:商人行会(gild merchant)、手工业行会(craft gild 或 gild)、公会(company)。① 这三种组织形式的转变过程表明,英国行会不是静止不变的历史事物,随着生产力发展,英国行会的具体组织形式逐步向更高阶段发展,从而形成完整的组织演变过程。

英国行会的总体发展过程大致包括:① 12 世纪中期至 13 世纪中期是商人行会的全盛时期;② 13 世纪中期至 14 世纪晚期,手工业行会逐渐成为英国行会的主要形式;③ 自 15 世纪起,公会逐渐控制城市经济的各方面。通过描述英国行会的历史演变过程,本书试图揭示影响行会组织演变的历史因素,进而探求公共组织的变迁条件。

(一)商人行会的兴起

1. 市民与商人行会

根据历史资料记载,英国商人行会出现于 1066 年"诺曼征服"之后,时间上与英国中世纪城市的兴起保持一致。关于英国商人行会的最早历史资料,当属

---

① 金志霖,《英国行会史》,上海社会科学院出版社,1996,第 3 页。

公元 1087—1107 年间颁布的伯弗特市特许状。① 当然,英国商人行会的大量涌现,应当是在公元 12 世纪中期之后。例如,在金雀花王朝时期(1154—1399 年)和亨利二世时代(1154—1189 年),就有普雷斯顿、纽卡斯尔安德莱恩、南安普敦等城市获得建立商人行会的特权。②

商人行会与后来出现的手工业行会、公会不同,通常每个城市只有一个商人行会,其成员主要是"拥有一定数量城市地产的市民"③,影响范围几乎覆盖城市范围内的所有工商业者。换言之,城市范围内的所有"有能力"的工商业者联合起来,组成具有"集体行动能力"的社会组织,对城市工商业活动和城市自治事务进行管理。

需要强调的是,城市经济是城市居民和商人行会存在的基础。城市居民必须务工经商,才能获得生活费用,也才能保有市民身份。因此,在中世纪的许多英国城市,商人行会的会员身份与市民身份具有高度重合性,许多历史资料将两种名称混合使用。例如,1200 年开始使用的格洛斯特公章上就刻着"格洛斯特商人行会的市民之印"。④

2. 商人行会与城市自治

在早期的英国中世纪城市中,几乎所有的城市居民都属于商人行会成员,因此商人行会会长往往也是城市自治管理机构的首脑。例如,英国商人行会会长都被称为"埃尔特曼"(alderman),意指"高级市政官"。甚至在有些城市,商人行会会长与市长同是一人。与此同时,商人行会承担着大量的城市自治管理职能,也是市政建设的主要资金提供者。

当然,商人行会与城市自治管理机构的高度重合现象是短暂的,它只存在于早期的中世纪城市。这种变化的形成原因是复杂的:① 部分市民试图逃避商人行会的入会费要求,从而不是商人行会成员。② 一些城市邻近地区的封建领主,愿意承担一定会员义务来加入城市商人行会,从而享受商人行会会员权利。③ 一些城市的商人行会严格要求行会会员必须"拥有一定数量城市地

---

① Gross, Charles, *Gild Merchant*, Vol. 1, Oxford: Clarendon Press, 1890, p. 5.
② Lambert, Rev J. Mallet, *Two Thousand Years of Gild Life*, Hull: A. Brown and Sons, 1891, p. 91.
③ Lipson, Ephraim, *The Economic History of England Vol. 1*, London: Adam and Charles Black, 1949, p. 364.
④ Poole, A. L., *The Oxford History of England: From Doomsday Book to Magna Carts*, 1087—1216, Oxford: Oxford University Press, 1964, p. 72.

产",另一些城市则没有这种强制规定。

正是由于这些原因,本书认为,商人行会与城市自治管理机构属于两种不同的组织形式,前者着重于经济管理职能;后者着重于城市范围内的社会管理职能。由于经济管理职能与社会管理职能的相互交叉性,商人行会的权力层级低于城市自治管理机构,但商人行会在很大程度上影响和控制着城市自治管理的各项公共事务。

(二)商人行会的历史合理性:城市工商业者的联合

英国行会是中世纪城市经济发展的结果,当我们进一步考察英国行会的组织演变过程时,发现有两个重要问题是无法回避的:① 中世纪城市经济发展与英国行会兴起的内在逻辑联系是什么？② 为什么英国行会的早期形式是商人行会？

1. 城市工商业者的联合

自商人行会出现之后,这种城市工商业者的联合组织就迅速扩张到英国的大部分城市。这种历史事实与中世纪的城市工商业者行动具有密切关系,中世纪城市工商业者的主观动机和客观能力是英国行会组织兴起的重要原因。

(1)城市工商业者具有维护自身经济利益和政治权利的主观动机。中世纪的英国城市经济发展依赖于封建领主转让的城市自治特权,正如前文所述,封建领主们总是想尽一切办法来攫取货币收益,即使在中世纪城市已经获得自治权力的条件下,封建领主仍然可能采取各种手段来榨取城市居民的劳动果实。面对这种情况,中世纪城市的手工业者和商人们相应地要求限制封建领主的肆意妄为,以维护自身的经济利益,维持生产和生活必需的物质条件。特别是随着市民独立意识的逐渐深入人心,城市工商业者对经济利益和政治权利日益重视,抵制封建领主权威的主观动机也日益强烈。

(2)单个城市工商业者的客观行动能力很弱。在中世纪城市兴起的初期,城市居民刚刚摆脱封建领主的直接控制,他们赖以生存的基本条件是自身拥有的特殊技能和必要的简单劳动工具,经济力量相当薄弱。如果城市工商业者以个人力量来对抗封建领主势力或城市自治管理机构,结局可想而知。正是在这种条件下,城市工商业者必然联合起来,维护共同利益,增强在经济领域和城市自治事务中的话语权,甚至逐渐成为控制城市自治管理的主导力量。这种城市工商业者的联合,就是英国行会的最初形式。

2. 生产关系与生产力的适应性

商人行会是中世纪英国城市经济发展的必然结果。根据政治经济学的观点,生产关系必须适应生产力发展,商人行会是英国行会的一种特殊组织形式,它与中世纪城市经济发展程度具有高度契合性。

(1) 在中世纪的许多英国城市,手工业发展程度较低,城市手工业和商业尚未完全分离。在自然经济的重重包围之下,城市手工业者往往既是物品的直接生产者,也扮演着销售物品的商人角色。由于城市手工业者和商人的身份重合,严格区分城市居民的这两种身份特征,既不可能,也没有必要。事实上,该时期的英国商人行会,往往是城市工商业者的联合。例如,始于1196年的莱斯特商人行会的资料显示,商人行会的主要成员是各行业的手工业者兼商人,只有极少数成员是纯粹意义上的商人。[①]

(2) 早期英国行会的控制领域集中在商品交易方面。在中世纪城市经济发展的初期,特定手工业产品的市场容量较小,同一部门的从业者人数和生产规模都相当有限,生产技术方面的内部竞争程度不是很高。因此,早期英国行会在控制内部竞争的时候,都把关注重点放在商品交易领域。这种历史选择是相当理性的:在生产技术差异不大的条件下,只要能够控制商品交易领域,对生产原材料和产品销售进行严格限制,就可以掌控该种物品生产的全过程,从而控制该行业乃至整个城市经济。

(三) 商人行会的经济职能

商人行会是城市工商业者的联合,维护行会会员和整个行会组织的经济利益,是商人行会最重要的基本职能。英国商人行会的经济职能主要表现在两方面:外部维护职能和内部维护职能。

1. 商人行会的外部维护职能

既然商人行会对所在城市的工商业活动拥有绝对控制力,它必然会运用这种垄断力量来争取有利于城市工商业发展的外部条件,从而维护城市工商业者的集体利益。根据历史资料记载,英国商人行会的外部维护职能主要集中在两方面。

---

① Poole, A. L., *The Oxford History of England: From Doomsday Book to Magna Carts*, 1087—1216, Oxford: Oxford University Press, 1964, p.74.

(1) 向封建领主争取税收豁免权。在早期的中世纪城市经济发展过程中，税收因素始终是阻碍商品生产和贸易的重要原因。各城市的商人行会往往以缴纳固定款项为条件，游说国王和封建领主，争取各种税收优惠，降低商品生产和贸易的成本。例如，在亨利二世时代，温切斯特的商人行会就争取到通行税和过境税的豁免权[1]；1200年由国王约翰授予格洛斯特的特许状也声明，"那些属于商人行会的市民"能够享受通行税豁免权。[2]

(2) 排斥外来商人和本市的非行会成员。基于行会成员的经济利益，商人行会总是天然地排斥各种外来竞争力量。通常情况下，外来商人只能在城外设置的集市进行交易。随着地区性贸易范围的扩大和城市工商业者的购买需求增加，一些城市的商人行会也允许外来商人在城市范围内经商，但必须严格遵守附加条件。例如，南安普敦商人行会就规定，外来商人必须遵守三项条件：一是缴纳通行税；二是销售对象仅限于商人行会成员；三是不能购买羊毛、谷物、生皮、呢绒坯等物品。通过这种限制性贸易，商人行会试图保证城市范围内的市场稳定和行会成员的市场地位。

对于本城市范围内的非行会成员，商人行会的限制性规定具有更重要的影响。由于商人行会的排斥行动，本城市范围内的非行会成员不能享有行会成员的各项权利。事实上，倘若非行会成员"越界"进行交易活动，他面临的不仅是经济惩罚，还可能伴随着人身惩罚和法律责任，甚至被驱逐出城市。在这种情形下，如果城市居民希望参与交易活动，就必须缴纳商人行会的入会费并分担会员义务。

需要指出的是，由于商人行会的各项权利来自于封建领主的利益交换，其代价是支付给封建领主的固定款项，因此商人行会的会员越多，单个会员分担的经济负担越小。商人行会的对外排斥政策，也是吸引本城市居民加入商人行会的重要措施之一。同时，基于相同原因，早期的英国行会组织具有一定程度的"开放性"，只要愿意缴纳会费，城市邻近地区甚至其他城市的居民也可以成为该城市商人行会的会员。

---

[1] Douglas, David C. & Greenway, George W., *English Historical Documents Vol. 2*, London: Eyre & Spottiswoode, 1953, p. 974.

[2] Sir Pollock, Frederick, and Maitland, Frederic William, *The History of English Law: Before the Time of Edward I Vol. 1*, Cambridge: Cambridge University Press, 1952, p. 666.

2. 商人行会的内部维护职能

基于行会组织的整体利益,商人行会力图保证每个会员的机会均等,并努力削弱会员之间的各方面差距,防止内部竞争带来的"囚徒困境"。基于这种行动目标,中世纪的英国商人行会主要采取两方面措施。

(1) 交易机会平等。商人行会从市场管理角度,努力消除任何单个会员在采购物品时的比较优势,具体措施是"有条件的分享权"制度。例如,南安普敦商人行会规定,某商人行会会员在进行商品成交时,其他在场的商人行会会员拥有"分享权",他们也有权要求购买该物品,并且支付的价格与该会员相同。[1]

由于这种"有条件的分享权"覆盖范围有限,一些城市甚至取消了所有条件限制,实行"共同交易制度"。例如,莱斯特商人行会规定,如果某商人行会会员购进一批货物,无论是否在场,其他商人行会会员都可以要求获得其中一部分,后者支付的价格与前者相同。[2]

(2) 生产条件和营业方式的限制。在中世纪的城市经济中,商人行会成员之间在劳动工具和生产技术方面的差距不大,关于生产条件方面的限制条款不是商人行会进行控制的主要领域。相对而言,营业方式差异更可能扩大商人行会成员之间的收入差距,当然,它实际上已经不属于生产过程,而是进入了销售领域。正是由于营业方式对销售收入的重要影响,商人行会对营业方式进行了严格限制。例如,布里斯托尔商人行会规定,酒馆老板在晚钟敲响之后不得继续接待客人,否则将处以2先令罚款。[3]

在中世纪的英国城市中,商人行会除了具有重要的经济职能之外,还具有其他职能。例如,① 政治职能,帮助城市自治管理机构处理市政事务;② 宗教职能,支持宗教活动和维护宗教仪式;③ 救济职能,扶助贫病的城市居民,操办会员的丧葬事宜;④ 社会管理职能,维护城市清洁和社会秩序,资助市政工程建设;⑤ 司法调解职能,调解行会成员之间的利益纠纷。事实上,这些职能是商人行会的经济职能的重要延伸,也是中世纪城市经济发展的历史产物。

---

[1] Lambert, Rev J. Mallet, *Two Thousand Years of Gild Life*, Hull: A. Brown and Sons, 1891, p. 94.

[2] Lipson, Ephraim, *The Economic History of England Vol. 1*, London: Adam and Charles Black, 1949, p. 269.

[3] Ibid., p. 272.

三、英国行会的组织演变之二：手工业行会

自13世纪中期之后,英国行会的组织形式逐渐转变为手工业行会;与此同时,商人行会则逐渐衰落。在这个漫长的制度演变过程中,手工业行会与商人行会长期并存,不同地区的手工业行会的出现时间和发育程度都不尽相同。由此可见,英国行会的制度演变是一个渐进过程,它在承袭以前组织形式的基础上,受到社会经济形态惯性支配和社会经济环境变化的双重影响,从而在继承和发展中获得组织变迁的动力。

(一)商人行会的衰落和手工业行会的兴起

随着中世纪城市扩张和城市手工业发展,城市范围内开始出现手工业行会。城市手工业者按照不同行业特征来组建行会组织,如织匠行会、漂洗匠行会、皮革匠行会、手套匠行会、马鞍匠行会、内衣商行会等,由此拉开手工业行会的发展序幕。直至13世纪中期之后,手工业行会的数量急剧增加,逐渐成为城市经济发展的重要力量。

手工业行会是英国行会发展的一个重要阶段,在商人行会和公会之间起着承上启下的作用,行会的基本特征在这个阶段表现得最典型。正是由于这个原因,多数国内学者对"行会"命题的研究范围不涉及商人行会和公会,只重点分析行会组织发展的第二阶段。当然,根据本书的写作意图,我们将对英国行会的组织演变过程进行详细分析。

1. 手工业行会对商人行会的替代

随着中世纪的英国城市经济发展,手工业行会逐渐替代商人行会,成为英国行会组织的主要组织形式。这种变化是历史因素的作用结果,主要表现在两方面。

(1)随着小商品经济发展,商业交换领域和生产领域的各种舞弊现象日益增多,控制生产领域变得越来越重要,这就要求对手工业生产过程进行更加细致和严格的管理。

(2)手工业行会的会员数量日益增多,逐渐超过商人行会的会员数量,这就使得手工业行会在城市经济事务和城市自治管理中的话语权越来越强。正是在社会影响力和经济影响力的此消彼长过程中,手工业行会逐步完成对商人行会的替代。

2. 手工业行会对商人行会的功能继承

随着商人行会逐渐退出历史舞台,它的一些功能逐渐转移到手工业行会,后者成为前者的继承者和发扬者。这种继承性特征主要表现在行会组织的基本社会功能方面:商人行会具有强烈的垄断特征和平均主义倾向,意图是维护城市范围内的市场环境稳定性,防止过度竞争带来的社会危害。从这个角度来看,手工业行会完全继承了这项社会功能,其基本组织功能也是保证每个会员的基本生活条件和生产条件,避免两极分化。

可以设想,在城市经济容纳量有限的条件下,如果没有行会组织的外部约束,手工业者之间的竞争将会日益加剧,结果是使得失败者陷入破产境地,甚至退出城市地区;胜利者也只能获得"赢者的诅咒",为竞争支付惨痛代价。消费者倒是可能在短期内获得低价物品,但在商品经济发展水平较低和全国性市场尚未形成的条件下,由于市场波动而带来的消费变动将使得消费者的长期境遇变得更差。这种竞争的结果将是失败者的末日,也是胜利者的丧钟。正因如此,城市工商业者才会结成联盟,采取各种措施来遏制竞争;同时,这些措施维护了城市经济的稳定性,也得到多数市民的支持。

然而,手工业行会并未一成不变地承袭商人行会的组织功能,否则,社会经济体系也不需要由手工业行会来替代商人行会。手工业行会继承了商人行会的垄断职能,但在垄断对象和侧重点方面有所不同。

(1) 垄断对象方面,商人行会的垄断对象是城市零售业;手工业行会的垄断对象是就业机会。在12世纪的英国城市,城市零售业是手工业者获取生产资料和出售产品的主要渠道,商人行会通过控制城市零售业来维护城市经济的稳定性,但这种控制措施是有漏洞的,手工业者可能通过定期开放的市场来进行物品交换,从而避开商人行会的垄断限制。事实上,正是由于城市手工业者的大量"违规"行动,使得城市自治管理机构不得不寻求更加有效的控制手段。相对而言,手工业行会的垄断控制更加有效,即使手工业者能够获得必需的生产资料,但如果没有手工业行会的允许,他们仍然不能进入城市手工业生产领域。这就避免了非行会会员对行会会员的竞争挑战,也增强了行业自治组织对城市经济的控制力量。

(2) 垄断侧重点方面,手工业行会主要对具体生产过程和生产环节进行了详细规定,包括原材料质量、生产工序的时间长度、技术标准、产品价格等诸多方面。

3. 手工业行会的历史合理性

手工业行会是商人行会的继续发展形式,但商人行会与手工业行会的社会历史背景是不同的。在13世纪英国城市经济发展程度的前提条件下,手工业行会的历史合理性体现在三方面。

(1) 手工业行会时期的英国城市经济与商人行会时期没有本质差别,仍然属于小商品经济范畴;稳定城市经济环境和维持小生产者的经济地位仍然是城市经济发展的主要前提。手工业行会关心的主要问题不是增加行会成员的盈利,而是维护行业存在的物质条件。正因如此,手工业行会的垄断行动能够获得当时的各种社会力量支持。

(2) 在13世纪的英国城市中,人们的受教育程度较低,不可能通过书本知识传授来迅速获取知识。与之相反,手工业生产的各项技巧学习需要通过口头传授、实践摸索、长期积累的过程,必须花费大量时间和精力,这样才能保证城市手工业的产品质量。正是基于这种历史条件,手工业行会对学徒制度和产品质量标准进行了严格规定。

(3) 随着城市手工业的技术水平提高和生产工艺复杂化,原有行会组织可能分裂为几个亚种,或者建立新的手工业行会,这是引起手工业行会数量迅速增加的主要原因。根据"分工和专业化"的关系,手工业行会的这种数量增长方式有利于城市范围内的社会分工,也有利于城市经济发展。

(二) 手工业行会的行业控制措施

与商人行会相同,手工业行会的行业控制措施也是着眼于两方面:① 在行业外部环境方面,手工业行会基本上沿袭商人行会的做法;② 在行业内部管理方面,手工业行会则采取更为严格的限制性规定。学界在分析手工业行会时,更加关注其行业内部控制手段,具体表现在三方面。

1. 价格控制

考虑到行业内部的收入差距,手工业行会执行着严格的统一价格标准,对商品价格、加工费、工资报酬实行严格监督。例如,伦敦剪绒匠行会章程规定,加工猩红色呢绒,每码收费2便士;加工以威尼斯方式折叠的呢绒,每码收费8

便士。① 再如,约克弓匠行会章程规定,计件工资者每加工 100 张弓,可收取 16 便士。② 在中世纪的英国城市中,几乎所有的手工业行会都有类似规定,他们试图通过维持"公平价格",来影响该行业手工业者的收入多寡。

2. 质量检验

对于手工业产品质量,外行人常常难以知晓。为了维护该行业的产品质量和行业信誉,手工业行会组织通常采取定期检查制度,并且严厉惩罚违规者。例如,1303 年伦敦的科尔多瓦皮革匠行会规定,每双鞋必须使用同一种皮革为原料,鞋匠不得把高级皮革和劣等皮革混在一起使用。为了执行该规定,该行会授权 4 名可靠的行会成员定期对全行业进行检查,每月至少一次,一旦发现违规者,他将面临产品扣押和罚款,一部分罚款上缴城市金库,另一部分则归手工业行会所有。③

3. 限制生产规模

缩小行业内部的收入差距的另一项重要措施是限制生产规模。这既保证了该行业所有会员的收入平均化,也使行业供给和行业需求保持基本一致。在中世纪城市经济发展程度较低的条件下,生产规模主要取决于劳动时间和就业人数。

(1) 劳动时间方面,手工业行会尽可能统一工作时间。例如,伦敦刀匠行会规定,夏季工作时间从早晨 4 点到晚上 8 点;冬季工作时间则是从早晨 6 点到晚上 6 点。④ 此外,许多手工业行会都规定,行会会员不能在星期天和节假日营业,这种习惯甚至延续到现在。

(2) 就业人数方面,手工业行会严格限制师傅人数和学徒数量。① 针对师傅人数限制,手工业行会对入会者进行严格控制,并且要求申请独立开业者,必须具有较高生产技艺,还必须拥有足够的资金和生产工具。② 针对学徒数量限制,手工业行会明确规定每个师傅最多拥有的学徒数量,使同行业者的直接劳动力大致相同。例如,伦敦剪绒匠行会规定,每个师傅至多拥有 4 个学徒;约

---

① Lipson, Ephraim, *The Economic History of England Vol. 1*, London: Adam and Charles Black, 1949, p. 338.

② Ibid., p. 336.

③ Cunningham, William, *The Growth of English Industry and Commerce: During the Early and Middle Ages*, Cambridge: McMaster University Archive for the History of Economic Thought, 1910, p. 339.

④ Lipson, Ephraim, *The Economic History of England Vol. 1*, London: Adam and Charles Black, 1949, p. 333.

克的织毯匠行会规定为 2 个;埃克塞特的裁缝行会规定为 1 个。①

(三) 手工业行会的内部等级制度

在中世纪的英国城市,手工业行会实行严格的内部等级制度,把城市工商业者划分为三个等级:师傅(master)、帮工(journeyman)、学徒(apprentice)。严格意义上讲,后两者不属于手工业行会的正式会员,但他们是手工业店铺的主要劳动力之一,也是中世纪的英国手工业行会制度的重要组成部分。

1. 师傅

在手工业行会时期,手工业店铺是最基本的生产单位和商业单位,店铺的唯一主人就是师傅。每个师傅都拥有一个独立经营的经济实体,他对店铺具有完全的独立支配权。师傅是手工业行会的正式会员,其话语权由经济领域拓展到政治领域,能够在城市自治管理活动中拥有一席之地。事实上,在大多数中世纪城市中,城市自治管理事务主要取决于师傅们的意志。

根据金志霖的观点,经济地位是师傅的立身之本,其经济特征主要表现在三方面:① 所有师傅的经济地位都是平等的,同行业师傅之间的横向经济联系较少;② 手工业行会的师傅正在逐渐摆脱在封建社会占据主导地位的自然经济,而涉足于商品经济范畴;③ 每个师傅都精通生产和销售的全过程,师傅的个人经验和生产技艺是店铺的基本存在条件。②

那么,跻身师傅行列需要哪些条件呢? 主要有三项条件:① 拥有一定数量的生产资料和生活资料;② 精通本行业的全部生产技艺;③ 按照相关手工业行会规定,完成一定年限的学徒期和帮工期。

需要说明的是,多数手工业行会执行"一人一业"制度,许多师傅终身只从事某一职业。这里的"行业"内涵与商人行会时期具有很大差异,也比现代经济中的"行业"范畴更小。例如,现代经济中的马鞍行业,在手工业行会时期至少被细分为四个"行业":总装、木质构件、油漆彩绘、附件装置。从这个角度来看,英国手工业行会时期的"一人一业"制度,主要是指一个师傅只能从事某一行业的某一工序,或者只能生产某一行业的某种产品。例如,科尔多瓦的皮革匠就只能使用新皮革来制鞋,而不能修理旧鞋;修鞋匠则只能修理旧鞋,而不能出售

---

① Lipson, Ephraim, *The Economic History of England Vol. 1*, London: Adam and Charles Black, 1949, p. 319.
② 金志霖,《英国行会史》,上海社会科学院出版社,1996,第 103 页。

旧鞋。

2. 帮工

在中世纪的手工业行会制度中,帮工是师傅与学徒的中间状态。如果一个人希望从事某一行业,并独立开业,就必须在学徒期完成之后,经历一定时期的帮工阶段,并取得相应工资。在手工业行会初期,帮工阶段是晋升师傅的必要准备时期,它为从业者将来独立开业提供必要的物质条件,主要表现在:① 积累资金,准备用于购买店铺和生产工具;② 与消费者建立稳定联系,取得消费者的了解和信任,以保证将来独立开业的稳定需求群体。

然而,这种情况在手工业行会后期逐渐发生变化,主要体现在两方面:① 有些城市居民和外乡人,不经过学徒阶段,直接进入帮工阶段,这就严重影响了现有帮工的生存状态和手工产品质量。② 随着城市经济发展和市民经济意识增强,帮工与师傅之间的经济利益冲突日益激化,主要集中在报酬标准和工作时间方面。

更为本质的原因是,由于帮工晋升为师傅的难度逐渐加大,使得许多帮工难以忍受高强度和低工资的生产条件,试图挑战师傅的权威。根据演化博弈的观点,这种情况是师傅层面和帮工层面的共同博弈结果:① 从师傅层面来看,由于商品经济发展的冲击,师傅们试图运用手工业行会的垄断权力,来打击所有公开和潜在的竞争对手,自然就要求帮工晋升师傅的条件更加苛刻。② 从帮工层面来看,由于晋升师傅无望,帮工在店铺劳动就成为换取生活费用的主要方式,他们会更加看重工资标准和经济利益。事实上,在手工业行会后期,手工业行会逐渐演变为代表师傅利益的小团体,帮工阶层则组织"兄弟会",两者之间的争斗日益剧烈,这也埋藏着手工业行会逐渐衰落的历史条件。

3. 学徒

在中世纪的城市手工业中,学徒经历是手工业匠人和商人的重要起点;同时,学徒也是中世纪城市工商业者中的最低等级。通常情况下,正式的师徒关系必须通过契约来确定,签约双方是学徒的父母和师傅,签约内容包括学徒年限、双方的权利义务、经济费用等。

需要说明的是,师傅必须提供给学徒必要的生活条件,并支付一定工资,虽然工资数额相当少。例如,诺福克的一份师徒契约记载:"托马斯·利斯布鲁克同意向罗伯特·尼克传授粗石匠的技艺,供给其肉、酒等,并在学徒期满时付给他3镑足色的英国货币和两套合身衣服等。"①

学徒阶段的学习内容是学徒制度的核心,主要包括两方面:① 生产技艺。在中世纪的城市手工业中,生产技艺通常是严格保密的,不得外泄。漫长的学徒阶段和艰苦的技艺训练,使手工业的生产技艺能够得以延续,也是保证城市手工业产品质量的制度保障。② 职业道德。中世纪的师徒关系类似于父子关系,师傅不仅要传授生产技艺给学徒,而且要对学徒的日常行为负责,一般规定学徒必须忠于师傅、承担家务劳动、不得偷盗、不得经常光顾酒店和赌场等。

当然,手工业行会制度是中世纪城市经济发展到特定阶段的结果,随着城市经济的不断发展,手工业行会制度也必然经历由兴盛到衰落的过程。事实上,在中世纪的英国城市,劳动雇佣关系逐渐形成,资本主义萌芽对社会经济的各领域都产生强烈冲击。在这种历史条件下,英国行会必然会调整组织形态,以适应新的社会经济环境。

四、英国行会的组织演变之三:公会

随着封建主义生产方式逐渐转变为资本主义生产方式,手工业行会逐渐走向衰落,但手工业行会的解体并不意味着行会组织的末日,手工业行会只是行会组织发展的特定阶段,并且不是最高阶段。事实上,在英国手工业行会消亡的过程中,逐渐兴起一种新的行会组织形式,即行会组织发展的第三阶段——公会。

(一) 由手工业行会向公会的转变

1. 由"手工业行会"转变为"公会"的历史原因

当社会经济环境发生变化时,社会组织必须对付外界力量的挑战,还必须重新选择自身发展方向和组织结构形式。在14世纪后期的英国城市经济中,行会组织面临着两种选择:① 坚持手工业行会制度,其结果是被生产力发展趋势淘汰,退出城市经济体系;② 顺应历史潮流,在行会制度的允许范围内,适当调整组织结构,寻求生存机会和发展空间。事实表明,"生存的本能迫使行会必然选择后者,而当时的经济形势亦允许行会选择后者",这是手工业行会演变为公会的历史原因。

---

① Lipson, Ephraim, *The Economic History of England Vol. 1*, London: Adam and Charles Black, 1949, p. 309.

2. 手工业行会向公会转变的路径

根据英国行会组织的演变进程,公会是在手工业行会的基础上发展而来的,具体演变路径如下:

(1) 传统手工业行会的直接演变。这种直接演变的外在形式是城市自治管理机构和封建政权的认可,内在机制是手工业行会的就业垄断权被有条件打破。由于就业垄断权限制着劳动力流动和资源的合理配置,"一人一业"的制度约束日益成为限制城市经济发展的重要因素,许多城市都试图通过扩展手工业行会成员的就业范围来提高他们的生存机会,客观上也给外来者进入手工业行会创造了条件。例如,1364年伦敦呢绒商行会获得国王颁发的特许状,演变为伦敦最早的公会之一。

(2) 同行业公会或手工业行会的合并。自15世纪开始,公会大量出现。公会的主要形成途径也逐渐变化,多数公会由同行业的行会组织合并而建立。

① 最初建立起来的公会兼并同行业的其他公会或手工业行会。例如,1364年伦敦呢绒商公会获得呢绒贸易的垄断特权,同时规定伦敦的织匠、漂洗匠、染匠"不准染指任何种类的呢绒的制造和买卖"[1],实际上剥夺了后者的自主经营权,使得后者必然被前者兼并。

② 同行业手工业行会的合并主要发生在共同生产过程中,由于它们从事同种产品的不同部件生产或不同工序操作,使用或经营同种原材料,因此直接导致这些手工业行会具有高度产业关联性,它们很容易合并成为公会。例如,伦敦刀具制造业分为三个工种:刀片匠制造刀片,鞘匠提供刀鞘,刀匠负责安装刀把,由此形成三个手工业行会。1415年,这三个手工业行会合并成为刀匠公会。[2]

(3) 跨行业的公会合并。在16世纪后期,跨行业的公会合并成为主要趋势。由于原有手工业行会的成员和经济实力不同,同行业行会组织合并而形成的公会存在明显的实力差异。即使在同行业行会组织合并之后,也只有那些原来成员较多和经济实力较强的公会才能形成持久发展能力;那些经济力量仍然弱

---

[1] Dobb, M., *Studies in the Development of Capitalism*, New York: International Publishers, 1947, p.104.
[2] Unwin, George, *Industrial Organization in the Sixteenth and Seventeenth Centuries*, London: F. Cass, 1963, p.24.

小的公会不得不再次合并,通过跨行业的行会组织来获取更大范围的力量支持。

3. 公会与手工业行会的"血缘"关系

"公会并非是手工业行会垮台之后才出现的一种新的城市经济组织",而是在其衰败过程中逐渐形成的。① 公会的形成途径表明,公会与手工业行会存在着直接的"血缘"关系,主要表现在四方面:① 组织形式方面,公会是手工业行会的延伸,公会的管理机构与手工业行会几乎完全相同,只是会长名称由"埃尔特曼"变为"马斯特"(master)。② 规模方面,公会是手工业行会的扩大。③ 职能方面,公会是手工业行会的继续;公会力求在外部环境中保持行业垄断地位,在内部事务中坚持平均主义。④ 成员构成方面,初期的公会仍然保持着"小作坊"制度,即由师傅、帮工、学徒构成。

(二) 公会的基本经济特征:商人阶层的直接控制

在公会时期,城市经济的基本生产单位仍然是小作坊,但普通作坊主(师傅)的经济独立性正在逐渐消失。公会内部的商人阶层切断了普通作坊主与市场的直接联系,从而控制着手工业者的生产经营,进而控制着城市经济命脉。换言之,商人阶层成为公会和城市经济的直接控制者,这是公会的基本经济特征。

1. 公会商人直接控制生产的具体形式

在手工业行会时期,商人也试图直接控制手工业者的生产,但由于外部环境和商人自身能力因素制约,这种努力只是初步尝试。在公会时期,商人阶层对生产经营进行实质性的直接控制,具体控制形式有两种。

(1) 在公会产生初期,商人阶层通过控制原料来源和销售渠道,强迫手工业者服从其指令,这是商人支配生产的初级形态。例如,16 世纪初期的伦敦皮革商会就规定,原来自产自销的手工业者(钱袋匠、皮囊匠、手套匠、皮革匠等)不能再直接进入成品市场,其产品必须依靠皮革商人才能出售。②

(2) 在公会发展的中后期,商人阶层给手工业者提供原材料,并收购手工业者的产品,然后投放到市场,这种委托加工方式是商人直接支配生产的成熟形态。例如,1564 年伦敦的生皮商与鞣灰皮匠达成协议,生皮商负责给鞣灰皮

---

① 金志霖,《英国行会史》,上海社会科学院出版社,1996,第 160 页。
② 克拉潘,《简明不列颠经济史》,上海译文出版社,1980,第 203 页。

匠提供生皮和收购皮革;前者必须在交货13天内按照协议价格支付报酬,后者不得在其他工匠和生皮商之间充当代理人。这就使得公会的生皮商通过提供原料和收购产品,改变原来的普通买卖关系,从而对鞣灰皮匠进行直接控制。①

2. 推动公会发展的重要因素:政治力量

社会经济体系的自发运动规律决定着手工业行会过渡到公会的必然趋势,许多手工业者被迫成为公会商人的经济附庸。在这个过程中,虽然政治权力不是决定性因素,但它对加快该进程是相当重要的。在公会形成初期,公会继承了原来手工业行会拥有的各种封建特权,它们把这种政治权力变为控制行业发展的支配工具。通过压制公会内部的反对力量和阻止外部势力介入,公会商人逐渐加强对行业的控制力度。例如,在16世纪的伯维里,呢绒商利用公会势力,禁止当地的漂洗匠和染匠从事毛织品交易,违者罚款20先令;其中一半上缴市政当局,另一半归呢绒商公会。② 当然,随着城市经济发展和行会组织的结构调整,政治因素的作用日益弱化,经济因素的作用则越来越突出。

3. 公会时期的生产关系变化

在手工业行会向公会的转变过程中,城市经济的生产关系也在悄然变化。根据马克思主义政治经济学的观点,生产关系的主要内容包括:① 生产资料所有制形式;② 人们在生产中的地位和相互关系;③ 产品分配形式。就第一层面而言,由于公会时期的手工业者仍然拥有一定数量的必备生产资料,直接生产者和生产资料紧密结合在一起,因此生产资料的小作坊主私有制形式没有改变。公会时期的生产关系变化主要体现在后两个层面。

(1) 经济活动参与者的经济地位。虽然手工业者和商人的身份特征是由社会分工来决定的,但随着商业力量的扩张,商人阶层逐渐控制手工业者;两者之间的关系不再是手工业行会时期的平等伙伴关系,而是商人集团占据着主导地位,对小作坊主集团的生产活动拥有指挥权。这就意味着,公会的经济活动必然以商人阶层的意志为准,往往忽略生产者的利益;在公会内部,经济活动参与者的经济地位是不平等的,直接生产者对商人阶层的依赖程度很高。

(2) 产品支配权。在公会时期,师傅对手工业作坊的产品拥有名义上的所

---

① Unwin, George, *Industrial Organization in the Sixteenth and Seventeenth Centuries*, London: F. Cass, 1963, p. 104.

② Kramer, Stella, *The English Craft Gilds*, New York: Columbia University Press, 1927, p. 106.

有权,但真正的产品所有权则转移到公会商人手中。产品支配权的基本内容有三项:① 顾客的选择;② 市场投向;③ 价格高低。由于手工业作坊的师傅不得不把产品直接出售给公会商人,因此实质上丧失了产品支配权;相应地,公会商人则获得了直接面对消费者的市场空间,从而拥有了实质上的产品支配权。

4. 资本主义经济的萌芽

随着公会商人对手工业者的直接控制,经济利益的分配天平也逐渐倾斜,商人与手工业者之间的经济力量差距越来越大。前者逐渐向资本控制者阶层发展;后者逐渐变为受雇者阶层,从而逐步形成雇佣关系,推动着资本主义萌芽的初步形成。

商人阶层的直接控制生产具有两项特征:① 商业资本开始涉足生产领域,从而使商业资本逐渐转变为产业资本。商人阶层获取经济利益的途径发生变化,由赚取物品交换的价差,转变为谋求生产利润。② 商人直接控制生产过程,在利用手工业行会时期的生产组织和手工工匠的基础上,将"分散的手工工场生产"转变为"集中的工厂生产"。

正是由于这两项特征,商人阶层对生产活动的直接控制,营造了资本主义生产关系的形成条件。根据历史唯物主义的观点,"资本主义生产关系形成的两大前提条件——大量资金和自由劳动力,是在封建社会末期,封建生产关系由盛转衰时逐渐得到满足"。[①] 在英国经济的发展过程中,公会时期的经济特征是推动资本主义萌芽形成的重要力量;同时,英国资本主义发展进程中也将继续保留许多行会组织的影响,后者将会不断调整组织形式和发展方向,以适应社会经济形势的变化。

(三) 公会内部的利益冲突

在资本主义萌芽时期,英国行会主要采取公会形式,公会内部的等级结构仍然是"师傅—帮工—学徒"。自14世纪以来,英国社会逐渐出现一个新的社会阶层——"约曼"(yeoman),这个阶层的成员复杂,主要包括:雇工(servants)、佣人(serving-men)、仆人(valets)、年轻人(young men)、单身汉(bachelors)。从英国行会发展的角度来看,约曼主要是由帮工阶层演变而来。事实上,帮工阶层的部分成员演变为约曼之后,又逐渐演变为"小师傅"(small mas-

---

[①] 金志霖,《英国行会史》,上海社会科学院出版社,1996,第217页。

ter),从而改变了公会内部的成员结构和利益格局。

1. 约曼阶层

根据公会内部的等级结构,师傅是基本经济单位负责人,在作坊中具有高度权威;学徒必须学习生产技艺,不会与师傅形成对立;帮工则是游离于学徒和师傅之外的中间阶层,他们最有可能与师傅发生利益冲突。自15世纪以来,英国社会就经常出现约曼与师傅之间的利益冲突事件。

我们感兴趣的是,在英国公会时期,为什么帮工阶层中逐渐演变出了约曼?对这个问题的回答可能要考虑到两方面因素:① 公会的"关门主义"策略。由于外部经济环境压力的逐渐增加,公会会员逐渐提高新会员申请的"门槛",以避免行业内部的过度竞争。从帮工阶层角度来看,苛刻的申请入会条件实际上是一份拒绝书,他们晋升师傅的希望几乎破灭。在这种情况下,以体力劳动和生产技艺来换取生活费用,就成为他们生产活动的主要目的。正是在这个意义上,帮工阶层与师傅阶层之间的利益冲突可能变得日益尖锐。② 帮工阶层的"集体行动"倾向。在英国公会时期,师傅的话语权比帮工阶层更强,单个帮工很难对付师傅,因此,帮工阶层被迫组织起来,试图以集体力量进行抗争,形成约曼行会或兄弟会。例如,1468年伦敦木匠公会就已经有约曼团体;呢绒商公会下属的单身汉公会也有60个成员。[①]

约曼阶层究竟是怎样形成和演变的呢?根据英国的历史资料,自15世纪早期开始,约曼的身份特征演变主要体现在三方面:① 约曼通过各种方式获得部分生产资料,从而在形式上摆脱对师傅的完全依赖,具有一定程度的经济独立性。一些帮工脱离原来的作坊和师傅,自己寻找住所和店铺,试图独立开业。② 一些公会开始公开承认约曼独立开业的合法性。公会最初不愿采取这一行动,因为独立开业的约曼可能成为师傅的潜在竞争对手,但由于独立开业的约曼大多居住在公会权力范围之外的城郊,公会被迫接受事实,这种公开承认态度与其说是公会的退让,不如说是公会试图对约曼进行控制。③ 约曼的社会地位逐渐提高,多数公会接受约曼为会员。虽然如此,约曼和师傅的社会地位还是存在着显著差异,师傅是公会的正式会员,约曼是公会的非正式会员,帮工则连公会非正式会员都不是。

---

① Unwin,,George,*The Gilds and Companies of London*,London:F. Cass,1963,p.227.

2. 小师傅阶层

由于部分约曼获得公会的独立经营许可,他们在事实上已经步入师傅行列,但他们与师傅之间存在着一定区别,历史学家通常将其称为"小师傅"。

小师傅的身份特征主要表现在两方面:① 由于自身资金条件限制,部分小师傅只能拥有少量生产资料,甚至必须依靠外部力量才能获得生产资料。由帮工阶层经由约曼而演变而来的小师傅,缺乏足够的资金积累过程,他们通常只拥有部分生产工具;特别是在生产技术不断提高和生产工具日益昂贵的条件下,小师傅很难独立拥有必备的生产工具。例如,在 1541 年伦敦呢绒商公会裁定的一个案例中,要求小师傅使用拉幅机时,每周必须支付 5 便士租金。[①] 许多小师傅只能通过租赁来获得生产工具的使用权。② 由于小师傅缺乏与市场的直接联系,加上公会商人插足其间,小师傅实际上成为公会商人的雇工。正如前文所言,公会时期的商人阶层对手工业者具有很强的直接控制能力,师傅阶层尚且不能避免,何况连生产工具都缺乏的小师傅阶层?

小师傅阶层的出现是英国社会经济发展的必然趋势。这种必然性源自两方面因素:① 行会政策和市政当局态度。自 16 世纪中期开始,公会逐步放松独立开业的条件,许多普通帮工都能够筹措到必要的公会入会费,获得独立经营权。这意味着,帮工有可能改变自身身份和改善自身处境。② 资本主义生产方式的发展。在传统手工业作坊和资本主义工厂的双重压力下,取得独立经营权的小师傅阶层必然举步维艰;在缺乏生产资料和资金的条件下,小师傅们只有接受公会商人提供原料和收购产品的交易方式,才能及时获得生活费用,从而逐步沦为资本主义工厂的雇工。

根据英国行会的资料分析,帮工阶层身份特征的转变轨迹是,帮工—约曼—小师傅—雇佣工人。当然,这种转变过程不是瞬间完成的,也不是社会成员的整体"迁移"。事实上,只有部分帮工转变为约曼,只有部分约曼转变为小师傅;雇佣工人既可能直接来自于小师傅,也可能由帮工和约曼演变而来。

更为重要的是,随着英国城市经济发展和行会组织的制度变迁,英国的社会经济结构也在逐渐发生变化。其中最重要的特征是,社会公众日益分化为两

---

① Unwin, George, *Industrial Organization in the Sixteenth and Seventeenth Centuries*, London: F. Cass, 1963, p. 228.

大阶层,亦即雇主阶层和雇工阶层。部分公会商人和富裕的师傅转变为雇主,帮工、约曼、小师傅、贫穷的师傅则转变为雇工,社会利益结构的变化直接导致了各种社会利益冲突。在社会经济结构的调整过程中,旧的利益均衡结构被打破,新的利益均衡结构正在逐渐形成,这是社会转型的重要特征。

五、英国行会组织演变历程的政治经济学分析

根据英国行会的演变历程,我们能够从政治经济学角度获取许多方面的历史信息。基于本书的研究主题,我们重点探讨四个问题:① 政治因素的历史影响;② 小师傅身份特征的双重性;③ 英国行会组织不同发展阶段的部分重叠性;④ 英国行会组织演变的历史适应性。前两个问题关注英国行会制度的具体经济主体,其中前者侧重于行会组织的外部力量,后者侧重于行会组织的内部力量;后两个问题试图通过分析英国行会,扩展到更具有一般性的社会组织,从而揭示社会组织变迁的重要特征。

(一)政治因素的历史影响

英国行会发展的基本推动力是生产力发展,政治因素起着重要的促进作用。在中世纪的英国城市经济中,政治影响来自两方面:一是封建领主的传统力量;二是城市自治机构的管理。这两方面都曾经在英国行会发展过程中具有重要作用。

1. 封建领主与城市经济的利益一致性

某些学者认为,中世纪城市在形成之初,就与封建势力存在着尖锐的对立关系。试想一下,如果这种观点成立,那么封建领主必然会竭力阻止城市发展,也就不可能出现城市经济的长期存在和稳定发展。事实上,封建领主与城市经济之间的利益关系具有强烈的阶段性特征:在城市经济发展初期,两者的利益高度一致;在城市经济发展后期,两者之间的利益冲突才逐渐尖锐化。

(1)在城市经济发展初期,封建领主的支持行动提供了城市经济发展的政治保障。① 从封建领主角度来看,他们支持城市经济发展的利益动机是明显的:通过转让税收特权,封建领主可以从城市自治结构和行会组织获得稳定的税收收益,相当于"包税制"。通过推动城市经济的产业发展,封建领主拥有的城市固定资产将会急剧升值。② 从城市经济发展的角度来看,封建领主转让出来的各种特权,实际上提供了城市居民进行生产和贸易的合法依据。特别是在跨地区的物品贸易中,使商人拥有对抗不合理税赋的法律依据和抗辩理由,这在客观上将会促进城市经济发展。

(2) 在城市经济发展后期,封建领主对城市经济采取抵制态度。由于封建领主的奢侈消费,他们往往陷入收不抵支的尴尬局面;经济拮据使得他们不得不求助于富裕商人,经济地位的下降逐渐削弱了封建领主的政治地位优势。事实上,随着英国城市经济发展和资本主义经济力量的兴起,虽然封建领主可能意识到自身地位的动摇,但经济实力决定着他们对富裕商人的依赖性,进而使他们被迫接受城市经济发展和商人社会地位的事实。

2. 行会组织和城市自治机构

自英国城市产生之日起,行会组织与城市自治机构之间的相互影响就没有停止,它们之间的相互影响突出表现为控制和反控制,利益冲突的焦点主要集中在城市工商业活动。

(1) 城市自治机构对行会组织的控制。自13世纪开始,英国行会的建立主要由城市自治机构批准,而不是像以前那样需要封建领主批准。基于管理城市经济的需要,城市自治机构控制着行会组织的生存权和具体活动。例如,自1344年起,布里斯托尔市就规定,手工业行会章程必须获得市政当局批准,并记入城市档案,才能生效。① 事实上,在15世纪的英国公会形成初期,正是由于城市自治机构对商人阶层的支持,商人阶层才能迅速控制各种行会组织,进而成为城市经济发展的主导力量。

(2) 行会组织对城市自治机构的反控制。在中世纪的英国城市中,城市自治机构的主要成员来自于各主要行会组织,重要行会成员实际上成为城市自治机构的最高权威,他们在城市行政事务的自我管理过程中扮演着支配者角色。行会成员的这种双重身份特征,决定着他们在处理城市行政事务时的态度:① 城市自治机构在处理行会事务时,必然会充分考虑各方利益,使得多数行会组织与市政当局能够和睦相处。② 虽然行会成员几乎垄断城市自治机构,但由于这些人员来自不同的行会组织,他们之间存在着利益平衡问题,因此在英国城市自治过程中从未出现单个行会组织完全控制市政当局的案例。

---

① McKisack, May, *The Oxford History of England: The Fourteenth Century, 1307—1399*, Oxford: Oxford University Press, 1959, p. 382.

(二) 小师傅身份特征的双重性

在英国公会时期,小师傅是由约曼阶层分离出来的社会群体;他们在身份特征上兼具约曼和雇佣工人的双重特征。小师傅的身份特征和社会属性,曾经是学界广泛讨论的问题。讨论的焦点集中在小师傅是否为雇佣工人,这就涉及了"雇佣工人"的判断标准。根据马克思主义政治经济学的观点,判断雇佣工人身份的重要依据为是否拥有生产资料。如果以这个标准来衡量小师傅的社会属性,他们不属于雇佣工人;但小师傅对商人阶层又具有很强的依赖性,由于缺乏生产资料和资金,他们必须把产品逐日或逐周出售给商人,才能获得必要的生活费用,因此他们不具有完全的经济独立性。这种理论上的逻辑矛盾,正是学界对该问题争论不休的重要原因。

本书认为,小师傅是封建主义经济模式向资本主义经济模式转变的过渡阶段产物,具有身份特征的双重属性。换言之,拥有部分生产资料的小师傅,似乎不能完全归属于雇佣工人,也不能完全否定其雇佣工人的属性。这种双重身份特征主要表现在:① 小师傅拥有部分生产资料,特别是生产工具;小师傅能够在一定程度上实现劳动与生产资料的直接结合,其生产过程不是单纯依靠出卖劳动力。因此,小师傅绝对不是标准意义上的雇佣工人。② 小师傅生产的产品必须及时交付给商人,否则他们的生活费用就堪忧。从这个角度来看,小师傅只是拥有形式上的产品所有权,而产品所有权的实际控制者是商人或资本家。

那么,为什么小师傅会恰好出现在英国资本主义经济的萌芽时期呢?这个问题涉及两方面因素:① 从资本主义初期的资本家角度来看,他们脱胎于封建主义的城市经济,不得不服从源自中世纪英国城市的行会制度。在最初的资本主义萌芽时期,他们只能购买分散的手工业者的劳动产品,或者通过委托加工方式直接购买手工业者的劳动力,而无权要求手工业者放弃那些属于他们的生产工具。② 从小师傅角度来看,生产工具是他们的个人财产,也是他们进入劳动市场和维持生计的重要手段,他们当然不会自动放弃这些生产资料。在两方面因素的综合作用下,小师傅拥有部分生产资料,就成为资本主义初期的特有现象,这也是英国行会发展的特殊阶段的结果。

(三) 英国行会的不同发展阶段的部分重叠性

通常情况下,不同历史发展阶段是很难清楚界定的;不同阶段之间的时间界限往往是相当模糊的。这种情况之于英国行会的演变过程也不例外,我们很难从时间上清楚界定英国行会组织的不同发展阶段;更大的可能性是,在相当时期内,城市范围内存在着行会组织的不同形式,它们具有时间意义上的部分重叠性。

1. 由商人行会向手工业行会的转变

在英国商人行会的发展初期,手工业生产和物品交换都较少,商人行会通过对局部市场活动的控制,就能够有效管理城市范围内的物品流通和生产过程。然而,在英国商人行会的发展后期,商人行会的这种控制手段不再有效;城市经济的广度和深度不断拓展,使得城市经济管理必须由市场控制层面深入到城市手工业的生产过程中,由此产生手工业行会。

在这个转变过程中,手工业行会继承了商人行会的组织机构和基本功能;同时,手工业行会也在某些层面进行了组织调整。正因如此,我们才有理由说,手工业行会脱胎于商人行会。这意味着,前者是后者的历史延伸和历史创新,"延伸"意味着继承性,"创新"意味着差异性。正是由于这个原因,手工业行会替代商人行会才体现着历史必然性。

2. 由手工业行会向公会的转变

随着城市经济发展,英国社会逐渐出现资本主义萌芽,英国行会逐渐由手工业行会向公会转变。在行会组织与城市自治机构紧密结合的历史背景下,行会组织的自我调整保持着持续进行态势,既不会停止,也不会迅速完成。这种趋势是行会组织和城市自治机构历史选择的结果:① 从城市经济的发展角度来看,推动资本主义生产方式和相应的社会组织形式的发展,有利于增进城市自治机构的经济利益和政治利益;② 从城市经济的稳定角度来看,继续保留小商品经济的一些生产特征和社会组织形式,也符合城市自治机构的利益取向。这种历史选择结果意味着手工业行会与公会的长期共存。

(四)英国行会组织演变的历史适应性

根据马克思主义政治经济学的观点,生产关系必须适应生产力发展。英国行会演变的案例表明,社会组织的演变过程是特定历史时期社会经济条件下的结果,决定两者之间关系的关键因素是"历史适应性"。回顾英国行会的演变过程,每个重要转变都对应着特定历史条件。

1. 商人行会的发展初期

考虑到城市经济存在的基本前提,新兴的英国城市必须完成三项任务:一是巩固和发展城市市场;二是保障多数手工业者的必需的生产条件和生活条件;三是推动城市手工业与农业生产的完全分离。事实上,商人行会正是通过申请特权和制定严格的行会组织章程,采取恰当的社会组织形式,力图实现上述目标。

2. 手工业行会的发展初期

手工业行会的重要控制手段是就业垄断,即规定非行会会员不得参与该行业经营。需要注意的是,在手工业行会发展初期和后期,其就业垄断意图存在着差异:① 在发展初期,手工业行会的就业垄断是为了强迫所有行会成员服从行会章程和分担税收负担,进而确立行会权威,因此它愿意接受新会员,并与之分享特权。② 在发展后期,手工业行会的就业垄断是为了减少同行业内部的潜在竞争者,维护现有行会会员的生存空间,因此它采取了极端的"关门主义"。

3. 公会的发展初期

随着收入分配差距日益增大和社会阶层不断分化,许多城市手工业者逐渐陷入贫困。由于缺乏必要的生产资料和资金,他们被迫退出市场,不再直接在市场上购买原材料和出售产品,从而丧失了独立和自由的市场地位。当然,城市经济发展不会因此而停滞,它要求在城市手工业者和市场之间楔入一个新的社会阶层。这个新的社会阶层既具有投资手工业领域的主观意愿,又具有投资手工业领域的客观能力。历史选择的结果是公会商人,他们也推动着公会成为城市经济的主导力量。

4. 公会的发展后期

在资本主义萌芽阶段的公会中,社会阶层进一步分化:① 少数商人雇主的财富急剧膨胀,逐步完成资本原始积累过程,演变成为后来的资本家;② 多数普通小作坊主则陷入日益贫困之中,他们逐渐丧失生产资料,逐步完成生产者与生产资料的彻底分离,演变成为后来的雇佣工人。这种情形是公会内部生产关系继续发展的结果,也是传统行会组织逐渐走向消亡的重要标志。

根据金志霖的观点,英国行会的演变历程展示了社会组织变迁的基本规律:① 由于行会组织的自我调整,英国行会才能够不断发展,并在相当长时期内表现出对城市经济发展的历史适应性,使得"行会不仅曾在其内部开垦了一块适宜于资本主义生产关系萌芽成长的土壤,而且还一度积极推动了资本主义生产关系的发展,这是行会得以延续至近代的基本原因"。② 由于行会组织的自我否定,英国行会内部的组织结构调整"由量变引起质变","最终突破行会内涵的极限容量,从根本上否定了行会自身,这是历史发展的必然的逻辑结果"。①

值得强调的是,针对英国行会的历史起源和组织演变命题,必须运用历史分析方法来进行研究,这种研究方法与时下流行的数理经济学分析范式有显著不同。经济学属于社会科学,社会科学研究的重要困难之一是难以检验研究结论的真实性。如果我们把人类历史发展过程作为社会演进的"实验场地",将会发现许多有趣的历史事件都可以作为经济分析的典型案例。从这个角度来看,解析历史事件的重要性不亚于自然科学中的实验。

第二节 中国传统行会的历史变迁

历史演进具有特定规律,世界各国历史具有高度的相似性。当然,由于地域环境和文化传统的差异,中国行会与英国行会经历着不同的发展路径,呈现出独特的历史演进特征。根据研究命题的需要,本书将重点探讨中国行会的特定发展路径,分析文化传统等历史细节因素的影响,从而提供研究现代中国行会发展的历史依据。

根据时间继起性特征,本书将重点分析三种类型的中国传统行会组织:① 中国早期行会组织,包括行帮、会馆、公所等。② 自20世纪初期以来,同业公会逐渐替代早期行会组织。③ 在清末民初的国内外社会经济形势下,同业公会的联合逐渐形成具有现代特征的商会。需要说明的是,本节所言"商会"取其狭义概念,专指1904年之后以"商会"命名的工商行业组织。

正如朱英所说,"行会的演变从一个侧面反映了中国从传统社会向近代社会发展变迁的历史轨迹"。② 本书希望在梳理中国行会发展历程的基础上,通过比较中国和英国的行会组织发展路径,描述出中国背景下的"国家与社会"的相互影响过程。

---

① 金志霖,《英国行会史》,上海社会科学院出版社,1996,第263页。
② 朱英,《近代中国商会、行会及商团新论》,中国人民大学出版社,2008,第213页。

一、中国早期行会组织

随着中国社会经济的发展,各种社会组织不断产生和发展,承载着历史赋予它们的特定社会功能。基于这种思路,本书对"中国早期行会组织"提出三个问题:① 中国早期行会组织是如何产生的?② 它的具体组织形式有哪些?③ 它具有哪些组织功能?只有回答清楚这三个问题,才能深刻理解中国早期行会组织的历史起源。

(一)中国早期行会的产生条件

任何社会组织都是特定社会的时间条件和空间条件的产物;特定社会组织的产生条件也就必须从两方面来进行考察:时间条件和空间条件。

1. 时间条件

中国早期行会产生于什么时候?学术界对此存在着两种不同观点。

(1)全汉升认为,中国行会在远古已经初具雏形,行会组织是工商业兴起的必然产物;"从周末至汉代这个时候起,手工业行会已有存在的事实。"[1]这种观点尚未得到充分的历史事实证明。

(2)刘永成则认为,中国早期行会组织始于唐宋时期的"行"。日本学者加藤繁提出,"行的最重要意义,就在于它是维护他们的共同利益的机关";唐宋时期的"行"是"类似欧洲中世纪基尔特的商人组织"。[2] 刘永成进而将中国行会发展过程分为两个阶段:"唐宋是行会的形成时期,明清是行会的发展时期。"[3]

此外,部分学者认为,中国最早的手工业行会产生于元代的苏杭地区,即丝织手工业者建立的"机神庙"。还有的学者认为,中国行会产生于清代的康熙时期。这些不同学术观点的争论引申出一个更加深刻的学术问题:行会组织的界定标准是什么?中国行会组织的界定是否必须遵从欧洲行会组织的标准?

2. 空间条件

空间条件与时间条件是并置的,探讨中国行会的产生时间和历史条件,必

---

[1] 全汉升,《中国行会制度史》,百花文艺出版社,2007,第15页。
[2] 〔日〕加藤繁,《论唐宋时代的商业组织"行"并及清代的会馆》,载于《中国经济史考证》,吴杰译,商务印书馆,1962,第355页。
[3] 刘永成、赫治清,《论我国行会制度的形成和发展》,载于南京大学历史系明清史研究室编,《中国资本主义萌芽问题论文集》,江苏人民出版社,1983,第120页。

须结合社会经济环境的各项具体因素。基于"中国早期行会组织"的研究命题，主要影响因素有两项。

(1) 商品经济发展程度。只有在商品经济发展程度足够高的条件下，同行业的从业者联合起来，试图共同维护该行业利益，才会形成行会的历史起因。换言之，中国行会不可能产生于小农经济时期，它只会是商品生产和商品交换日益兴盛的结果。

(2) 民间组织与政府的关系。欧洲文化传统崇尚个体自由和自治权利，基尔特组织具有较为典型的自治特征。然而，在中国社会的高度集权条件下，政府拥有大量社会资源，政府对各种社会事务具有很强大的话语权；民间组织必须借助政府力量，才能获得生存空间和发展机会。从这个角度来看，中国的早期行会组织往往不是由民间力量自发形成，而是在补充部分政府机构功能的前提下，由民间力量和政府力量共同维持的社会组织。进而言之，在中国的历史文化传统中，所谓的"民间组织"都或多或少带有"半官方"色彩。

(二) 中国早期行会的组织形式

中国早期行会的组织形式具有多样性，"或称会馆，或称公所，或称行，或称帮"。[①] 从理论上来讲，各种类型的行会组织名称对应着各种组织形式，它们在组织成员、组织形成原因、基本性质方面存在着一定差异。

1. 行和帮

在第4章第2节"中国工会组织的历史变迁"中，本书曾经介绍"行帮组织"。在早期的同业者联合组织中，雇主与雇工都是组织成员，他们之间的社会地位和经济地位没有明显差异，甚至两者的身份是重合的。直至资本主义生产关系发展到相当程度的明清时期，雇主阶层逐渐演变为资本控制者，雇工阶层逐渐演变为劳动提供者，两者之间的经济利益和社会诉求矛盾不断尖锐化，传统意义上的"行"才分化形成代表业主利益的"东家行"和代表雇工利益的"西家行"。至于"帮"，自形成之时起就主要由"苦力"构成，许多学者将之归属于雇工组织。

在"行"和"帮"的差异方面，学术界的基本观点是，坐商曰"行"，强调该类商人的固定性，即"行"的组织成员主要是在当地从事相同行业的商人们。行商曰"帮"，强调该类商人的流动性，主要包括两类群体：[①] 一是离开本乡，到外地从

[①] 朱英，《近代中国商会、行会及商团新论》，中国人民大学出版社，2008，第233页。

事商业经营的联合组织,例如"徽帮";② 二是从事商品运输行业的同业者组织,例如"漕帮"。

2. 会馆和公所

关于"会馆"和"公所"的性质差异,学术界存在着颇多争论。本书认为,如果撇开组织名称的使用混淆,"会馆"和"公所"源于不同的历史起因。① "会馆"的历史起因是"同乡者的联合组织"。同乡者在异地从事商业和政治活动,往往希望结成以共同"地缘"为核心纽带的人际关系网络,承载这种社会功能的场所就是"会馆"。例如,京城的"陕西会馆"。② "公所"则是"同业者的联合组织"。这种联合组织的目的是维护本行业从业者的共同利益,以该行业的"公利"为宗旨。

在中国传统社会中,"会馆"和"公所"的功能是混淆的:① 同乡者往往联合在一起,谋求政治利益或商业利益,这就使得"会馆"具有集聚工商业从业者的某些功能。② 异乡谋生的同业者往往从事同一行业,这就使得"公所"的参与者常常具有"地缘"的亲近性。正是由于上述原因,历史资料记载中的"会馆"和"公所"并不能依据名称来简单界定其组织功能。也正因此,学术界对于"会馆"是否是同乡者组织,"公所"是否是同业者组织,一直存在着激烈争论。例如,王笛认为,四川会馆"在当时发挥着工商行会的作用",会馆既是地域观念的组织,又是同业的组织。[①]

值得强调的是,除"行"、"帮"、"会馆"、"公所"外,中国早期行会组织还有许多名目。例如,流行于广东地区的"堂",部分地区还以"庙"、"殿"、"宫"、"会"等名称来设置行会组织。特别是在明清时期,商业成功者往往捐助某些建筑物,并以此作为集聚同业者的场所,使得中国早期行会组织的名称更加丰富而复杂。

(三) 中国早期行会的组织功能

特定社会发展阶段需要满足特定功能的社会组织;特定的社会组织形式承载着特定的社会经济功能。随着城市经济发展和社会人口增加,商品经济的发展程度不断提高,商品生产者之间的竞争也日益激烈;考虑到该行业的整体利益和从业者的共同利益,行会组织应运而生。本书认为,中国早期行会的组织

---

① 王笛,《跨出封闭的世界——长江上游区域社会研究(1644—1911)》,中华书局,2001,第561页。

功能主要集中在经济功能和社会功能方面。

1. 经济功能

与英国行会组织类似,中国早期行会的基本经济功能也是限制竞争和保护行业垄断利益。具体措施包括:

(1) 统一规定商品价格、规格、原料分配。例如,许多手工业行会都规定:"只准照依定价,不准高抬,亦不许减价发卖。"①

(2) 控制学徒和帮工数量。通过限制学徒和帮工数量,行会组织控制着手工业作坊的经营规模,避免行业内部的过度竞争。例如,清朝嘉庆年间的长沙制香业行会规定:"一议徒弟进师,三年为满,出一进一。进师之日,应上钱一串五百文入帮,即交值年人收管存会。"②

(3) 限制新开业的商店和作坊数量。这种限制措施的目的也是减少竞争对手,增加竞争对手的开业成本,从而维护既有从业者的经济利益。限制手段主要有:① 收取行规钱。例如,苏州小木公所规定,外来开业者须交纳行规钱四两八钱,本地开业者减半,不交而私自开业者加倍。③ ② 限定新开店铺的地点。例如,长沙制香业规定:"一议新开香店,上隔七家,下隔八家。"④

(4) 统一规定从业者的工资标准。例如,清代苏州染业规定:"管缸司长,每月工俸钱三千文;蓝头司长,每月工俸钱二千六百文。"⑤再如,清代苏州纸坊公所规定,纸匠"每月每工给九五色银七钱二分"。⑥

2. 社会功能

"乡土文化"是中国社会传统文化的重要内容之一,离乡背井者在任何地方都对"同乡"具有天然的亲近感。事实上,正是在地缘纽带和业缘关系的交织影响下,中国早期行会才逐渐产生和发展起来,这就使得中国早期行会在外地的"同乡者"群体中承担着许多社会功能。

---

① 彭泽益,《中国近代手工业史资料》(第1卷),中华书局,1962,第194页。
② 转引自汪士信,《我国手工业行会的产生、性质及其作用》,载于《中国社会科学院经济研究所集刊》(第2辑),社会科学文献出版社,2006,第233页。
③ 江苏省博物馆编,《江苏省明清以来碑刻资料选集》,三联书店,1959,第108页。
④ 转引自汪士信,《我国手工业行会的产生、性质及其作用》,载于《中国社会科学院经济研究所集刊》(第2辑),社会科学文献出版社,第234页。
⑤ 江苏省博物馆编,《江苏省明清以来碑刻资料选集》,三联书店,1959,第64页。
⑥ 同上书,第70页。

（1）同乡联谊。在中国文化传统的影响下，外地商人相当重视同乡情谊，会馆常常是同乡者聚会、驻足、联络乡谊的场所。苏州《姑苏鼎建嘉应会馆引》提到："我五邑之人来斯地者，无论旧识新知，莫不休戚与共。"[1]同乡之间，照顾失业者或病患者，使其不致生活无着落；同业帮伙之中，为年老无依者或死于异乡者，料理丧葬事宜。

（2）宗教祭祀。中国传统的"七十二行"都有本行的"祖师爷"，这是同业者共同供奉的偶像和精神寄托。"祖师爷"的来源是多样的，或为历史名人，或为民间领袖，或为神话人物。例如，许多行业将"关公"作为"祖师爷"。同业者通过对本行"祖师爷"的祭祀活动，联络同行，使得团体组织得以顺利发展。"透过团体组织的共同举办祭祀活动，使祀神活动办得更有规模，吸引其他工商业者加入结社。"[2]

（3）道德规范和文化整合。基于经济功能的要求，中国早期行会通常为从业者制定了一系列行为规范。这些行为规范确立从业者的基本道德水准，有助于形成勤勉、信用、互助、相互尊重的社会价值观念。同时，会馆等组织形式能够在社会人口流动过程中进行有效的文化整合，这既是"对家庭组织的超越"，也是"对社会变迁形势的适应和创造"。[3]

（4）参与地方事务。由于对地方经济发展具有较大影响力，中国早期行会在地方事务中扮演着重要角色。具体体现在：① 对地方公益和教育事业的捐助；② 对地方政府行政经费的报效；③ 协助地方政府征税；④ 代替地方政府管理同乡成员，参与晚清时期的地方自治活动。例如，"会馆的设立，起初主要目的是保护各省间往来贩运的商人和远离家乡移民的权益，但后来会馆逐渐发展成为在政治、宗教、社会等各方面都有相当影响的机构"。[4]

二、中国传统行会的延伸：同业公会

在近代中国社会，由于西方资本主义的入侵，中国传统的经济结构和文化场景逐渐发生变化，行会组织的具体形式也必然发生改变。正是在这种背景

---

[1] 江苏省博物馆编，《江苏省明清以来碑刻资料选集》，三联书店，1959，第351页。
[2] 邱澎生，《十八、十九世纪苏州城的新型工商业团体》，台湾大学出版委员会，1990，第90页。
[3] 朱英，《中国近代同业公会与当代行业协会》，中国人民大学出版社，2004，第91页。
[4] 王笛，《跨出封闭的世界——长江上游区域社会研究(1644—1911)》，中华书局，2001，第563页。

下，以中国早期行会的组织功能为基础，工商业逐渐形成一种新的行会组织形式——同业公会。

(一) 近代同业公会的兴起

自19世纪70年代之后，中国开始经济近代化的进程；相应的行会组织形式也逐渐调整，由"行"、"帮"、"会馆"、"公所"等早期行会组织逐渐演变为"同业公会"。从制度变迁的历史惯性来看，"同业公会"是中国早期行会的延伸。它既承接着早期行会组织的基本功能，又是早期行会组织的具体形式创新。解释这种组织变迁的关键是说明两个问题：① 旧组织为何不再适应新的社会经济场景？② 新组织如何形成？

1. 早期行会组织的历史困境

在中国传统社会，"行"、"帮"、"会馆"、"公所"是早期行业组织的主要组织形式；他们以"固行谊"、"联乡性"、"奉神祇"为出发点，活跃在以城镇集市为基点的市场网络中；其组织功能是"同类独立经营单位集合体"、"谋同业之利益"、"维护同业之信用"，使封建制度框架下的商品经济能够保持缓慢、稳定、有限的发展。然而，1840年鸦片战争之后，传统行会赖以生存的社会经济环境发生急剧变化，使得中国传统行会陷入困境，主要原因体现在两方面。

(1) 国内的商品经济发展程度。随着中国开始经济近代化进程，商品经济发展程度不断提高，适应于封建社会和封闭经济环境的中国早期行会面临着重大挑战。主要表现在：① 近代企业不再满足于小规模的家庭作坊生产方式，而谋求扩大生产规模，这就与早期行会的"限制竞争"策略发生冲突。② 行业之间的频繁经济往来使得各行业的相互联系日益紧密，逐渐形成社会化生产模式，这与早期行会的"行业隔离"策略也不一致。③ 随着社会分工和专业化程度的不断提高，大量新兴行业不断涌现，这就导致行业组织在制度安排上的变迁与重组。

(2) 外国资本主义势力的挤压。鸦片战争之后，中国经济被逐渐卷入世界资本主义经济体系，西方资本主义势力逐渐侵入中国社会，冲击着中国传统的经济结构和社会组织。主要表现在：① 部分传统手工业和商业不能适应变化的社会经济形势而逐渐衰落；"皮之不存，毛将焉附"，相应的行业组织也逐渐消亡。② 在中国范围内的外国经济力量往往结成各种集体组织，以"西商公会"等形式谋求在华利益；相对而言，中国早期行会的行业划分太细，单个行会的经济实力和社会影响力相当有限,难以对抗"西商公会"等外商联合组织。

需要强调的是,国内和国外的社会经济形势变化,虽然使得大量中国早期行会组织逐渐衰落,但也推动着一些新行会的形成。特别是在进出口贸易行业和金融业方面,涌现出许多新兴企业和商业机构;相应的行会组织也获得难得的发展机遇,呈现出迅速发展的趋势。

2. 近代同业公会的形成

在中国古代典籍中,"同业公会"的名称由来已久。"盖当太古经济问题发生后,由自然经济时代,而进为货物交易时代,乃所谓同业公会者,遂应运而生焉。"[①]本书所言"同业公会",专指清末民初的行会组织形式。这种特定的组织形态必须纳入特定的社会场景中进行分析,才具有学术研究价值。那么,在清末民初时期,为什么这种组织形态会大量出现呢?这种组织形态的产生和发展路径如何呢?

(1) 形成原因。金志霖认为,"手工业行会向公会的转变,既包含了量变的过程——组织形式的更替,也包含了质变的过程——生产关系的变革"。[②] 根据"量变"和"质变"的关系,同业公会的形成原因至少应该从两个层面探究:① 社会生产关系的变化;② 行会组织形式的适应性。这两个层面是交织在一起,难以进行有效分离的。

在中国社会由传统经济向近代经济转变的过程中,最根本的经济特征是由自然经济向商品经济的转型;即由"有限规模、内向性、自足性的经济形态"转变为"以市场方式来配置资源、开放外向的经济形态"。换言之,中国早期行会适应于自然经济条件下的经济结构内向性和封建经济制度封闭性;在近代中国的社会转型时期,早期行会难以克服自身制度安排的分散性和保守性,必然需要一种新的组织形态来替代。

(2) 形成途径。近代工商同业公会的形成途径主要有两种:① 由旧有行会组织改组、分化、合并而成,这是最常见和最主要的形成途径。例如,苏州"云锦公所"几经变革,逐渐转变为"云锦纱缎业同业公会"。② 由新兴行业遵照政府有关法令,建立同业公会。例如,1907年"华商火险公会"成立;1918年"上海银

---

① 彭泽益,《中国工商行会史料集》(上),中华书局,1995,第115页。
② 金志霖,《英国行会史》,上海社会科学出版社,1996,第151页。

行公会"成立。

3. 近代中国同业公会的制度变迁过程

鉴于研究主题的需要,本书仅对近代中国同业公会的制度变迁过程进行简要介绍。根据朱英的观点,近代中国同业公会的发展过程可以大致分为五个阶段。

(1) 萌芽阶段:自清末民初,至1918年北洋政府颁布《工商同业公会规则》。该阶段的同业公会缺乏统一规范的组织和规章,数量相当有限。

(2) 初步发展阶段:自1918年,至1929年国民党政府颁布《工商同业公会法》。随着《工商同业公会规则》的推行,同业公会数量有所增加,但由于北洋政府的社会整合能力较弱,由早期行会组织向同业公会的转变过程在各地的转型程度不同。部分行会组织甚至只是冠以"公会"名称,并未对组织安排和组织发展策略进行根本性调整。值得注意的是,各地商会是推动同业公会发展的重要社会力量;当然,由于北洋政府的执政能力较弱和商会的话语权较小,成效并不显著。

(3) 繁荣阶段:自1929年,至1938年国民党政府颁布《工业同业公会法》和《商业同业公会法》。国民政府成立之后,在整顿商人团体的基础上,于1929年8月颁布《工商同业公会法》,于1930年1月颁布《工商同业公会法施行细则》,规定各业工商团体必须在一年内完成改组,"均视为依本法而设立之同业公会"。[①] 在国民党政府的强制推动下,同业公会发展相当迅速。例如,1930年10月,朱世英等建立"吴县丝业同业公会",截至1937年会员达到32家;30年代末到40年代初,苏州丝绸业基本完成由"会馆"向"同业公会"的转变;至1936年年底,上海工商各业的同业公会数量达到236个。

(4) 涣散变动阶段:自1938年,至1945年抗日战争胜利。对于同业公会发展而言,1938年是一个重要时点,原因有二:① 1938年日本侵华战争升级,对中国经济体系的破坏性强烈。抗日战争爆发之后,华东和华中地区先后沦陷,工商业受到严重破坏;由于时局动荡,幸存的工商企业被迫迁往内地,沦陷区的各业公会也陷入会务停顿状态。② 1938年国民政府颁布新的同业公会法规,影响着同业公会的组织发展和制度定位。政府为推行战时经济体制,调整工商业同业公会,颁布新法规;强调"于分工订工业、商业、运输业三公会法外,复明

[①] 国民政府工商部编,《工商法规汇编》,1930,第250页。

白订立其任务,使工商统制之主旨,与同业合作之精神,得以具体实现"。[①] 毫无疑问,这些适应于战时经济体制需要的法规,不利于工商同业公会的正常稳定发展。

(5) 恢复改组阶段:自1946年,至1949年新中国成立。随着抗战胜利,沦陷区的商业活动逐渐恢复,内迁的工商企业逐步回归旧地,相应的同业公会也逐步重建。经过一段时间的社会经济恢复发展,各地同业公会的数量和规模都有一定程度的发展;当然,由于当时意识形态领域的影响,许多同业公会的组织功能未能充分恢复和发展。

(二) 同业公会的内部治理结构

在中国传统行会的图谱中,同业公会处于中间位置;这就意味着,同业公会既具有早期行会组织的传统痕迹,又能够在一定程度上适应由小商品经济向资本主义经济过渡的社会经济形势。就基本性质而言,中国早期行会组织是具有封闭性、排他性、专制性的封建团体;同业公会则是具有开放性、自愿性、民主性的同业组织。这种差异必然影响同业公会的内部治理结构,主要表现在四方面:成员构成、组织运行机制、经济功能、社会功能。

1. 同业公会的成员构成

(1) 早期行会组织是师傅、帮工、学徒的共同体。他们之间的利益一致性是主导力量;他们共同参加同行组织的各种活动,共同遵守行规;他们之间往往具有地缘、血缘、姻缘的纽带。

(2) 同业公会是资本家阶层的同业组织。随着商品经济发展,早期行会组织逐渐分化为两大社会群体:以业主为主要成员的同业公会和以雇工为主要成员的工会,并由此形成两大社会群体之间的经济利益对立。

2. 同业公会的组织运行机制

早期行会组织具有较大的随意性和神秘性;同业公会则更加注重效率性和规范化。根据发生时期的早晚次序,同业公会的组织运行机制主要有三种。

(1) 司月制。司月制属于中国早期行会组织的基本运行机制,处于清末民初过渡阶段的部分同业公会仍然采取这种方式。通常情况下,由司年、司月、执

[①] 中国国民经济研究所编,《中外经济年报》(二);参见沈云龙主编,《近代中国史料丛刊三编》(第60辑),台北文海出版社,1990,第32页。

事各一名,负责轮流主持组织事务。例如,苏州丝业公所规定,"选举代表二人……雇用司事三人,司年二家……逐月推轮",仍承袭早期行会旧制。①

(2) 会董制。自1918年《工商同业公会规则》颁布之后,多数同业公会采取"会董制",即由总董总揽全局,副董和董事分担其责,董事数量视会员数量和事务繁简而定。与"司月制"相比,"会董制"的组织分工更加清晰,明确规定组织领导者的职权和任期,初具分科办事和科层化的雏形。例如,1922年上海钱业公会改选,设置执行董事12人,互选总董和副董。

(3) 执监委制。"执监委制"又被称为"执监事制"或"理监事制"。1929年颁布的《工商同业公会法》规定:"同业公会置委员七人至十五人,由委员互选常务委员三人或五人,就常务委员中选任一人为主席。"②通常情况下,由执委组成执委会,由监委组成监委会;同时,同业公会另聘任常年法律顾问、文牍书记、常驻庶务员等办理日常事务。与"会董制"相比,"执监委制"是更加成熟的社会组织形态,主要体现在:① 分工更加明确,权责范围清晰;② 组织内部形成权力制衡结构,执委会和监委会各司其职,相互监督。

3. 同业公会的经济功能

同业公会是自律性行业组织,经济功能是行业组织赖以生存和发展的社会基础。中国近代同业公会的经济功能主要体现在两方面。

(1) 市场建设是同业公会的经济功能的核心内容。同业公会承接早期行会组织的经济功能,从"硬环境"和"软环境"等方面进行市场建设。在营造"软环境"方面,同业公会的主要职责表现在:① 制定市场交易规则,以"合法化"和"成文化"来规范市场主体的交易行为;② 维持市场秩序,避免过度竞争和市场急剧波动;③ 调查行业发展情况,及时发布市场行情。

(2) 维护行业经济利益。同业公会是业主的单一性组织,必然竭力维护同行商家的经济利益,其宗旨是增进同业者的公共福利。具体措施包括:① 代表同业者进行对外业务交涉;② 向政府争取同业经营的优惠政策;③ 保护同业专利,打击伪劣商品;④ 集结民族经济力量,对抗外国经济势力。事实上,最大限度维护同业者的经济利益是行业组织产生的前提,也是同业公会的立足之本。

---

① 苏州档案馆编,《苏州丝绸档案汇编》(上),江苏古籍出版社,1995,第36页。
② 《工商同业工会法》,载于《国民政府公报》,1929年8月17日。

当然,在维护行业利益的时候,少数同业者的暂时利益可能被损害,但从长远来看,有利于整个行业的持续稳定发展。

4. 同业公会的社会功能

以经济功能为基础,同业公会亦具有重要的社会功能,主要体现在四方面。

(1) 设立职业学校,培养专门人才。通过工作与学习结合、理论与实践结合的方法来加速人才培养。例如,汉口银行公会设立夜校,分设简易科和专修科,每晚8时至11时为授课时间。简易科课程包括国文、商业数学等;专修科课程包括银行会计、保险学等。①

(2) 济贫恤孤,支持社会公益事业。例如,上海柴炭业同业公会对"老年残疾无依、孤寡无靠、穷途落魄、贫病无医、营葬无力"的同业者,给予抚恤金"。② 再如,1946年8月上海棉布业同业公会"在公益特捐项下捐助苏北难民150万元,湘灾50万元"。③

(3) 调解同业纠纷,维护业内人士团结。同业公会"评议入会同业之争执或和解之",方式是由争执双方"各执其理,均可持据至公会,定期邀集董事会开会公判曲直,以免同室操戈而杜讼累"。④ 同业公会维护业内人士团结的方式是创办同业刊物,方便同业交流和发布行业信息。

(4) 充当商人与政府之间的桥梁,融洽官民关系。同业公会是本行业的代表者,既有责任接受政府委托事项,贯彻各项政策措施,又需要向政府反映同行的利益诉求,特别是争取优惠政策和税费减免。

(三) 同业公会的外部社会网络

内部治理结构决定着同业公会的组织活动能力;外部社会网络影响着同业公会的组织活动效果。中国早期行会组织和近代同业公会的外部生存环境不同:① 前者的社会基础是传统农业社会,主要存在于依靠血缘和乡缘等宗法关系联系的行业、村落之间,具有封闭性和排他性;② 后者则是现代工商社会的共生物,既是沟通政府与商人的媒介,也是传统文化和现代商业文明结合的结果。

---

① 武汉档案馆藏,《汉口银行公会夜校简章》,171-1-114。
② 上海档案馆藏,《上海同义善会征信录》,S304-1-4。
③ 上海档案馆藏,《上海市棉布业同业公会报告书》,S231-1-22。
④ 上海档案馆藏,《上海震巽木业公会章程》,S145-1-7。

毫无疑问,同业公会在现代工商社会的组织网络中占据着重要地位。它的重要性体现在两方面:① 从纵向的时间联系来看,同业公会起着承上启下的作用;其前身是"行"等早期行会组织,其后续是现代商会。② 从横向的空间联系来看,同业公会和工会共同构成社会力量平衡局面;同业公会代表着业主利益,工会代表着雇工利益,两大社会群体的利益对立体现着社会阶层矛盾,在矛盾和斗争中推动社会组织的持续发展。考虑到研究命题需要,本书在"外部社会网络"部分重点强调两方面。

1. 同业公会与早期行会组织

同业公会与早期行会组织之间具有难以割舍的历史继承联系,由早期行会组织转变为同业公会的过程,并不是组织名称的简单变更,而是一个不断继承和扬弃的过程。鉴于研究主题和篇幅的限制,本书仅从学徒制度角度来分析两者的异同。

(1) 早期行会组织时期的学徒制度具有双重目的:一是控制同业竞争;二是降低熟练劳动者的增长速度。基于这两种目的,早期行会组织往往执行严格的学徒管理制度,主要体现在:① 控制学徒数量和学艺年限,绝大多数行业执行"三年为满,一进一出"的行规;② 强调学徒的地缘和业缘色彩,只收本地或本帮子弟;③ 明确规定学徒费用。

(2) 同业行会时期的学徒制度则变革颇大,即"从限制竞争的前现代职业培训机制向劳动用工机制转化,从限制竞争向有利于资本家经济利益转化"。[①] 主要体现在:① 不再限制同行招收学徒的人数;② 新铺开业不再受到严格限制,小业主成为许多学徒满师后创业的最初步骤;③ 减少或免交学徒费用,学徒期间能够获得一定数量的工资报酬。

2. 同业公会与工会

同业公会与工会同源于早期行会组织,两者在代表不同阶层利益的较量过程中,始终处于对抗与合作交织的互动状态。在早期行会组织中,雇主和雇工一起劳动,两者有着共同利益,甚至有着一定的血缘和婚姻联系。随着资本主义经济关系的发展,雇主与雇工之间的阶层对立日益清晰,相应的早期行会组织也逐渐分化为两大阵营:代表雇主利益的同业公会和代表雇工利益的工会。

---

① 朱英,《中国近代同业公会与当代行业协会》,中国人民大学出版社,2004,第313页。

毫无疑问,同业公会与工会代表着不同社会阶层的利益,必然发生组织行动的冲突。特别是在劳动时间和工资标准方面,双方争执颇多。在双方的互动关系中,政府行为扮演着重要角色:① 在北洋政府时期,政府支持同业公会的成立,但对工会则多方限制;② 在国民党政府时期,政府考虑到劳资和谐关系,对同业公会和工会都给予法律框架范围内的同等待遇,前提是不妨碍国民党统治。

值得强调的是,同业公会的外部社会网络要比上文的描述复杂得多。不同地区、不同行业、不同管理级别的同业公会之间,同业公会与其他类型的社会组织之间,存在着千丝万缕的联系。这些社会组织之间呈现出一种"开放与联合"的基本趋势,从而形成推动社会发展的基本力量。

三、近代中国行会组织:商会

从中国行会的演变历史来看,商会与同业公会形成于同一时期。同业公会更多具有早期行会组织的传统性,商会则带有更多的现代性和西方色彩。虽然在社会组织的图谱中,两者处于并置地位,但本书认为,现代商会应该被视为同业公会之间的再次联合。换言之,① 以行业为基础,各种生产环节对应的早期行会组织联合起来,就是同业公会形成的组织基础;② 当社会发展要求跨行业的联合时,现代商会就成为以同业公会为基础的新型民间集体组织。鉴于商会与同业公会的相似性,本书只截取以下一些重要的理论片段,以资考察。

(一)近代中国商会产生的历史缘由

1902年,由盛宣怀和张之洞会同奏请清朝政府,成立"上海商业会议公所";1904年改组为"上海商务总会",这被认为是中国近代历史上的第一个正式商会。当然,这是特定历史时期的各种历史因素的综合结果,主要的历史因素集中在三方面。

1. 清朝政府的政策态度

中国古代社会为巩固以小农经济为基础的封建统治,一直坚持"重本抑末、重农抑商"的治国方略。直至1894年甲午战争之后,清朝政府深感发展工商业的重要性,在1903年设立"商部";并制定以"保商"和"振商"为宗旨的《奏定商会简明章程》,从而确立近代中国商会的政治基础。

2. 外国商会的示范作用

随着西方资本主义经济势力的入侵,各国商会组织也纷纷进入中国。例如,1834年广州的英国商人就成立"英商商会"。这些外国商会在团结本国商人组织、维护本国商人利益方面起着重要作用。特别是,1902年清朝政府委派盛宣怀与英、美、日、葡等国在上海进行修订商约谈判,讨论外商在中国的商税和行船问题。在谈判过程中,外国商会帮助本国谈判代表制订详细的谈判方案;相对而言,盛宣怀等人则不甚了解实际情况,被迫做出让步。历经此事,国人充分认识到建立新式商会的重要性。

3. 国内有识之士的积极呼吁

20世纪初期,国内有识之士纷纷强调发展工商业和建立新式商会的重要性。郑观应就指出:"华商人心涣散,各自怀私挟诈,致使外人乘暇蹈隙,坐收渔利。"[①]同时,工商界人士也意识到,单一行业的行会组织不能适应激烈的商战,必须建立跨行业的商会,以对抗外国经济势力。

正是在多种历史因素的共同作用下,近代中国商会应运而生。自诞生之日起,这种新式的商人组织就承担着独特的历史责任,既要对抗外国经济势力的压制,又要谋求国内经济格局的调整。正是在变革之际,近代中国商会的经济地位和社会影响力不断凸显,它在社会网络结构中的地位也越来越重要。

(二)近代中国商会与同业公会的关系

正如前文所言,商会和同业公会都是现代社会网络中的重要组织,两者也都着眼于联络同业者和争取行业整体利益。由于组织功能的相似性和部分替代性,梳理商会和同业公会的关系,有利于理解社会组织的多样性特征。本书认为,商会与同业公会具有相互依存关系,主要表现在三方面。

(1)商会是同业公会的组织联合,同业公会是商会的组织基础。需要说明的是,这一结论只是部分有效,事实上,在清末民初,各地商会并未将各行业同业组织纳入统筹范围,后者也尚未形成有效的跨行业组织联合。直至民国时期,商会与同业公会的制度依存性才逐步被强化。例如,1929年颁布的《商会法》规定:"商会之设立须由该区域内五个以上之工商业同业公会发起之。"[②]

---

① 夏东元,《郑观应集》(上册),上海人民出版社,1982,第609页。
② 《商会法》(1929年8月15日国民政府通过),载于《商业月报》,1929(7)。

换言之,同业公会是单一行业的组织,商会是跨行业的商人团体,两者存在着部分与整体的联系。例如,在20世纪20年代的成都地区,由"成都商务总会"统筹,具有同业行会性质的各"帮"纷纷改组成立"商会分会"。

(2) 商会经常扮演同业公会的对外交涉代表。同业公会是单一行业的组织,经济能量和社会影响力有限;一遇对外交涉事务,同业公会常常委托商会出面;商会也以跨行业组织代表身份,努力维护各行业同业团体的集体利益。

(3) 商会是同业公会争取发展空间的积极支持者。由于商会会员多为同业公会的头面人物,当政府行动与同业公会利益发生不协调时,商会必然据理力争,维护同业公会的利益;同时,商会的决议和行动,各同业公会也积极声援。商会和同业公会往往统一行动,谋求有利的商业环境。例如,1923年1月8日,上海银行公会、钱业公会与上海总商会联名致电国务院,要求减轻国债承担份额。

(三) 近代中国商会的选举制度

如何确定组织领导群体和组织运作机制,这是所有社会组织都必须面临的重要问题。这个问题的不同答案决定着社会组织的不同形态和持续发展能力。纵观中国行会组织的发展历程,确立选举制度是一个重要分界线,它标志着新式商人团体与旧式行会组织的根本区别。

中国早期行会决定组织领导群体的具体形式是多样化的。① 有的行会采取"推选"方式,即由会员推选董事,再由董事按年轮流担任会首"值年";并推选"值月"数名,按月轮流协助董事处理会务。② 有的行会采取"公请"方式。例如,清代汉口茶业公所规定:"公请董事十二位,轮流司月,每年拈阄为定,不得推诿。"事实上,"推选"和"公请"方式又衍生出许多种具体形式,但无论如何,这些方式的主要特征都是非制度性和随意性。与之相对,具有近代特征的"选举"制度则强调制度性和法定性,要求通过组织章程来确立,并且由政府公权力来保证选举制度的权威性和稳定性。

显然,近代中国商会的选举制度不是早期行会组织的"推选"或"公请"方式的演变结果,它更可能是在借鉴西方国家商会形式时的伴生物,是典型的"舶来品"。当然,这种"舶来品"与中国传统文化的结合,衍生出许多具体形式。近代中国商会的选举制度主要有两种典型形式:上海商会的"选举"制度和天津商会的"公推"制度。

1. 上海商会的"选举"制度

由于地理位置的特殊性和商业贸易发展程度,上海是中国文化接受外来文明的重要"窗口";上海商会无疑是近代中国商会的典范,其选举制度也具有更多的近代西方社会特征。

根据近代中国商会的史料记载,最早在章程中列出选举制度的是"上海商务总会"。1904年4月"上海商业会议公所"改组为"上海商务总会"时,就对选举制度略作说明。其主要内容包括:① 组织领导和董事必须通过投票选举产生;② 所有会友均享有选举权;③ 享有被选举权者必须岁捐一定数额银两,每一行号只能有一人当选。

在1904年5月的修订章程中,"上海商务总会"对选举制度进行了更详细的规定:① 总理和协理须于议董内选举,议董必须由会员选举产生。② 选举总理和协理的操作方式是"机密投筒法",即由商会印发选票;坐办将选票填写号数和限期,分送具有选举权之人,并记载留底;"各人得票填注后,封固送商会,投入筒内;届期集众由坐办开筒点清、注簿,当众宣示照行"。[①] ③ 商会成员分为"会员"和"会友"。"会员"又分为"行帮会员"和"个人会员",会员通常由选举产生,且必须是捐助一定数额银两的本地本行业人士;"会友"则通常为非同行业人士,不需要通过选举产生,只须常年捐助会费。

值得注意的是,"上海商务总会"的选举制度必须依赖于政府机构提供的强制性权力,以保证选举的权威性和公正性。从"上海商务总会"的具体案例来看,政府在"上海商务总会"的制度安排和运行机制中,起着不可替代的重要作用;政府通过立法和行政条例,甚至直接介入某些具体活动,而深刻影响着商会组织的发展空间。

2. 天津商会的"公推"制度

"天津商务总会"正式成立于1904年11月,其前身是1903年成立的"天津商务公所"。后者曾在暂行章程中对"公推"制度进行说明:"各行商业大者公举董事二人,小者一人。"[②] 前者成立后规定:"各行董事仍援商务公所旧章,大行三

[①] 朱英,《近代中国商会、行会及商团新论》,中国人民大学出版社,2008,第61页。
[②] 《天津府凌守禀定商务公所暂行章程》,载于《天津商会档案汇编(1903—1911)》(上),天津人民出版社,1987,第3页。

四,小行一二员,应由就地各商家公举为定。"①这里的"公举",实质上就是"公推",意即由商家共同进行推选。

毫无疑问,与上海商会的"选举"制度相比,天津商会的"公推"制度带有更浓厚的行会痕迹。事实上,即使在清朝政府的建议和催促下,天津商会仍然采取"公推"方式来决定组织领导。那么,为什么天津商会在这个问题上要"一意孤行"呢?这段历史公案确实值得我们深思。从上海与天津的差异出发,在地域条件、文化传统惯性、商业文明发展程度等方面,或许能够得到部分解释。

四、中英两国行会组织发展的历史比较

历史比较的重要性就是挖掘不同历史因素的影响。通过对中英两国行会组织发展的历史比较,本书试图探讨的问题是,具有相同本质的社会组织,为什么在不同的社会经济环境中会呈现出不同的具体形态?换言之,英国行会与中国行会的演进路径是否能够提供一些参考因素,从而能使我们更好地理解社会组织的形成原因和演进过程?

(一)组织演进的初始条件

为什么中英两国都曾经出现"行会"组织?这个问题的答案实际上就是说明组织产生的根源。概而言之,特定组织必定是特定社会经济场景的产物;特定的社会经济场景涉及许多因素,尤其重要的是时间因素、地域因素、文化传统因素等。当然,这种一般原则在解释中英两国行会的产生原因时,得到的具体答案也不尽相同。

1. 英国行会演进的初始条件

(1)商品经济发展程度是英国行会演进的经济动力。正如前文所言,当商品经济发展到一定程度时,特定地域范围内的商品生产和商品贸易的竞争程度逐渐增强,就会影响到工商业者的共同利益。工商业者从整体利益出发,就会要求一种社会组织来维护从业者共同利益和行业整体利益,这是行会形成的最初动力。

(2)城市自治权利扩张是英国行会演进的政治动力。经济因素与政治因

---

① 《天津商务总会试办便宜章程三十条》,载于《天津商会档案汇编(1903—1911)》(上),天津人民出版社,1987,第45页。

素是不可分割的,经济因素是政治权利的载体,政治因素则是经济组织发展的推动者。在中世纪的英国城市,市民对城市自治权利和个人自由的不断追求,迫使他们努力向君主势力要求更多的政治权利和城市间贸易特权;这就要求城市具有自我管理的经济系统,也就相应需要管理城市经济的社会组织。

需要说明的是,由于商品经济发展程度不同,城市自治的控制程度具有差异,行会在英国不同城市的发展程度也是不同的。进而言之,一旦行会组织建立之后,它就具有维持旧有制度传统的惯性动机,这就使得行会组织的创新和发展受到更多因素的影响。

2. 中国行会演进的初始条件

(1) 商品经济发展程度是中英两国行会演进的共同原因。根据历史资料记载,英国行会出现于大约1130年的亨利一世时代;中国行会的早期痕迹则出现于周朝末期或汉代,即使根据学界较为权威的观点,中国手工业行会出现于公元618年的唐代,也比英国行会早几百年。这就产生了一个问题:为什么中国行会组织出现得比英国行会更早呢? 事实上,在中世纪以前,英国尚处于"蛮荒"之地和封建领主之间的长期征战中;相对而言,当时的中国经济确实"领先于世界",中国可谓"富庶之国"。正是由于更高的经济发展程度,才使得行会组织更早出现于传统中国社会,而非英国地区。

同样是由于商品经济发展速度较慢,中国经济长期处于小商品经济条件下,使得中国行会的组织变迁过程较长。相对而言,英国经济在18世纪的工业革命之后取得迅速发展,引起相应的工商业组织也发生变革,行会组织随之调整组织结构和组织形式,从而形成"公会",乃至"商会"。

(2) 外国经济势力冲击是中国行会组织演进的外部原因。自1840年鸦片战争之后,西方资本主义经济势力对中国经济体系的冲击日益严重,迅速改变了中国社会经济发展的现实状况,使得中国社会的发展方向逐渐由"闭关锁国"转变为"开放"。在外国经济势力的冲击下,上至当时的清朝皇帝和朝廷重臣,下至经营百货的普通商贩,中国社会的各阶层都意识到变革的紧迫性。正是在这种外力作用下,中国传统行会的"自然演进"过程被迫中断,迅速摆脱"行帮"、"会馆"、"公所"等形式,向具有近代特征的"同业公会"、"商会"形式转变。由此可见,商品经济发展程度是内因,外国经济势力冲击是外因;在内因和外因的共同作用下,中国行会的演进路径呈现出特有的历史轨迹。

(二) 组织演进的基本方式

1. 英国行会的组织演进方式

英国行会遵循着"自然演进"规律。本书所言的"自然",不是以时间因素作为评判依据,而是考察社会经济发展与组织形式演变之间的互动关系。如果这种互动关系在没有外力影响的条件下展开,那么就是"自然"的;如果这种互动关系受到系统以外力量的干扰,甚至改变原来的运动方向,那么就是"不自然"的。

由于较少受到国外经济势力和政治势力的影响,英国行会的主要演进方式是"自然"的,这种"自然演进"主要体现为行会发展阶段的完整性。具体而言,从城市经济发展初期的"商人行会",到城市经济稳定时期的"手工业行会",再到近代资本主义生产关系萌芽时期的"公会",英国行会较为完整地经历了行会组织演进过程的所有阶段。

2. 中国行会的组织演进方式

中国行会演进采取"跳跃"方式。虽然中国早期行会的出现时间很早,但由于政治体制和社会文化传统的影响,中国经济体系的主要生产方式仍然是小商品生产,生产规模扩大缓慢。在很长的历史时期内,中国行会仍然按照"自然演进"方式发展,但这种情况在18世纪发生了重大变化。

在外国经济势力的强烈影响下,中国行会在经历了很长时期的商人行会和手工业行会之后,几乎是"跳跃式"地进入了"同业公会"和"商会"时期。这种"跳跃"的痕迹突出表现在行会组织的章程方面,清朝末期成立的许多"商务总会"往往直接参照西方国家商会的制度文本,"依样画葫芦"地制定章程条款。特别是在交通便利和受西方文化影响较大的上海和苏州地区,"商务总会"似乎是在"有意"避免旧式行会的行事作风,而"刻意"模仿外国商会。

需要说明的是,虽然上海和苏州地区的"商务总会"率先改革行会制度,并且大量借鉴外国商会经验,但仍然有一定数量的中国行会试图保持旧有组织形式,以传统中国文化抵制外国文化。从这个意义上讲,本书所言采取"跳跃式"演进的中国行会只能以"部分"而论。当然,自中国社会发展方向被迫转为"开放"之后,传统中国文化与现代外国文化之间的冲突就没有停止过。关于这个宏大题目的研究,实在非本书所能。

(三) 行会组织的基本功能

无论是中国行会,还是英国行会,组织功能的核心都是经济功能。如果没有经济功能的支撑,行会组织就会缺乏社会价值和存在必要性。从经济功能的层面来看,行会组织的基本职责有两项:一是行业垄断;二是市场管理。在"行业垄断"方面,中国行会与英国行会具有高度相似性,甚至两者采取的具体手段都是相同的。但在"市场管理"方面,中国行会与英国行会则存在着显著差异。

英国行会自产生之日起,就不断谋求城市自治权利和个人自由的扩张;管理城市范围内的工商业活动是城市自治的重要内容,当然也在英国行会的基本功能之中。前文曾经介绍英国行会对城市经济进行管理的各种具体措施,在此不再赘述。

相对而言,中国行会的"市场管理"功能则较弱。在唐宋时期的手工业行会盛行时期,中国行会主要是充当政府的征敛工具,而不具备管理城市工商业的权力和职责。直到明清时期,中国部分地区的行会组织才更多地参与到地方经济管理事务中。从这个角度来看,中国行会比英国行会具有更浓厚的"民间"特征。当然,国内外学者对"民间"概念的理解存在着很大差异,这与本书研究主题相离太远,不必深究。

(四) 政府力量对行会组织演进的影响

在中英两国行会组织的演进过程中,政府力量都具有重要影响。然而,在政府力量的介入程度和影响效果等方面,中英两国行会存在着显著差异。

1. 英国行会与城市自治机构

英国行会的政治力量支撑是城市自治机构。由于城市自治机构的领导阶层主要来自于各大行会组织,英国行会对城市自治机构的影响程度很高。例如,城市经济管理中的税赋责任,就几乎全部由各行会组织来承担。与之对应,英国城市范围内的行会组织对城市公共支出具有很强的话语权,它们决定着城市资源的分配状况。正是在这种社会经济场景中,虽然城市自治机构对行会组织演进也具有一定影响,但这种影响的方向是由行会组织控制的。换言之,城市自治机构的"服务"功能甚于"管理"功能,各种行会组织充分利用城市自治机构提供的政治舞台,谋取其行业利益。

2. 中国行会与政府机构

中国行会被政府控制的程度较高。在传统中国的封建社会,中央集权的政治体制不允许民间自治力量的充分发展;对社会经济的高度控制是维护政治稳定的重要保障。在由政治体制决定的社会结构中,中国行会处于"被控制"地位;"控制者"是中央政府和各级地方政府,只在乡村地区存在着"乡绅自治"情形。

这种"被控制"地位集中体现为中国行会对政府的附属性和依赖性。

(1)"附属性"方面,中国行会往往扮演着政府附属机构的角色,部分替代政府机构的功能。例如,官府委托行会组织进行征税,行会组织必须履行"代收代缴"的义务,即它负责向从事工商业活动的行会会员征收款项,并负责如数解运至官府。

(2)"依赖性"方面,当各业行会成立时,必须取得政府许可,才能具有"正式身份"。当各业行会遇到难以调解的利益冲突或案件纠纷时,往往寻求政府部门的支持和帮助,以政府法令来保证调解方案的权威性。换言之,由于行会自身的社会权威性不足,因此它必须借助于政府公权力量来维护行会活动的正当性。从这个角度来看,中国行会被政府力量牢牢控制着,往往成为后者的政治统治和经济管理工具。

(五)行会发展与资本主义生产方式的关系

手工业行会是否阻碍着资本主义生产方式发展?这个问题曾经是学界长期争论的重要命题。特别是在解释中国资本主义发展迟缓原因的时候,手工业行会因素一度成为关注重点。对于该问题,金志霖的这段话可能更具有解释力:"手工业行会的最后归宿取决于生产力与生产关系的矛盾运动,但同时也必须看到,行会的发展变化亦反作用于这种矛盾运动,这是影响中英两国,尤其是城市封建经济解体、资本主义发展进程的重要因素之一。"[①]

根据历史唯物主义的观点,行会组织属于生产关系层面,资本主义生产方式属于生产力层面,两者的相互关系是推动社会进步的重要力量之一。正因如此,对行会组织的考察必须纳入"生产关系与生产力的相互关系"之中,行会组织既是特定历史时期的生产力水平的产物,也是影响生产力未来发展的重要力量。

从这个角度来看,我们就不难理解:为什么英国的资本主义萌芽最早形成于农村地区?因为城市手工业行会的势力强大,它们不会自动放弃旧有的制度

---

① 金志霖,《英国行会史》,上海社会科学院出版社,1996,第283页。

规则和制度利益。只有等到资本主义经济发展到一定程度,强烈冲击着整个封建经济体系,城市的小商品经济体系也无力阻挡这种趋势的时候,城市手工业行会才会被迫改变组织形式,逐渐转变为"公会"。

同样是从这个角度,我们就可以解释:为什么中国的资本主义萌芽比英国更晚?因为中国行会和其他社会制度因素一起,构成了资本主义萌芽的制度障碍。特别是中国的封建集权体制和保守的文化传统,使得经济体系的稳定性成为社会公众关注的最重要问题。相对而言,经济体系的开放性和发展性则被置于较次要地位,相对保守的中国早期行会组织恰恰能够适应这种封闭性的小商品经济环境;当社会经济环境发生变化时,这种组织形态的强烈适应性也会转变为严重的阻碍作用。

通过中英两国行会组织发展的历史比较,本书的基本结论是,中英两国的行会组织都遵循着社会组织演进的基本规律,在"生产关系与生产力"的互动影响下进行着组织变迁。然而,具体"生态环境"的差异决定着不同的"生态形式";社会经济环境的差异使得中英两国的行会组织在诸多方面存在着差异,从而形成特定环境中的特定社会组织的独特演进路径。

当然,历史分析的最终落脚点是现实。通过回顾英国行会和中国传统行会的组织变迁过程,本书试图提供当代中国商会分析的历史背景,从更加广阔的历史场景中来考察当代中国商会的现实特点,进而展望当代中国商会发展的未来趋势。

第三节 当代中国商会的现实处境

自新中国成立之后,中国社会经济体制发生了深刻变化。社会经济环境的变化必然导致社会组织形式的差异,根据环境因素与组织形态的互动关系,本书将新中国成立之后的行业组织归纳为"当代中国商会",以区别于新中国成立之前的各种旧式行业组织。新中国成立之后的社会经济体制变化主要体现为两个阶段:① 第一阶段是建立公有制经济体系,计划经济制度与中央集权政治制度保持着高度一致性。② 第二阶段是进行经济体制改革和政治体制改革,即改革开放时期。

当然,在新中国成立之后的不同发展时期,"当代中国商会"的主要组织形式也在调整变化:① 与计划经济时期相对应,最具有"商会"特征的社会组织是"工商联合会";② 与改革开放时期相对应,同业组织的典型代表是"行业协会"和各种民间"商会"。在本节内容中,本书着重分析"工商联合会"和"行业协会",特别是探讨行业协会发展的现实特征,为探讨民间公共组织的未来发展路径提供事实基础。

一、政权交替时期的工商业者联合:工商业联合会

在新中国成立之后,中国社会面临的最大问题是恢复和发展经济,以维护社会稳定。正是在这种社会经济场景中,重新建立国民经济体系成为社会各界力量的共同行动目标。事实上,民族资产阶级和各种行业组织力量联合起来,成为这个过程的重要推动力量;它们在旧式行会的基础上,结成了跨行业的工商业者联合组织,即"工商业联合会"。在计划经济体制的建立过程中,工商业联合会曾经扮演了重要角色;随着计划经济体制的不断完善,政府对行业组织力量的态度也在不断转变,直接导致工商业联合会的盛衰演变。

(一) 新中国成立后的制度基础:总体性社会

1. 总体性社会特征

新中国成立初期,政府确定的基本战略是优先发展国防产业和重工业,相应形成全面控制社会经济活动的制度体系。根据孙立平的观点,这种制度体系使得1949—1978年间的中国社会呈现出"总体性社会"特征。在总体性社会中,"社会的政治中心、意识形态中心、经济中心重合为一,国家与社会合为一体,资源和权力高度集中,使国家具有很强的动员和组织能力,但结构较为僵硬和凝滞"。[①]

换言之,政府控制着绝大部分的社会资源和经济资源,个人和组织只能通过强制性的制度安排(如单位制度、户籍制度等),才能获取基本生存条件。这种社会结构特征与计划经济体制结合在一起,形成中国计划经济时期特有的"极强政府、极弱社会"的社会经济格局。

总体性社会特征主要表现在三方面:① 政治领域方面,政府长期扮演着"全能政府"角色,通过行政管理机制控制着社会生活的每个角落;② 经济领域

---

① 孙立平,《改革以来中国社会结构的变迁》,载于《中国社会科学》,1994(2)。

方面,中国逐步形成以国有企业和集体企业为主体的计划经济体制,单个经济主体缺乏自由支配的经济资源和活动空间;③ 社会领域方面,政府掌握着绝大部分的社会资源,对于新资源的出现,政府总是试图将之纳入自己的直接控制之下,或者通过行政手段来进行限制。

2. 社会组织的发展方式

在总体性社会场景中,社会组织的生存和发展方式只能服从于政治控制的需要。

(1) 从社会组织的生存环境来看,新中国成立初期的社会经济生活呈现高度政治化和行政化趋向,社会体系的各子系统缺乏独立运作条件,社会自治组织的生存能力很差,社会中间层组织不发达。"由于缺乏自下而上的沟通渠道,社会公众缺乏凝聚意见的必要组织载体"①,导致民间力量与政府机构之间存在着沟通障碍,容易滋生社会不稳定因素。

(2) 从社会组织的发展方式来看,新中国成立初期仍然存在着大量社会团体,它们也承担着一些基本社会功能,但这些社会团体的主要发展方式是依赖政府强制权力的支持和保护,它们是政府进行无产阶级专政的政策工具,也是无产阶级政党联系群众的纽带。显然,在这种社会经济环境中的社会组织不可能拥有更多的独立利益,它们也不可能成为不同社会群体的利益诉求的代言人。

事实上,由于政府对意识形态和社会资源的强大垄断力量,中国社会的个体选择必须服从集体利益和国家利益的价值取向。在国家发展战略和未来社会理想的制度框架内,每个人都必须为了"大我"而牺牲"小我",社会个体的意识形态表现出高度统一状态,不需要代表不同社会群体利益的各种社会组织。

(二) 工商业联合会的组织变迁过程

新的社会组织形式必然是旧有组织形式的功能延伸的结果,"工商业联合会"是在"中华商业联合会"和"工业联合会"的基础上建立而来的,它适应于新中国成立初期的社会经济环境和社会发展目标。1949—1978年间,中国社会由完成社会主义改造到改革开放,工商业联合会发展主要经历了三个阶段。

---

① 汤蕴懿,《行业协会组织与制度》,上海交通大学出版社,2009,第127页。

1. 产生和发展阶段(1949—1956年)

1949年3月,中国共产党第七届中央委员会第二次会议提出,中国社会正处于由民主革命向社会主义革命的转变时期,国家发展战略的基本任务是恢复经济和巩固政权。这次会议确立了政府对资本主义工商业力量的基本态度:① 没收官僚资本归国家所有,建立国有企业;② 合理利用民族资本,使之服务于社会主义建设事业。根据对民族资本主义工商业的管理需要,许多地区在旧式商会和同业公会的基础上,通过改造和联合而组建地方工商联组织。

针对地方工商联组织的发展问题,陈云在1951年发表《做好工商联工作》,提出两个重要问题:① 摊贩和手工业作坊是否加入工商联? ② 合作社是否加入工商联?他对这两个问题的回答都是肯定的,希望以此拓展地方工商联组织的社会基础。同时,在工商联的组织体系方面,陈云提出两项观点:① 工商联的会员应当有三种类型:同业公会团体会员、企业单位会员、特邀人士;② 工商联实行三级组织体系:全国工商联、省工商联、县工商联。

事实上,正是在地方工商联发展的基础上,社会各界力量要求成立全国性的工商业联合组织,政府方面也积极响应这种社会诉求。1952年政务院颁布《工商业联合会组织通则》,明确规定工商联组织的基本性质、成员结构、组织体系等。1953年全国工商业联合会第一届代表大会在北京召开,通过《中华全国工商业联合会章程》,宣告全国工商业联合会正式成立。

在政府力量的积极推动下,工商业联合会按照陈云设计的基本结构,迅速建立完整的组织体系。在新中国成立初期的历史背景下,工商业联合会起到了不可低估的重要作用,主要体现在三方面:① 增强政府与民族资本主义工商业之间的联系。对民族资本主义工商业者,工商联详细讲解政府对经济发展和民主资本的政策意图,使之能够配合社会主义改造的各项措施;对政府机构,工商联负责搜集民族资本主义工商业者在生产经营中存在的问题和困难,及时反馈给政府有关部门。② 提供行业服务,管理会员行动,维护市场秩序。③ 增加国家财政收入,促进国民经济恢复和发展。

2. 组织功能转变阶段(1956—1966年)

在工商联的积极配合下,新中国的国民经济调整战略稳步进行,中国社会逐步由新民主主义时期过渡到社会主义时期。1951年1月,全国各地的私营工商业和手工业的社会主义改造运动达到高潮。截至1951年6月,除少数边疆地区外,全部资本主义工商业实现公私合营;手工业实现不同程度的合作化,从而确立了新中国的社会主义经济基础。

随着资本主义工商业的社会主义改造基本完成,政府推动工商联发展的初始目标已经实现,工商联组织的存废问题被提上议事日程。事实上,在推动新中国经济发展的过程中,工商联组织也在逐步"毁灭自己",其经济功能逐步停止。理由包括:① 工商联成员主要来自于民族资本主义工商业,随着资本主义工商业的社会主义改造完成,民族资本主义工商业者已经转变为社会主义性质的劳动者,使得工商联丧失了组织基础。② 随着计划经济体制的确立,工商联帮助政府对国民经济进行管理和协调的功能,已经被政府相关机构接管,使得工商联逐步丧失了社会需要的组织功能。

社会组织存在的基本理由是社会需要其组织功能;既然工商联组织的经济功能已经基本停止,那么它就不再具有社会需要价值。即使要保留工商联组织,其组织功能也必须进行调整。正是在这种时代背景下,1956年12月,毛泽东提出:"工商联可以长期存在……可以作为部分劳动者的工会,但名称要保存不要改。"①自此以后,工商联的主要职能被调整为,组织工商业者进行学习和自我教育,使之服务于社会主义建设;工商联的基本行动准则是,"听毛主席的话,跟共产党走,走社会主义道路"。

需要说明的是,随着1966年开始的"文化大革命",国民经济建设、社会稳定、文化教育等方面遭受严重损失,各种社会组织的正常活动被迫中断。在长达十年的时间里,工商业联合会的各项活动也陷入停滞状态。

3. 恢复阶段(1978年至今)

1978年改革开放之后,各种社会组织重新恢复正常活动,工商业联合会的恢复问题也引起社会各界和政府的关注。邓小平在1979年指出:"在新的历史时期中,各民主党派和工商联仍然具有重要的地位和不容忽视的作用。"②

在缺乏新生社会组织的条件下,旧式组织的功能延伸能够在一定程度上满足社会需要。事实上,在改革开放初期的历史场景中,工商联确实能够借助其组织体系,挖掘和发挥新时期需要的各项组织功能。这种历史必然性主要体现

---

① 1956年12月7日,毛泽东接见在北京开会的各地民建会、工商联负责人,就时局问题、资产阶级改造问题、统一战线问题的讲话。
② 《邓小平文选》(第2卷),人民出版社,1994,第204页。

在两方面:① 经济改革初期,社会需要熟悉市场经济运作方式的大量人才资源,原有的工商联会员能够满足这种需要;② 市场取向的经济体制改革催生出非公有制经济成分,提供了工商联发展的会员基础。

随着中国经济体制改革的不断推进,工商业联合会取得迅速发展,其重要性也得到社会各界的广泛认同。1997年11月,全国工商业联合会第八届代表大会通过《中国工商业联合会章程》,规定:"中国工商业联合会是中国共产党领导的中国工商界组成的人民团体和民间商会,是党和政府联系非公有制经济人士的桥梁和纽带,是政府管理非公有制经济的助手。"2006年江泽民在第十九次全国统战工作会议上也指出:"工商联是统战性、经济性、民间性的人民团体和民间商会。"

值得强调的是,根据工商业联合会的章程规定和实践行动,目前工商业联合会的主要功能集中在"统战"方面。那么,在经济体制改革持续推进和民间经济力量日益强大的条件下,民间企业主的经济利益和社会利益主张通过什么组织载体来实现呢?这正是中国社会经济体制改革需要继续思考的重要问题。

二、中国改革开放后的同业组织:行业协会

社会发展必然衍生出新的社会功能需求,这就需要新的社会组织形式来承载这种社会功能需求。自1978年之后,随着改革开放进程的不断推进,市场经济体制逐步完善,市场经济体系和各种经济成分日益复杂;政府从"管理"市场的角度,提出改革行政管理机制的要求。这种改革要求在经济领域的具体表现就是由"部门管理"向"行业管理"转变,在社会领域的具体表现就是由"一元控制"向"多元发展"转变,从而营造出行业协会的生存和发展空间。

(一) 中国行业协会的发展历程

正是在改革开放之后的社会经济环境中,中国行业协会逐渐发展起来。综合数据资料和影响因素,本书认为,中国行业协会的发展历程大致分为三个阶段。

1. 初始发展阶段(1978—1988年)

随着中国社会经济体制改革的不断深化,行业协会发展的基础条件日益充分。主要表现在两方面:① 国民经济管理从部门管理向行业管理转变,赋予行业组织发展的政策空间。1979年中央政府就提出打破部门管理和地区分割,要求"按行业组织、行业管理、行业规划"。1984年的十二届三中全会也提出："实行政企分开,正确发挥政府机构管理经济的职能……专业经济管理部门要从具体管理直属企业的生产经营转向搞好行业管理。"② 中国市场体制改革培育了大量民间经济组织和私有经济成分,国有企业也逐渐转变为自主决策的经济主体,从而提供了行业组织发展的组织基础。

在社会经济条件适宜的前提下,部分城市和部分行业开始出现"行业协会"。例如,1978年10月,上海成立新中国第一家行业协会——"上海包装技术协会";1986—1988年间,上海陆续成立33家工业行业协会。特别是在珠海、深圳、温州等地区,自20世纪80年代就开始推行"小政府、大社会"的社会架构,因此在1986年前后相继建立许多行业协会。例如,1982年温州建立"温州市食品工业协会";1984年温州建立"温州包装技术协会";等等。

需要指出的是,该阶段的行业协会主要依靠政府力量来推动建立。证据有二:① 1986年许多省市的二级行政性公司被撤销,随即转变为大批地方性行业协会,以承接原有行政性公司的组织职能。② 机械工业部门在1984年建立中国模具协会进行试点之后,到1986年开始有计划和有组织地推动行业协会的组建工作。

2. 迅速发展阶段(1988—1997年)

该阶段中国社会经济体制改革的节奏不断加快,政府行政管理体制的两次重大变革对行业协会发展起着重要的推动作用。

(1) 1988年政府开始精简机构改革,合并、裁减大量专业管理部门和综合管理部门的专业机构,相应成立若干全国性的行业协会。例如,轻工业系统在1983—1992年间,先后组建31个行业协会;其中48%(15个)建立于1988年之前,52%(16个)建立于1988年精简机构之后。①

(2) 1993年政府再次对经济管理部门进行重大改革,重点内容是区分不同情况,把专业经济管理部门改造为三种类型的组织:① 改为经济实体,剥离行政管理职能。例如,撤销航空航天工业部,组建中国航空工业总公司和中国航天工业总公司。② 改为行业协会总会,作为国务院直属事业单位,承担行业管理职能。例如,撤销纺织工业部和轻工业部,分别组建中国纺织总会和中国轻

---

① 朱英,《中国近代同业公会与当代行业协会》,中国人民大学出版社,2004,第421页。

工业总会。③ 保留部分专业经济管理机构,但组织职能转变为规划、协调、监督、服务。①

通过这两次政府行政管理体制的重大变革,行业协会在数量和规模上都取得突破进展,行业协会迅速扩展到社会经济体系的各个领域,逐渐形成完整的行业管理系统。毫无疑问,政府力量在这个过程中扮演着重要角色,无论是行业协会的组建,还是行业协会成立之后的业务开展,都离不开政府力量的支持和扶助。事实上,政府与行业协会的这种密切关系,既是行业协会发展初期的重要支撑力量,也是制约行业协会实现组织创新和形成自我发展机制的主要障碍。

3. 深化发展阶段(1997年至今)

1997年中共十五大再次明确政府机构改革的具体任务;1998年第九届全国人大一次会议通过《国务院机构改革方案》,强调政府机构的基本职能要转变到宏观调控、社会管理、公共服务等方面,由此拉开新一轮政府机构改革的序幕。在这次行政机构改革过程中,中央政府各部门转移到行业组织的职能有200多项,由此更加凸显行业组织的重要性和社会存在价值。

更加重要的是,随着行政体制改革的不断深化,行业组织与政府机构的职责界限逐渐清晰化,行业组织对政府力量的依存性不断削弱。许多行业组织开始考虑在市场经济环境中的重新定位。换言之,行业组织必须思考:替谁说话?为谁办事?通过什么方式来实现组织行动目标?

(二)当代中国行业协会的生长方式

自经济体制改革以来,中国政府机构改革逐步实现三个转变:① 由部门管理转变为行业管理;② 由直接管理转变为间接管理;③ 由微观管理转变为宏观管理。事实证明,国民经济管理方式的调整提供了行业协会的生存空间和发展环境。正是在这种宏观经济环境下,中国当代行业协会沿着特有途径发展起来,其生长方式主要有两种。

1. 体制内途径

体制内途径的含义是,在政府机构改革的背景下,由行业管理部门组建,以

---

① 贾西津、沈恒超、胡文安,《转型时期的行业协会——角色、功能与管理体制》,社会科学文献出版社,2004,第90页。

承载政府职能转变释放出来的市场管理职能。在上海、北京、广州等经济发达城市,行业协会的主要生长方式就是体制内途径。事实上,国家经贸委直接管辖的 15 家行业协会,有 9 家由其直管的国家工业局直接转制而来。

当代中国行业协会沿着体制内途径发展起来,其重要前提条件是中国政府在经济体制改革后推行的行政管理机构改革。① 政府机构改革之前,国民经济管理采取"归口管理"方式,各级政府都设置专门经济管理部门,直接拥有和管理自身系统内部的公有制企业。② 随着中国经济体制改革的不断深入,非公有制经济迅速发展,逐渐削弱公有制企业的社会经济重要性,也削弱了专门经济管理部门对国民经济的管理能力。换言之,国有企业的组织变革,直接改变了国民经济管理的对象,使之必须调整国民经济管理体制。国民经济体制改革的重点就是逐步削弱各级政府的专门经济管理部门对企业的行政干预,以更具有"社会属性"的行业协会来管理本行业的各项经济事务和维护市场秩序。

毋庸讳言,在中国经济体制改革的前 20 年,中国行业协会的主要生长方式是体制内途径。这种"自上而下"的制度演变推进方式是中国改革的重要特色,中国经济体制改革初期的许多社会组织和企业组织都是在这种模式下建立起来的。在中国行业协会的发展过程中,政府力量起到了关键性的推动作用,主要体现在三方面:① 通过政策文件,明确行业协会的地位和职能,给予适当的人员编制和经费支持;② 政府主管部门积极支持行业协会的日常工作,甚至直接参与行业协会的各项具体活动;③ 具有行业影响力的部分政府主管部门官员,在离职之后到行业协会担任现职领导。当然,正是由于政府力量对中国行业协会的深度影响,使得后者往往具有"半官方"色彩,部分行业协会工作人员甚至自视为国家公务员。

在真实世界中,社会经济体制转变和组织演变是现实利益权衡的结果。一些学者还认为,行业协会发展是政府机构改革的重要条件,后者释放出来的分流人员被大量安置在各种行业协会。这种观点将中国行业协会形象地比喻为"蓄水池",即行业协会成为容纳政府机构改革精简人员的重要分流途径。虽然中央政府一再表态,希望行业协会不要成为政府机构分流人员和退休官员的安置所,但现实状况不以愿望为转移。事实上,自新中国成立以来,中国政府曾经进行七次较大规模的行政机构改革,发生年份分别为 1951、1955、1960、1982、1988、1993 和 1998;每次政府机构改革都产生相同结果,即大量正式行政人员需要进行分流或安置。

2. 体制外途径

随着市场化改革和民营企业发展的不断推进,大量民间经济组织涌现出来,它们在客观上要求行业组织来维护市场秩序和提供行业公共服务,这种"市场内生"方式就是行业协会生长的体制外途径。毫无疑问,这种生长路径依赖的前提条件是充分发展的市场经济环境和独立自主的市场经济主体。正因如此,民营经济发展较快的地区往往也是行业协会迅速生长的地区,例如温州。

以温州地区的行业协会生长为例。由于地域文化和地方政府行为的影响,温州地区的民营经济发展相当迅速,逐渐成为全国民营经济发展的样本。在"小商品"模式的带动下,大量民营企业获得充分的发展空间,也逐渐形成以产品模仿和价格竞争为主要特征的市场竞争模式。"成也萧何,败也萧何。"这种竞争模式在温州民营经济发展的初期是有效的,但随着市场环境逐渐由"卖方市场"转变为"买方市场",企业之间的竞争日益加剧。同时,由于"小商品"的模仿成本很低和缺乏有效的专利法律保护,这种竞争模式直接导致低水平的恶性竞争,严重扰乱了温州地区的市场秩序。在这样的背景下,地方政府和民营企业自身都具有维护市场秩序的动机,但缺乏破解这种局面的有效手段。

事实证明,地方政府和民营企业在实践过程中逐渐意识到行业组织的重要性。通过行业组织来约束各个企业的行为,以不同于政府的外在权威来维护市场秩序,维护该行业的所有企业的共同利益。由于这些行业组织往往在政府支持下组建,因此其名称也通常采用"协会"。从行业协会的生长方式来看,这种行业协会具有更典型的"草根"特征;通过企业自身的联合行动,结成具有自律性质的行业组织,体现企业群体的共同利益,寻求企业之间的合作和双赢局面。

在这里,本书暂时不对行业组织的两种生长方式进行评价,只是力求客观地描述事实。在中国社会经济体制改革的过程中,上述两种生长方式都曾经在某段时间占据着主流地位。当然,除此之外,中国改革的实验场中还存在着多元化的行业协会演进方式,学术界的观点也颇为"多元化"。例如,贾西津认为,中国行业协会的生长途径有三种:① 体制内途径;② 体制外途径;③ 政府引导扶持和民间组建运作的中间发展途径。① 再如，余晖认为，转型期的中国行业协会有四种生长途径：① 体制内；② 体制外；③ 体制内外结合；④ 法律规定。②

事实上，即使在民营经济发达的温州地区，体制外途径也不是行业协会的唯一生长途径。根据调查资料，温州行业协会的组建方式主要有三种：① 根据当地企业群体的呼吁，由地方政府主管部门委托熟悉行业发展情况的离退休官员来组建，并担任协会会长。② 由企业主自发组建，委托有行业威望和经济实力的企业主担任协会会长，并邀请地方政府主管部门的相关人员出任秘书长。③ 由市、区、县的工商联合会出面组建。

从时间序列来看，20世纪80年代的前半期，温州行业协会主要采取第一种方式组建；20世纪80年代的后半期，温州行业协会主要采取第二种方式和第三种方式组建。这也再次表明，在多元化的社会经济环境中，行业组织发展具有"多元化"特征，从而使得社会组织群体呈现出"生物多样性"。

三、目前中国行业协会发展的现实特征

回顾历史的着眼点是"现在"，行业协会是目前中国"商会"的主要形式，分析中国行业协会发展的现实状态是本书关注的重点问题之一。根据研究命题的需要，本书从三个角度来考察中国行业协会发展的现实特征：① 从整体发展格局来看，目前中国行业协会存在着整体发展格局的非平衡性；② 从组织发展的外在动力和外部环境来看，政府主导性与民间自发性之间的冲突始终是制约中国行业协会发展的关键因素；③ 从行业组织的自我发展能力来看，组织运行机制的合法性、权威性、有效性是决定中国行业协会能否实现持续发展的重要条件。

（一）整体发展格局的非平衡性

自中国社会经济体制改革以来，行业协会的发展路径是曲折的，发展方式是多元化的。根据前文所述，从时间序列的纵向比较来看，中国行业协会在数量和规模上都保持着高速发展趋势。然而，从空间安排的横向比较来看，目前中国行业协会的整体发展格局具有显著的非平衡性，主要表现在三方面。

---

① 贾西津、沈恒超、胡文安等，《转型时期的行业协会——角色、功能与管理体制》，社会科学文献出版社，2004，第103页。

② 余晖，《行业协会及其在中国的发展：理论与案例》，经济管理出版社，2002，第54页。

1. 地域分布的非平衡性

通常情况下，市场经济越发达的地区，区域内部的竞争程度越高，企业之间联合行动的欲望越强烈，行业协会相应也就越发达。事实上，中国各地区的市场经济发展程度，由东向西，由南向北，呈现出梯度递减的趋势；目前中国行业协会的分布密度，与这种趋势基本保持一致。

资料显示，目前中国的各种农产品行业协会约为 10 000 家，但大部分集中在东部沿海地区。调查行业协会发展的四个试点城市上海、温州、广州、厦门，自 1997 年以来的发展状况也显示出区域分布的非平衡性，温州地区的行业协会发展速度最快，社会影响力最大。

2. 产业领域分布的非平衡性

(1) 工商领域多，农业领域少。原因可能是不同领域的企业竞争程度不同，企业之间的联合行动欲望具有不同产业领域的差异。

(2) 传统领域多，新兴领域少。这种事实可以从产品模仿的难易程度和市场竞争程度来进行解释。

3. 所有制成分分布的非平衡性

(1) 从行业协会的生成途径来看，体制内协会较多，体制外协会较少。在中国现实的社会经济环境中，政府控制着大量社会资源和经济资源，行业协会的生存和发展，都必须依赖其与政府关系的密切程度，因此由体制内途径生成的行业协会具有更强的生存能力。

(2) 从行业协会管辖的企业所有制特征来看，公有制企业较多，民营企业较少。由于大量行业协会是通过原来的行业主管部门转制而来，原来部门系统内部的许多企业被直接移植到行业协会内部，成为行业协会的会员单位。

4. "非平衡性"的内涵延伸

(1) "非平衡性"的上述三个层面是依据特定时点进行截面分析的结果，随着时间序列的不断推进，这三个层面的特征也在逐渐发生变化。例如，随着民营经济的不断发展，近年来中国行业协会的会员单位的所有制成分构成也在逐渐变化。

(2) 目前中国行业协会的会员单位并未覆盖本行业的所有企业，许多企业游离于行业协会之外。这些企业有国有企业，也有民营企业，它们尚未加入行业协会的原因也各有不同。这种覆盖率较低的特征，直接影响着协会内企业和协会外企业的市场待遇,在政策层面和市场支持层面存在着倾斜性。

(二)政府主导性与民间自发性的冲突

"世界上没有无缘无故的爱,也没有无缘无故的恨。"任何社会组织的产生总有一定原因可循。本书认为,社会组织的存在原因就是其社会价值;只有能够被某种社会力量需要的组织形态,才具有生存的必要性。从这个角度来看,中国行业协会的社会价值是解释其外部推动力的重要基础。

考察中国行业协会的各种生长模式,对这个问题的解释至少有两种答案:一是政府需要;二是企业需要。前者是"自上而下"的外部推动力,即政府力量;后者是"自下而上"的外部推动力,即民间力量。两种力量的结合构成了目前中国行业协会发展的外部条件。当然,两种力量的对比关系变化也是导致各种行业协会的发展路径差异的重要原因。

本书试图强调:① 在体制改革初期,政府力量和民间力量都着眼于国民经济发展的规模扩张,两种力量能够较好地融合,共同推动中国行业协会的稳步发展。② 随着国民经济发展的重点内容由"规模扩张"转向"结构调整和质量提高",政府力量和民间力量的利益取向将会发生冲突。这种冲突是制约中国行业协会持续发展的重要因素,主要表现在两方面。

1. 行业协会的职能定位模糊

行业协会的职能定位实质上就是其社会价值所在,最直接的问题是"为谁服务"。本文认为,①从行政体制改革的角度来看,行业协会是国民经济管理方式由部门管理转变为行业管理的结果;同时行业协会也是承载行政体制改革过程中冗余人员的"蓄水池"。由此看来,行业协会应该为政府服务,它是政府进行行业管理的辅助工具。② 从经济体制改革的角度来看,市场化趋势必然催生大量具有独立意志和独立行动能力的民营企业,它们在相互竞争过程中,将会产生相互联合的动机和行动,这是行业协会的"体制外"生成途径的理论逻辑。由此看来,行业协会应该为会员企业服务,它是会员企业进行信息交流、协调行动的组织平台。

然而,在转型期中国社会的真实世界中,关于目前中国行业协会应该"为谁服务"的问题,政府机构和行业协会自身也没有清楚的答案。由此产生一系列相关后果。

(1)政府层面强调行业协会的行业管理辅助功能,强调行业协会对国有企业利益的保护;忽视行业协会的"跨地区、跨部门、跨所有制"特征,忽视行业协会对会员企业的合法利益的保护。鲁篱提出,在"行业管理"的标识下,目前中国行业协会实际上"反映的是在传统权力格局下的一种依附关系"。① 在部分地区和部分行业中,行业协会甚至沦为改头换面的"二政府"。

(2) 行业协会自身也缺乏清楚的"位置感"。① 如果强调行业管理的辅助功能,则行业协会的工作重点是"管理";如果强调企业之间的联合行动和组织平台,则行业协会的工作重点是"服务"。从行业协会的发展实践来看,"管理"和"服务"的理念冲突曾经严重扰乱行业协会的发展思路。当然,随着社会经济体制改革的不断深化,由于同类社会组织的竞争压力,迫使部分行业协会正在逐步朝着"服务"方向发展。② 行业协会的"位置感"直接体现为行业协会工作人员的身份认同。部分普通工作人员不愿放弃"政府公务员"身份,部分协会领导以"行政级别"作为荣耀,甚至在各种场合下刻意表现对政府意志的顺从和配合。在行业协会内部,主动放弃行业协会的"民间性",以换取政府机构的"庇护",甚至成为协会成员们的"共识"。

2. 行业协会管理体制的制度缺陷

(1) 行业协会属于民间社团组织,根据 1998 年国务院颁布的《社团登记管理条例》,中国民间社团组织实行"归口管理"和"双重管理体制",具体含义是,① 登记管理机关负责"研究制定有关政策法规并组织实施,登记审批,指导、监督民间组织的活动,查处违法违纪行为";② 业务主管单位负责"审查登记申请,思想政治工作,党的建设,财务活动,人事管理,对外交往和接受资助等"。

从表面上看,《社团登记管理条例》的各项规定相当细致,对民间社团组织的各方面都进行了详细规定,何来"缺陷"之说? 然而,如果考虑政府力量与民间力量的冲突,就不难发现,《社团登记管理条例》的重点是"管理",并且试图通过强制性规定将政府意志直接植入社团组织的内部事务之中,使之被政府力量牢牢控制。

(2) 社会经济体系的持续稳定发展需要各种社会力量保持平衡态势;政府力量的过度强大,必然导致民间力量的相对萎缩。事实上,在高强度的管理体制下,各种行业协会的未来发展可能存在着两种结果:① 行业协会不断向政府

---

① 鲁篱,《行业协会经济自治权研究》,法律出版社,2003,第 243 页。

靠拢,彻底成为政府机构进行"行业管理"的工具。② 部分民间自发形成的"行业协会"由于各种主观和客观原因,被迫采取"联谊会"等组织形式;脱离《社团登记管理条例》的管理范围,转而采取"地下"方式进行发展。

对于社会稳定而言,后一种结果可能会产生相当的社会风险:① 某些"联谊会"成为国外政治势力的代言工具,威胁着执政党的合法地位和权威性;② 某些"行业协会"由于缺乏充分的人事自主权和财务自主权,无法体现组织权威性和合法性,从而逐渐丧失会员单位的支持,逐渐走向衰亡。当然,在社会经济体系的"竞争环境"中,某些行业组织的衰亡也是符合"优胜劣汰"规律的,但问题在于,如果大量行业组织走向衰亡,可能会严重影响到社会稳定,这是否合理呢?

(3) 行业组织的衰亡原因必然是组织形式与组织环境之间的冲突,解释这个问题必须从两方面着手:一是行业组织的生存环境;二是行业组织自身的运行机制。关于第二方面将在后文详细分析,这里只想强调:行业组织的生存环境影响着行业组织发展,行业组织发展反过来又会影响社会经济环境。特别是在中国社会经济体制转型的宏观背景下,微观组织发展与社会环境变动之间存在着互动关系;两者之间的良性互动将会推动社会经济体系的持续稳定发展,两者之间的不协调将会形成各种社会不稳定因素。如果将"减少社会风险"定义为广义的"公共物品",民间公共组织的健康发展可能是提供这种"公共物品"的一种有效途径,这也正是本书试图揭示的"终极关怀"。

(三) 行业协会的自我发展能力

行业协会的社会价值是外部动力和内部动力作用的综合结果,外部动力营造行业协会发展的制度环境,内部动力则取决于行业协会的自我发展能力。本书认为,外部动力和内部动力在行业协会发展的不同阶段起着不同作用:① 外部动力提供行业协会发展的初始条件,在中国社会经济体制改革的初期,政府力量的推动是行业协会发展的必要条件之一。② 随着体制转型过程的不断深化,行业协会发展迟早要脱离政府力量的支持,它必须依靠自我发展能力,来拓展行业组织的生存空间。更重要的是,自我发展能力构成行业协会发展的核心竞争力,使之能够在"社会生态环境"中,通过演化博弈过程实现可持续发展。

在中国社会经济体制改革已经进行三十多年的现实条件下,影响中国行业协会发展的主要因素是内部动力,即自我发展能力。本书认为,行业协会的自我发展能力包括三方面：① "组织合法性"决定着行业协会的社会地位；② "组织管理的权威性"决定着行业协会的内部控制力和外部影响力；③ "组织行动的有效性"是获得会员企业认可的关键，也是行业协会的组织基础。

1. 组织合法性的来源

行业协会必须取得"组织合法性"，才能获得社会承认，也才能享有正式制度和非正式制度所规定的各项权利。唯有如此，行业协会才能够具有独立意志和独立行动能力，以维护自身利益和会员企业的共同利益。

（1）从广义层面来看，行业协会的"组织合法性"主要有两个来源：① 通过政府机构和社团组织管理机关的认可，根据现行的《社团登记管理条例》来设立的行业协会，具有"行政合法性"。"行政合法性"意味着，部分行业协会既能够得到来自政治组织的认可，又符合正式制度的各项规定，从而获得充分的政治资源和社会资源支持。② 在市场竞争日益激烈的条件下，同行业的企业组织具有联合行动的动机，客观上要求形成具有自律特征的行业组织。通过这种"自下而上"途径来组建的行业协会，无疑能够获得企业等市场组织的基本认可，从而获得来自市场基层的"社会合理性"。

（2）如果将"行政合法性"看作来自"庙堂"的认可，那么"社会合理性"则显示"草根"力量的支持。任何社会组织的"组织合法性"都必须来自于"庙堂"或"草根"，两者必居其一；否则，这种社会组织将会缺乏立身之本。当然，如果某种组织能够获得"庙堂"和"草根"的双重支持，其合法定位将更加牢固。事实上，目前中国的许多行业协会正是试图在取得"行政合法性"的基础上，努力获取会员单位支持和社会公众认同，从而争取"社会合理性"。

2. 组织管理的权威性

根据组织行为理论，行业协会的"组织管理权威性"分为两个层面：① 对内能否约束会员企业的违规行动？② 对外能否代表本行业企业出面处理行业性事务？当然，两个层面是"一个硬币的两面"，对内的约束能力和对外的代表能力实际上都是组织管理权威性的具体表现。

（1）关于第一个层面，目前中国行业协会对会员企业的约束效力较弱，主要表现在两方面：① 在通过体制外途径形成的行业协会中，会员企业通常是民营企业；民营企业主在进行利益诉求时，更多关注自身利益，而"较少顾及行业伙伴的一般性利益"。① 这种"各自为政"的行动策略,将会削弱会员企业的联合行动可能性,单个企业谋取私利的行动可能破坏会员企业之间的联盟和约定。从行业协会的组织功能角度来看,这意味着行业自律功能的丧失。② 行业协会的领导集团通常来自于市场势力最强的本行业"领导型企业",由于企业规模、资本力量、市场竞争能力等方面的优势,"领导型企业"对其他成员企业具有很强的控制力。与之相对,其他成员企业对"领导型企业"的影响力则较弱,后者往往利用市场优势地位来谋取私利,而不必担心受到对立面力量的制衡和反对。更有甚者,某些"领导型企业"可能借助"行业协会"的信息优势和组织平台,增强自身力量,削弱反对力量。

(2) 关于第二个层面,目前中国行业协会的对外代表能力较差,主要原因是,行业覆盖面较小。截至 1998 年,全国性工商行业协会中,会员企业一般不超过全行业企业总数的 40%;上海的各种行业协会在本地同业企业中的覆盖率平均为 50.7%,只有少数行业协会的覆盖率达到 80%。由于行业覆盖面较小,行业协会难以代表所有同行业企业的共同利益。更为重要的是,由于缺乏大范围的同行业企业支持,行业协会的对外谈判能力受到极大的限制。

3. 组织行动的有效性

"组织行动的有效性"取决于其提供服务的质量。换言之,行业协会是一种企业联盟组织,行业协会的基本职能是提供会员企业需要的各种"俱乐部物品"或"俱乐部服务"。通过提供优质的"俱乐部物品",会员企业获得由单个企业自身无法实现的各种利益,它们才愿意团结在行业协会的组织平台之下,进而形成对行业协会的依赖和支持。因此,探讨行业协会的"组织行动的有效性",关键在于分析它是否能够提供会员企业需要的各种"俱乐部物品"。

针对这项关键因素,本书强调三个层面:① 行业协会是否了解会员企业的真实需求? ② 行业协会是否有能力提供这些"俱乐部物品"? ③ 与其他社会组织相比,行业协会提供的这些"俱乐部物品"是否质量更好? 行业协会的"俱乐部物品"供给行为是否具有更高效率?

(1) 关于第一个层面,目前许多行业协会已经意识到,应该利用组织基础

---

① 李宝梁,《从超经济强制到关系性合意——对私营企业主政治参与过程的一种分析》,载于《社会学研究》,2001(1)。

和信息平台,综合本行业情况,实现会员企业之间的信息交流。在此基础上,行业协会能够挖掘出由单个企业无法实现的利益诉求,有针对性地开展行业协会活动和提供会员企业需要的"俱乐部物品",这正是行业协会可以"有所作为"的领域。具体活动形式包括:行业市场情况反馈、定期报告、行业期刊、研讨会、专家讲座等。

从实践效果来看,行业协会的信息交流存在两个问题:① 信息交流的"单向性"特征较显著。多数行业协会只是简单归纳各种市场信息,然后进行同行业内部的通报;部分行业协会也注意听取会员企业的各种建议和呼吁,但更多的是通过行业期刊扮演"传声筒"。事实上,如果行业协会能够在提供市场信息和行业期刊之后,主动询问会员企业的看法,或许能够得到更多的信息反馈。② 信息交流的"及时性"较差。市场行情瞬息万变,信息"及时性"是会员企业行动"有效性"的基本保证。然而,无论是行业期刊,还是定期报告,都需要相当的准备时间;研讨会等形式能够实现会员企业之间的直接对话和即时交流,但组织成本较高。采取什么途径来解决上述问题,确实需要行业协会和会员企业来共同努力。

(2) 关于第二个层面,即使行业协会能够通过各种途径发现问题,但对问题的解决也"无能为力"。结合行业协会的生存环境和发展途径来看,部分行业协会的"无能为力"主要原因有二:① 政府力量过度强大,限制着这些行业协会的行动能力。一旦会员企业的利益诉求与政府利益不一致,或者政府机构认为会员企业的这些利益诉求不重要,这些行业协会就无法获得足够的资金和社会资源来实施独立行动。② 部分行业协会的管理制度残缺,财务制度混乱,人员配备不得力,这是真正意义上的"无能",也是目前许多中国行业协会的真实写照。

(3) 关于第三个层面,问题的实质是行业协会提供"俱乐部物品"的相对优势。社会组织的生存和发展能力取决于组织形式的社会价值评价。与其他社会组织相比,行业协会的相对优势是什么?能否保持这种相对优势?这是目前中国行业协会必须思考的问题。在当前中国的社会经济环境中,类似行业协会的社会组织主要有两种:政府经济管理机构和民间商会。它们都属于行业组织,能够替代行业协会的部分组织功能。如果行业协会在提供"俱乐部物品"的质量方面和供给效率方面不具有相对优势,它就很可能被另外两种社会组织替代。

事实上，目前中国经济体系中的行业事务确实是由这三种组织形式来分工处理，这取决于它们各自的组织特征：① 政府经济管理机构能够直接支配大量的社会资源，具有很强的市场影响力，但由于远离市场运行的基层力量，它缺乏足够信息来进行合理判断，因此难以保证资源投向的正确性和合理性。② 民间商会源自"草根"，能够较为迅速地掌握民营企业的各种利益诉求，但由于缺乏规范的人事制度和财务制度，缺乏政府力量的积极支持，民间商会的行动能力往往受到限制。③ 行业协会介于两者之间，兼具两种组织形式的优势和缺陷；作为"中庸"的选择结果，现实社会将更多的行业协调事务交给了行业组织。

本书想要强调的是，如果行业协会能够自觉地将自身行为纳入某种规则的约束之中，采取更加"制度化"的行动方案，将会更好地促进会员企业和市场交易主体的合理预期。从这个角度来看，行业协会的未来发展方向更可能是设计一套自律规则，通过约束自身行为来保证"组织行动的有效性"，进而增强"组织管理的权威性"，最终得到政府层面和社会层面的广泛认同，即获得"行政合法性"和"社会合理性"。

第四节 中国商会组织的未来发展

考察中国商会组织的发展历史和目前状况并不是研究终点，最终的目标指向是中国商会组织的未来发展格局。由于商会组织的类型呈现出多样性特征，因此每种类型的商会组织的具体现实处境和未来发展方向必然不会完全相同。考虑到各种商会组织之间的差异性，本书将分析重点锁定在"行业协会"，将其视为当代中国商会组织（行业组织）的典型代表。

行业协会的发展演变取决于外部因素和内部因素，外部因素影响着行业协会的生存和发展环境，内部因素影响着行业协会的自我发展能力，两方面因素的综合作用决定着行业协会的未来发展方向。在行业协会的组织演变过程中，外部社会环境与内部组织特征之间的"适合性"是影响组织演变的关键变量。换言之，随着外部社会环境的变化，行业协会的社会价值存在基础将会发生变化，即改变行业协会发展的目标函数；各种社会经济主体的行为调整，将会改变行业协会发展的约束条件；由于目标函数和约束条件的变化，行业协会将改变行动方式。

需要说明的是,行业协会不可能解决所有的行业难题,行业协会的内在特性与外部环境之间必然存在着某种冲突,这就提出了一个新的命题——"行业协会失灵"。从更广阔的学术视野来看,"行业协会失灵"是"第三部门失灵"的重要类型;"第三部门失灵"则是继"市场失灵"和"政府失灵"之后,社会各界将会日益重视的问题。

基于这种考虑,本书对"中国商会组织的未来发展"之分析包括三个层面:① 外部环境,即"社会网络中的互动关系";② 内部特征,即"内部治理机制";③ "行业协会失灵"。

一、社会网络中的互动关系

这里的"社会网络"构成行业协会的外部环境,社会网络中的各种社会经济主体行为,影响着行业协会行为的目标函数和约束条件。本书的研究意图是,① 通过考察行业协会与政府、企业、其他社会组织的关系,确定它在整个社会网络中的合理位置;② 剖析行业协会的目标函数,即社会各界要求行业协会承载的各种功能;③ 探讨行业协会的行为约束,即行业协会与各种经济主体之间的行为边界。

(一)行业协会与政府:职能转移和功能拓展

1. 转型时期的政府职能转移

在中国社会经济转型的现实背景下,最重要的社会主题事件是经济体制改革和政治体制改革。自1978年以来,经济体制改革逐步深化,完成了一系列重大转变:农村产权制度改革、国有企业改革、民营经济发展等。历史资料显示,经济体制改革的成果是相当显著的,为了巩固和扩展中国经济体制改革的阶段性成果,政府也在不断调整行政管理体制。

行政管理体制改革的主要内容体现在两方面:① 调整政府机构,把政府资源集中在关键性领域和全局性事务,努力实现"小政府"格局;② 转变政府职能,把原来由政府机构承担的社会功能转移出去,由各种社会组织和市场组织来承载,努力实现"大社会"格局。

当代行业协会正是在行政管理体制改革的背景下逐渐发展起来的,后者提供了前者存在的政治基础:① "政府机构调整"释放出大量冗余行政人员,需要某些机构或组织来承接;② "政府职能转变"使行政机构的社会职能减少,但社会经济主体又需要这方面的公共服务,因此需要某种组织来承担这些社会职能。

在行政管理体制改革的制度前提下,当代行业协会的主要生成途径是"自上而下"。由于"自上而下"形成的行业协会的示范效应,一些市场经济发达地区的民间商会逐渐兴起,它们也大多采用"行业协会"的名称,这就形成了当代行业协会的"自下而上"的生成途径。就目前行业协会的两种生成途径的关系而言,它们都在朝着"中间状态"发展:① "自上而下"型行业协会越来越关注会员企业的市场化需求,改善协会运行机制,提高服务质量。② "自下而上"型行业协会越来越重视获取政府力量支持,提高协会的活动能力,扩大会员企业规模和社会影响。

在当代行业协会的组织发展过程中,其组织功能也不断拓展,主要体现在三方面:① 不仅重视政府层面的经济管理职能,而且关注行业协会的"行业管理"功能。② 不仅为政府提供行业发展情况的数据信息服务,而且注重为政府的行业发展规划提供参考建议。③ 不仅以"管理"方式来约束会员企业行为,以保证行业整体利益,而且积极提供会员企业需要的各种社会经济服务。[①]

当然,随着政府职能向行业协会的转移,行业协会与原有政府机构之间的关系将会逐渐调整;随着行业协会功能的不断拓展,行业协会的经济地位和社会影响将会不断发生变化。在中国社会经济转型的背景下,这种关系变化集中表现为行业协会与政府机构的行为边界调整,即"行业协会自治与政府管制的冲突"。

2. 行业协会自治与政府管制的冲突

根据公共管理理论,行业协会与政府机构的行为边界是清楚的:① 政府职能是维护公平而充分的市场竞争环境,行业协会功能则是保证市场竞争行为的有序性;② 政府职能是明确企业不应该进行的事项,行业协会功能则是确定企业应该做的事情;③ 政府职能是制定"市场游戏规则",行业协会功能则是约束企业行为使之遵守市场竞争规则。换言之,行业协会与政府机构面临着一种"社会分工"局面,它们的行为边界是组织特征和社会环境共同决定的结果,影

---

① 汤蕴懿,《行业协会组织与制度》,上海交通大学出版社,2009,第170页。

响它们行动效果的主要因素是信息因素和激励约束机制。

在中国社会经济转型的现实背景中,行业协会与政府机构之间的行为边界则是模糊的:① 从行业协会的角度来看,行业内部事务应当由行业协会来进行自主处理,从而体现民间社会组织的自治属性,但它仍然承担着"行业管理"职责。② 从政府机构的角度来看,政府部门对转移出去的各项社会职能具有很强的话语权,需要政府力量提供"支持"和"规范化管理",从而通过管制手段实现政府部门对社会经济活动的有效控制。显然,两者之间的意见分歧必然导致实践行为的冲突,从而形成各种各样的现实矛盾。

当然,在行业协会自治和政府管制的两种行为之间,政府管制具有更强的现实影响力。部分学者认为,"政府主导型制度变迁"对中国行业协会发展具有两方面良性影响:① 为行业协会的发展方向提供合理预期,使行业协会的组织变迁节约信息加工成本;② 对行业协会的组织变迁过程施加"行为约束",引导其朝着政府希望的方向发展。① 正如青木昌彦强调:"从旧制度到新制度的转型的方向和速度将部分取决于国家形态的性质。"②

现实问题是,行业协会能否真正实现政府和社会的希望?本书对此持怀疑态度。至少有两方面原因可以解释本书的怀疑态度:① 行业协会是互益性组织,通过组织自治行动来维护组织成员的共同利益;政府希望转移的社会职能则具有很强烈的公益性质,或者至少是受益群体范围广泛。如果让互益性组织提供的服务不再局限于"俱乐部成员",而拓展到更为广泛的社会群体,是否期望太高,是否违背了"权利和义务对等"的基本社会准则?② 任何社会组织都具有特定的优势和缺陷,也就是说,任何社会组织都存在着"失灵"的可能性。行业协会也不例外,它也存在着"行业协会失灵"。寄希望于通过行业协会组织来彻底解决"市场失灵"和"政府失灵"问题,也是不现实的。

本书认为,合理的社会选择结果应当是,行业协会和政府机构谨守各自的行为边界,在各自的活动范围内,履行特定的社会职能和市场功能。进而言之,随着两者行为边界的逐渐清晰化,行业协会自治与政府管制之间的冲突将会日益减少;前者着眼于"公共领域",后者着眼于"公领域",它们在各自的作用领域

---

① 汤蕴懿,《行业协会组织与制度》,上海交通大学出版社,2009,第172页。
② 〔日〕青木昌彦,《比较制度分析》,周黎安译,上海远东出版社,2001,第274页。

内"有所作为"。

(二)行业协会与企业:分散利益的联合

行业协会是"公共领域"中的最重要组织,它属于"互益性"组织,为会员企业提供具有"俱乐部物品"性质的公共服务。这里就需要解释两个问题:① 会员企业采取联合行动的利益动机是什么?② 行业协会实现"集体利益"的途径有哪些?对于这两个问题的解答,构成了行业协会存在着的社会价值基础和行动策略集合。

1. 互益性组织的共同利益诉求

根据行业协会发展的未来趋势,"自下而上"模式将是未来行业协会的主要生长模式;未来行业协会的服务对象,将更多地集中于会员企业,而不再是政府机构。根据博弈论中的"囚徒困境"模型,由"分散行动"到"联合行动"是有必要的。否则,各种社会主体将会依据各自的利益取向选择行动策略,试图实现自身利益的"最大化",结果可能导致相互之间的利益冲突,进而在相互争斗中陷入共同利益受损的"困境"。本书认为,由"分散行动"到"联合行动"的实现条件是,通过外部权威力量,约束博弈参与者的各自行为。这项基本条件衍生出两项具体条件。

(1) 行业协会必须具有"权威性",行业协会的共同行动提议能够得到会员企业的一致同意和行动响应。行业协会是会员企业的"互益性"组织,它能够实现单个会员企业无法实现的利益目标,例如,行业竞争秩序维护、商业纠纷协调、行业市场信息分析等。正是因为单个会员企业无法采取单独行动来实现这些目标,所以需要行业协会以"同行业的自愿组织"的身份出现,把行业内的分散资源集中起来,提供行业协会的每个会员企业都需要的"俱乐部物品"。从这个意义上讲,行业协会天然就具有"权威性",要求会员企业共同遵守约定,以保证共同行动策略的有效性。

(2) 行业协会对部分会员企业的违反"行规"行为,能够采取及时有效的惩戒措施。行业协会是中国传统行会的现代性变形,它必然保持着传统行会组织的基本功能。基于保护行业整体利益的行动目标,传统行会组织采取各种行动来限制行业内部竞争和抵御外来竞争者。具体措施包括:限制店铺规模、规定帮工和学徒数量、统一原材料来源、统一市场价格和质量规格等。在当代中国社会,行业协会也继承了传统行会的部分行动策略。通过限制、约束、监督每个会员企业的行为,行业协会争取实现"不使个体利益过分伸张,而损害其他会员及行业整体利益"。①

进而言之,行业协会的"权威性"和惩罚违规者的能力是具有内在联系的。为了实现行业整体利益,行业协会必然被要求成为"垄断性的行业组织",从而在信息来源、技术标准、网络资源方面具有相当的权威性,这种权威性具体表现为信息全面性、专业权威性、行业代表性。正是由于这种"权威性"衍生出来的"垄断性",使得行业组织具有很强的行业控制能力,能够对违反"行规"的部分会员企业实施强制性的惩戒措施。反过来,这种惩戒行动又进一步对部分会员企业的违规企图形成"可信威胁",从而增强行业协会的"权威性"。

值得说明的是,作为"互益性组织"的行业协会与作为"社会价值共同体"的兴趣团体存在着差异。① 行业协会是"分散利益的联合",它的存在基础是会员企业的经济利益;它必须提供会员企业需要的"俱乐部物品",推动会员企业形成更强的市场竞争能力,提高市场开拓能力和产品市场占有率。② 兴趣团体则是"共同兴趣的集结",这群人聚集在一起的基础是"共同兴趣或相同社会价值观念",即共同的知识背景、情感诉求、兴趣爱好,由此形成"非市场利益"的集体组织,例如,同学会、联谊会、周易研究学会、环境保护协会等。

2. 行业利益的实现手段

行业协会的组织目标是维护行业整体利益,提供单个会员企业无法通过单独行动来获得的"俱乐部物品"。那么,行业协会可以采取哪些行动策略来实现其组织目标呢?本书认为,行业协会实现"行业整体利益"的主要手段包括以下几个方面。

(1) 调解业内纠纷,增进会员企业之间的相互了解和合作意愿。在中国行政体制改革之前,会员企业之间的利益冲突主要依靠上级主管部门进行调解;随着政府机构退出微观经济管理领域,这种协调职能转移到行业协会。换言之,行业协会以协调者身份出现,尽可能公正地处理会员企业之间的各种经济纠纷,以替代法律诉讼的冲突解决方式,减小冲突解决成本。通过行业协会提供的活动平台,增进会员企业之间的相互了解,扩大信息来源,拓展会员企业之间的合作基础,相互提供更多的商业机会。

---

① 朱英,《中国近代同业公会与当代行业协会》,中国人民大学出版社,2004,第419页。

（2）集体诉讼。行业协会是行业利益代表者，当本行业的大多数会员与其他社会组织发生利益冲突的时候，就需要行业协会出面进行谈判，以"集体行动"来增强谈判能力。这种外部冲突解决能力主要体现在三方面：① 当本行业与其他行业发生利益冲突时，依靠单个会员企业无法解决这种"整体性"问题，就需要本行业协会与其他行业协会进行谈判，协商解决问题，维护本行业协会的会员企业利益。② 当政府的宏观经济政策对本行业发展产生不利影响时，需要本行业协会利用各种渠道反映本行业从业者的利益诉求，通过本行业协会与政府机构的沟通，争取获得有利于本行业发展的外部环境和产业政策。③ 在开放经济的背景下，当本国企业在国际贸易中发生经济纠纷时，由行业协会出面是较为合适的选择。

特别是近年来当众多国家的企业提起对中国企业的"反倾销诉讼"时，如果不由行业协会出面，就只能由企业或者政府出面来应诉，后两种途径都不是最佳的现实选择。原因在于：① 如果由单个本国企业来应诉，诉讼成本很高，诉讼成功的可能性较低。② 如果由政府出面来应诉，政府是官方代表，起诉方则往往是外国企业所在的行业协会，从身份特征上将会造成不对称局面。更何况，如果诉讼结果不理想，将会影响到中国政府的国际形象。相对而言，行业协会兼具"行业利益代表者"和"民间组织"的双重身份，最适合扮演国际贸易纠纷中的诉讼参与者。

（3）商业信用担保。现代市场经济的道德基础有两大支柱：自由选择精神和信用原则。如果缺乏商业信用，企业就难以取得消费者和生产合作者的认同，从而无法在市场竞争环境中生存和发展。正因如此，许多企业都将"商业信用"视为"生命线"。由于行业协会的"权威性"，它以"行业信誉"为抵押品，对会员企业提供商业信用担保。这里的"行业信誉"是众多会员企业的共同行为铸就的，其收益也应当由会员企业来共同分享。事实上，消费者之所以相信由某些行业协会颁发的"质量保证金奖"或"质量评价体系"，就是基于对"行业信誉"的信任。

换个角度来看：① 如果某个企业获得"质量保证金奖"之后，采取"以次充好"等违背商业道德的行为，就会由于其单独行为而损害行业形象和行业利益；行业协会为了维护行业整体利益和其他会员企业利益，必然将其驱逐出行业协会，使之丧失商业信用担保资源。② 如果行业协会滥用"行业信誉"，滥发"质量保证金奖",也将会损害行业整体利益和其他会员企业利益,偏离行业协会发展的初衷,从而逐渐被会员企业"淡忘"或"抛弃"。

(4) 以行业代表者身份参与政治博弈。在现代性社会体系中,经济领域的市场运行机制与政治领域的民主运行机制是相生相伴的,政治领域的民主机制要求各种利益集团通过政治博弈过程来获得政治资源和社会资源。"在一个现代化体系中,尽管利益表达可以由非专业化的机构来进行,但存在着主要是为促进利益表达而组织起来的社团。"[1]行业协会就是这种社会团体的典型代表,它体现着特定行业的会员企业的集体利益,扮演着现代文明社会中的利益博弈角色。

特别是在政府制定产业政策的过程中,行业协会可以通过"政治游说"等活动,向政府传递本行业的各种意愿,从而形成"事前博弈的公共论坛"[2]。更重要的是,行业协会参与政治博弈具有一定优势,主要体现在两方面:① 行业协会熟悉本行业的基本运作模式和企业行动规范,具有信息优势和专业优势,从而能够提供行业发展规划的合理建议。② 行业协会经常参加各种政策研讨会,与政府机构具有较为密切的联系,在政治博弈活动中逐渐熟练掌握博弈规则和游说技巧,从而增强政治博弈能力。

值得强调的是,在政府制定产业发展政策的政治博弈过程中,本行业协会的竞争对手不是政府,而是其他行业协会。各种行业协会通过标准的政治博弈过程,借助于"公共论坛"的平台,进行范围广泛的阐述、辩论、磋商、妥协,寻找产业协调发展的合理方案。由此可见,各种行业力量相互制衡是产业协调发展的基本保障。

3. 行业协会与大企业的关系

在行业协会的实践过程中,存在着一个重要问题:如何处理行业协会与大企业之间的关系?毫无疑问,在行业协会的日常事务中,大企业拥有比小企业更多的话语权,它能够对行业协会施加更强大的影响力。通常情况下,这种更强大的影响力来源于三方面:① 大企业占有更多的市场份额,对本行业市场具有更大的市场影响力。② 政府的产业发展政策对大企业发展的影响更大,使

---

[1] 阿尔蒙德,《比较政治学:体系、过程和政策》,曹沛霖译,上海译文出版社,1987,第199页。
[2] 汤蕴懿,《行业协会组织与制度》,上海交通大学出版社,2009,第168页。

之具有更加强烈的政治游说动机。③ 大企业对行业协会的"贡献"更大。

自明清时期的同业公会以来,同业组织都要求大企业提供更高的会费,某些大企业还在活动场所等方面为本行业协会提供方便;根据"权利与义务对等"的原则,行业协会也赋予大企业更多的权利,甚至行业协会的领导阶层也往往有大企业人士参与其中。例如,许多行业协会的秘书长或会长就是大企业的经理人员。

当然,既然拥有更多话语权和更强大的影响力,大企业必然利用它在行业协会中的各种优势来谋取自身利益。例如,由于行业协会秘书长的特殊身份特征,在产业政策调整导向方面,大企业可能比小企业具有更多的信息优势;同样是基于这种身份特征,大企业的利益诉求更容易被政府知悉,也更容易得到政府的认可和支持。

大企业"俘虏"行业协会的这种局面不利于本行业的持续稳定发展,那么,采取什么措施才能打破这种局面呢?就行业协会的现实运作状况来看,完全脱离大企业支持是不可能的,那将使得行业协会"寸步难行",各项日常事务都无法正常开展。较为合适的选择是,在本行业发展的重大事项中,争取使小企业和大企业具有相对平等的发言权。理由有二:

(1) 本行业发展的重大事项关系到每个会员企业的生死存亡,从"生命权"的层面来看,小企业与大企业的地位是平等的。如果一个行业协会只关注大企业发展,而不关注小企业的生存状态,那么这个行业协会将逐渐丧失众多小企业的支持,这个行业也可能会由于小企业生存状态恶化而缺乏发展活力。

(2) 本行业的重大事项往往通过"会员大会"等形式来决定,众多小企业的"集体力量"有可能打破大企业控制行业协会的局面。事实上,中国传统的行业组织就曾经采取许多措施,来保证会员企业的集体利益,而不是大企业的个体利益。例如,在投票权的分配上,采取"一厂一票",而不是以出资额为标准来决定投票权利的大小。

(三) 行业协会与其他社会组织:行为边界

根据研究命题的需要,本书重点分析两类体现"共同利益目标"的社会组织:工会和商会。"工会"代表着劳动者力量,它是受雇者的联合组织;"商会"则代表着资本控制者力量,它是雇主的联合组织。"商会"的典型案例是"行业协会",它是雇主或企业的利益代表者。通过分析行业协会与其他社会组织之间的差异,意在明确行业协会的行为边界。具体表现在三方面。

1. 雇主利益的代表者

行业协会是"特定利益集团的代表者",协会会员具有明确的利益指向,它们参与行业协会的行动目标,就是获得依靠单个企业的单独行动无法得到的"集体行动"利益。因此行业协会应该把会员企业的利益诉求整合起来,从行业整体发展层面来谋求会员企业的"集体利益"最大化。反之,如果该行业协会无法满足会员企业的利益诉求,给它们的市场经营活动提供便利和支持,它们就会选择"用手投票"来否决行业协会的提议,或者选择"用脚投票"来脱离行业协会的管束。

行业协会代表的特定利益是"雇主利益"。在生产力水平较低的条件下,雇员利益和雇主利益的存在前提是一致的;只有店铺或企业能够生存和发展,才能实现雇员利益和雇主利益。因此,在中国传统社会中,"行会"曾经同时承载着雇员利益和雇主利益。随着生产力水平的不断发展,雇员利益和雇主利益之间的冲突日益尖锐,由此造成了"行会"的分裂。这种分裂的早期表现形式是"东家行"与"西家行"的区别,现代表现形式则是由不同的社会组织形式来承载不同利益集团的利益目标:雇员利益由工会来承载;雇主利益则由商会或行业协会来承载。

从这个角度来看,行业组织必须始终坚持"雇主利益",这是行业组织生存的社会基础。进而言之,"雇员利益"或者"公共利益"并不是行业协会必须坚持的利益目标,为了实现"雇主利益",它可能暂时牺牲其他利益集团的利益。我们不能对行业协会抱有不切实际的希望,不能要求它同时兼顾"雇主利益"和"雇员利益";在两大利益集团的利益目标发生冲突时,行业协会必然也必须站在"雇主利益"的立场来采取行动。

2. 第四种利益表达途径

根据传统经济学的分析,社会经济主体实现利益最大化的主要途径有三条:① 市场交易途径,依靠物品生产和物品交换,增进市场价值;② 行政控制途径,依靠行政权力来决定资源配置方式,促使资源分配朝着特定方向倾斜。③ 自科斯提出"企业的性质"之后,"企业"的重要性逐渐体现在现代经济理论分析之中,从而成为经济个体追求自身私利的第三种利益表达途径。

随着经济主体之间的合作意识逐渐增强,如何通过一种"合作性组织"来体现某类经济主体的共同利益,就成为社会各界广泛关注的问题。正是在这种背景下,"行业组织"闯入了人们的视野,成为承载特定群体利益的重要组织。它履行着协调行业内部利益冲突、服务会员企业、管理行业经济等职责,使企业之间在直接市场交易和纵向一体化之外,还可以通过"公共组织"来实现协作交易和合作行动。

"行业组织"并非当代经济社会的特有产物;自经济个体之间产生合作意愿之时起,"行业组织"就逐渐形成,其历史可以追溯至唐宋时代,甚至春秋战国时期。早期的行业组织更加注重"自保",强调通过"集体行动"来维护稳定的市场秩序和避免过度竞争,或者通过建立武装组织来维护地方治安。当代的行业组织则更加注重"逐利",强调通过"共谋"来获取有利于自身的市场环境,或者通过信息、技术、集体谈判等方面的支持,来提升会员企业的市场竞争能力。事实上,当代中国行业协会赖以吸引会员企业的重要砝码,正是提供这些"俱乐部物品"。

3. 强势的社会组织

与其他社会组织形式相比,行业协会具有更强的行动能力和社会影响力,它是当代中国社会环境中最强势的社会组织之一。这种强势地位源自于行业协会对会员企业的"激励约束机制":

(1)从激励机制的角度来看,行业协会提供了正式网络具有的规模效应和外部经济,使得会员企业积极响应行业协会组织的一致性集体行动(例如,政治游说、抵制不正当竞争、集体诉讼等),谋求各种直接利益和间接利益。例如,降低交易成本、共享税收优惠和政府补贴、相互扶持共渡经济萧条等。

(2)从约束机制的角度来看,行业协会通过履行一系列的自治权利,形成对违规者的惩罚行动。具体包括:① 规章制定权,通过制定协会章程,规定协会组织运行的基本程序;通过制定会员企业的行为规范,规定本行业的职业道德规范、技术标准、行业规则等。② 监管权,通过许可证批准、资格认证、日常管理等措施,实现对会员企业的监控和督促。③ 惩罚权,主要包括制定惩罚规则、构建惩罚机制、实施惩罚行为。④ 争端解决权,通过对本行业的内部事务进行仲裁和调解,避免法律诉讼的高昂成本,促进行业协会对本行业企业和协会本身的自我约束。

正是通过强有力的激励约束机制,行业协会才能保证"集体行动"的有效性：① 激励机制使得会员企业保持行为一致性,增强集体行动的正向动力；② 约束机制则对某些会员企业的违规行为进行严厉惩罚,构成保证集体行动有效性的反向动力。通过正向动力和反向动力的共同作用,行业协会的"集体行动"才真正具有行业代表性。显然,与某些松散型的社会组织相比,行业协会具有更强的行动能力和利益代表特征。

二、内部治理机制

行业协会在社会网络中的位置决定着它所处的外部环境,构成行业协会发展的制度约束和文化约束；行业协会的内部治理机制则决定着它的内在动机和行动能力,影响着行业协会发展的自主选择策略。根据戴伟娟的研究成果,决定行业协会的行动能力的关键条件是"互益性组织"的集体行动可能性。① 张宇燕进一步指出,有效的集体行动必须具备四项条件：① 规模足够小；② 严格的惩罚机制；③ 领导者的个人魅力；④ 博弈过程可重复。② 本书认为,这四项条件构成了行业协会内部治理机制的四个重要层面。

(一) 集体组织的规模

根据公共经济学的理论分析,组织规模是决定集体行动有效性的关键因素。组织规模具有两方面不同影响：① 组织规模越大,则集体组织能够产生的社会经济影响力越强；它就具有更强能力去进行大量的政治游说和劝导消费者活动,进而获取更多的市场利益和非市场利益。② 而组织规模越小,则集体组织的内部成员越容易形成一致性意见；他们通过统一行动来显示集体组织的行动迅速性和行动有效性。

目前,关于集体行动的理论分析主要集中在"有效性"方面,因此更加强调"小规模集体组织"的比较优势。换言之,大规模的集体组织很难形成有效的集体行动,原因在于：① 由于组织成员的数量太大,彼此之间的监督机制失灵,难以及时察觉"搭便车"行为和违规者；② 大规模组织的科层结构较复杂,讨价还价环节较多,容易丧失集体行动的最佳时机。

针对大规模的集体组织的固有缺陷,鲁篱提出促进集体行动有效性的弥补

---

① 谢京辉等,《上海行业协会改革与发展：实践与经验》,上海社会科学院出版社,2009,第19页。
② 张宇燕,《利益集团与制度非中性》,载于《中国经济学》,上海人民出版社,1995,第190页。

措施,主要涉及两方面:① 决策机构实现"专门化"和"小型化",通过机制设计来消解大规模行业协会的复杂性。例如,强化以董事会或理事会为主体的决策机构。② 加强组织成员之间的信息交流,强化对违规行为的监督力度。例如,交叉任职、协会事务的透明化和公开化等。[①]

当然,根据奥尔森的"集体行动的逻辑",社会组织规模越小,集体行动能力越强。然而,社会组织的适度规模取决于对内管理能力和对外代表能力的两种力量对比;通常情况下,组织规模越小,则组织内部管理越直接有效,更容易形成组织内部的统一意见和联合行动;组织规模越大,则组织的对外代表能力越强,从而具有更强的对外谈判能力和社会影响力。由此可见,社会组织规模不是越小越好,也不是越大越好。确定行业协会的"适度"规模是一个实践性问题,而非理论探讨所能解决。

(二) 惩罚机制

惩罚机制是行业协会对违规行为实施约束的重要手段,这也构成了行业协会的内部治理机制的重要内容。关于行业协会的惩罚机制的重要性,学术界的意见高度统一,但在实现惩罚机制的具体措施方面存在着分歧。

(1) 一种意见认为,严格执行的惩罚机制必须依赖于具有高度强制力的惩罚机构,这种强制力来自于政府授权或者会员企业的集体授权,因此行业协会应当建立专门的惩罚机构。

(2) 另一种意见则认为,由私人团体来承担惩罚责任与现代民主国家的宪政理念不符,私人团体有可能过度追求私利,而对被惩罚者的人身权利和财产权利造成过度侵害,因此行业协会不应当建立专门的惩罚机构,而应该通过组织成员之间的集体协商来提出对违规行为的惩罚措施。

从理论逻辑的一贯性而言,后一种意见坚持"民主精神"的基本原则无疑是正确的。然而,"正确"的做法未必"有效"。如果采用后一种意见,那么惩罚违规行为的实施成本将会相当高昂;且不说集体协商活动消耗的各种社会资源,仅从集体协商结果的不确定性来看,就不足以对违规者形成强有力的约束机制。因此,本书的基本观点是,行业协会应当建立专门的惩罚机构,其强制力量来源于会员企业的集体授权;通过惩罚违规行为,来维护行业协会权威性和集

[①] 鲁篱,《行业协会经济自治权研究》,法律出版社,2003,第178页。

体行动统一性,进而维护会员企业的共同利益。

（三）领导者的个人魅力

根据韦伯的观点,合法统治分为三种类型:合理型统治、传统型统治、魅力型统治。① "合理型统治"的基础是政治规则和指令权利的合法性,依靠社会公众对制度体系和政治运作程序的信任来实现。② "传统型统治"的基础则是"君权神授"的神圣信仰。③ "魅力型统治"主要依靠"英雄人物"的个人魅力来支撑,社会公众对"英雄人物"的崇拜将会延伸,从而对其创设的组织和制度持有坚定信念。[1]

在行业协会的内部治理机制中,领导层的决策权威性是保证行业协会的集体决策和集体行动能够顺利进行的重要前提。从这个角度来看,当代中国行业协会具有典型的"魅力型统治"特征。例如,在清末民初的上海商会建立过程中,首任会长严信厚的个人魅力是团结同业者的重要条件;在此后的上海商会的制度建设和机制运行过程中,领导者的个人魅力始终是重要影响因素。在中国文化传统的长期熏陶下,"人治"方式必然是最能适应当时中国社会场景的合理选择,这种方式在当代中国行业协会发展过程中仍然具有相当"适合性"。

当然,任何一种制度运行方式都既有优势,也有缺陷:① 一方面,崇尚领导者的个人魅力的"人治"方式,使得行业协会的集体决策和集体行动容易实现,能够有效降低组织运行成本。② 另一方面,"人治"方式具有很强的不确定性,影响着行业协会的运行机制稳定性。事实上,考察中国商会组织的历史经验,由于领导者变动而影响商会运行的案例相当多,如果继任的领导者不具备前任的个人魅力,则可能导致行业协会的社会影响力下降,甚至最终解散。

基于这种担忧,本书认为,当代中国行业协会的未来发展方向应当是逐渐实现"制度化"。换言之,在行业协会的早期创建人的推动下,应尽可能建立完善的组织运行机制和制度体系,使得行业协会的各项活动都是依靠"制度"来决定,而不是依靠"人"来决定。在目前中国行业协会的发展现状基础上,采取这种策略是合理的:① 从长期来看,"制度化"是中国行业协会发展的必然趋势,这是由国际竞争环境和中国制度转型背景所决定的;② 从短期来看,如果行业协会的现行制度规则存在着一些缺陷,可以借助于领导者的个人权威,迅速通

---

[1] 〔德〕韦伯,《经济与社会》(下),林荣远译,商务印书馆,1995,第241页。

过制度完善来弥补这些缺陷。

进而言之,具有个人魅力的领导者应当做好两件事情:① 在行业协会的创建初期,领导者应当对外着力于争取社会资源,维持行业协会的生存;对内关注行业协会的制度建设,使之逐渐走上正常运行轨道。② 在行业协会的运行机制和制度体系逐渐成熟时,早期领导者应当选择适当的"退出时机",避免成为行业协会继续发展的阻力。例如,美国早期领导者华盛顿的"退位"行动具有强烈的示范效应,客观上维护了美国民主选举制度的权威性。

(四)博弈过程的可重复性

行业协会运行过程中的"搭便车"行为是影响其内部治理机制的重要因素,必须通过制度设计来有效限制会员企业的违规动机。根据"囚徒困境"的解决方案,通过建立可重复博弈的运作系统,能够促进会员企业之间的"合作"意图,限制违规动机。从内部治理机制的角度来看,行业协会的组织结构应当保持长期性,其运作机制应该具有持续性。唯有如此,行业协会才能长期提供会员企业需要的各种服务,持续增进会员企业的收益。由于组织结构的长期稳定性,会员企业相信彼此间的合作关系具有长期性和可重复性,他们会更加重视未来收益,自觉抵制短期利益的诱惑,进而有效削弱"搭便车"动机和欺骗行业协会的可能性。

三、问题的延续:行业协会失灵

即使行业协会能够在特定外部环境条件下实现内部治理机制优化,也未必能够满足社会公众对行业协会的期望。造成这种结果的原因是多方面的,既可能是因为社会公众对行业协会的期望值过高,也可能来自于行业协会的固有属性缺陷。比照"市场失灵"的概念,学界将这种现象称为"行业协会失灵"。

根据孙春苗的观点,"行业协会失灵是指行业协会的价值取向偏离其本质属性或互益宗旨,无法通过有效的集体行动来维护和提升会员企业利益,甚至损害会员企业利益、破坏市场竞争秩序,构成对其他社会团体和社会公共利益的负面影响,从而造成资源配置的低效率或者社会总体成本的增加"。[①] 简而言之,行业协会失灵的实质是,在行业协会充分发挥作用的条件下,仍然存在着效

---

① 孙春苗,《论行业协会——中国行业协会失灵研究》,中国社会出版社,2010,第8页。

率损失的状态。

欲研究"失灵",必先研究"有效"。本书将在研究"行业协会有效"的基础上,分析"行业协会失灵"的理论逻辑解释,继而探讨解决"行业协会失灵"问题的理论思路。

(一)行业协会有效

1. 行业协会产生的社会必然性

"行业协会有效"的根源是行业协会的社会价值,它能够满足特定的利益诉求和社会需要。具体表现在两方面。

(1)行业协会产生的外部根源。具体原因包括:

① 行业协会是一种特殊的公共组织,它是在"市场失灵"和"政府失灵"之后,学界为提高行业经济体系的运行效率而提出的"第三条道路"。

② 行业协会是社会分工深化的必然结果。在任何国家的社会发展过程中,由于个体能力有效性与社会效率目标无限性之间的矛盾,社会分工都必然呈现日益细化的趋势。在这种时代背景下,社会公众对公共物品的需求将会逐渐增加,无论是数量方面,还是种类方面,由政府提供的公共物品都难以满足社会公众的现实需要。这就需要政府将有限资源集中在基础性或关键性的公共物品供给方面,而把其他公共物品或公共服务的提供权力逐渐让渡给其他社会组织。那么,由谁来承载这些公共服务的提供权力呢?由于这些公共服务往往具有"俱乐部物品"的属性,它的受益者是特定行业或特定区域内的利益群体,因此应当由特定行业或特定区域内的代表性"公共组织"来负责提供这些"俱乐部物品"。[1]

(2)行业协会产生的内部根源。具体原因包括:

① 会员企业的共同利益需要。在市场经济条件下,同业者之间不仅存在着竞争关系,也存在着合作关系和共同利益。这些共同利益表现在诸多方面:维护行业声誉、分析行业形势、改善行业政策环境、对抗外来威胁。

基于会员企业的共同利益和行业整体利益,行业协会提供的公共服务集中在四方面:第一,构建行业信息网络,利用行业组织的规模经济优势,搜集、整理、分析行业信息。第二,组织会员企业的一致行动,通过行业协会的集体行动

---

[1] 〔美〕乔纳森·H.特纳,《现代西方社会学理论》,范伟达译,天津人民出版社,2001,第155页。

策略,游说政府采取有利于本行业发展的产业政策,抵制国外企业的不正当竞争行为,联合诉讼以对付国际贸易纠纷,推动基础技术的集体研发。第三,提供会员企业需要的"俱乐部物品",例如,开展成员企业的员工培训、举办行业产品的展览会、共同开拓国外市场等。第四,制定和实施自律规则,在相关法律的前提条件下,确立会员企业的市场行为规范。

② 市场组织节约交易费用的需要。在 20 世纪 30 年代,科斯提出,由于真实世界存在着"交易费用",市场组织之间的交易方式可能由"直接交易"转变为"企业"方式,即通过"纵向一体化"形成一个长期合约,由此替代市场组织之间的一系列短期合约。企业规模的边界条件是边际交易费用与边际管理费用相等。

根据公共组织理论,市场组织节约交易费用的策略选择未必只有"纵向一体化",它们还可以通过"横向一体化"来结成集体组织,通过联合行动的规模效应来节约交易费用。事实上,行业协会正是会员企业进行"横向一体化"的结果,通过会员企业之间的结盟行动,以一个较稳定的"行业协会"合约,来替代单个企业之间、单个企业与政府之间的一系列合约。行业协会规模的边界条件也是边际交易费用和边际管理费用,前者意味着如果单个企业不参与行业协会所面临的谈判费用和缔约成本,后者意味着行业协会内部的监督费用和管理成本。

2. 行业协会的应有功能

(1) 行业协会的组织功能。① 服务功能。行业协会的生存基础是能够提供满足会员企业共同需要的"俱乐部物品",例如,改善行业发展政策环境和提高行业声誉。此外,考虑到会员企业的差异性需求,行业协会也可能提供一些具有"选择性激励"特征的特殊服务,例如,提供客户信用资料、技术咨询等。② 代表功能。行业协会是特定行业或特定地域范围内的共同利益代表者,它"天然"地具有代表功能。这种代表功能确定的利益目标指向是相当清晰的:首先,与政府相对,行业协会必须争取有利于本行业发展的政策环境。其次,与其他社会团体相对,行业协会必须维护会员企业的共同利益。最后,与国外企业相对,本国的行业协会必须维护本国范围内的本行业企业利益。③ 协调功能。行业协会是行业整体利益的代表者,它通过协调单个会员企业之间的纠纷,来维护行业内部的竞争秩序。由此衍生出来的具体行动策略是,对违反行业规定的会员企业实施惩罚,统一行业技术标准和质量标准,确立会员企业的市场行为规范。

(2) 行业协会的社会经济功能。在互动性的社会网络中,行业协会的"有效性"主要体现在四方面:① 经济方面,行业协会能够节约交易费用,提高社会资源的配置效率。② 社会方面,行业协会与政府、市场、企业、社区之间存在着制衡关系,能够有效降低社会风险。③ 政治方面,行业协会参与公共决策的实践行动,提供利益集团进行利益表达的正式渠道,推动公共决策日益透明化和公平化。④ 法律方面,行业协会的自律性规则是法律制度的必要补充,能够增强法律制度体系的完整性和执行效率。[①]

(二)"行业协会失灵"的理论解释

"行业协会有效"意味着,特定社会环境中的行业协会能够实现社会公众期望的组织行动目标。沿着这种思路,在静态的社会环境中,"行业协会失灵"可能来自于两方面:一是行业协会的运行机制缺乏效率;二是行业协会的行动方向偏离社会公众的期望。

1. 自组织治理的运行机制

根据公共组织理论,自组织的行动有效性取决于三项因素:① 组织成员之间的持续不断的信息交换,以减少单个成员的"有限理性"带来的违规行为。② 将组织成员锁定在集体组织行动的相互依赖关系之中,使之"被迫"遵守集体决策和集体行动规则。③ 通过组织成员的集体参与行动,形成集体组织的"专用资产",使组织成员共同分享"专用资产"的收益并共同分担"专用资产"的风险。

根据 Jessop 的观点,自组织有效治理的关键是,组织目标确定于制度化谈判和反思的理性过程中,并通过谈判和反思进行调整。[②] 从这个角度来看,"行业协会失灵"可以被理解为,会员企业对原定的行业协会目标是否仍然有效产生质疑和争议,而行业协会未能有效地重新界定和统一组织目标,造成行业协会在会员企业中的社会合法性发生动摇。

针对"行业协会失灵"的现象,孙春苗提出,影响行业协会的会员企业实现

---

① 余晖,《行业协会及其在中国的发展:理论与案例》,经济管理出版社,2002,第3页。
② Jessop, B., "The Rise of Governance and the Risks of Failure: The Case of Economic Development", *International Social Sciences Journal*, March 1998, p.155.

合作关系和集体行动的可能原因有三项[①]：① 会员企业之间的竞争关系可能损害行业协会成员的合作基础；基于个体行为的"有限理性"和机会主义动机，会员企业必定追求个体利益最大化，而可能忽视集体利益，从而不能积极参与集体行动。② 会员企业之间的力量对比不平衡，可能导致大企业损害小企业的利益。由于资金实力和社会影响力等因素，大企业在行业协会内可能占据着优势地位，它们就可能利用这种有利条件，以行业协会的"集体利益"口号来谋求自身的"个体利益"，以行业协会的集体决策来挟持中小企业。③ 由于集体行动的成本和收益具有时间不一致性，使得行业协会的协调功能面临着限制。当行业协会对会员企业之间的集体行动进行协调时，必须付出交易成本，并且将会由参与集体行动的会员企业来共同分担，但行业协会的集体行动很难及时产生直接的经济利益。在这种情况下，会员企业对集体行动可能会持观望态度，一旦发现无利可图，就会偏离行业协会主导的合作关系。

2. "互益组织"的利益取向

行业协会是特定利益集团的代表者。根据汪永成的观点，利益集团具有六项主要特征[②]：① 群体性，以"集体行动"而非"个体行动"作为实现途径。② 自愿性，个体之间的合作行动是自愿的，而非被迫的。③ 自觉性，利益集团成员的行动策略具有自觉性和主动性，而非社会学中基于"心理认同"而结成的"利益群体"。④ 组织性，通过一定组织结构而聚集成员企业的共同利益。⑤ 目的性，特定利益集团具有服务于特定利益群体的行动目标，但利益集团与政党不同，后者的行动目标是掌握政权。⑥ 非政府性，利益集团可以接受政府机构的管理，但它不属于政府管理机构。

行业协会是强势的利益集团。与其他社会组织相比，由于组织成员的封闭性，行业协会的集体行动能力更强；由于直接体现经济利益，行业协会的经济地位和社会影响力更大。当其他社会组织与本行业协会发生利益冲突时，本行业协会就可能借助雄厚的资源调动能力，通过企业联盟的集体行动来操纵市场，从而使协调能力转变为共谋能力，进而损害其他社会组织的经济利益。

"共同利益"与"公共利益"的不一致。行业协会追求的利益目标是会员企

---

① 孙春苗，《论行业协会——中国行业协会失灵研究》，中国社会出版社，2010，第88页。
② 汪永成、黄卫平、程浩，《社会利益集团政治化趋势与政府能力建设》，载于《武汉大学学报（人文科学版）》，2005(1)。

业的"共同利益",而不是全体社会公众的"公共利益"。当政府和学界对行业协会寄予过高希望,期待着它维护"公共利益"时,实际上是对行业协会的社会角色定位的扭曲。在这种情况下,行业协会的功能目标与社会公众的期望值之间将会存在矛盾,容易导致社会舆论对行业协会的不公正评价。进而言之,行业协会的利益目标范围只能局限在会员企业的"共同利益",它通过提供"俱乐部物品"来满足会员企业的各种需要。这种"局限"特征是保证行业协会的行动有效性的重要前提条件,也是行业协会的生存基础。

(三)"行业协会失灵"的解决思路

社会组织运行的有效性取决于组织形态与外部环境之间的"适应性":如果特定组织与特定环境能够保持相互适应,则该组织就能够正常发挥功能,进而实现社会公众和政府的预期目标;反之亦然。基于这种考虑,本书将从两个层面来探讨"行业协会失灵"的解决思路。

1. 行业协会的外部环境:变革行业协会管理体制

所谓"行业协会的管理体制",就是指"对行业协会的管理权力在相关政府机构之间的分配和协调制度"。目前中国行业协会管理体制的最主要特征是"双重管理体制",具体含义是,① 社团登记管理机关负责审核行业协会的成立要件和行政合法性;② 业务主管单位负责管理行业协会的日常事务。

针对目前中国行业协会管理体制的诸多缺陷,各地在行业协会发展的具体实践中进行大胆尝试。粗略归纳起来,各地的行业协会管理体制创新模式主要包括三种类型。

(1) 新双重管理体制。这种做法的基本思路是,由边缘性政府机构来承担全部或部分的行业协会的业务主管单位职责。这里的"边缘性政府机构"主要是"工商联",例如,温州工商联、嘉兴工商联、杭州工商联等。

(2) 三重管理体制。这种做法的基本思路是,通过建立临时性的专门政府机构,在体制转型时期负责统筹规划行业协会发展事宜。这里的"专门政府机构"主要是"行业协会发展署"或"社会服务局";这里的"三重"管理单位主要是社团登记管理机关、社会服务局、业务主管单位。

(3) 单重管理体制。这种做法的基本思路是,直接废除"双重管理体制",取消业务主管单位,对行业协会实行"审核制",其成立只需要接受社团登记管理机关的审核即可。

比较行业协会管理体制创新的三种模式,它们的共同特征体现在:① 民政部门始终是行业协会的登记管理机关;② 弱化原有业务主管单位对行业协会的管理权限;③ 对行业协会的管理重点逐渐由"监管"转变为"扶持";④ 强调行业管理活动的专业化和集中化;⑤ 弱化政府主导力量,强化市场力量和社会力量的引导作用,强调行业协会的民间化、市场化、自主化。

基于三种模式的各自特点,本书认为,中国行业协会管理体制的未来发展方向可以从两个层面来考察:① 从长期来看,"单重管理体制"与市场经济环境具有更强的"适应性";随着中国市场经济的不断发展,行业协会的管理体制将会越来越倾向于专业化和集中化,这种趋势的必然结果就是最终走向"审核制"。② 从短期来看,"新双重管理体制"可能是更适合中国体制转型背景的现实选择。其比较优势主要体现在:由"双重管理体制"过渡到"新双重管理体制",制度转换成本较低,容易得到各种社会力量的认可和支持。"工商联"本来就是民间组织的联合,与行业协会发展的"民间化"趋势保持一致;"工商联"的工作重点长期集中在工商领域,与行业协会发展的"专业化"趋势保持一致。

2. 行业协会的行动能力:控制会员组成和完善治理机制

"控制会员组成"强调行业协会的建立过程,"完善治理机制"强调行业协会建立之后的运行过程,它们共同构成保证行业协会行动能力的重要条件。

(1) 控制会员组成。正如前文所言,行业协会提供的会员服务具有典型的"俱乐部物品"特征,它必须通过控制会员组成来确定适度的组织规模,以保证行动能力有效性。具体措施表现在两方面:

① 甄别会员资格。部分行业协会在建立初期,将"集体行动的有效性"置于首要地位。根据奥尔森的"集体行动的逻辑",集体组织的规模越小,统一行动能力越强。如何来保证集体组织的"小而精"呢?一种可能答案是"甄别会员资格"。通过提高会员企业参与行业协会的"门槛条件",使得本行业协会在特定地域、特定经营领域、特定社会阶层中具有代表性,从而保证本行业协会的集体行动有效性。[①]

② 限制组织规模过大的策略。随着市场经济领域拓展和行业协会发展,

[①] 中关村科技园区管理委员会、北京大学光华管理学院,《中关村园区协会职能定位、运行模式及行为规范研究》,2005,第 29 页。

行业协会的组织规模将会逐渐扩大。然而,如果行业协会的组织规模太大,将会制约其集体行动能力,削弱行业协会的权威性。那么,采取哪些措施来有效限制行业协会的组织规模呢?具体措施主要包括:第一,组织内部分化。组织规模过大的行业协会对会员企业的"共同利益"进行细分,通过设立分支机构、分会、专业委员会等形式,应对不同类型企业的不同利益诉求,从而解决组织规模过大导致的集体行动能力下降问题。第二,组织外部独立。在产业不断细分的市场背景下,大门类行业协会可能无法保证会员企业的利益一致性,这就需要以小门类行业为基础,建立符合小门类行业企业的"共同利益"的行业协会。事实上,产业细分和小门类行业协会的建立,都着眼于保持会员企业的偏好一致性和分布平衡性,进而增强行业协会的集体行动能力。

(2)完善治理机制。治理机制是行业协会治理问题的核心内容,行业协会治理的目标是,"通过结构安排和功能设置,激发会员对协会的认同和对集体行动的参与,提高决策的民主和效率,并对执行机构产生有效的约束和激励,从而保障和提升会员的利益,最终实现行业协会的宗旨"。[①] 具体措施包括:

① 增强行业协会章程的总体原则效力。行业协会章程是行业协会的"宪法",它规定着组织目标、组织人员构成、议事行动;如果章程不够完善或没有得到有效贯彻,就可能导致行业协会的治理机制失衡。根据公共组织理论,行业协会章程应当遵循三项原则:稳定性原则、有效性原则、权威性原则。通过三项基本原则的支持功能,行业协会能够对会员企业的"共同利益"进行有效维护。

② 解决"大企业控制"问题。如果大企业控制着行业协会,就会抑制中小企业的积极性和利益实现,容易造成行业协会内部的利益冲突。根据各地的实践经验,解决"大企业控制"问题需要注意三方面:第一,理事会不能被大企业垄断。行业协会的理事会组成需要考虑到大企业和中小企业的比例平衡,应当设立一定比例的中小企业代表席位,以增强行业协会各方的利益代表性;同时保证在重大事务决策中的"一人一票"权利。第二,行业协会的会长职位不能固定不变,应当实行"会长轮换制",避免大企业对行业协会的垄断,从而保证行业协会的会员吸引力和组织发展能力。第三,即使行业协会的主要领导人来自大企业,也必须从行业协会持续发展的角度出发,设计防止行业协会"治理异化"的

---

① 孙春苗,《论行业协会——中国行业协会失灵研究》,中国社会出版社,2010,第118页。

策略。

③ 解决"执行层控制"问题。由于行业协会的内部多重"委托—代理"关系,行业协会的实质控制者是执行层,它可能会在信息不对称条件下损害会员企业的利益。针对这种"委托—代理"问题,学界提出了两种解决思路:第一,显性激励。通过对行业协会的秘书长和工作人员的薪酬合同,在坚持"非分配约束"①和会员意志的前提条件下,自主决定行业协会的执行人员的年薪报酬、奖金、职务消费等,从而削弱他们利用信息优势损害委托人利益的动机。第二,隐性激励。通过增强竞争性的招聘过程,行业协会甄选工作人员实现"市场化";通过强化工作过程中的声誉机制,行业协会可以促使工作人员更加努力地工作,以提高其职业声誉,进而体现为人才竞争市场中的优势地位。

④ 健全内部监督救济机制。根据行业协会的治理机制,内部监督程序是,会员大会监督理事会;理事会监督常务理事会;常务理事会监督秘书长;秘书长监督工作人员。内部救济与内部监督的程序相反,内部救济程序是内部监督程序的逆程序。"救济"的含义就是,通过监督发现问题之后,依据行业协会章程进行自认追究、自我纠错、自我改进。通常情况下,内部监督机制和内部救济机制是紧密联系在一起的,它们是一项"事件"的正面和反面。

健全内部监督救济机制的主要内容包括:第一,构建理事会的独立决策机制,避免业务主管单位的行政干涉和大企业会员的垄断操纵。第二,保障监事会的独立监督权,理事单位以上的会员和执行层工作人员不得兼任监事。第三,行业协会的内部信息公开化,通过各种渠道向会员企业履行告知义务,使会员企业了解协会在财务收支、年度工作计划、人事更迭等方面的情况。第四,鼓励会员企业参与民主决策和全程监督。第五,采取切实有效的惩罚手段,对违反行业协会规定的行为和责任者进行警示和惩戒。

值得强调的是,当行业协会自身难以实现"善治"目标时,政府力量有必要介入行业协会的事务管理中,提供合理规范的行业协会治理原则。政府干预行动的目标指向是,保障会员企业的合法权利;弱化行业协会对社会和政府的负外部效应;推进行政体制改革和政府职能转移。在政府力量介入行业协会治理

---

① 非营利组织必须遵循"非分配约束"原则,这意味着,行业协会的执行层不能直接享有行业协会的剩余索取权。但与公益性组织相比,互益性组织的资金运用具有相对自主性,使得"显性激励"具备可能性。

活动的过程中,应当遵循"非强制引导"原则;应当通过激励性质的组合方案来推动行业协会的行动有效性,而不是采取强制性的制裁措施。

纵观中国商会组织的发展历史、发展现状、未来发展方向,我们不难发现:商会组织的演变过程就是商会组织形式不断调整的过程,决定商会组织形式调整方向的关键因素是组织形式与外部环境之间的"适应性"。随着社会经济的不断发展,商会组织的外部环境也在不断变化,它必须不断调整自身的组织形式,才能保持这种特定组织的"血脉",也才能获得更多发展动力和更大发展空间,这也是各地商会组织的制度规则和组织结构呈现多样性的根本原因。

第6章

社会价值观念共同体的典型案例:民间志愿组织

随着社会发展进程的不断演变,社会公众的利益诉求目标也呈现逐渐"升级"的趋势。人们对"公共物品"的理解不断深化,由物质技术层面,过渡到经济权利和社会权利层面,再发展到对社会价值观念的探索和认同。正是在这个意义上,志愿组织作为承载这项社会群体要求的组织形式,逐渐进入社会公众和学术研究者的视野。

关于"志愿组织"的概念界定,实在不易,但却无法回避。因为"语词是对事实的描述与抽象……能够将事实清晰准确地表述出来,无疑将对客观认识事实有所助益。……只有客观准确认识事实之后,才有对其施加影响的可能性"。[①] 在中国社会的文化语境中,与之相关的概念有很多,主要包括:非政府组织(NGO)、非营利组织(NPO)、第三部门(第三域)等。这些概念都关注现实社会问题,但强调的重点不同:① 非政府组织强调该组织不是政府部门或其附属机构;② 非营利组织强调该组织不是具有营利性质的企业;③ 第三部门强调该组织的社会位置是"公共领域",它介于政府的"公领域"和企业的"私领域"之间;④ 志愿组织则强调该组织的运作基础是志愿者的价值观念认同和共同行动。

基于研究需要,本书选取的研究对象是"志愿组织",强调志愿者们的社会

[①] 陈洪涛,《为什么要用"社会组织"》,载于《中国非营利评论》(第二卷),社会科学文献出版社,2008,第248页。

价值观念。为了避免各种相关概念之间的混淆,本书在表述过程中一律采用"志愿组织",但为尊重其他研究者的知识产权,本书在引用文献资料时,仍然采用原文的"非政府组织"、"非营利组织"等表述。根据朱健刚的观点,"志愿组织"被分为两部分:公营志愿组织和民间志愿组织。前者"受到政府逻辑的严重制约",后者则表现出"公民社会组织所具有的某种高度的自组织和独立性"。①为了更加清晰地展示志愿组织的现实活动图景,本书将研究范围进一步锁定在"民间志愿组织"。

根据组织行为理论的基本思想,本章将"志愿组织"与"志愿行动"结合起来,作为研究重点。具体分析思路主要沿着两条线索展开:① 根据"外部"和"内部"的二分法,本章从外部环境角度强调社会变迁给志愿组织提供的发展机会,从内部能力角度强调志愿组织把握机会的能力、组织内部治理机制、组织成员素质。② 志愿组织是基于志愿行动的需要而形成起来的。根据志愿组织的行为选择过程,依次关注五个命题:志愿组织的行为动机、志愿行动的客观约束条件、志愿组织的策略集合、志愿组织的策略选择方式、志愿行动的结果。

第一节 全球志愿组织的发展趋势

根据萨拉蒙的描述,近年来全球范围内正在进行一场真正意义上的"结社革命",它形成了20世纪后期最重要的社会和政治发展现象。② 在考察二十多年来全球志愿组织发展的事实基础上,至少有两个问题是必须思考的:① 全球志愿组织发展的初始原因和推动力量是什么? ② 学界对全球志愿组织发展的理论思考有哪些成果?这两个问题共同描绘出近年来全球志愿组织发展的整体图景。

一、全球志愿组织发展的缘起

社会组织演变的一般规律是一个渐进过程:从无到有,从弱小到壮大,最终走向消亡。针对目前全球志愿组织发展的现实阶段,理论解释的着重点放在组

---

① 朱健刚,《行动的力量——民间志愿组织实践逻辑研究》,商务印书馆,2008,第7页。
② 〔美〕莱斯特·M.萨拉蒙,《公共服务中的伙伴》,田凯译,商务印书馆,2008,第256页。

织演变过程的前两个阶段,由此形成两个基本命题:① 哪些环境条件使得志愿组织能够"从无到有"地逐渐生长出来?② 哪些力量推动着志愿组织持续不断地壮大起来?

(一)志愿组织的产生原因

根据萨拉蒙的观点,全球志愿组织发展的根本原因是全球社会的整体发展格局和发展方式发生了深刻变化。针对志愿组织发展的初始条件,萨拉蒙将社会演变的各种直接相关因素归纳为"四种危机"和"两场革命"。①

1. "四种危机"

"四种危机"主要包括福利国家危机、发展危机、环境危机和社会主义危机。中国古人云:"祸兮福之所倚。"危机背后往往潜藏着发展机遇。具体而言,这四种危机给志愿组织创造的发展机遇各不相同。

(1)福利国家危机。自 20 世纪 70 年代以来,现代福利国家面临着公共服务领域的"两难局面",日益增加的社会需求和日益削弱的公共服务能力逐渐形成"福利危机"。根据西方学者的研究成果,导致这种局面的直接原因是四项因素②:① 20 世纪 70 年代的石油危机减缓了经济发展,增加了社会福利支出压力。② 越来越多的人相信,政府的过度专业化和官僚化正在削弱其组织能力,使之无法承担日益增加的社会要求。③ 福利国家的政治学不断产生增加公共服务的压力,并且超过社会公众的支付意愿,从而导致日益严重的赤字问题。④ 福利国家未能通过减少企业经营风险而促进经济发展,反而抑制竞争和鼓励依赖。进而言之,在福利国家的政府能力受到质疑的前提条件下,社会公众自然会努力寻求其他途径来解决公共问题。作为一种替代性的制度安排,志愿组织的特点是"自我决定、自我负责、自由选择、团结参与"③,它逐渐成为人们寻求公共服务的重要求助对象之一。

(2)发展危机。虽然 20 世纪 60 年代的世界经济增长使得发展中国家迅速提高国民生活质量,但随之而来的 20 世纪 70 年代的石油危机和 80 年代初期

---

① 〔美〕莱斯特·M.萨拉蒙,《公共服务中的伙伴》,田凯译,商务印书馆,2008,第 270 页。
② Johnson, Norman, *The Welfare State in Transition*: *The Theory and Practice of Welfare Pluralism*, Amherst: University of Massachusetts Press, 1987, p. 38.
③ Flora, Peter, "Introduction", In *Growth to Limits*: *The Western European Welfare State Since World War II*, Vol. 1, Berlin: Walter Gruyter, 1986, p. 565.

的经济衰退改变了这种趋势。发展中国家的绝对贫困和相对贫困问题日益成为全球范围内的社会焦点,从而形成"发展危机"。针对这种局面,发展中国家的社会公众要求进行社会经济发展方式的"结构性调整",强调民间力量的支持,而不是单纯依赖政府力量。

从发展中国家解决"发展危机"的外部支持力量来看,1974年的联合国大会"国际经济新秩序原则"和1976年的罗马俱乐部"重塑国际秩序报告"都强调,发展中国家的民间力量才是经济发展的关键,由此形成对"自力更生援助"(assisted self-reliance)模式的支持,即鼓励"参与式发展"。[①] 在此背景下,从世界银行、联合国等国际组织,到发达国家的志愿组织,都对发展中国家给予了越来越多的关注。

(3) 环境危机。自20世纪后期以来,在经济增长的压力下,世界范围内的环境恶化越来越严重。由于环境恶化的不可逆性,人们逐渐认识到,单纯的技术手段和政府行动难以有效解决"环境危机"问题。实践活动表明,缓解环境恶化的有效途径是建立日常性的民间组织,对自然资源的使用进行合理管理,这恰恰提供了志愿组织的活动领域。它们的主要活动是"动员那些会有污染行为,或过度使用稀缺自然资源的人或机构,并给他们提供改变其行为所必要的资金"。[②]

(4) 社会主义危机。20世纪后期的世界政治格局急剧变动,使得人们日益怀疑社会主义体制提供社会正义和经济富足的组织能力,进而质疑社会主义体制的合理性,这就形成了"社会主义危机"。在这种历史背景下,一些社会主义国家开始出现大量市场取向的"合作企业"和非市场取向的社会公益组织。特别是在中东欧地区,各种类型的非政府组织逐渐兴起,它们"对中央政府及其制度具有高度不信任,试图直接控制经济、政治和社会过程"。[③] 然而,由于这种类型的志愿组织具有强烈的政治意图,因而被许多国家列为"不受欢迎的对象"。

2. "两场革命"

"两场革命"主要包括通信革命和中产阶级革命。中国古人亦云:"穷则变,

[①] 〔美〕莱斯特·M. 萨拉蒙,《公共服务中的伙伴》,田凯译,商务印书馆,2008,第272页。

[②] Cernea, Michael, "Farmer Organizations and Institution Building for Sustainable Development", *Regional Development Dialogue* 8, No. 2 (Summer), 1987, p. 24.

[③] Kuti, Eva, *The Possible Role of the Nonprofit Sector in Hungary*, Voluntas 1, No. 1, 1990, p. 37.

变则通。"技术层面和社会组织层面的变革运动,都会改变现有的社会发展方式,从而给各种新的组织类型提供发展空间。

(1) 通信革命。通信革命改变了人们的认知方式,提高了社会公众之间的沟通能力,从而给志愿者们提供集体行动和组织协调的客观物质条件。① 在通信革命之前,信息传递需要很高的时间成本和货币成本,对信息网络的垄断力量成为政府实施社会控制的重要手段。② 在通信革命之后,人们能够更方便地知道全国各地乃至世界范围正在发生什么事情,知道具有共同价值观念的志愿者们正在进行什么行动,从而能够更加容易地形成志愿组织和进行志愿行动。

(2) 中产阶级革命。相当规模的中产阶级是志愿行动的社会基础。经济增长不仅表现在物质财富增加层面,更体现在社会阶层结构的变化。事实证明,志愿组织发展必须依赖于中产阶级的不断壮大,后者提供前者所需要的人员支持和资金援助。值得强调的是,相当规模的中产阶级专业人士和知识分子更容易构建稳定而健康的社会价值观念框架;同时,志愿组织也为这些受过良好教育的社会精英提供参与社会管理和政治活动的组织资源。

(二) 志愿组织的发展动力

根据萨拉蒙的观点,推动志愿组织发展的基本动力来自于三个方面:① 下层民众的压力;② 上层政府部门的支持;③ 国外志愿行动的鼓励。这三种力量从不同角度推动着志愿组织的持续发展,使之在"生存"基础上解决"发展"问题,进而逐渐形成自我发展机制。

1. 下层民众的压力

借助"两场革命"提供的技术基础和社会基础,许多民间志愿组织试图通过民间力量的自觉行动,来改善自身的社会经济地位,解决特定社会环境面临的各种"危机"。

(1) 针对"福利国家危机",在发达国家出现许多具有互助性质的社会团体和慈善组织。

(2) 针对"发展危机",在发展中国家出现许多"合作社"、互助团体、社会支持网络,以解决贫困问题。例如,拉丁美洲的"邻里促进协会"着力于改善社区贫困局面；伊拉克的"妇女联合会"强调提高妇女的劳动技能和经济地位。①

（3）针对"环境危机"，在世界范围内形成各种环境保护组织，以改善环境恶化局面。例如，印度的"环境运动"（CHIPKO）通过农村居民的自发努力来保护当地即将消失的森林；匈牙利的"多瑙河圈"（Danube Circle）反对在多瑙河上修建水电站。②

（4）针对"社会主义危机"，在东欧和前苏联地区出现许多追求民主政治的志愿组织。例如，波兰的"团结工会"通过相互援助体系，传递民主诉求和政治理念，最终推动本国政治体制改革，甚至夺取执政权力。

2. 上层政府部门的支持

在任何国家，政府都控制着绝大部分的重要社会资源；政府部门支持始终是推动志愿组织发展的最重要力量。

（1）发达国家的政府部门积极支持志愿组织发展，将之作为削减政府社会支出项目和解决"福利危机"的重要战略。例如，英国的撒切尔夫人将志愿者称为"我们提供社会福利的核心"③；法国政府在1982年颁布法令，协调地方社区的联合活动，鼓励地方政府在社会福利政策执行过程中谋求志愿组织的支持④；挪威的劳工政府也强调，"政府本身并不具备能力来考虑所有与社会福利部门相关的问题"⑤。

（2）第三世界国家的政府部门也积极扶持民间志愿组织，鼓励民间力量与政府力量合作，共同解决"贫困危机"和"环境危机"。例如，菲律宾的"自由农民联合会"与政府主办的"国家农场组织联合会"具有密切联系；肯尼亚的"哈兰比运动"是政府推动参与式社区发展的直接结果。

---

① El-Baz, Shahida A., "Historical and Institutional Development of Arab NGOs", Paper prepared for delivery at the Third International Conference on Research on Voluntary and Nonprofit Organizations, Indianapolis (March 15), 1992, p. 13.

② Fisher, Julie, "Micro politics: Third World Development Organizations and the Evolution of Pluralism", Paper prepared for the International Symposium on the Nonprofit Sector and the Welfare State, Bad Honef, Germany (June 10—13), 1987, p. 8.

③ Brenton, Maria, *The Voluntary Sector in British Social Services*, London: Longman, 1985, p. 143.

④ Tchernonog, Vivianne, "Building Welfare Systems Through Local Associations in France", In Gidron, Kramer, and Salamon, 1992, p. 216.

⑤ Grindheim, Jan Erik, and Selle, Per, *The Role of Voluntary Social Welfare Organizations in Norway: A Democratic Alternative to a Bureaucratic Welfare State*, LOS-center Note, 1989, p. 5.

(3) 在社会主义阵营国家中,志愿组织发展也离不开政府部门支持。例如,"社会创新基金会"是前苏联地区最早的志愿组织之一,它曾经得到戈尔巴乔夫的鼓励和支持。

3. 国外志愿组织的鼓励

如果说来自下层民众的压力和来自上层政府部门的支持,都是在封闭的政治经济体系中来分析志愿组织的发展动力;那么,来自国外志愿组织的鼓励则构成了推动志愿组织发展的重要外部力量。这种外部力量主要来源于三类国外志愿组织:教会、西方私人志愿组织、国际援助机构。

(1) 自20世纪50年代以来,教会日益强调自身的慈善组织角色。特别是针对马克思主义学说在下层阶级中的传播和"卡斯特罗革命"的成功,教会越来越多地关注社区贫困和社会正义问题。在20世纪70年代和80年代,巴西就建立了8万个"教会的基层社区",帮助解决社区范围内的各种社会问题和经济问题。此外,教会力量在推动中东欧地区的社会运动方面,也发挥着重要作用。

(2) 西方私人志愿组织是全球志愿组织发展的重要推动力量,特别是对于发展中国家的志愿组织发展而言,西方私人志愿组织的重要作用体现在两方面:① 西方私人志愿组织已经构建了较为完善的"人道主义救济理论",并且提出"工作场所捐赠"等一系列新颖的组织发展理念,这无疑对发展中国家提供了理论支持和可供模仿的典型案例。② 西方私人志愿组织对发展中国家的援助策略发生转变,不再采取单纯的"救济"模式,而是着力于帮助发展中国家的民间志愿组织提高自我发展能力。例如,在以"增权"(empowerment)为核心的组织发展策略引导下,洛克菲勒基金会、福特基金会等西方私人志愿组织越来越多地关注发展国家的本土民间志愿组织,从社会底层帮助穷人实现"自我援助"。[①]

(3) 在私人志愿组织的积极倡导下,国际援助机构也日益关注世界范围内的志愿组织发展命题。例如,① 经济合作与发展组织(OECD)的发展援助委员会,就将20世纪90年代的发展战略确定为"参与式发展",着力于帮助发展中国家的民间志愿组织[②];② 1982年世界银行组建"世界银行——非政府组织委

[①] Smith, Brian H., *More Than Altruism: The Politics of Private Foreign Aid*, Princeton: Princeton University Press, 1990, p.62.

[②] OECD, *Development Assistance Committee, 1991 Report*, Paris: OECD, 1991, p.43.

员会",鼓励各国政府与志愿组织进行合作①。

二、关于全球志愿组织发展的理论文献

基于全球志愿组织发展的经验事实,国内外学者对这些事实进行了广泛而深入的研究。主要研究成果集中在三个方面:① 从宏观角度分析"志愿组织发展与政治经济环境";② 从微观角度分析"志愿组织的内部治理机制";③ 从社会网络位置角度,分析"志愿组织与政府的关系"。

(一) 宏观解释:志愿组织发展与政治经济环境

自全球志愿组织逐渐兴起以来,学者们一直试图从更广阔的社会发展背景中,寻找志愿组织产生和发展的社会原因。全球志愿组织的迅速崛起绝对不是一种偶然的社会现象,其背后一定隐藏着深刻的社会价值诉求。事实上,学者们正是循着这种思路,从各个角度来探求志愿组织对社会价值诉求的满足方式。由此构成对志愿组织发展的宏观层面解释,主要理论研究成果如下。

1. "政府失灵"理论

根据凯恩斯主义经济学的观点,市场存在着固有缺陷,将会导致某些公共物品的供给不足,这就引申出政府干预的必要性。然而,政府部门仍然有可能存在着"政府失灵",萨拉蒙认为,"政府失灵"(government failure)的主要表现是"福利国家危机"、"发展危机"、"环境危机"和"社会主义危机"。② 在这种历史背景下,社会公众要求一种新的组织形式来提供某些公共物品,以弥补政府部门在这方面的公共服务供给不足,这就是基于"政府失灵"而提出的志愿组织发展原因。

2. "契约失灵"理论

通常情况下,私人物品由市场部门进行提供。然而,由于市场领域的信息不对称和企业追逐利润过程中的机会主义行为,某些私人物品无法通过市场机制来满足社会公众的需要,这就导致了基于"契约失灵"(contract failure)而提

---

① Cernea, Michael, "Nongovernmental Organizations and Local Development", *World Bank Discussion Papers*, No. 40; Washington, D. C.: World Bank, 1988, p. 30.
② Salamon, L. M., H. K. Anheier & Associates, *The Emerging Sector Revisited: A Summary, Initial Estimates*, Baltimore: Johns Hopkins University, Institute for Policy Studies, and Center for Civil Society Studies, 1998, p. 235.

出的志愿组织发展原因。如果说"政府失灵"理论解释了某些公共物品为什么由志愿组织来提供,那么"契约失灵"理论则扩展了这种认识,解释了为什么某些私人物品也要由志愿组织来提供。

3. "志愿失灵"理论

(1) 志愿组织的"供给理论"。由于"政府失灵"理论和"契约失灵"理论都着重从需求方面解释志愿组织出现的必要性,它脱离了传统经济学的需求和供给分析框架,无法很好地解释全球志愿组织迅速崛起的现实状况。在此基础上,一些学者将研究视角转向供给方面,提出志愿组织的"供给理论"。这种理论强调在政府部门和市场部门不能有效提供物品的领域中,人们对志愿组织具有主观上的需求;在"通信革命"和"中产阶级革命"的条件下,志愿组织具有满足这种需求的客观能力。

(2) "志愿失灵"理论。既然志愿组织能够弥补政府部门和市场部门的制度缺陷,那么这种替代机制就应该能够独立运行。然而,人们发现,现实世界中存在着许多志愿组织接受大量政府资助的现象。针对这种现象,萨拉蒙提出"志愿失灵"(voluntary failure)理论,说明志愿组织存在着私人捐款不足、管理体制的家长作风、工作人员的业余性等问题,使得志愿组织的资源供给与资源需求之间存在着缺口,这就迫使志愿组织从外部获取更多资源来满足组织运作需要。

正是在此基础上,学界对志愿组织的研究思路循着两条线索展开:① 志愿组织可以从政府部门获得更多资源,由此衍生出"第三方政府"理论,进而探讨志愿组织与政府部门的关系;② 既然志愿组织的运作机制缺乏效率,那就可以用"公司治理机制"来改造志愿组织,由此衍生出"民营化"理论,进而推动"新公共管理"潮流。

(3) "第三方政府"理论(the Third-Party Government Theory)。该理论的主要内容是萨拉蒙依据美国志愿组织提出的解释。萨拉蒙认为,美国联邦政府不是直接对服务对象提供资金和各种帮助,而是借助于大量第三方机构,在公共服务资源的最初提供者和最终享用者之间,嵌入"第三方政府"机构。通过扮演"第三方政府"角色,志愿组织接受联邦政府提供的资金和活动指导,直接面对公共服务对象。根据萨拉蒙的观点,这种"第三方政府"是对"福利国家危机"的积极响应,其效果是明显的:既可以增强政府在公共福利供给方面的资源支持,又可以避免出现庞大的政府官僚机构。①

(4) 志愿组织的"民营化"理论(the Privatization Theory)。萨瓦斯认为,"民营化"不仅是一种经济管理方式,而且是一种社会治理策略。"民营化"体现的社会信念是,由政府高度介入的制度安排,逐渐转变为政府较少介入的制度安排。② 志愿组织缺乏组织运行效率的根本原因可能是"感染"了政府官僚机构的组织弊端,因此需要通过"民营化"等措施,借鉴公司治理机制的成功经验,对志愿组织的运行机制进行必要改造。从理论渊源来看,志愿组织的"民营化"理论源于公共选择理论;从理论发展去向来看,这种理论与新公共管理浪潮相契合,也符合政府机构改革方向。

4. "部门失灵"理论

"部门失灵"(department failure)理论试图将"政府失灵"、"契约失灵"、"志愿失灵"统一起来,通过比较政府部门、市场部门、志愿组织的制度差异和互补性,构建具有一般性的分析框架。根据席恒的观点,它们的关系表示为图 6-1。

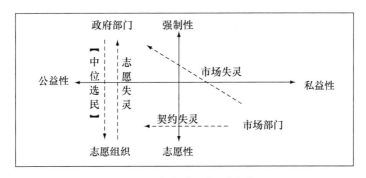

图 6-1 "部门失灵"理论框架

根据图 6-1,在三种部门的传统功能定位基础上,各条虚线对应着三种类型的"部门失灵"。具体而言:① 由于"市场失灵",市场部门在提供公共物品方面存在着先天不足,需要由政府部门来提供公共物品;② 由于"中位选民"偏好等问题,政府部门不能满足全体社会公众对公共物品的需求,需要志愿组织来弥

---

① Salamon, Lester M., "Rethinking Public Management: Third-Party Government and the Changing Forms of Government Action", *Public Policy*, 1981, 29 (3).
② 萨瓦斯,《民营化与公私部门的伙伴关系》,周志忍等译,中国人民大学出版社,2002,第75页。

补公共物品供给不足;③ 由于"契约失灵",市场部门由于存在着"搭便车"等问题,不能提供社会公众要求的所有私人物品,需要志愿组织来提供具有集体性质的私人物品;④ 由于"志愿失灵",志愿组织需要与政府部门进行合作。[①]

(二)微观解释:志愿组织的内部治理机制

如果说政治经济环境提供志愿组织发展的初始机会,那么志愿组织把握这种发展机会的关键因素就是内部治理机制所体现的能力高低。根据萨拉蒙的观点,"志愿失灵"的重要原因之一是志愿组织缺乏高效率的组织运行机制。因此,一些学者试图将"企业治理机制"理论引入志愿组织命题的研究范围,借助企业理论的相关研究成果,提高志愿组织的运行效率。沿着这条思路,关于志愿组织的微观层面研究成果主要集中在三方面。

1. 委托—代理理论

Ben-Ner 和 Hoomissen 认为,志愿组织理事会控制着组织运作的决策主导权,可以纳入"委托—代理理论"(the Principal-agent Theory)的分析框架。[②] 志愿组织的委托—代理关系存在着三类权利主体:① 捐助人是志愿行动资源的初始"所有者",一旦捐助行为完成,捐助人就丧失对资金等志愿行动资源的控制能力;② 被捐助人是志愿行动资源的最终"受益者",它在志愿行动中处于被动地位;③ 志愿组织理事会则是志愿行动资源的实际"控制者",负责拟订志愿行动方案,决定着志愿行动资源的流向。

基于特殊的委托—代理关系,志愿组织的内部权利安排特征是"三权分离",即志愿行动资源的所有权、控制权、受益权分别由不同主体掌握着。相对于企业组织的"两权分离"(所有权与控制权分离)委托—代理关系,志愿组织的委托—代理关系更加复杂,其权利和责任的分配也更具有挑战性。

2. 问责理论和利益相关理论

既然志愿组织具有委托—代理关系的典型特征,那么通过监督机制来约束代理人行为,就成为提高志愿组织运行效率的一种重要思路。基于这种思路,学界从两个角度来分析志愿组织的监督机制:① 从内部监督机制的角度,衍生出"问责理论";② 从外部监督机制的角度,衍生出"利益相关理论"。在近年来

---

① 席恒,《公与私:公共事业运行机制研究》,商务印书馆,2003,第 39 页。
② Ben-Ner, A. & Hoomissen, T., "V. The Governance of Nonprofit Organizations: Law and Public Policy", *Nonprofit Management and Leadership*, 1994, 4(4), p.393.

的理论发展过程中,"问责理论"与"利益相关理论"逐渐融合,成为探讨志愿组织的监督机制的重要理论基础。

(1)"问责理论"(the Accountability Theory)强调,志愿组织的委托—代理问题更加严重,因此需要更加重视对代理人的监督问题。对于志愿组织而言,导致委托—代理问题更加严重的主要原因是四项因素[①]:① 志愿组织提供的物品和服务属于非市场产出,由于缺乏价格信号和消费者的自由选择过程,志愿组织的运行绩效难以进行准确衡量。② 志愿组织提供的服务具有间接性质,服务购买者往往不是最终消费者,因此难以获得绩效评价的有效信息基础。③ 志愿组织具有天然的"所有者缺位"特征,容易导致"内部人控制",特别是由于捐助人缺乏监督能力和信息支持,难以发挥公司治理机制的"用手投票"功能。④ 志愿组织的"公益性"目标限制着组织行动效率,特别是缺乏公司治理中的"用脚投票"机制,捐助人一旦完成捐助行动,就无法采取"退出行动"来收回捐助资金。

根据发达国家的志愿组织发展经验,规范志愿组织行为的主要途径不是"自律",而是"他律",具体措施就是建立志愿组织的问责机制。Leat 认为,对志愿组织的问责范围包括四个方面:① 适当运用资金的"财务问责";② 遵守适当程序与规则的"过程问责";③ 确保工作质量和行动效果的"计划问责";④ 重视工作相关性和适当性的"优先性问责"。[②]

(2)"利益相关理论"(the Interest-related Theory)认为,相对于市场领域的企业组织,志愿组织的利益相关者具有更加广泛的范围:提供财政支持的政府部门、资金捐助者、正式工作人员、志愿者、志愿组织管理者、社区公众、资金捐助对象、潜在捐助者、潜在志愿者,等等。正是由于责任对象的多样性,志愿组织必须履行公共责任,接受更加严格的社会公众监督和专业监督。事实上,许多国家都颁布法令规定,任何社会公众对志愿组织的财务报表和行动方案,都具有质疑权利和调用查看权利。

3. 人力资本理论

改善志愿组织运行效率的另一种重要思路是设计良好的"激励约束机制",

---

① 徐晞,《我国非营利组织治理问题研究》,知识产权出版社,2009,第 31 页。
② Leat D., *Voluntary Organization and Accountability*, London: National Council for Voluntary Organizations, 1988, p. 89.

调动志愿组织的相关利益群体的行动积极性。这种观点的理论基础是"人力资本理论"。根据徐晞的观点,由于志愿组织的人力资本特殊性,其"激励约束机制"的基本特征是,① 强调目标激励和声誉激励等隐性激励方式,以物质激励手段作为补充;② 强调志愿组织运行绩效的定性评价,以定量评估作为参考。

(三)志愿组织与政府的关系

在考察志愿组织的宏观原因和微观机制的基础上,本书试图把志愿组织放在更为广阔的社会网络图景中进行分析。由于政府是社会网络结构中的最强主体,它掌握着各种重要的社会资源,对各种社会事务具有很强的控制能力,因此,志愿组织与政府的关系逐渐成为学者们关注的重点问题,并且形成大量研究成果,主要包括以下五种理论。

1. 合作理论

针对"志愿组织与政府的关系"命题,占据着学界主流地位的最重要理论是"合作理论"。合作理论的基本观点是,如果能够让志愿组织与政府部门进行有效合作,它们就可以实现优势互补,从而改善公共物品的供给效率。按照理论逻辑的递进关系,"合作理论"包括两个部分:① "相互依存理论"强调志愿组织与政府部门合作的可能性;② "社会起源理论"强调志愿组织与政府部门合作所需要的环境条件。

(1)"相互依存理论"(the Interdependency Theory)。志愿组织与政府部门都在特定社会领域中具有相对优势,它们都具有一定的组织优势和组织缺陷。特别是在公共物品的提供机制方面,志愿组织具有低成本和高效率的相对优势,但它却存在着"志愿失灵";政府部门的资金支持恰恰可以弥补"志愿失灵"。因此,志愿组织和政府部门之间应该建立相互依存的合作关系,形成具有建设性的伙伴关系。[①] 该理论进一步认为,随着政府部门的社会福利支出增加,志愿部门将会增加,而不是减少,这已经被全球志愿组织发展的事实经验所证明。

(2)"社会起源理论"(the Social Original Theory)。这一理论由萨拉蒙提出,其理论渊源是"制度选择动因理论"。该理论强调,志愿组织与政府部门之

[①] Salamon, L. M., H. K. Anheier & Associates, *The Emerging Sector Revisited: A Summary, Initial Estimates*, Baltimore: Johns Hopkins University, Institute for Policy Studies, and Center for Civil Society Studies, 1998, p. 147.

间的合作程度不是先验规定的,而是由特定时间和特定地点条件下的社会历史发展力量来决定的,其中最重要的决定因素是社会政治体制。该理论依据"志愿组织规模"和"政府的社会福利支出"两项因素,确定特定国家的社会政治体制,进而分析该体制环境中的志愿组织发展模式。详情见表 6-1。

表 6-1 志愿组织发展模式

政府的社会福利支出	志愿组织规模 小	大
少	国家主义模式	自由主义模式
多	社会民主主义模式	社团主义模式

根据表 6-1,特定体制环境条件下的志愿组织发展模式存在着四种可能性。①

① 在"国家主义模式"中,政府的社会福利支出较少,志愿组织规模较小,这种情况意味着,政府在几乎所有的社会领域占据着主导地位。由于政府对所有社会领域具有很强的控制能力,不需要志愿组织对其行动的补充和帮助,因此志愿组织很难发展起来。

② 在"社会民主主义模式"中,政府的社会福利支出较多,志愿组织规模较小,这种情况主要出现在工人阶级具有较强政治地位的体制环境中。在这种体制环境中,政府部门开始关注社会公众的福利诉求,但公共物品供给仍然主要依靠体制内组织。由于大量社会福利部门和事业单位提供的组织资源,政府不需要借助体制外的志愿组织来提供公共物品和社会福利,因此志愿组织往往处于"地下"状态。

③ 在"社团主义模式"中,政府的社会福利支出较多,志愿组织规模较大,这种情况意味着,国家发展的基本力量是社会精英支持。在社会精英的意识引导下,志愿组织能够获得越来越丰富的资金资源和组织资源,进而不断发展壮大。

④ 在"自由主义模式"中,政府的社会福利支出较少,志愿组织规模较大,这种情况主要出现在中产阶级规模占据社会优势地位的政治环境中。在这种体制环境中,志愿组织具有高度独立性,对政府部门的依赖性较弱;同时,反对

---

① 康晓光、郑宽、蒋金富、冯利,《NGO 与政府合作策略》,社会科学文献出版社,2010,第 168 页。

力量和工人阶级运动的影响较小。

2. 竞争与合作

虽然"合作理论"体现了目前该领域的主流观点,但从更加广阔的学术视野来看,"志愿组织与政府的关系"存在着其他的许多可能性。吉德伦、克拉默、萨拉蒙提出的"政府—NGO 关系模型"①就是该研究方向的重要成果。他们认为,影响社会福利服务的关键变量有两个:服务的经费筹集和手段、服务的实际配送。基于这种思想,该模型依据"经费提供者"和"服务提供者",归纳出志愿组织与政府关系的四种基本模式,详情见表 6-2。②

表 6-2 志愿组织与政府关系模式

模式 功能	政府主导模式	二元模式	合作模式	志愿组织主导模式
经费提供者	政府	政府和志愿组织	政府	志愿组织
服务提供者	政府	政府和志愿组织	志愿组织	志愿组织

根据表 6-2,志愿组织与政府之间的关系存在四种可能模式。

(1) 一种极端情形是"政府主导模式",即政府同时独立承担着"经费提供者"和"服务提供者"的角色,社会福利支出所需要的经费通过国家税收体系来筹集,社会公共服务通过体制内组织和事业单位来负责提供。这种情形更容易出现在具有"强政府、弱社会"的社会环境中。

(2) 另一种极端情形是"志愿组织主导模式",即志愿组织也是独立负责经费筹集和公共服务供给。这种情形对应的社会政治环境是志愿组织与政府部门具有强烈的反对情绪,两者单独进行活动,缺乏相互之间的交流与合作,显示出典型的"自由主义"特征。

(3) 在"二元模式"中,政府和志愿组织都同时进入公共领域,但两者都将自己的活动界定在特定领域中;在各自的领域范围内,两者同时扮演着"经费提供者"和"服务提供者"的角色。这种情形可以进一步分为两种情况:① 志愿组织提供与政府服务相同类型的公共服务,但服务对象是政府服务未能覆盖的社

---

① Gidron, B. & Kramer, R and Salamon, L., *Government and Third Sector: Emerging Relationship in Welfare States*, San Francisco, CA.: Jossey Bass Publishers, 1992, p.18.

② 根据本章命题的研究需要,"政府—NGO 关系模型"被调整为"志愿组织与政府关系模型"。

会群体;②志愿组织提供政府未能提供的公共服务类型,以弥补政府部门的服务功能。

(4)在"合作模式"中,政府和志愿组织共同进入公共服务领域,但它们的行动不是相互分离的,而是实现相互配合和协作。典型的情形是,由政府部门提供经费,由志愿组织负责公共服务配送。这种情形包括两种形式:①"合作的卖者"(collaborative-vendor)模式,即政府负责社会福利决策和资源供给,具有决策权;志愿组织则作为政府项目的代理人,拥有的处理权和自主性较小。②"合作伙伴"(collaborative-partner)模式,即志愿组织不仅扮演公共服务的直接提供者角色,而且能够在服务内容、服务范围、资源配置、服务输送等议题方面,与政府进行广泛的共同协商,志愿组织拥有较多的自治权和决策权。

比较志愿组织与政府的四种关系模式,政府主导模式和志愿组织主导模式呈现的是一种竞争性关系,二元模式和合作模式则呈现出一种合作性关系。[①] 由此可见,竞争与合作是这四种关系模式的两种基本类型。以此为基础,学界发展出许多更为精致的解释性概念。

3. 接受与反对

科斯顿认为,志愿组织与政府之间的关系类型取决于政府对"制度多元化"的态度,其态度的两个极端分别是"反对"和"接受",在这两个极端之间存在着许多中间状态,由此决定着志愿组织与政府的关系模式。根据政府对"制度多元化"的态度转变,科斯顿构造了一个由八种关系模式组成的"连续图谱模型",详情见图6-2。

根据图6-2,志愿组织与政府之间依次存在着八种关系模式:压制、敌对、竞争、合约、第三方治理、协作、互补、合作。这八种关系模式呈现出渐进式特征,随着政府逐渐接受"制度多元化",放松对民间力量和志愿组织的管制,志愿组织与政府之间的关系就会逐渐演变,由"压制"逐渐发展到"合作"。[②]

4. 目标与策略

无论志愿组织的行动目标是什么,它必须通过一定的行动策略,才能实现

[①] 张钟汝、范明林,《政府与非政府组织合作机制建设——对两个非政府组织的个案研究》,上海大学出版社,2010,第69页。

[②] Coston,"A Model and Typology of Government-Nonprofit Organization Relationships", *Nonprofit and Voluntary Sector Quarterly*, 1998,27(3),p.365.

图 6-2 连续图谱模型

预期效果。纳吉姆强调,志愿组织与政府的关系不能简单取决于政府性质(独裁或民主)、国家发展情况、经济意识形态(自由市场经济或集中计划经济)等外部环境因素,也不简单依赖于一方对另一方的态度,而必须考虑志愿组织与政府之间的互动性质。双方的互动关系是一种策略性的制度选择,由此决定志愿组织与政府之间的动态关系模式。根据它们的"目标"和"偏好的策略"是否相似,纳吉姆构建了"4C 模式",详情见表 6-3。①

表 6-3 志愿组织与政府互动关系的 4C 模式

		目标	
		相似	不相似
偏好的策略	相似	合作	相机抉择
	不相似	互补	对抗

根据"4C 模式",志愿组织与政府之间的互动关系可能存在四种情形。

(1) 合作(cooperation),志愿组织与政府采取相似的行动策略,追求相似的行动目标。

(2) 相机抉择(co-optation),志愿组织与政府采取相似的行动策略,追求不相似的行动目标,它们在目标选择方面存在着差异性。

(3) 互补(complementarities),志愿组织与政府采取不相似的行动策略,追求相似的行动目标,基于目标一致性,两者可以寻求行动策略方面的相互补充。

(4) 对抗(confrontation),志愿组织与政府采取不相似的行动策略,追求不

---

① Najam, A., "The Four-C's of Third Sector-Government Relations: Cooperation, Confront, Complementarities, and Co-optation", *Nonprofit Management and Leadership*, 2000,10(4), p. 383.

相似的行动目标。由于行动目标的对立性和行动策略的差异性,志愿组织和政府的行动是相互分离的。

5."国家与社会关系演变"模式

康晓光认为,考察志愿组织与政府之间的关系,必须置于国家与社会关系演变的宏观背景之下;在这种关系演变的不同阶段,志愿组织与政府之间的关系特征也必然随之发生变化。根据中国的现代化进程,康晓光描绘了中国改革的三个阶段:① 经济领域的市场化;② 社会领域的自治化;③ 政治领域的民主化。随着现代化进程的不断发展,国家与社会关系也将会由"国家合作主义"逐渐转变为"社会合作主义"。根据"政府地位"和"社会团体地位"两项因素,康晓光分析了社会发展不同阶段的"志愿组织与政府的关系",详情见表6-4。

表6-4 国家与社会关系演变

国家与社会关系的发展阶段	第一阶段（国家合作主义体制）	第二阶段（准国家合作主义体制）	第三阶段（社会合作主义体制）
政府地位	绝对主导	相对主导	平等合作
国家与社会关系	官方控制	官民合作	民间自治

根据表6-4,志愿组织与政府之间的关系存在着三种情形。①

(1)在第一阶段的"国家合作主义体制"中,政府对所有的社会领域实行高度控制。

(2)在第二阶段的"准国家合作主义体制"中,政府仍然处于主导地位,控制着绝大部分的社会资源,但政府部门对志愿组织的态度逐渐转变,通过一定范围的合作方式来改善社会福利项目的运作效率。

(3)在第三阶段的"社会合作主义体制"中,政府进一步放松对社会领域的管制,志愿组织获得充分的自治权和独立决策权;志愿组织与政府部门进行平等合作,共同建立公平有效的社会经济体系。

三、全球志愿组织发展经验的中国意义

考察全球志愿组织发展的经验事实和理论文献,目的是探究中国志愿组织的产生原因、发展动力、演进过程、现实策略等诸多问题。从这个角度来看,根

---

① 康晓光、郑宽、蒋金富、冯利,《NGO与政府合作策略》,社会科学文献出版社,2010,第174页。

据全球志愿组织发展提供的各方面经验,提炼出对中国志愿组织发展的借鉴意义,可能是中国学者更应该关注的命题。当然,这种借鉴意义的涉及范围如此广泛,难以全面概述。本章仅强调研究"中国志愿组织发展"命题时必须重点关注的三个问题。

(一)志愿组织理论的"中国化"

毫无疑问,全球志愿组织发展的主要地域是发达国家,根据发达国家的志愿组织发展经验总结出来的理论模型,无法直接运用来引导中国志愿组织发展。这里就必须解决志愿组织理论的"中国化"问题,从而为中国志愿组织发展提供理论指导和行动依据。

1. 行动目标的确定

任何组织的行动目标和行动策略,都不能偏离特定的社会政治环境,不能偏离特定环境中的社会价值诉求。在中国的政治体制环境和经济制度下,志愿组织必须认真思考自己希望实现的行动目标是什么。社会公众最关心的问题体现了社会价值诉求的现实需要,志愿组织应当自觉地将此设定为组织行动目标,才能获得志愿行动所需要的社会资源和公众支持。

本书认为,在中国社会经济发展的现阶段,社会公众最关心三个问题:① 贫困问题;② 收入分配不平等问题;③ 环境污染问题。如果能够围绕这三个问题来设定组织行动目标,中国志愿组织就会取得更多生存机会,进而才能讨论将来的组织发展问题。事实上,在中国范围内的许多志愿组织已经在这些方面采取行动,并且取得显著成效。

2. 行动策略的设计

组织行动目标必须通过一定的行动策略来实现,行动策略的效率高低取决于决策者对制度环境和约束条件的把握。在中国目前的政治经济环境中,政府部门是最强大的社会力量,它控制着绝大部分的社会资源,但政府部门并不愿意将这些社会资源闲置起来,它也在寻求利用这些资源的有效途径,以提供更多的社会公共服务,缓解各种社会矛盾和维护政权稳定。

基于这种认识,中国志愿组织应当努力寻求与政府合作的各种机会,通过"服务于政府",实现"服务于社会公众"的组织目标。在中国志愿组织的具体行动措施中,应该尽可能寻找组织行动目标与政府行为目标之间的共同部分;应该充分借助政府力量,以获取志愿行动所需要的资金支持等社会资源。为了获得政府部门的有力支持,中国志愿组织在日常的志愿行动过程中,甚至可以帮助政府部门完成志愿行为范围以外的一些任务。例如,在社区服务过程中,协助社会管理机构进行一些宣传、卫生、安全方面的活动。

(二)中国社会转型过程的动态特征

中国社会正在进行的制度变革和社会转型是一种动态过程,它使得中国的国家与社会关系演变具有渐进特征。对中国志愿组织现实状况的考察必须纳入这种动态场景中,必须注重中国志愿组织的动态调整,必须考虑行为目标和行为策略的不断变化。对于中国志愿组织而言,社会经济环境的动态特征将会引起行为约束条件和行为策略的变化,主要表现在两方面。

1. 行为约束条件的变化

在中国社会的转型过程中,中国志愿组织面临的外部制度环境也在逐渐发生改变,这既对降低行动成本产生影响,也有增加志愿行动难度的可能性。

(1)由于政府部门对"制度多元化"的接受程度逐渐增强,中国志愿组织与政府之间更容易建立协商和合作的互动关系,这将会降低其组织行动成本。

(2)随着社会公众对志愿行动的认识深化,他们对志愿行动的期望值将会更高。体制内组织和事业单位对社会福利活动的日益重视,在公共领域的竞争程度将会加剧,从而增加中国志愿组织的行动成本。

2. 行为策略的变化

随着政府部门逐渐增加社会福利支出项目,中国志愿组织将会更加容易地得到更多的志愿行动资源。同时,中国社会将会涌现出大量志愿组织,它们之间的竞争程度将会逐渐加剧。在这种历史场景中,考验志愿组织行动能力的关键因素将不是从政府那里获取社会资源的可能性,而是设计出能够响应社会公众诉求的志愿项目。

换言之,随着中国社会转型过程的不断深化,中国志愿组织的行为策略将逐渐实现两种变化:① 志愿行动的主要工作对象将由政府逐渐转变为社会公众;② 志愿行动的工作重点将从"供给"能力逐渐转变为"需求"响应。

(三)关于"比较优势"的更深刻理解

目前学界在考察"志愿组织与政府关系"的时候,主流观点是倾向于两者之间的"合作";公共管理领域的学者普遍认为,这种观点的理论基础源自经济学中的"比较优势"理论,属于经济学中"国际贸易"理论体系的一部分,然而,经济学对这种理论的解释与对"合作理论"的解释存在着一定差异。

在国际贸易理论体系中,"比较优势"理论与"绝对优势"理论共同构成对国际贸易产生原因的解释。①"绝对优势"理论认为,如果 A 国和 B 国分别在不同产品上具有成本优势,两个国家就可以分别生产两种物品,然后进行交易,从而形成国际贸易。②"比较优势"理论则认为,即使 A 国与 B 国相比,A 国在所有物品方面都具有成本优势,但由于资源稀缺性,依据机会成本的概念理解,A 国仍将会选择优势特征更明显的物品进行生产,而把其他物品留给 B 国进行生产,两个国家之间仍然存在着国际贸易的可能性。

根据国际贸易理论的观点,论证"志愿组织与政府之间进行合作"的现有理论研究成果,似乎仍然停留在"绝对优势"理论层面。不妨大胆地设想,即使政府部门在所有领域中都比志愿组织具有更高效率,但由于社会资源的稀缺性,政府部门必须保证手中的社会资源投向最需要的地方,同时把其他领域留给志愿组织,让民间力量进行自我管理和自我服务。这种设想体现的正是"比较优势"理论的基本思想。

事实上,伴随着政府部门的行政体制改革进程,大量社会事务的管理责任逐渐释放出来,体现出了政府部门调整资源运用方向的基本设想。换言之,政府部门的"抓大放小",正是为了更有效地利用政府部门掌握的社会资源。对于中国志愿组织而言,这恰恰提供了组织发展所需要的政策空间和行动领域,只要能够努力寻找到政府不能做或不愿意做,而社会公众又需要的事情,中国志愿组织就能够不断设计出各种志愿行动项目,从而获得更多的发展机会。

第二节　中国志愿组织发展的现实格局

世界各国历史具有高度共通性,伴随着半个多世纪的世界政治风云,中国社会也正在经历着经济体制改革和社会转型;伴随着全球志愿组织的不断发展,中国志愿组织也在逐渐兴起和发展壮大。本节内容将在回顾中国志愿组织兴起过程的基础上,分析其现实特征;在纵向和横向的两个维度上,展示中国志愿组织活动的整体图景。

需要说明的是,考虑到统计口径的一致性和学术交流的方便,本书在对中国志愿组织发展进行历史回顾时,也采取较为宽泛的定义范畴,即"NPO",但在进行具体问题分析的时候,分析重点是定义范畴较窄的"志愿组织"。

一、中国 NPO 发展的时间序列图景

自新中国成立以来,中国社会的整体发展趋势跌宕起伏,政治体制设计、经济体制改革、社会发展格局也呈现出波浪式运动规律。在这种国家发展的整体趋势中,中国 NPO 的兴起过程无疑是一种释义清晰的注脚。本书将描述中国 NPO 发展的历史进程,并结合"政府—志愿组织"关系模型探究其原因,以便更加清楚地展示中国社会发展的整体图景。

(一)中国 NPO 的发展历程

关于中国 NPO 的发展历程,国内学术界的研究成果颇丰。根据研究需要,我们将研究范围限制在"新中国成立至今",分别从两个层面描述:① 王名的"七次高潮"观点;② 基于张钟汝观点而修正得到的"五个阶段"观点。前者以"点"的形式描述中国 NPO 发展的重要时刻,后者以"线段"的形式描述中国 NPO 发展的各阶段,两者结合起来指向一个共同的研究主题——中国 NPO 的发展历程。

1."七次高潮"

根据王名的观点,自始以来的中国 NPO 发展可以分为三个阶段[①]:① 第一阶段是在 1949 年新中国成立之前;该阶段的基本特征是自上而下型组织较多,并且多数具有政治组织色彩。② 第二阶段是在 1949 年至 1978 年十一届三中全会召开;该阶段的基本特征是组织规模逐渐增大,初步确立法律地位,政治局势对 NPO 发展存在着严重影响。③ 第三阶段是从 1978 年至今;该阶段的基本特征是 NPO 的数量迅速增加,种类逐渐增多,但组织发展良莠不齐。

基于考察问题的侧重点不同,王名等学者在三个阶段划分的基础上,针对 1949 年至 1992 年之间的中国 NPO 发展情况,进一步提炼出"七次高潮",以此作为考察中国 NPO 发展的重要"节点"。所谓"高潮",主要指新成立的 NPO 数量迅速增加,它代表着组织发展的时间转折点。[②]

---

① 张钟汝、范明林,《政府与非政府组织合作机制建设——对两个非政府组织的个案研究》,上海大学出版社,2010,第 2 页。
② 王名、刘国翰、何建宇,《中国社团革命:从政府选择到社会选择》,社会科学文献出版社,2011,第 52 页。

(1) 第一次高潮：1949年。新中国成立初期，在中国共产党的倡导下，随着政府机构的逐渐完善，出现了许多大型的具有"官方"色彩的NPO，主要类型是人民群众团体和体育文艺类群体。其中，最主要的"八大人民群众团体"包括：中国全国总工会、中国共产主义青年团、中国科学技术协会、中华全国工商业联合会、中华全国妇女联合会、中国全国归国华侨联合会、中华全国台湾同胞联谊会、中华全国青年联合会。[①] 这些NPO具有强烈的"官方"色彩，在全国政协拥有议政席位；它们的组织结构都是"伞形"，在全国各地建立了上万个分支机构和附属团体，会员人数达到数百万。

(2) 第二次高潮：1956年。在经历1950—1953年间对各种反动组织和封建组织的清理之后，政府对NPO的管制力度逐渐放松，并且鼓励新型NPO占据社会领域。因此，1956年新成立的NPO迅速增加，组织类型主要是体育类组织和文化类组织。

(3) 第三次高潮：1962年。在经历1959—1961年间的"三年困难时期"之后，国民经济逐渐复苏，NPO活动也随之活跃。在1962年，新成立的NPO主要是学术类组织，并且主要偏重于应用科学方面。

(4) 第四次高潮：1979年。在经历十年"文化大革命"之后，1978年的十一届三中全会将国家发展重新纳入正常轨道，中国的政治、经济、社会等领域逐渐恢复正常秩序，各种NPO也相应社会经济发展而逐渐兴起。在1979年，新成立的NPO仍然主要是学术性组织，但社会科学类组织比自然科学类组织的成立速度更快。

(5) 第五次高潮：1986年。随着政治体制改革的不断深化，许多政府事业机构被剥离改组为NPO；同时，由于经济发展形势的需要，自下而上型民间商业组织也逐渐兴起。特别是在1986年NPO新注册数量达到"新高"，主要组织类型是协会和经济类组织。

(6) 第六次高潮：1989年。随着思想领域逐渐解放，新成立的NPO逐渐呈现多种类型。从组织类型的整体分布来看，仍以经济类组织居多；单从学术类组织的结构特征来看，社会科学类组织的数量逐渐超过自然科学类组织的

[①] 张钟汝、范明林，《政府与非政府组织合作机制建设——对两个非政府组织的个案研究》，上海大学出版社，2010，第9页。

数量。

(7) 第七次高潮:1992年。在经历思想领域的整顿和NPO的清理工作之后,NPO发展曾经有暂时低谷。但在1992年邓小平南方谈话之后,NPO逐渐恢复发展势头。从结构特征的存量指标分析来看,主要类型仍然是经济类组织和学术类组织;从结构特征的增量指标来看,政治类组织和基金会的数量逐渐增加。

2."五个阶段"

针对1949年新中国成立之后的中国NPO发展情况,基于张钟汝等人从"政府与NPO的亲疏关系"角度提出的基本思路,本书将中国NPO发展过程分为五个阶段。

(1) 第一阶段:"高度依附"阶段(1949—1966年)。1949年新中国成立之后,全国性的大型人民群众团体相继成立,其领域覆盖工业、农业、青年、妇女、政治、经济等,分别形成全国性的网络结构。在中央集权体制的高度控制之下,这些人民群众团体与政府的关系相当密切,具有典型的"半官半民"或"亦官亦民"特征。

在理论设计中,人民群众团体是中国民主政治体制的重要组成部分,政府、NPO、社会公众之间形成相互制约机制,特别是后两者对前者具有很强的监督作用,能够很好地反映公民的政治要求和维护社会公众的合法权利。然而,在实践运行过程中,人民群众团体与政府机构存在着高度相似性,在组织运行方式、部门行政级别、工作人员福利待遇等方面都向政府机构靠拢,从而使得它们越来越远离普通民众,逐渐演化为具有准政府体制特征的官僚机构,最终成为中国社会的"第二政府"。

(2) 第二阶段:"被迫中止依附"阶段(1966—1978年)。自1966年开始"文化大革命"之后,全国民众陷入政治狂热之中,原来成立的许多人民群众团体被迫中止正常活动。该阶段出现的各种NPO普遍具有暂时性、政治性、非法性,大多数NPO与政府机构的关系逐渐疏远,甚至是相互对立的。

(3) 第三阶段:"重建依附"阶段(1978—1988年)。自1978年十一届三中全会之后,全国各领域都开始恢复发展,此时的时代任务主要是经济复苏和社会组织重建。重新恢复的社会正常需求催生了大量NPO,在该阶段出现了中国NPO发展的"第四次高潮"和"第五次高潮"。

（4）第四阶段："摆脱依附"阶段（1988—1998年）。1988年民政部进行机构调整，设立"社团管理司"，负责全国社会团体的政策制定和活动研究。1989年10月，国务院颁布实施《社会团体登记管理条例》，正式确立"双重管理体制"的基本框架。行政机构调整和政策导向传递出一个重要信息：中国政府对NPO的控制方式正在发生变化，由"单纯的行政管制"逐渐转变为"依据法律制度进行约束"。事实上，这种间接控制手段并不意味着控制力度的减弱，在该阶段初期，中国NPO的数量增速逐渐减缓。

在该阶段确立的"双重管理体制"框架，要求NPO必须同时接受登记管理机构和业务主管单位的"双重管理"。根据《社会团体登记管理条例》，"双重管理体制"的具体内容包括两个方面：① NPO的登记管理机构通常是民政部，以及民政部的分支机构；② 业务主管单位则必须是"国务院有关部门和县级以上地方各级人民政府有关部门、国务院或者县级以上地方各级人民政府授权的组织"。这种"双重管理"是全方位的，其影响力体现在NPO的组建、登记注册、机构治理、资源获取、项目活动等诸多方面。

与"双重管理体制"相配合，中国NPO的日常活动范围还必须遵循"三原则"①，具体内容包括：① "分级管理"原则要求，不同级别的NPO接受相应级别的政府部门管理；② "非竞争性"原则要求，同一地域内不能成立两家或两家以上业务范围类似的NPO；③ "限制性"原则要求，NPO不能设立地域性的分支机构。

由于"双重管理体制"和"三原则"的强制性规定，中国NPO发展进入了暂时调整阶段。新中国成立以来的中国NPO历史发展进程表明，政府管制力度的增强正是对前期NPO无序增长的一种正常反应。更重要的是，政府对民间组织的管理方式由"行政管理"逐渐转变为"法律管理"，这有利于规范其项目活动和日常管理行为，有利于构建中国NPO持续发展的政治基础和社会基础。

事实上，在该阶段出现了两种重要的NPO形式：民办非企业单位和基金会。它们和各种社会团体一起，共同构成了中国法律规定的"NPO"范畴。同时，NPO的正规化和合法化使其获得了更多的发展机会：既承载着政府行政机构改革释放出来的大量社会福利事务，又面临着社会公众的更多利益诉求，从

---

① 康晓光、郑宽、蒋金富、冯利，《NGO与政府合作策略》，社会科学文献出版社，2010，第10页。

而逐渐形成NPO与政府之间的"合作关系"。

（5）第五阶段："多样化依附"阶段（1998年至今）。随着政府行政体制改革的不断深化，中国社会逐渐确立"小政府、大社会"的社会经济发展模式；中国NPO在数量和类型方面都迅速增加，活动领域扩展到政治、经济、文化、资源、人事、对外交流等诸多方面。

该阶段中国NPO的迅速扩张是社会转型和经济发展的必然结果，支持NPO发展的有利因素主要体现在三方面：① 社会公众对公共服务的需求日益增加，促使NPO提高自身素质和改善服务能力；② 政府积极营造规范和合法的制度环境，建立NPO活动的良好平台；③ 国外NPO陆续进入中国境内，在资金提供和经验示范方面，给予中国NPO相当的支持力量。

（二）关于"中国NPO发展历程"的解释

无论从"七次高潮"的时点角度，还是从"五个阶段"的时间段角度，都显示出中国NPO发展的强烈波动性特征。针对这种现象，王名等人基于政府选择的视角，依据政府对公民民主自由的态度转变，分析中国NPO的新成立数量变动，提出"水瓢模型"，以解释这种波动性特征的形成原因。

1."水瓢模型"的基本观点和具体表现

（1）基本观点：NPO的新成立数量反映着公民结社自由的基本权利，政府对公民结社自由的态度转变直接影响着NPO的新成立数量，进而影响着NPO的整体发展趋势。换言之，"NPO的数量增减"好比是"水瓢沉浮"，它取决于政府力量对"水瓢"的压制力度：① 如果政府鼓励公民言论自由和结社自由，则NPO将会大量涌现；② 如果政府反对自由化思潮，则NPO发展将会陷入低潮。

（2）具体表现：① 当公民结社的自由意识高涨时，NPO的新成立数量就会增加；而政府考虑到社会稳定，也会在一定程度内容忍这种民主自由意识。② 当社会公众的民主自由意识过度膨胀，可能威胁到社会稳定时，政府将会增强行政管制和法律规范力度，压制公民结社的自由意识，NPO的增量和存量都大幅度减少。

2. 运用"水瓢模型"的理论解释

根据王名等人的"水瓢模型"，选取时间范围1949—2000年作为考察对象，中国NPO发展的基本过程可以被解释如下。

（1）1949—1978年：包含中国NPO发展的第一次高潮至第三次高潮。

① 1949年新中国成立之初,《临时宪法》明确规定公民的言论自由和结社自由,政治气氛宽松,新成立的 NPO 较多,形成中国 NPO 发展的第一次高潮。② 1950 年政府开始取缔反动组织"会道门",逐渐形成较为紧张的国内政治气氛,导致中国 NPO 发展陷入第一次低潮。1953 年开始实行"人民代表大会制度",公民自由空间得到扩展,NPO 的新成立数量逐渐增加。但 1954 年"胡风事件"之后,文化界和学术界积极开展反对资产阶级思想的斗争,使得中国 NPO 陷入第二次低潮。③ 1956 年政府推行"百花齐放、百家争鸣"的政策方针,推动中国 NPO 发展的第二次高潮。④ 1962 年的中国 NPO 发展进入第三次高潮,这可以被视为前期社会政治生活不正常的一种"补偿式"发展。

(2) 1979—1986 年:包含中国 NPO 发展的第四次高潮和第五次高潮。① 在 1978 年中国第十一届三中全会召开之后,随着"五四运动"纪念活动的开展,政府支持公民的言论自由和结社自由,使得 1979—1981 年间的新成立 NPO 数量迅速增加,形成了中国 NPO 发展的第四次高潮。② 1982 年党中央开始正式反对资产阶级自由化思潮,强调坚持四项基本原则;1983 年政府采取措施,要求清除精神污染,使得中国 NPO 发展陷入改革开放之后的第一个低潮。③ 1984 年至 1986 年间,自由主义观念逐渐回升,新成立的 NPO 数量急剧增加,形成中国 NPO 发展的第五次高潮。

(3) 1987—1991 年:包含中国 NPO 发展的第六次高潮。① 1987 年党中央旗帜鲜明地反对资产阶级自由化,使中国 NPO 发展陷入改革开放之后的第二个低潮。② 1988 年至 1989 年间,民主自由思潮继续升温,形成中国 NPO 发展的第六次高潮。③ 在 1989 年政治风波之后,中国 NPO 发展再度陷入低潮。

(4) 1992—2000 年:包含中国 NPO 发展的第七次高潮。① 1992 年邓小平南方谈话之后,党中央再度要求解放思想和肯定改革开放思路,确立了社会主义市场经济的发展方向,推动中国 NPO 进入第七次高潮。② 自 1993 年开始,政府对 NPO 的态度和管理方式发生转变,管制力度有所缩紧,使得中国 NPO 进入 1993—2000 年的整顿时期。

概括而言,"公民的民主自由意识总是客观存在的,尤其是在经济发展和文化水平提高的情况下,这种意识会迅速增长。所以,当中央政府为了反击少数人利用公民的民主自由权利破坏社会安定的局面时,公民的民主自由意识就会受到压制,一旦这种压制取消,公民的民主自由意识又会回到水面上来"。①

二、中国 NPO 发展的现实格局

如果说"中国 NPO 发展的时间序列图景"是纵向展示,那么我们还有必要考察中国 NPO 发展的横向特征。前者强调时间序列的延续性,后者强调"横截面"的结构特征。基于这种研究目的,本书将从三个层面剖析中国 NPO 发展的现实格局:① 基于官方统计口径的中国 NPO 结构特征,主要依据是民政部统计数据;② 基于华德安观点的中国 NPO 类型,主要依据是 NPO 的实际运作状态;③ 基于本章观点的中国"民间志愿组织"范畴,主要依据是本章研究命题的考察重点。

(一)基于官方统计口径的中国 NPO 结构特征

1. 中国 NPO 的整体结构特征

根据民政部统计口径,中国 NPO 主要由三部分组成:社会团体、民办非企业、基金会。截至 2009 年年底,在民政部门登记注册的 NPO 达到 431 069 个,其中,社会团体 238 747 个,民办非企业 190 479 个,基金会 1 843 个,各类型所占比例见图 6-3。

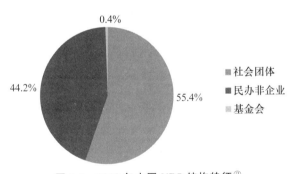

图 6-3　2009 年中国 NPO 结构特征②

2. 中国社会团体的结构特征

根据 2009 年年底的民政部统计数据,按照活动区域的分类标准,在所有社会团体中,中央级社团 1 800 个,省级社团 23 364 个,地级社团 63 043 个,县级社

---

① 王名、刘国翰、何建宇,《中国社团革命:从政府选择到社会选择》,社会科学文献出版社,2011,第 93 页。

② 数据来自中国社会组织网,http://www.chinanpo.gov.cn/web/index.html。

团 150 540 个,各类型所占比例见图 6-4。①

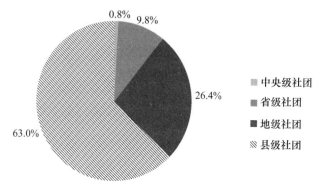

表 6-4 按照活动区域分类的 2009 年中国社会团体结构

根据 2009 年年底的民政部统计数据,按照行业领域的分类标准,在所有社会团体中,科技与研究类 19 786 个,生态环境类 6 702 个,教育类 12 943 个,卫生类 11 521 个,社会服务类 30 818 个,文化类 19 687 个,体育类 12 623 个,法律类 3 213 个,工商业服务类 22 847 个,宗教类 4 165 个,农业及农村发展类 45 367 个,职业及从业组织类 16 120 个,国际及涉外组织类 661 个,其他 32 294 个,详情见表 6-5。

表 6-5 按照行业领域分类的 2009 年中国社会团体结构

类型	数量	比例(%)
所有社会团体	238 747	100.0
科技与研究类	19 786	8.3
生态环境类	6 702	2.8
教育类	12 943	5.4
卫生类	11 521	4.8
社会服务类	30 818	12.9
文化类	19 687	8.2
体育类	12 623	5.3
法律类	3 213	1.3
工商业服务类	22 847	9.6
宗教类	4 165	1.7
农业及农村发展类	45 367	19.0
职业及从业组织类	16 120	6.8
国际及涉外组织类	661	0.4
其他	32 294	13.5

---

① 数据来自中国社会组织网,http://www.chinanpo.gov.cn/web/index.html。

3. 中国民办非企业的结构特征

根据 2009 年年底的民政部统计数据,按照单位性质的分类标准,在所有民办非企业中,法人类 129 927 个,合伙类 7 087 个,个体类 53 465 个,各类型所占比例见图 6-5。

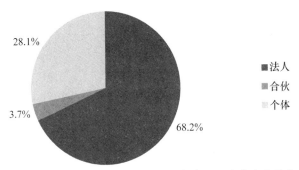

图 6-5　按照单位性质分类的 2009 年中国民办非企业结构

根据 2009 年年底的民政部统计数据,按照行业领域的分类标准,在所有民办非企业中,科技与研究类 9 760 个,生态环境类 1 049 个,教育类 92 703 个,卫生类 27 237 个,社会服务类 28 060 个,文化类 7 188 个,体育类 6 591 个,法律类 782 个,工商业服务类 2 080 个,宗教类 271 个,农业及农村发展类 1 466 个,职业及从业组织类 1 628 个,国际及涉外组织类 56 个,其他 11 608 个,详情见表 6-6。

表 6-6　按照行业领域分类的 2009 年中国民办非企业结构

类型	数量	比例(%)
所有民办非企业	190 479	100.0
科技与研究类	9 760	5.1
生态环境类	1 049	0.6
教育类	92 703	48.6
卫生类	27 237	14.3
社会服务类	28 060	14.7
文化类	7 188	3.8
体育类	6 591	3.5
法律类	782	0.4
工商业服务类	2 080	1.1
宗教类	271	0.1
农业及农村发展类	1 466	0.8
职业及从业组织类	1 628	0.9
国际及涉外组织类	56	0.03
其他	11 608	6.1

4. 中国基金会的结构特征

根据2009年年底的民政部统计数据,按照基金会性质的分类标准,在所有基金会中,公募基金会1 029个,非公募基金会800个,境外基金代表机构14个,各类型所占比例见图6-6。

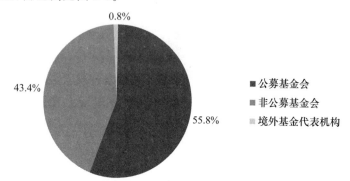

图6-6 按照基金会性质分类的2009年中国基金会结构

根据2009年年底的民政部统计数据,按照行业领域的分类标准,在所有基金会中,科技与研究类48个,生态环境类35个,教育类567个,卫生类70个,社会服务类490个,文化类113个,体育类20个,法律类25个,工商业服务类11个,宗教类9个,农业及农村发展类26个,职业及从业组织类7个,国际及涉外组织类18个,其他404个,详情见表6-7。

表6-7 按照行业领域分类的2009年中国基金会结构

类型	数量	比例(%)
所有基金会	1 843	100.0
科技与研究类	48	2.6
生态环境类	35	1.9
教育类	567	30.7
卫生类	70	3.8
社会服务类	490	26.6
文化类	113	6.1
体育类	20	1.1
法律类	25	1.4
工商业服务类	11	0.6
宗教类	9	0.5
农业及农村发展类	26	1.4
职业及从业组织类	7	0.4
国际及涉外组织类	18	1.0
其他	404	21.9

(二) 基于华德安观点的中国 NPO 类型

在考察"基于官方统计口径的中国 NPO 结构特征"时,学者们发现一个重要细节:在社会团体、民办非企业、基金会的统计数据中,存在着相当大比重的"其他"类型组织。具体而言,社会团体中的"其他"类型有 13.5%,民办非企业中的"其他"类型有 6.1%,基金会中的"其他"类型有 21.9%。这说明,现有的官方统计口径具有一定缺陷,未能体现中国 NPO 的所有类型。考虑到许多中国 NPO 未能获得注册资格,这种统计遗漏的实际影响会更大。

为了全面考察中国 NPO 的实际运行状态,根据非营利组织的自治程度由低到高的原则,福特基金会驻华首席代表华德安将中国 NPO 概括为九类,包括:① 群众组织;② 政府组织的非政府组织(Government-Organized Non-Governmental Organization,GONGO);③ 服务型非营利组织;④ 独立的基金会;⑤ 研究或学习团体;⑥ 商业协会;⑦ 专注于某类问题的社会团体;⑧ 农村团体;⑨ 草根团体。[①]

1. 群众组织

根据华德安的观点,群众组织是在 20 世纪 50 年代初建立起来的,它是"党—国家"体制的重要组成部分,起着连接政府和社会的桥梁作用。目前中国的群众组织主要包括全国妇联、全国总工会、共青团等。这些组织对政党具有强烈依附性,其工作人员享受国家干部待遇,其组织职能是在各自领域内执行官方政策,并将各自领域的社会需求反馈给党和政府。

在体制转型背景下的中国社会,这些群众组织具有两方面的重要影响:① 由于它们掌握着大量的社会资源,所以它们在中国 NPO 的整体结构中具有重要地位。② 随着中国社会转型的不断深化,这些群众组织也在逐渐进行组织变革,不断调整组织行动目标、组织与政府的关系、组织内部结构等方面,以适应不断变化的中国社会经济形势,以承载不断创新的组织职能。

2. 政府组织的非政府组织

政府组织的非政府组织(GONGO)属于"官办"的社会团体,它们是 20 世纪 80 年代的政府治理创新的结果。在政府行政体制变革的时代背景下,它们从

[①] 华德安,《转型国家的公民社会:中国的社团》,载于《中国非营利评论》(第一卷),社会科学文献出版社,2007,第 34 页。

政府部门中衍生出来,承载着政府部门释放出来的社会职能。目前中国的GONGO 主要包括中华慈善总会、青少年发展基金会、中国扶贫基金会、中国国际民间组织合作促进会、中国计划生育协会、中国发展研究基金会等。

这些组织的成立初衷是解决政府机构精简而形成的行政人员分流问题。由于这些组织的领导者往往是从政府部门退休的领导干部,与政府部门具有人力资本方面的兼容性,因此相关部门对他们给予充分信任和支持。同时,这些组织与其母体部门保持着密切关系,其工作人员享受政府公务员的工资待遇和福利待遇。

虽然这种类型的组织很多,但它们具有共同特点:① 规模较大;② 组织严密;③ 独立注册,获得官方权威认可;④ 组织架构和管理方式较成熟;⑤ 工作人员的专业化程度高,多数是各自领域的专家;⑥ 在政府的政策框架内提供社会公共服务;⑦ 建立本组织的网站,及时发布本领域信息,出版相关书籍和刊物;⑧ 具有实施大型项目的能力;⑨ 能够与大型国际组织进行正常沟通。

3. 服务型非营利组织

随着中国社会转型过程的不断推进,社会公众对社会福利和社区服务的需求不断增加,这就催生出大量的服务型非营利组织。这些组织成立的初衷是向特定群体提供特定服务,其服务范围通常在政府的提供能力之外。目前中国的服务型非营利组织主要包括博物馆、社区服务机构、退休人员服务团体、法律援助中心、资助贫困人口合作计划(FPC)、扶贫职业学校等。

这些组织的服务对象集中在弱势社会群体,特别是贫困人口、退休员工、农民工、儿童等;服务范围则相当广泛,涉及教育、艺术交流、法律、家庭暴力、经济权利、性骚扰、金融支持等诸多方面;服务提供者主要是慈善家、自愿者组织、慈善机构等。

4. 独立的基金会

目前中国的大多数基金会都具有政府背景,属于上述的 GONGO。然而,在 2004 年 6 月的《基金会管理条例》颁布之后,中国社会出现了许多私人基金会。这些私人基金会主要分为两类:① 运作型基金会,在其工作范围内实施项目;② 资助型基金会,支持其他组织的志愿活动。其基本宗旨是,向扶贫、减灾、教育、老年人护理等工作领域提供资金支持和行动资源。

5. 研究或学习团体

近年来,在社会科学和自然科学的迅速发展要求下,研究或学习团体大量涌现。这些组织主要有两种形式:① 以学术研究团体、艺术表演团队、校友会名义出现,可以挂靠在所属机构下面,也可以在民政部独立注册;其基本宗旨是"提供一种框架,满足组织成员的兴趣要求"。例如,云南生殖健康研究协会、中国军控与裁军协会等。② 以学习团体、私立学校、协会名义出现,旨在"提供一种机制,使不同领域的专家能够聚集在一起,共同进行学术研究和项目实施"。

6. 商业协会

目前中国的商业协会主要有两种形式。

(1) 基于国有企业改革和政府行政体制改革而形成的全国性行业协会。它们通常是本行业最具有权威性的协调机构,其组织职能与计划经济时期的行业部委类似;其具体活动是行业自治、行业研究、设计行业发展战略、行业政策研讨等;其组织成员主要是本行业中的大型企业。由于这些大型企业多数是国有企业,因此这种类型的全国性行业协会与政府保持着密切联系。

(2) 基于民营经济发展而形成的地方性贸易协会和商会。它们从属于中国共产党的统一战线组织或者工商局系统,其最高机构是中华全国工商业联合会和中华全国总商会。它们的发展模式类似于群众组织;其组织活动目标是维护会员利益、促进行业发展、推动有利于本行业的政策措施。由于这些商会组织具有很强的独立性,因此它们逐渐成为市场经济背景下的中国商业协会的未来发展方向。

7. 专注于某类问题的社会团体

在目前中国社会,专注于某类问题的社会团体大量存在,它们是由社会底层的社会需求引导,自下而上地自发形成的。这些组织关注社会公众的热点"需求",强调社会公众之间的合作行为,共同谋求各种现实问题的合理解决。这些组织的关注领域主要包括:环境污染问题、农村妇女的社会权利、自闭症儿童、负工伤的农民工、被拐卖儿童的解救等。目前具有较大社会影响的该类组织主要有北京的"地球村"、"自然之友"、"农村妇女都知道"中心等。

8. 农村社团

农村社团是目前中国NPO研究最少的领域之一,但它们却是中国农村地区最重要的社会基层组织。这些组织体现了中国传统的农村社会特有的文化形式和社会特点,目前中国农村社团主要包括针对农村留守妇女和留守儿童的社会团体、老年协会、用水户协会、专业经济协会、非正式金融协会、农民工组织等。

当代中国农村社团的发展动力来自于两方面。

(1) 基于社会需求变化而形成的组织创新,主要包括:① 根据市场交易需要形成的农村集市。② 由于大量农村男性劳动力流向城市地区,农村地区人口主要是"六一"、"三八"、"六零"。针对留守儿童问题,需要提供教育机会;针对留守妇女问题,需要提供妇女权益保护措施;针对留守老年人问题,需要通过老年协会等组织形式提供帮助。③ 根据改善农村生活条件和生产条件的社会需要,农村居民自发组建"用水户协会"。④ 根据拓展产品市场和技术协作要求,涌现出大量专业经济协会。⑤ 由于农村经济发展需要大量资金支持,逐渐形成各种类型的金融协会,如"标会"和"邀会"。

(2) 基于中国农村社会的传统特征而组建的"社会文化网络",其组织发展动力是"血缘关系",主要包括:① 根据家族纽带而形成的重建祠堂和重修家谱活动。② 为了保留传统文化形式而形成的"灯会",给农村居民提供文化交流机会。③ 大部分农村地区正在恢复的"庙会",既与寺庙建设有关,又给社区范围的居民提供了必要的医疗救助和心理咨询服务。

此外,中国农村社团的服务范围相当广泛,几乎涉及中国农村地区的所有社会服务,主要包括:文化活动(表演、放录像、图书馆、棋牌)、老年教育活动、物质帮助(帮助解决医疗费用、新年发送水果)、尊重老人、批评不孝顺行为、改善当地卫生条件、保健、调解家庭纠纷、改善地方治安状况等。这些组织与政府的关系通常较为疏远,例如农村地区的老年协会,基本属于未注册的非正式组织。

9. 草根团体

草根团体是中国经济体制改革之后新近出现和尚未注册的民间组织。由于这些民间组织的"地下"性质,学界对它们的数量和类型尚不清楚。根据贾西津的估计[①],目前中国社会的草根团体数量约为140万,主要包括业主委员会、读书俱乐部、合唱社、远足俱乐部、业余体育团体、学生社团等。

---

① 贾西津,《第三次改革——中国非营利部门战略研究》,清华大学出版社,2005,第237页。

(三) 基于本书观点的中国"民间志愿组织"范畴

通过分析华德安列举的中国NPO的各种组织类型,我们不难发现:各种组织类型之间存在着相当大的交叉特征。这表明,影响中国NPO发展的关键因素是多维的,以单一标准来进行组织类型界定可能会忽略现实社会运行中的一些重要因素。这些重要因素包括组织与政府机构的关系、组织性质、社会需求、文化背景等。换言之,中国NPO的现实生存状态反映着中国社会体制转型过程中的诸多方面,这是一个相当庞大的命题。考虑到本书研究命题的着眼点是"公共物品"和"社会风险",本章内容的重点对象是"民间志愿组织"。为了准确把握研究范围,在此需要对两个关键词进行解释:"志愿组织"和"民间"。

1. 第一个关键词:"志愿组织"

根据朱健刚的观点,"志愿组织是一系列志愿行动的载体和志愿者的聚合状态";"志愿行动是一种自愿的、不追求经济效益,而且意在实现公共利益的行为"。① 换言之,志愿组织就是基于一定的社会价值观念共享目标而形成的组织形式。其中最重要的因素是志愿者们的共同社会价值观念,这种主观动机的共同性推动着志愿者们的共同行动。

从这个层面来看,无论是官方统计口径的三种组织形式,还是华德安提出的九种组织类型,都难以找到与"志愿组织"完全匹配的概念界定。华德安提出的中国NPO的九种组织类型与"志愿组织"概念存在着三种关系:① 官方界定的"群众组织"和GONGO通常不属于"志愿组织";② 服务型非营利组织、独立的基金会、研究或学习群体、商业协会、专注于某类问题的社会团体、农村社团中的一部分,属于"志愿组织";③ "草根团体"几乎都属于"志愿组织"。

2. 第二个关键词:"民间"

正如本章的篇首所言,"志愿组织"分为两类:"公营"志愿组织和"民间"志愿组织。基于"志愿组织"的内涵和外延,结合中国NPO的各种组织类型与政府关系的亲疏,本书着重分析中国"民间志愿组织",研究重点集中在三种组织类型:① 草根团体;② 服务型非营利组织中的"民间"部分;③ 由民间力量倡导的专注于某类问题的社会团体。

通过对中国民间志愿组织进行纵向的时间序列考察和横向的结构特征分

---

① 朱健刚,《行动的力量——民间志愿组织实践逻辑研究》,商务印书馆,2008,第9—10页。

析,我们对其发展的现实特征进行了较为深入的剖析。然而,分析问题不是单纯的"理论游戏",其社会价值是"提出解决问题的具体方案"。从这个角度来看,对中国民间志愿组织发展过程中面临的各种问题进行分析,才是本书的重要意图。

第三节 中国民间志愿组织的现实困境

考察历史进程的根本目的是解决现实问题,要提出现实问题的解决方案就必须对现实状况进行深入剖析。目前,中国民间志愿组织正在逐渐引起社会各界的广泛关注,然而,它的继续发展也正在面临着前所未有的挑战。在目前的中国社会,阻碍民间志愿组织发展的主要因素包括两方面:① 由中国体制转型的特殊环境决定的"志愿残缺";② 由志愿组织的固有特征决定的"志愿失灵"。这就构成了本节描述"中国民间志愿组织的现实困境"的两个重要层面。

一、转型期中国社会中的"志愿残缺"

如果以西方发达国家的民间志愿组织作为参照系,中国社会的民间志愿组织发展是严重不足的。根据叶常林的观点,这种情况是民间志愿组织发展的阶段性问题,可以通过组织行动能力完善和外部制度环境改善来进行解决。基于这种认识,可以将中国民间志愿组织由"不完善"走向"完善"的阶段性问题,称为"志愿残缺"。

根据民间志愿组织行动的过程特征,"志愿残缺"包括三个层面:① 志愿行动的"事前"层面,存在着组织目标的偏离问题;② 志愿行动的"事中"层面,存在着组织运作的效率低下问题;③ 志愿行动的"事后"层面,存在着组织绩效的评价体系残缺问题。

(一)组织目标的偏离问题

1. 志愿行动与社会资源缺乏之间的冲突

任何组织行动都离不开社会资源的支持。事实上,在民间志愿组织的发展过程中,正是生存压力和可获得资源的有限性,使得民间志愿组织的实际行动与初始动机之间存在着相当差距。根据英国 Nathon 委员会的观点,民间志愿组织的初始行动目标是"社会公益",以满足社会公众对"公益物品"的需求。正是由于社会公众对"公益物品"的需求增长远远超过政府机构的供给能力,因此社会公众寻求民间志愿组织对政府机构的"功能补充"。[①]

然而,民间志愿组织的供给能力也是有限的。通常情况下,民间志愿组织的供给能力取决于它能够获得的各种社会经济资源,其获取资源的主要途径是慈善活动。在一个慈善意识高度发达的社会经济环境中,或许人们会相信"志愿组织能够自给自足"的"神话"。但在中国社会的体制转型背景下,这样的"神话"是难以令人信服的。社会经济体制转型的基本方向是由"计划经济体制"转向"市场经济体制",社会公众的视线被逐渐吸引到"市场利益"上来。显然,追逐利润的企业行动与慈善行动具有不同的行动目标。在这样一个慈善意识较为淡薄的社会经济环境中,试图通过募捐活动等途径获得志愿行动所需要的各种社会资源,将是异常困难的任务。

虽然,近年来中国社会公众将越来越多的目光投向慈善组织和志愿行动,政府机构和新闻媒体也一再强调志愿行动对"和谐社会"的重要性,但我们必须承认,在中国社会的现实场景中,慈善意识淡薄是一个毋庸置疑的事实。即使有部分具有高度社会责任感的志愿者积极投入到志愿行动中,但志愿行动所需要的资金和社会经济资源仍然严重不足。从某种意义上讲,正是由于"志愿行动资源缺乏",才愈加体现志愿行动的难能可贵。

2. 公益目标与志愿组织生存之间的矛盾

由于缺乏社会资源的有力支持,部分中国民间志愿组织被迫放弃最初的"公益"目标,转而强调组织生存。具体而言,部分志愿组织将绝大部分的精力投入到"会员服务"等有偿服务活动,试图采用企业运作方式来获取利润,以维持志愿组织的继续生存。随着有偿服务的范围逐渐扩大,这些志愿组织的"市场成分"将会逐渐增加,"公益成分"将会逐渐减少,结果导致组织行动与"公益"目标的距离越来越远。

毫无疑问,在一个缺乏公众慈善意识和企业社会责任意识的社会经济环境中,"生存"是中国民间志愿组织必须面对的最重要问题。正是由于巨大的"生存"压力,它们不得不参与到"市场活动"之中,通过提供有偿服务来取得资金;它们也不得不更多地协助政府行动,通过组织群众活动等形式来获得政府力量的支持和保护。

---

① 王绍光,《金钱与自主:市民社会面临的两难境地》,载于《开放时代》,2002(3)。

当然,在中国民间志愿组织勉力维持生存的过程中,它们逐渐调整组织行动目标,逐渐远离组织成立的初始动机。这正是许多志愿组织创立者的无奈之处。遗憾的是,当一个志愿组织走到这个地步,它恐怕很难再被社会公众认同为"公益组织"。

值得强调的是,在中国社会的体制转型背景下,许多公营志愿组织的成立初衷本来就不是"公益"目标,而是为行政体制改革创造条件,或者是提供行政人员"分流"的"蓄水池"。事实上,虽然它们能够获得政府机构提供的丰富资源,但也丧失了志愿组织应该具备的独立性。

(二)组织运作的效率低下问题

根据中国民间志愿组织的事实经验,即使在"事前"层面具有明确的组织目标,也未必能够保证组织运作的顺利进行。事实上,中国民间志愿组织的运作效率低下问题正在成为社会各界广泛关注的焦点。究其原因,本书强调三方面因素:① 外部环境方面,具有竞争性不足的约束条件;② 组织行动能力方面,存在着缺乏独立性的限制;③ 组织内部成员方面,存在着激励不足和成员能力局限。这三方面因素呈现出递进关系,由外到内,共同影响着中国民间志愿组织的运作效率。

1. 竞争性不足的外部环境约束

在中国社会经济体制转型的环境中,民间志愿组织获得生存资源的主要途径是成为政府机构的"公共服务的外包者"。换言之,政府机构与民间志愿组织之间结成了一种交易关系,政府机构提供资金,购买民间志愿组织提供的公共服务,然后无偿转移给社会公众。在这种交易过程中,政府如何扮演"精明的购买者"角色将深刻影响着公共服务的数量和质量,其关键因素就是"是否存在着竞争性的交易环境",是否存在着多元化的公共服务提供者。

根据萨瓦斯的观点,"提高公共服务供给效率的关键,不在于公营还是私营,而在于是否存在竞争。如果政府退出后的竞争不足,将会使政府部门在后续合同中完全受承包商的摆布。"[①]前印第安纳波利斯市市长斯蒂芬·戈德斯密斯(Stephen Goldsmith)也认为,"提高公共服务的关键在于政府把公共服务'竞

---

① 〔美〕萨瓦斯,《民营化与公私部门的伙伴关系》,周志忍等译,中国人民大学出版社,2002,第78页。

争出去'"。①

可以设想,如果只有一家志愿组织垄断经营某项公共事业,即使政府机构不满意它提供的公共服务,也只能有两种选择:① 不得不购买该组织提供的服务项目,继续接受低效率供给的公共物品;② 回到社会经济体制转型的起点,由政府机构独立承担提供公共物品的责任。毫无疑问,这两种选择都不是政府机构的最合适选择。

在1998年10月通过的《中国社会团体登记管理条例》和《民办非企业单位登记管理暂行条例》中,在2004年2月通过的《基金会管理条例》中,都明确地对志愿组织成立条件进行限制性规定:① "非竞争性"原则要求,同一地域内不能成立两家或两家以上业务范围类似的志愿组织;② "限制性"原则要求,任何志愿组织不能设立地域性的分支机构。② 这就使得同一地域范围内的志愿组织之间缺乏竞争性,也就缺乏提高公共物品供给效率的动力。

事实上,在中国社会主义市场经济场景中,基于政府机构延伸的"血缘关系"和人力资本的关联性,政府机构通常给予公营志愿组织更多的垄断性保护,其结果必然是压制民间志愿组织的活动空间。如果民间志愿组织想要争取获得这种"垄断性保护",就必须参与到"提供租金"的竞赛之中。显而易见,这将会降低民间志愿组织的运行效率,也会造成社会经济资源浪费。

2. 缺乏独立性的组织行动能力

对于任何组织而言,决定组织行动能力的关键因素是该组织的资源控制能力。恰恰是缺乏资源控制能力或者"资源饥渴症",才直接导致中国民间志愿组织陷入缺乏独立性的困境,逐渐成为政府机构的附庸。

目前,中国民间志愿组织拥有的资源主要来自两方面:① 来自于政府机构,这些资源与公共权力具有高度相关性,如政策资源、财政资源、人事资源、权力资源等。② 来自于市场体系,即由社会转型和市场经济初步发展所提供的各种市场缝隙。比较这两种资源获取途径,前者具有"政府性",后者更倾向于"营利性"。

事实上,许多民间志愿组织选择了第二种资源获取方式,以提供"公共服

---

① 孙辉,《城市公共物品供给中的政府与第三部门合作关系——以上海市社区矫正为例》,同济大学出版社,2010,第207页。
② 康晓光、郑宽、蒋金富、冯利,《NGO与政府合作策略》,社会科学文献出版社,2010,第10页。

务"来交换政府资源的支持。在它们看来,这种资源获取方式可以实现双赢局面,既保证民间志愿组织的"非营利性",又保证组织行动资源的充足性。以此为基础,民间志愿组织与政府机构之间需要构建良性的合作关系,即"合作的卖者"。萨拉蒙进一步指出:"第三部门组织的任务是找到一种同政府的妥协方法,得到政府足够的法律和财政支持,同时保持相当程度的独立性和自主权。"[1]

然而,在中国体制转型的背景下,中国民间志愿组织很难找到这种"妥协方法"。根据邓国胜的调查研究,在1998年中国志愿组织的收入中,50%以上是政府财政拨款、补贴、项目经费,约21%是会费收入。由于中国志愿组织的行动资源主要来自于政府机构,它对政府机构具有高度依赖性,显著缺乏行动独立性。

根据1978年改革开放之后的民间志愿组织发展事实来看,其主要特征是"政府推动型"。换言之,西方发达国家的志愿组织发展路径是"自下而上";中国志愿组织的发展路径则是"自下而上"与"自上而下"的结合。"自下而上"路径的基本动力是社会公众的多元化主体需要;"自上而下"路径的基本动力则源自行政机构改革,即在政社、政企、政事逐步分离的背景下,构建良好治理的和谐社会环境。无论选择这两种发展路径中的哪一种,志愿组织与政府机构都具有高度相关性,这就使得中国志愿组织呈现典型的"官民二重"特征。

3. 组织成员的激励不足和能力缺陷

组织运作的低效率意味着组织成员的较低工作效率,后者的主要原因是对组织成员的激励不足和组织成员的能力缺陷。

(1)激励不足。对于组织外部的社会公众,志愿组织提供的公共服务属于"志愿性公益";对于组织内部的组织成员,志愿组织则需要提供足够的物质激励和精神激励。① 物质激励主要包括满足志愿者们的基本的、物质的、社会的需求;② 精神激励则主要包括创造、成就、社会责任感、使命感、组织归属感等。根据中国青少年发展基金会的发展经验,志愿组织着力于提供志愿行动平台,使得志愿者们的"职业和事业、兴趣和任务、创造和工作要求、具体工作和能力提高"能够有效结合。[2]

---

[1] Salamon, Lester M. "The Rise of the Nonprofit Sector", *Foreign Affairs*, 1994, 73(4), p.23.
[2] 孙辉,《城市公共物品供给中的政府与第三部门合作关系——以上海市社区矫正为例》,同济大学出版社,2010,第198页。

通常情况下,志愿组织能够提供的物质激励是相当有限的,因此精神激励就显得非常重要,志愿精神和奉献精神成为影响志愿者的工作效率的重要因素。然而,在目前中国体制转型背景下,大多数的民间志愿者很难持续保持高昂的志愿精神和奉献精神。特别是对中国民间志愿组织的受薪者而言,志愿行动只是一项工作而已,只是一种谋生手段;一些志愿组织工作人员甚至将志愿组织当作找到更好工作的"中转站"。正是由于缺乏足够的物质激励和持续的精神激励,中国民间志愿组织的人员流动性很大,影响着它们的社会形象和工作效率。

(2)能力缺陷。志愿者们聚集在志愿组织的根本原因是共同的社会价值观念,因此志愿组织的各项工作都将"志愿精神"置于首要地位,而将专业技术水平放在次要位置,这也是影响志愿组织运行效率的重要因素。例如,帝国蓝盾和蓝十字协会(Empire Blue Cross and Blue Shield)曾开发一套耗资1700万美元的信息系统,项目负责人却是该协会一名牙医出身的理事,对信息技术一窍不通。[1]

事实上,由于民间志愿组织提供的薪资较低,因此很难吸引到高素质的专业人才。即使高素质的专业人才投身于志愿组织,由于缺乏足够的物质激励和持续的精神激励,他们的工作积极性也会受到抑制,集中表现为工作效率低下。

(三)组织绩效的评价体系残缺问题

1. 志愿行动结果的基本性质:非市场性

"私益物品"可以通过市场体系来进行交易,其数量和质量直接体现为市场交易价格,通过衡量市场交易价格,"私益物品"的数量和质量能够得到较为合理的评价。与之相对,志愿行动的结果是"公益物品",它主要通过政府体系和志愿组织来"无偿"提供给社会公众。由于缺乏市场价格等的参考资料,这些"公益物品"的数量和质量都缺乏合适的衡量标准。特别是在时间滞后性的影响下,志愿组织的供给活动和最终社会效果之间存在着时间不一致性,这就使得对志愿行动结果的评价更加困难。

2. 监督机制的设计困难:信息缺乏

在中国体制转型的背景下,志愿组织与政府机构是公共服务的"合作的卖

---

[1] 〔美〕里贾纳·E.赫兹琳杰,《非营利组织管理》,许朝辉等译,中国人民大学出版社,2002,第5页。

者"。通常情况下,政府机构负责提供资金,志愿组织负责直接提供公共服务,完成政府机构外包的公共服务项目。基于公共服务的提供方式,至少涉及三种经济主体:作为服务提供者的志愿组织、作为服务购买者的政府机构、作为服务消费者的社会弱势群体。

三者之间的关系构成公共服务供给链条,其基本性质是间接性。志愿者组织是这个链条的首端,如何评价它提供的公共服务,构成了志愿活动监督机制的核心。换言之,政府机构和社会弱势群体应该对志愿组织的行动结果进行有效监督。

然而,由于公共服务的提供、购买、消费之间是相互分离的,因此很容易产生监督主体缺位和监督机制残缺,主要表现在:① 对于公共服务的消费者,社会弱势群体处于纯粹受惠者的不平等地位,缺乏对公共服务数量和质量的"话语权"。② 对于公共服务的购买者,政府机构难以获得关于公共服务效果的有效信息,容易造成监督乏力;并且,在公共服务效果与政府机构业绩评价的相关度不高的条件下,政府机构也缺乏监督动力,容易导致监督缺位。

3. 志愿组织约束条件的"软化":自律与他律

志愿组织的精神动力是"志愿精神",其约束条件主要是"道德和责任感驱动的自律"。遗憾的是,在与政府机构、企业组织进行交往的过程中,志愿组织的约束条件正在逐渐"软化",其"社会公正平衡器"和"民主天平"的功能正在逐渐削弱,主要表现在:

(1)"亲企业化"。由于全球范围内的经济发展和经济势力膨胀,企业组织具有越来越强的资源调动能力和社会影响力,志愿组织很难与企业组织抗衡。特别是在体制转型条件下,部分中国民间志愿组织被迫屈从于企业的强势干预,从而难以有效维护劳工阶层、贫困群体、边缘化群体的基本权益。

(2)"趋行政化"。由于许多志愿组织需要从政府机构获得社会资源,需要借助政府机构的社会影响力和行政权威,因此它们自觉或不自觉地模仿政府行为,甚至志愿组织的组织结构越来越具有"官僚组织"特征,呈现出"趋行政化"倾向。

在缺乏有效的"自律"行动的条件下,中国民间志愿组织只能通过"他律"来规范自身行为。遗憾的是,在目前中国的社会场景中,无论是行政监督,还是社会监督,都存在着监督动力缺乏、监督主体缺位、监督机制残缺的问题。

二、"志愿失灵"

世界上不存在"百利而无一害"的事情,也不存在"绝对完美"的社会组织类型。每一种社会组织类型总有其社会价值,与之对应,每一种社会组织类型必然有其不足之处。对于志愿组织而言,它可以适当解决由"政府失灵"和"契约失灵"导致的公共物品供给不足问题,但社会公众不能对它寄予过高期望。否则,志愿组织的现实行动结果与社会公众的期望值之间将会存在着相当差距。

事实上,如果将志愿组织的"不完善"引起的各种问题归结为"志愿残缺",那么,这些阶段性问题都可以通过改善志愿组织的内部机能和外部环境来解决。然而,即使这些问题都得到解决,志愿组织能够充分发挥作用,其行动结果也未必能够达到社会公众的期望值。学界将这种情形称为"志愿失灵"。

(一)"志愿失灵"的提出和内涵

"志愿失灵"的概念最早由萨拉蒙提出,他根据美国志愿组织的发展事实,从理论上分析志愿组织的行动效率低下问题,并用"志愿失灵"来进行解释。从这个角度来看,"志愿失灵"概念的提出,既是真实世界的志愿组织发展结果,也是志愿组织理论研究的要求。因此,下面将从事实层面和理论层面来分析"志愿失灵"概念的提出,进而探讨这个概念的根本含义。

1. "志愿失灵"概念提出的事实缘由

在西方发达国家的社会发展进程中,随着政府行为的不断调整,志愿组织也经历着盛衰更替,当志愿组织发展到极度兴盛的阶段时,"志愿失灵"也愈加突出。由此可见,政府行为调整与志愿组织发展具有密切关系,这就构成了"志愿失灵"概念产生的事实背景。根据西方发达国家的政策调整实践,其影响下的志愿组织发展分为三个阶段。[①]

(1)"慈善失败"。自18世纪到20世纪初期,西方发达国家已经存在着大量传统慈善事业,包括学校、医院、济贫院、孤儿院等,其提供者主要是私人团体。然而,在20世纪30年代的世界经济大危机之后,政府干预行动被逐渐强化,"福利国家"思想逐渐成为社会主流意识。政府积极推行"从摇篮到坟墓"的

[①] 叶常林、许克祥、虞维华,《非政府组织前沿问题研究》,中国科学技术大学出版社,2009,第105页。

社会福利,涉足教育、卫生保健、最低收入保障等领域,在机构设置、人员配备、资金筹集等方面凸显"政府色彩"。

在这种背景下,传统慈善组织逐渐沦为解决社会问题的"配角",由此形成"慈善失败"的观点。例如,英国 Nathon 委员会认为,"我们历史中最悲壮的失败之一,就是这些慈善者们所做出的努力"。① 它继续追问:慈善者们还有什么事情可做?

(2)"社团革命"。20 世纪 80 年代,福利国家的弊端逐渐显露,政府不再是社会问题的解决者,而是问题本身。在学界广泛讨论"政府失灵"的同时,各国政府也在谋求对行政体制进行变革。在政府改革的各种途径中,志愿组织重新焕发力量,不断实现数量增加和规模扩大,从而形成了全球范围的"社团革命"。

(3)"志愿组织的市场化"。自 20 世纪 80 年代之后,政府逐渐从社会领域退出,给志愿组织发展提供了足够的活动空间。然而,政府福利支出的削减和社会公众捐赠的减少,也使得志愿组织面临着行动资源不足的严重局面。面对这些问题,一些志愿组织试图模仿企业行为,借助市场体系进行营利性活动,客观上形成"志愿组织的市场化"。

萨拉蒙指出:"近年来,发达国家很多非营利组织为了拓宽资金来源和减少组织依赖性,开展了越来越多的经营性活动,但同时面临着一种日益增长的危险,即逐渐变得像企业。"② 这就迫使志愿组织和社会公众思考:当志愿组织变得越来越像商业组织,其行动日益趋向利润化的时候,如何保证它们的"非营利性"和"志愿性"?

2. "志愿失灵"概念提出的理论缘由

既然现实世界出现各种问题,那就需要相关理论进行合理解释。遗憾的是,现有志愿理论只能提供部分解释,无法对志愿组织正在面临的处境进行全面解释,更难以提出合理有效的对策建议。当真实世界与理论研究出现冲突的时候,就产生了理论创新的需要,这就构成了"志愿失灵"概念提出的理论背景。

在萨拉蒙提出"志愿失灵"概念之前,学界流行的志愿理论主要有两种:福利国家理论,志愿部门理论。

---

① 《英国社团史略论》,http://tw.netsh.com/eden/bbs/708206/himl/tree_1930466。
② 邓国胜,《非营利组织评估》,北京社会科学文献出版社,2001,第 43 页。

（1）福利国家理论认为，政府应该对绝大部分的社会公共事务负责，它不仅应该提供足够的社会福利支出来满足社会公众对公共物品的需要，而且应该直接协调社会领域的各种利益冲突。然而，在面对社会公众需要的时候，恰恰是政府与志愿组织之间的冲突构成了社会问题的最主要部分。社会学家罗伯特·奈斯比特指出："现代政治历史中真正的冲突不在国家与个人之间，而在国家与社会群体之间。"①

从理论上讲，"国家与社会群体之间的冲突"有很多种解决途径。福利国家理论选择的解决途径是，强化政府作用，使政府机构在解决社会问题和提供公共服务方面占据支配地位。奈斯比特的学生克里恩和诺伊豪斯认为："我们当前道路的逻辑结果是，国家最终会成为所有社会服务的唯一提供者。"②

然而，福利国家理论与志愿组织发展的事实经验存在着相当距离，它无法解释现实世界正在发生的很多现象。例如，在福利国家体系中，政府福利支出的相当部分被转移给了志愿组织，由后者直接提供公共服务，政府机构则扮演着资金提供者和公共服务质量监督者的角色。这就说明，政府机构无法独立完成公共服务提供任务，它必须借助志愿组织的补充作用。事实上，在"福利国家"思想流行的时代，志愿组织并未消失，它们逐渐转换社会职能，以"公共服务提供者"的角色存在着，并在20世纪80年代迎来发展的"黄金时期"。

（2）志愿部门理论认为，基于"政府失灵"和"契约失灵"，志愿部门是对政府机构和企业部分功能的替代。就理论层面而言，在公益物品的供给主体方面，存在着三种选择：政府、企业、志愿组织。① 政府机构是公共服务的最重要供给主体，但由于存在着"搭便车"问题，政府机构被迫将某些公共物品的提供职责，转移给志愿组织。② 如果由企业来提供公共物品，由于缺乏衡量公共物品数量和质量的充分信息，将会面临着"契约失灵"。

直至目前，志愿部门理论仍然是最流行的志愿理论，它能够合理解释志愿部门的产生问题。然而，在志愿组织与政府机构的关系方面，志愿部门理论提

---

① Nisbet, Robert, *Community and Power*, 2nd edition, New York: Oxford University Press, 1962, p.109.
② Kerrine, Theodore M., and Neahaus, Richard John, "Mediating Structures: A Paradigm for Democratic Pluralism", In *The Annual of the American Academy of Political and Social Science*, No.446(November), 1979, p.18.

供的解释却与现实世界不相符合：从"政府失灵"出发，志愿部门理论强调志愿组织对政府机构部分功能的替代，这意味着在某些公共领域，只需要志愿组织，而不需要政府机构，两者是"非此即彼"的关系，在公共领域的不同部分，独立承担着提供公共物品的职责。毫无疑问，这种理论解释排斥了志愿组织与政府机构进行合作的可能性，然而，两者之间的广泛合作，恰恰是现实世界中大量存在的事实。

正是由于现有理论无法提供合理解释，因此许多学者强调，学界必须重新梳理志愿理论，提出新的概念和理论体系，从而为现实世界提供合理解释和有效建议。根据萨拉蒙的观点，"政府与非营利部门的伙伴关系之所以被忽略，不是因为它是新鲜事物或缺乏研究，而在于理论上的不足"。在研究政府机构与志愿组织的合作关系过程中，他强调："要与这些事实相一致，很有必要重新创造概念工具，而不仅仅是增加更多的信息。"[1]

所谓"创造概念"，就是运用新的专业术语来表达某种观点。多伊奇指出："在符号和符号系统有效性方面的进步是……思维方法以及人类洞察力和行动能力发展方面的基本进步。"[2]这里的"符号系统"就是理论体系，理论创新就是提出新的专业术语，对不断涌现的新生事实进行解释。古尔德强调："由于缺乏有效的理论，重要的事实会因此被疏忽或误解，'事实不能为自己说话'。"[3]正是考虑到"思维方法方面的基本进步"，萨拉蒙才提出"志愿失灵"的概念，解释目前西方发达国家志愿组织面临的某些情形。

3. "志愿失灵"的内涵

（1）"失灵"的本质含义。任何社会组织都具有制度优势和制度劣势。这意味着，任何组织形式都可能存在着"失灵"。关于"失灵"的这种认识，已经被"市场失灵"和"政府失灵"的概念解释所证明。

所谓"市场失灵"，就是市场机制充分发挥作用之后，仍然存在着效率损失的情形。所谓"政府失灵"，就是政府机制充分发挥作用之后，仍然不能"完美"地履

---

[1] 〔美〕莱斯特·M.萨拉蒙，《公共服务中的伙伴——现代福利国家中政府与非营利组织的关系》，田凯译，商务印书馆，2008，第36—37页。

[2] Deutsch, Karl, *The Nerves of Government: Models of Political Communication and Control*, New York: Free Press, 1963, p.10.

[3] Gould, Stephen J., *Ever Since Darwin: Reflections in Natural History*, New York: Norton, 1977, p.38.

行其职责的情形。在这两个概念中,"效率损失"和"不完美"都是针对"完美情形"而言的,从本质上讲,这个"完美情形"就是社会公众对该种组织类型的期望值。

对于市场机制,社会公众期望它能够体现私人物品的真实价值,通过表达真实的购买者需求意愿和出售者供给意愿,实现私人物品的顺利交易。然而,由于真实世界存在着信息不对称、外部效应等问题,市场机制未必总是能够实现社会公众所期望的功能,这就产生了"市场失灵"。

对于政府机制,社会公众期望它完成两项基本任务:一是对社会进行管理;二是提供社会公众所需要的公共物品。然而,由于政府机构的"官僚体系"特征,委托—代理问题和"寻租"现象大量存在,使得政府机制的运行成本偏高,运行效率较低,从而产生"政府失灵"。

(2)"志愿失灵"的含义。所谓"志愿失灵",就是在志愿组织充分发挥作用之后,仍然无法实现社会公众的期望目标。自20世纪现代志愿组织兴起以来,社会公众就对志愿组织寄予过高期望,希望志愿组织能够替代政府机构和企业组织,在公共领域实现后两者没有能够很好完成的任务目标。然而,这种期望目标是不切实际的。作为一种特定的社会组织类型,志愿组织存在着固有的制度缺陷,它在公共领域的各种活动受制于行动资源、组织管理模式等限制,无法独立提供社会公众要求的公共物品。

总而言之,特定的社会组织类型总是因应特定的社会需求而产生。即使这种组织类型达到了"尽善尽美"的程度,它也只能完成这种组织类型的固有任务,而不能超越组织行为边界,去替代其他类型的社会组织。"志愿失灵"就是这种观点的一个重要例证:即使志愿组织通过不断的自我完善,也只能实现"志愿组织"类型所固有的功能,而不能超越"志愿边界";如果社会公众本来就对它寄予了超过"志愿边界"的期望,那么他们面临的结果只能是令人失望的。

(二)"志愿失灵"的原因

根据萨拉蒙的观点,"志愿失灵"能够解释志愿组织存在的固有缺陷,也能够说明政府机构与志愿组织进行合作的必要性。为了更加清晰地阐述这种理念,萨拉蒙依据"志愿失灵"的形成原因,将之分为四种类型。[①]

---

① 〔美〕莱斯特·M.萨拉蒙,《公共服务中的伙伴——现代福利国家中政府与非营利组织的关系》,田凯译,商务印书馆,2008,第47—50页。

1. 慈善的能力不足

"慈善的能力不足"(philanthropic insufficiency)意味着,志愿组织的志愿行动缺乏足够的社会资源支持。根据标准的志愿理论,志愿组织的行动资源来自于社会公众的奉献精神和慈善意识,它们能够通过慈善捐赠来获取充足的社会资源支持。然而,这种理论分析结果不符合志愿组织发展的经验事实。事实上,志愿行动是一种典型的集体行动,由于存在着"搭便车"等问题,单纯依靠个人捐赠行为,很难获得充足而稳定的行动资源。

由于缺乏足够的社会资源,志愿组织只能把可依赖的资源运用于其效能最大的领域,即社会公众广泛关注的领域。相应地,志愿行动将无法涵盖所有的地理范围,那些问题最严重的落后地区,往往无法获得必要的帮助。特别是在经济萧条时期,志愿组织能够调动的社会资源更加匮乏,志愿行动的覆盖面存在更大缺口。

2. 慈善的特殊主义

"慈善的特殊主义"(philanthropic particularism)意味着,特定志愿组织总是更关注社会公众中的特定部分。志愿组织不是统一的组织机构,不同志愿组织的服务宗旨是不同的,它们的服务对象也存在着差异。特定志愿组织往往只服务于少数的特定人群,这就排斥了它对其他人群服务的可能性。

事实上,在志愿行动资源缺乏的条件下,大部分资源仍然被运用于少数的特定人群。在志愿组织的行动方向上,那些具有特定社会价值观念的人,往往会不平等地支持某些特定人群。从个体行动选择来看,他们的行为也是合理的:特定志愿组织受到特定人群的需求推动,沿着宗教或民族的特定方向发展。然而,志愿行动资源被更多地运用于特定人群的某些方面,其他方面却被不恰当地忽略。

3. 慈善的家长作风

"慈善的家长作风"(philanthropic paternalism)意味着,志愿组织的决策权被赋予掌握着较多社会资源的人群,组织行动方向可能是最有利于"家长式"人物,而不是最需要志愿服务的社会弱势群体。那么,谁拥有较多的社会资源呢?答案是显而易见的:富人。

依靠捐助者角色和董事会结构,富人对志愿组织具有相当重要的影响力。富人的社会价值观念和个人意志,可能成为影响志愿行动的最重要因素。在西方发达国家的志愿组织发展进程中,富人倡导的文化艺术活动,曾经是志愿活动的主要内容之一;与之对应,某些贫困人群的某些共同需求则没有得到充分满足。贝克认为,这是私人慈善制度的"最有害结果"。[①]

4. 慈善的业余性

"慈善的业余性"(philanthropic amateurism)意味着,志愿组织的组织运行和志愿行动,主要依靠缺乏专业技能的志愿者,可能会降低志愿组织的运作效率。在传统慈善活动中,捐助者的主要职责是提供资金,志愿者的主要职责则是道德劝诫和宗教指导。随着社会公众对公共服务的要求不断提高,志愿者需要掌握更多的专业技能和处理社会工作的专业方法。例如,对精神病患者的照顾,不能只是局限于日常生活照料,更需要的是心理辅导等专业技能。

遗憾的是,志愿组织招募志愿者的最重要条件是"志愿精神",而不是专业技能。在志愿组织面临专业问题的时候,就可能缺乏足够的人力资源支持。值得强调的是,由于志愿组织提供的薪金有限,它很难吸引到具有较高素质的专业人员;即使它能够招募到具有较高素质的专业人员,由于家庭经济需要等原因,这些专业人员也可能难以坚持长久。严格意义上讲,这种情况不属于"志愿失灵",可以通过提高志愿组织受雇者薪资来解决。但这种解决方案只是暂时性的,由于"慈善的业余性",志愿组织缺乏专业技术人才将是一个长期问题。

(三)"志愿失灵"的现实价值

任何理论创新的基本动力都是现实世界需要,新概念的提出着眼于反映新生现实。既然如此,"志愿失灵"概念的提出,将会如何影响学界和实业界对志愿组织的重新认识,其现实价值何在,就是志愿理论发展需要正视的重要问题。

1. 正确理解"志愿组织的神话"

自20世纪西方发达国家的志愿组织重新崛起以来,"志愿组织的神话"就广泛流传。在部分地区,它甚至被视为神圣教条,志愿组织被描绘成"无所不能"的"终极解决方案",它可以替代政府机构和企业,实现人类社会的终极关怀。事实上,这种"神话"已经不断被事实所否定,而帮助我们对此进行正确理解的,正是"志愿失灵"概念。

---

① Beck, Bertram M., "Government Contracts with Nonprofit Social Welfare Corporations", In *The Dilemma of Accountability in Modern Government*, ed. Bruce L. R. Smith and D. C. Hague, New York: St. Martin's Press, 1971, p. 218.

严格意义上讲,"志愿组织的神话"包括三部分,现代志愿理论运用"志愿失灵"概念,对这三部分进行逐一驳斥。

(1)"德行完美的神话",意味着志愿组织具有反应灵敏和行动迅速的特点,能够具有针对性地解决现实社会问题,提高公共物品的供给效率。然而,根据"志愿失灵"的解释,随着志愿组织的规模扩张和结构复杂化,它们同样会受到"那些反应迟钝、行动缓慢、墨守成规等折磨官僚机构的局限性的影响";同样必须面对"由灵活性和效能、基层控制和行政责任之间产生的不可避免的紧张关系"。①

(2)"志愿主义的神话",意味着志愿组织主要依靠个人捐赠和志愿参与,不需要政府提供帮助。然而,根据萨拉蒙的调查分析,西方发达国家的志愿组织主要依靠政府项目来提供资金和行动资源,志愿组织与政府机构之间的关系以"合作"为主。"志愿失灵"中的"慈善的能力不足"就是对此的驳斥。

(3)"新现象的神话",意味着在世界范围的大部分地区,志愿组织都是一种新型组织。然而,根据萨拉蒙的观点,志愿行动并不是现代社会才出现的新生事物,它在世界各地都具有深厚的历史基础。事实上,无论是在中世纪的欧洲大陆,还是在古代的中国社会,以"慈善行动"为特征的志愿组织早就已经存在。在某些地区,志愿组织的发展历史甚至比政府还要久远。

基于"志愿失灵"概念,学界正在重新构建志愿理论。在这个理论框架中,志愿组织将不再背负着"神话"色彩,而是以一种特定社会组织的特定发展阶段,重新出现在我们面前。从这个角度来看,从"概念创新"到"理论体系再造","志愿失灵"正在改写学界和社会公众对志愿组织的基本观念。

2. 方法论革新:逻辑倒置

根据叶常林的观点,萨拉蒙的重要理论贡献不仅是提出"志愿失灵"概念,更重要的是提供关于志愿组织的崭新论证逻辑。换言之,萨拉蒙的理论分析重点不是其结论,而是其论证方法。

在萨拉蒙提出"志愿失灵"之前,传统的志愿理论主要源于公共选择理论,强调各种组织类型之间的功能替代。① Weisbroad 运用"政府失灵"理论,分析政府机构在公共物品供给方面的各种局限性,从而说明在某些领域由志愿组织

---

① 〔美〕莱斯特·M.萨拉蒙,《非营利部门的崛起》,载于《马克思主义与现实》,2002(3)。

对政府机构进行"功能替代"的必要性。② Hansmann 则运用"契约失灵"理论，说明志愿组织的基本特征是"非分配约束"，当消费者无法通过契约形式来监督生产者时，志愿组织可能是一种较好的"功能替代"选择。①

循着传统志愿理论的研究轨迹，其基本思路是，① 在公共物品的供给方面，由于现实世界存在着"市场失灵"，因此需要政府机构的干预行动；② 由于"政府失灵"和"契约失灵"，使得政府和市场都不能有效提供公共物品，因此需要志愿组织在某些领域和某些时候，对它们进行"功能替代"。换言之，志愿组织是在政府机构和企业之后，才作为"功能替代"的组织形式而出现的。其论证逻辑的顺序是，市场—政府—志愿组织。

萨拉蒙将这种论证逻辑颠倒过来，构建了"逻辑倒置"的新型志愿理论。萨拉蒙认为，传统志愿理论将志愿组织视为市场和政府的衍生物，这种观点不符合志愿组织发展的历史事实，也不利于理解志愿组织与政府机构进行合作的现实情形。萨拉蒙提出，正确理解公共物品供给问题的逻辑顺序应该是，市场—志愿组织—政府。

具体而言：首先，市场是考虑公共物品供给的最初选项，由于存在着"市场失灵"，社会公众不得不求助于志愿组织。例如，古代中国的许多地区，就有着"扶危济贫"、"兴办乡学"等传统。其次，由于志愿组织存在着固有缺陷，即"志愿失灵"，社会公众尝试借助政府力量来提供公共物品。最后，由于政府机构也存在着"政府失灵"的可能性，这才需要志愿组织和企业介入公共领域。

萨拉蒙认为，正是由于志愿组织无法满足社会公众的各种需要，因此才需要政府机构的适当介入。从世界各国的志愿组织发展历史来看，志愿组织的存在时间比政府机构提供公共服务的时间更长。由此可见，萨拉蒙的观点可能更接近历史事实。基于这种观点而重新构建的志愿理论，对志愿组织的发展现实具有更强的解释能力。

回到中国体制转型的现实场景中，中国志愿组织的现实局面是严峻的，它正在面临着"双重困境"：① 由于中国体制转型的特殊性，中国志愿组织的发展严重滞后于社会需要；志愿组织的内部治理结构和外部环境都不利于其可持续

---

① 叶常林、许克祥、虞维华，《非政府组织前沿问题研究》，中国科学技术大学出版社，2009，第112页。

发展,即"志愿残缺"。② 即使中国志愿组织不断改善内部治理结构和外部环境,达到"完美的志愿组织"要求,也会面临"志愿失灵"的困扰。

事实上,许多中国志愿组织尚未解决"志愿残缺"问题,却已经遭遇"志愿失灵"带来的组织发展困境。对于体制转型国家的许多组织类型而言,这种"双重困境"可能具有相当的普遍性。惟其如此,在中国体制转型背景下正在发生着的许多事实,才更具有重要的学术研究价值和实践意义。

第四节 社会价值观念共享:中国民间志愿组织的未来发展趋势

在中国体制转型的特殊背景下,中国民间志愿组织不得不面临"志愿残缺"和"志愿失灵"的双重困境。如何破解这种制度难题?学界展开了广泛讨论,提出各种解决方案。在众说纷纭之中,有两种"似是而非"的观点必须予以澄清。

概而言之,这两种观点可以简称为"企业化"和"政府化",其基本要点如下:① 针对民间志愿组织的运作效率低下问题,部分学者强调民间志愿组织的"企业化改造",试图利用企业管理方面的现有理论成果和实践经验,调整民间志愿组织的内部结构和运行方式,从而提高其运作绩效和管理效率。① 然而,本书认为,如果民间志愿组织过度倾向于"企业化",将会使其逐渐丧失"非营利性"的本来属性,转变为企业组织的一种类型。② 针对民间志愿组织的行动资源匮乏问题,部分学者强调民间志愿组织的"政府化改造",主张民间志愿组织尽量向政府机构靠拢,甚至不惜成为其附属机构。然而,"公营志愿组织"的实践经验已经提供了反面论据,民间志愿组织对政府机构的过度依赖将会使之逐渐沦为"二政府"。

本书的基本观点是,中国民间志愿组织必须保持组织形态的特殊性,以区别于政府机构和企业组织。志愿组织的社会基础是"具有共同社会价值观念的人群",他们分享着共同的社会价值观念,并且着力于推广这种社会价值观念。

---

① 徐晞,《我国非营利组织治理问题研究》,知识产权出版社,2009,第 197 页。

一、民间志愿组织和志愿行动

基于"社会价值观念共享"的社会需求,志愿者们聚集起来,这就是民间志愿组织产生的社会根源。需要强调的是,"社会价值观念共享"仅仅是志愿者们的主观愿望,它必须通过集体性质的志愿行动才能够得以实现。从这个角度来看,民间志愿组织的核心是"志愿行动",由此构成志愿行动的"内在意义"和"外在意义"。

(一)民间志愿组织:志愿行动者的集合

1. 志愿行动的载体

根据朱健刚的观点,民间志愿组织是"一系列志愿行动的载体和行动者的聚合状态"。① 这种定义方式强调的是"组织行动",而不是"组织形式"。在标准的制度经济学分析中,组织形式和组织内部治理机构是研究特定社会组织形态的重点。然而,在中国体制转型的社会场景中,许多民间志愿组织没有采取正式的组织形式,标准的制度分析方法很难对其进行合理解释。

事实上,许多民间志愿组织强调的是"做点事情",而不是"搞组织"。当然,为了保证志愿行动的持续性,需要稳定的管理团队和制度安排,但许多民间志愿组织的制度形态是缺乏规范的,呈现出"弱组织形态"。从这个意义上讲,民间志愿组织的研究重点应当是"志愿行动",而不是"组织形态"。

值得我们深思的是,为什么许多缺乏规范制度的民间志愿组织能够开展各种意义丰富的志愿行动,但具有正式等级化特征的"公营志愿组织"却难以进行更广泛的志愿行动,甚至难以获得社会公众认同。

2. 志愿行动的特点

既然理解民间志愿组织的关键因素是"志愿行动",那么,何谓"志愿行动"呢?任何概念都是为了体现一定主观认识,这种主观认识向内体现为该概念的"内涵",向外体现为该概念的"外延"。针对"志愿行动"概念,其"外延"集中表现为志愿行动的特点,具体包括三方面。

(1)自发性:民间志愿组织的志愿行动力量来自于社会基层,它是社会公众中部分群体的自发行为,而不是在政府倡导或权势集团逼迫下进行的。

---

① 朱健刚,《行动的力量——民间志愿组织实践逻辑研究》,商务印书馆,2008,第11页。

（2）自愿性：民间志愿组织的"自愿性"体现在两方面：① 对于民间志愿组织而言，志愿行动是在国家法律规定范围内的"自觉行动"，不应当受到权势集团的限制。② 对于民间志愿组织的参与者而言，是否参加志愿行动是个体的自由选择，不应当受其他社会利益集团的控制。

（3）公益性：志愿行动的目标是增进公共利益，使特定社会价值观念能够被更多的社会公众所认同。正因如此，志愿组织与企业组织存在着显著差异，不能以"利润最大化"为行动目标；即使志愿组织通过提供特定服务来换取一定经济利润，那也是有范围限制的，其数额不能超过维持志愿组织生存和发展所需要的资源成本，并且不能把这些经济利益进行分配，只能将之运用于公益目标。

（二）志愿行动的内在意义

志愿行动的重要意义体现在两个层面：① 内部意义的指向是"志愿者"，解释志愿者参与志愿行动的动机和行动策略；② 外部意义的指向是"志愿组织之外的社会场景"，解释志愿行动对整体社会环境的影响，以及社会公众对志愿行动的认同度。正如一个硬币的正反两面，志愿行动的内部意义和外部意义共同构成志愿行动的社会价值所在，这也是民间志愿组织能够生存和发展的基本力量源泉。

1. 志愿者的初始动机

志愿者参与志愿行动的初始动机是什么？这是分析志愿行动的起点。毫无疑问，单个志愿者希望通过志愿行动获得个人精神方面的满足感，他们之所以参加志愿活动，通常是希望摆脱现有的生存状态，寻找精神层面的宁静和充实，从而探求个人生存意义和实现个人价值。沿着这条思路，我们不禁要问：志愿者如何确定志愿行动的目标价值？他们将会采取哪些行动策略来实现志愿行动目标？他们如何使个人参与志愿行动的初始动机得到更大范围的集体认同？关于这些问题的问答，实质就是探求志愿行动的内在意义。

在分析社会经济主体的行为动机和行动策略时，学界的常用工具是经济学的"理性逻辑"，即运用成本收益比较来选择恰当方案。然而，在分析志愿行动的时候，"实践逻辑"更具有解释力。所谓"实践逻辑"，就是"强调人们在实践中并非只是进行利益得失计算,而是按照一定的价值观和习惯来选择自己的行动"。① 换言之,根据实践逻辑进行选择的核心因素,不是预期成本和预期收益,而是志愿者的价值观念和思维习惯。

通过志愿行动,"志同道合"的志愿者们不断强化他们的初始动机,并将他们的价值观念赋予志愿行动和志愿组织之中。根据朱健刚的观点,志愿者初始动机的具体扩展过程是,"行动者首先需要赋予行动以某种个体的意义,而后根据这一意义设立可行的行动策略,并在行动中不断与他人分享和完善这一意义的逻辑,以使整个志愿者群体建立共同所分享的集体认同"。② 在这个过程中,个人价值观念逐渐集合起来,形成志愿组织的共同价值观念,让更多的志愿者们来分享这种社会价值观念。

2. "社会价值观念共享"前提下的集体行动

在"个人价值观念"转化为"社会价值观念"的过程中,必然存在着"个人行动"向"集体行动"的转化,这就是志愿行动的内在意义的实现过程。根据资源动员理论和新社会运动理论,志愿者的初始动机是倡导新的生活方式或文化模式,它必须获得更多人的认同,才能确立这种文化模式的代表性地位。争取更多人认同的过程,就是集体行动不断进行的过程。例如,"希望工程"的志愿者们希望通过大量的公益宣传,唤醒社会公众对教育事业的重视。

在"社会价值观念共享"的前提条件下,志愿者们的集体行动分析涉及一系列问题:如何使个人价值观念被志愿者集体所认同?如何确立志愿者在志愿组织中的位置?如何使"单一性的个人行动"集聚为"整体性的集体行动"?

值得强调的是,价值观念的认同过程与志愿行动的扩展过程是密切联系的:前者代表着主观层面的价值认同,着重分析"单个志愿者的主观动机"转化为"众多志愿者共同认可的价值观念";后者代表着客观层面的行动趋同,着重分析志愿行动者的行动策略。在这两种过程的综合影响下,志愿者逐渐寻找到精神世界的价值认同和物质世界的行动认同,这就是志愿行动的内在意义所在。

(三) 志愿行动的外在意义

如果志愿行动能够成功进行,将会产生两方面影响:① 对志愿组织自身而

---

① 朱健刚,《行动的力量——民间志愿组织实践逻辑研究》,商务印书馆,2008,第13页。
② 同上书,第14页。

言,它能够获得社会认同和生存空间;② 对外部社会场景而言,志愿者们的"社会价值观念分享"能够在更大范围内得到响应。事实上,志愿组织正是希望通过一系列的志愿活动,向社会各界证明自己的存在价值,同时传播特定的社会理念和价值观念。

毫无疑问,当志愿组织开展志愿行动时,外部社会场景特征是影响志愿行动成败的重要因素。根据政治机会结构理论和资源动员理论,成功的志愿行动案例显示,外部社会场景必须提供两项必要因素:① 发展机会空间;② 资源动员能力。

1. 发展机会空间

在中国社会经济体制转型时期,新体制与旧体制之间的衔接存在着巨大的"空隙",这就给大量民间公共组织提供了"发展机会空间"。具体而言,在行政体制改革的过程中,政府逐渐收缩"管理"范围,将部分社会公共事务转移出去,将资源集中在"关键性和重要性"的社会经济领域;与此同时,企业组织未能及时跟进,或者不愿意介入社会公共事务。这就在"公领域"与"私领域"之间,形成了"公共领域"。

从这个意义上讲,社会变革和政治结构调整,提供了"由社会关系的组织变迁而形成的具有弹性和波动性的空间形态"①,这无疑是中国民间志愿组织迅速崛起的重要原因。然而,中国民间志愿组织的发展机会空间并未集中在政治机会结构方面,而主要源自市场发育、职业阶层分化、国际社会开放、社会价值观念多元等诸多方面。

需要强调的是,对于志愿行动而言,发展机会空间仅仅提供了必要条件。志愿组织必须敏锐地抓住机会,采取相应策略措施,才能推动志愿行动的顺利进行。从把握机会的角度来看,志愿组织必须具备两项能力:① 当机会空间扩展时,积极把握机会,甚至创造新的发展机会;② 当机会空间缩小时,选择恰当的风险规避策略,保证志愿行动的持续性。

2. 资源动员能力

在目前中国社会的现实场景中,民间志愿组织普遍缺乏行动资源,这是限制许多民间志愿行动持续进行的重要障碍。从这个意义上讲,"资源动员能力"

---

① 朱健刚,《行动的力量——民间志愿组织实践逻辑研究》,商务印书馆,2008,第20页。

被视为志愿组织的"核心竞争力","是否具备充分的资源将决定其是否能够有组织地提出诉求"。

根据资源动员理论,中国民间志愿组织的资源动员能力主要取决于两方面因素:① 在人力资源方面,志愿组织应当充分利用领导者的个人魅力,调动志愿者群体的积极行动,以"人力资源"去弥补"非人力资源"的不足。② 在非人力资源方面,积极寻求外部社会环境的各种行动资源,努力吸纳资金和技术支持,努力争取媒体和社会公众的舆论支持。

需要强调的是,在民间志愿组织争取行动资源的过程中,必须妥善处理好民间志愿组织与政府机构之间的关系。在中国社会的特定场景中,政府机构是最重要的社会资源控制者,它掌握的社会资源包括资金、组织体系、官方媒体、登记注册、活动许可等。[①] 因此,中国民间志愿组织应当在保持组织独立性和坚持组织使命的前提条件下,积极探求志愿组织与政府机构的合作可能性,以获得足够的志愿行动资源。

二、中国民间志愿组织的可持续发展条件

中国民间志愿组织的核心命题是"志愿行动",而志愿行动的重要前提是获取行动资源,这就构成了民间志愿组织生存基础和发展条件。根据研究命题的需要,下面从三个层面进行分析:① 从民间志愿组织的基本行动方向来看,必须坚持"本土化的实践型和专业性"策略,以保证组织独立性和志愿行动能力,增强资源提供者的信心和社会价值观念认同。② 从志愿行动资源的外部源泉来看,民间志愿组织必须加强与政府机构的合作关系,才能获得行政力量的认可和支持。③ 从志愿行动资源的内部源泉来看,民间志愿组织应当着力于改善内部人员的结构安排,使人力资源优势逐渐成为民间志愿组织的核心竞争力。

(一)志愿行动的基本策略:本土化的实践型和专业性策略

社会公众和政府机构为什么要把行动资源提供给民间志愿组织呢?特别是在民间志愿组织逐渐形成多元化竞争的情境中,为什么某些民间志愿组织能够得到更多的行动资源呢?这是中国志愿组织必须深刻思考的问题,也是许多

---

① 康晓光、郑宽、蒋金富、冯利,《NGO 与政府合作策略》,社会科学文献出版社,2010,第 11 页。

学者关注的重要命题。

事实上,社会公众和政府机构之所以愿意把行动资源提供给某个民间志愿组织,并非全部出于"慈悲胸怀";他们更看重的是该组织的行动能力,具有较强命令执行能力和较完善组织结构的民间志愿组织,更容易获得社会公众和政府机构的支持。从这个意义上讲,民间志愿组织的"命脉"是掌握在自己手中的,不能单纯依靠别人的"施舍"。"天行健,君子以自强不息。"自强者,才能获得别人的尊重和支持,才能变得更加强大。

要对社会公众和政府机构显示出"较强行动能力的信号",中国民间志愿组织就应当选择适当的行动策略。"本土化的实践型和专业性策略"可能是目前中国民间志愿组织的适当选择。它体现出志愿行动策略的三项重要特征:① 本土化;② 实践型;③ 专业性。

1. 策略之一:本土化

任何组织的行动策略都是对外部环境的适当反应,因此,中国民间志愿组织必须将具体行动策略纳入中国情境之中。特别是在借鉴国外先进经验的过程中,如何将"舶来品"转化为能够适应中国情境的现实能力,这是许多中国民间志愿组织不得不面临的问题。

根据李妍焱的观点[①],国外经验的"本土化"过程包括三个阶段:① 学习国外理论和实践经验;② 消化吸收国外经验,开展培训和经验推广,调查志愿行动的具体过程,进行适当改进;③ 争取各种试点机会,尝试将各种改进措施运用于中国民间志愿组织的具体实践,归纳"中国经验",提炼适用于中国情境的行动原则和各种具体策略。

毫无疑问,国外经验的"本土化"过程是相当艰难的,仅仅在理论上提供一些参考意见是远远不够的,它更需要的是具体实践行动。事实上,许多中国民间志愿组织也重视借鉴国外理论和实践经验,但并未将之与当地具体情况联系起来,而是"停留在理念和方法论的传达上"。

2. 策略之二:实践型

所谓"实践型",不仅强调民间志愿组织的志愿行动过程,而且强调志愿行

---

① 李妍焱,《关于促进 NPO 与政府建立合作关系的有效条件之探讨》,载于《中国非营利评论》(第五卷),社会科学文献出版社,2010,第 106 页。

动的结果。志愿行动的结果必须具有明确的实际效果,才能得到社会公众和政府机构的认可,才能获得更多的行动资源。

反过来讲,民间志愿组织要获得行动资源,就必须取得社会公众和政府机构的认同;要获得社会公众和政府机构的认同,就必须以实际的行动效果来证明志愿组织的行动能力。事实上,在社区管理的具体事务中,存在着许多现实性困难,这就需要民间志愿组织提供实质性的直接帮助。

3. 策略之三:专业性

社会公众和政府机构为什么认可民间志愿组织的行动能力?通常的答案是,由民间志愿组织来提供公共服务,而不是由政府机构自己直接提供公共服务,将会具有更低的成本。这种结论的隐含前提是两者的收益相等。然而,这两种途径提供的公共服务是否带来相同的社会收益,这是一个需要继续探讨的问题。

进而言之,即使民间志愿组织的优势是成本更低,那么在出现成本更低的组织形式之后,民间志愿组织是否就会消失呢?答案是否定的,其原因就在于民间志愿组织的部分"专业性"。例如,环境志愿组织有环保专家;劳工志愿组织有法律专家;艾滋病志愿组织有医疗专家。这些专家具有相当的专业知识储备和学术背景,能够为社会公众提供专业性的公共服务,也能够为政府机构提供专业性的咨询建议。

需要强调的是,民间志愿组织的这种"专业性"特征与实践活动紧密联系,不是单纯强调学术领域专业性,而更加重视能够直接运用于志愿行动的、具有现实操作性的技巧。换言之,这种"专业性"来源于长期的实践经验,它不是书本上提供的现成操作流程,也不能由学者直接掌控,只能通过实践活动不断调整。只有这样,中国民间志愿组织的行动策略才能逐渐适应中国社会的现实场景,使之真正实现其组织功能。

(二)志愿行动资源的外部源泉:民间志愿组织与政府机构的合作

在中国社会经济体制转型的现实背景中,政府机构是最重要的资源控制者。如果能够得到政府机构的支持,民间志愿组织就能够获得足够的志愿行动资源。那么,民间志愿组织如何才能获得政府机构的支持呢?两项因素起着重要作用:① 民间志愿组织的领导层与政府机构的领导层之间是否具有良好的沟通;② 民间志愿组织如何实施与政府机构的合作策略。

1. 领导层的沟通

在转型期的中国社会中,领导层之间的"实质性沟通"是决定各种组织行动策略和相互关系的重要因素。民间志愿组织的领导层应当与政府机构的领导层进行良好的"实质性沟通",以寻求双方的共同利益所在,探索实现"双赢"的行动模式。那么,从民间志愿组织的领导层角度来看,如何才能实现这种沟通的顺利进行呢? 至少有两方面需要重视:

(1) 正确理解和熟练使用"官方语言"。当民间志愿组织的领导者与政府机构的行政人员交流时,必须摆脱"形式性沟通"的局限,根据政府机构的语言习惯,运用适合行政系统的谈话方式,才能实现"实质性沟通",从而使双方能够在交流基础上寻找到合作可能性。

(2) 维持领导层之间的相互信任。民间志愿组织与政府机构之间的合作关系,必须建立在双方领导层相互信任的基础上。在现代性的"陌生人"社会中,信任关系不是天然形成的。它必须通过一系列具体的合作行动,才能逐步形成。

事实上,民间志愿组织与政府机构之间的信任关系也不是天然形成的。在初始的合作行动中,双方都对合作行动效果心存疑虑:① 从政府机构的角度来看,它既要依靠民间志愿组织来提供部分公共服务,以解决各种社会问题和缓解社会矛盾,又必须防备体制外力量对社会管理方面的冲击。② 从民间志愿组织的角度来看,它既要主动接近政府机构,以获取足够的志愿行动资源,又对政府机构的行政官僚系统持批评意见,反对低效率的政府行动和高强度的政府管制。

正如基督教的"黄金定律"所言:"你希望别人怎样对待自己,你就应当怎样对待别人。"如果民间志愿组织与政府机构的相互信任关系要成立,那就要求双方都必须站在对方的角度来进行思考。特别是民间志愿组织,应当"考虑政府的政绩,考虑它的社会影响,考虑怎么做才对它们有利"。① 在一些社区参与的合作项目中,民间志愿组织提供的交流平台,让不同行政级别的官员、不同学科领域的专家、不同偏好的社区居民参与其中,这就给街道办事处等基层行政部

---

① 李妍焱,《关于促进 NPO 与政府建立合作关系的有效条件之探讨》,载于《中国非营利评论》(第五卷),社会科学文献出版社,2010,第 106 页。

门的管理者提供了很好的展示机会,也是体现其政绩的绝佳机会。

2. 民间志愿组织与政府机构的合作策略

根据康晓光的观点,广义的"合作策略"包括三个层面:合作措施、合作策略、合作原则。① 它们构成一个完整的理论分析体系:由具体而丰富的各项"合作措施"归纳出"合作策略",再由"合作策略"进行抽象提炼,得到"合作原则"。

(1) 合作策略。依据对17个民间志愿组织的调查资料,基于"重要性、完整性、互斥性"的标准,诸多具有现实操作性的合作措施被归并为十项合作策略。具体包括:① 了解合作的外部环境;② 寻找双方的利益交叉点;③ 多方寻找合作突破口;④ 表达合作意向;⑤ 获取合作方信任;⑥ 精心设计项目;⑦ 合理分工;⑧ 踏实做事;⑨ 分享合作成果;⑩ 完善合作关系。毫无疑问,在民间志愿组织与政府机构的合作过程中,这十项合作策略将对每个环节起到直接的指导作用。

(2) 合作原则。依据十项合作策略的基本逻辑,康晓光等人进行抽象提炼,得到四项基本的合作原则:知己知彼、优势互补、互惠互利、持续改进。

① "知己知彼"意味着,民间志愿组织应该对自身和政府机构的情况具有充分了解,特别是了解合作双方的行动目标、行动约束、行动习惯。该项原则主要体现在各种行动策略之中,包括:了解合作的外部环境、寻找双方的利益交叉点、多方寻找合作突破口、表达合作意向、获取合作方信任、精心设计项目、合理分工。

② "优势互补"意味着,民间志愿组织与政府机构应该争取获得对方的优势资源,以弥补自身资源的短缺。对于民间志愿组织而言,既要从政府机构获得充足的志愿行动资源,又要体现出自身对政府机构的价值所在,能够实现政府机构希望它去完成的某些功能。该项合作原则对应的合作策略包括:多方寻找合作突破口、获取合作方信任、精心设计项目、合理分工、踏实做事。

③ "互惠互利"意味着,民间志愿组织与政府机构的合作关系是一种"双赢"局面,既能够使民间志愿组织获得发展机会,又能使政府机构将部分公共职能顺利地转交出去。该项原则对应的合作策略包括:获取合作方信任、精心设计项目、合理分工、踏实做事、分享合作成果。

---

① 康晓光、郑宽、蒋金富、冯利,《NGO与政府合作策略》,社会科学文献出版社,2010,第39—45页。

④ "持续改进"意味着,民间志愿组织与政府机构在一次项目合作完成之后,需要对合作过程中的经验和教训进行总结,以便更好地实现下一次项目合作。该项原则对应的合作策略包括:寻找双方的利益交叉点、精心设计项目、分享合作成果、完善合作关系。

综合考察合作策略与合作原则之间的逻辑关系,它们之间存在着相互交叉特征:一项合作原则包括多项合作策略,一项合作策略体现着多项合作原则。进而言之,四项合作原则之间也存在着一定的逻辑联系,它们之间的关系改进推动着民间志愿组织与政府机构的持续合作,如图6-7所示。

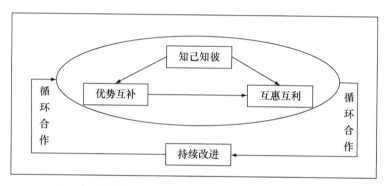

图6-7 民间志愿组织与政府机构合作的四项基本原则

在民间志愿组织与政府机构的一次合作过程中,需要兼顾"知己知彼"、"优势互补"、"互惠互利"的各项原则;在一次合作结束之后,民间志愿组织与政府机构之间的关系需要"持续改进",这是保证合作关系持续发展的重要条件。

(三)志愿行动资源的内部源泉:民间志愿组织的人力资源

民间志愿组织不仅需要从组织外部争取志愿行动资源,更要从组织内部挖掘各种志愿行动资源,然后将外部资源和内部资源整合起来,才能真正提高这个民间志愿组织的行动能力,进而获取更多的社会信任和外部资源,最终形成组织发展的良性循环。正是由于拥有一批具有社会关怀的志愿者,民间志愿组织才能实施许多具有社会关注度的志愿行动项目,才能获得社会各界的认同和信任。具体而言,民间志愿组织需要关注的人力资源因素主要有三类。

1. 志愿者

志愿者是民间志愿组织的核心力量。许多民间志愿组织在创建初期,完全依靠志愿者的资金支持和行动支持。例如,"北京富平学校"的创建离不开著名经济学家茅于轼先生和汤敏博士的积极奔走;"绿色江河"需要一批环保志愿者的持续努力;"青岛小陈热线"源自陈明钰的坚持不懈;"番禺打工族文书处理服务部"依赖于一批又一批志愿者的参与。

在民间志愿组织中,志愿者的重要作用主要体现在三方面。

(1) 具有相同价值观念的志愿者们聚集起来,通过志愿者们的相互交流和"价值观念分享",个人信念逐渐凝聚起来,构成整个民间志愿组织的信念,这就是支撑民间志愿组织进行各种志愿行动的内在动力。由此可见,民间志愿组织的组织宗旨来自于志愿者们,创建该民间志愿组织的志愿者们决定了该组织的主要行动领域和发展方向。

(2) 在开展志愿行动的过程中,当民间志愿组织严重缺乏资金支持,难以购买到足够的受薪者时,就需要志愿者的行动支持。事实上,国内外的许多民间志愿组织在进行志愿行动时,都大量招募志愿者。这些志愿者提供的无偿行动服务,能够弥补民间志愿组织在人手方面和资金方面的严重不足。

(3) 部分志愿者甚至直接提供资金支持,以弥补民间志愿组织的志愿行动资源不足。在许多志愿行动中,志愿行动者不仅没有要求任何报酬,而且自己掏腰包来支付食宿费用。更有甚者,部分志愿者将个人财产捐献给民间志愿组织,他们试图通过该民间志愿组织来实现"社会价值观念分享",让更多人认同某种社会价值观念。当然,持有这种价值观念的社会公众并不一定直接投身于志愿行动,但他们的慷慨捐助和热心支持,无疑是维持和推动民间志愿组织发展的重要因素。

2. 受薪的专业人士

在民间志愿组织的运作过程中,专业人士的管理经验和技术支持,构成了提高组织运行效率的重要保障。在民间志愿组织的创建初期,主要依靠志愿者们的无偿支持。然而,随着民间志愿组织的规模不断扩大,仅仅依靠志愿者们的暂时性行动支持是不够的,日常组织运行要求管理人员稳定性,以保证项目运作的顺利进行。正是在这种背景下,一些规模较大的民间志愿组织会招聘一些专职人员,由他们来进行日常管理活动,并支付相应薪酬。从这个意义上讲,这些受薪的专职人员是民间志愿组织进行日常管理和项目运作的重要条件,他们构成民间志愿组织的人力资源的重要部分。

通常情况下,民间志愿组织希望招聘的专职人员拥有较为丰富的管理经验和技术知识,以保证志愿行动的顺利进行。事实上,愿意到民间志愿组织工作的专职人员,往往能够在一定程度上认同该民间志愿组织的价值观念。因此他们要求的薪酬标准也不会太高,甚至远低于职业市场上的类似情形。

3. 沟通性人才

由于民间志愿组织需要与社会各阶层进行沟通,因此"沟通性人才"在民间志愿组织中相当重要。考虑到中国转型社会背景中的政府机构具有强势地位,民间志愿组织与政府机构之间的相互沟通是非常重要的。正因如此,这里的"沟通性人才"的作用主要集中在促进民间志愿组织与政府机构的合作方面。

"沟通性人才"具有"两栖"特征:① 他们熟悉政府机构的行为方式和语言习惯,能够帮助民间志愿组织更好地理解政府机构的想法和做法;② 他们在情感层面被民间志愿组织所吸引,或感动于志愿者的无偿奉献,或认同志愿组织的价值观念,乐意为民间志愿组织提供必要帮助。这种特征决定了"沟通性人才"的特殊性,它们是民间志愿组织从政府机构获取志愿行动资源的重要因素。

需要强调的是,由于职业身份的限制,"沟通性人才"未必能够给该民间志愿组织直接带来政府资源,但他可以让该民间志愿组织与政府机构之间的沟通更为顺畅,使政府机构更可能认同该民间志愿组织,愿意把资金支持和政策支持提供给该民间志愿组织。从这个角度来看,虽然该民间志愿组织能够获得政府资源支持的关键因素是公共服务质量,但"沟通性人才"也起着重要的润滑作用。

三、中国民间志愿组织的可能发展趋势

基于中国民间志愿组织的现实情况,如何有效地开展各种志愿行动,将是中国民间志愿组织在未来很长时期内必须面临的重要问题。遗憾的是,本书无法提供解决该问题的基本思路和具体方案。事实上,从本质意义上讲,任何理论分析都无法解决该问题。正如前文所言,"志愿行动"是一项实践命题,需要民间志愿组织在实践过程中逐渐积累经验和教训,才能不断提高志愿行动的效率。换言之,在该命题的分析过程中,"实践智慧"高于"理论智慧"。

本书能够做的事情是描绘中国民间志愿组织的未来发展图景,主要包括两个层面:① 从单个民间志愿组织来看,组织形式的演变方向可能是"社会企业";② 从中国民间志愿组织的整体结构特征来看,组织结构的调整方向可能是"多元价值观念的组织网络"。

（一）单个民间志愿组织的演变趋势：社会企业

"社会企业"概念最早出现在 1994 年经济合作与发展组织（OECD）的一份报告中。该概念强调，社会企业的经营策略是企业性质的追逐利润最大化，但组织行动的最终指向是实现特定的社会公益目标。在该概念被提出之后，世界各国对"社会企业"给予高度关注。本书认为，在可预见的未来，"社会企业"将是中国民间志愿组织演变过程中可能选择的一种重要组织形式。基于这种认识，下面将从三个层面剖析"社会企业"：① 社会企业的内涵；② 社会企业的基本属性；③ 社会企业的基本类型。

1. 社会企业的内涵

（1）社会企业的内涵。根据经济合作与发展组织在 1999 年报告中的概念界定，社会企业指"任何为公共利益而进行的私人活动，它依据的是企业战略，但其目的不是利润最大化，而是实现一定的经济目标和社会目标，而且它具有一种为社会排挤和失业问题带来创新性解决办法的能力"。[①] 根据社会企业的实践内容，其内涵主要包括四个方面。

① 社会企业的主要活动领域是社会问题相对突出的领域。特别是在经济衰退时期或社会转型时期，社会企业有助于缓解各种社会矛盾，弥补政府方面的公共物品供给不足。例如，欧洲的社会企业主要集中在两个领域：一是救助失业和扶助落后地区；二是提供社区服务。

② 社会企业致力于"社会创新"。在"市场失灵"、"政府失灵"、"志愿失灵"的前提下，社会企业积极寻求综合性的解决方案，将市场企业、政府机构、志愿组织的功能整合起来，探求解决各种社会问题的创新性途径。特别是在解决公共物品的供求矛盾方面，社会企业将会起到重要作用。

③ 社会企业的行动目标是增加社会利益。这是"社会企业"与"市场企业"的根本区别："市场企业"的行动目标是增进个人收益，特别是提高企业所有者（即股东）的收益。"社会企业"则是通过市场手段来提高利润和积累财富，但这些财富不直接分配给股东，而是回馈给社会，以更低价格来提供相同物品，或者将这些财富重新投入到企业运作之中，使之在将来给社会公众提供更多福利。

[①] 经济合作与发展组织，《社会企业》，刘继同译，社会科学文献出版社，2002，第 197 页。

④ 社会企业受到相关法律的规范。为了促进社会企业的健康发展,一些国家出台《社会企业法》,对社会企业的界定条件、政策优惠、企业责任进行详细规定。例如,芬兰在2003年通过《社会企业法案》,要求社会企业必须尽可能为残疾人和长期失业者提供就业机会。

(2)"社会企业"与"公共企业"、"国有企业"的概念区分。根据现有的理论文献,"国有企业"和"公共企业"都被归属于"企业",前者强调企业产权归属国家,后者强调企业提供的产品和服务主要是公共物品。严格意义上讲,"社会企业"已经脱离了"企业"范畴,它更应该归属于"社会组织",只不过是借助于企业形式来获取组织行动资源。当然,关于这三个概念的详细区别,需要进行更加深入的剖析,这已经不在本书的研究范围之内。

(3)社会企业与市场企业、政府机构的关系也是学界关注的重要问题。从提供公共物品和增进社会公益的角度来看,社会企业与政府机构具有相似性;从增进财富和获取资源手段的角度来看,社会企业与市场企业具有相似性。那么,社会企业究竟应该归属于哪一边呢?

本书认为,关于这个问题的答案必须回到"民间公共组织"的宏大命题之中,考虑政府机构、市场企业、公共组织之间的关系。这三种组织形式的主要作用领域是不同的:① 政府机构主要作用于"公领域",着眼于宏观经济管理和公共物品供给;② 市场企业主要作用于"私领域",着眼于追逐利润和增进私人利益;③ 在严格意义的"公领域"与"私领域"之间,存在着大片的"公共领域",这就是公共组织的活动领域。

社会企业意味着政府机构和市场企业向"公共领域"的功能延伸,它构成社会企业形成的两种途径:① 部分政府机构在提供公共物品时,面临着政府提供的财政资源不足,试图通过市场企业形式来获得资源,由此推动一些公用事业的市场化方式运营。例如,自来水、公共交通等。② 部分市场企业在获得市场成功之后,开始寻找企业存在的社会价值,试图以社会捐助和回馈社会的慈善形式,争取获得社会认同和企业主的人生价值。例如,比尔·盖茨的基金会等。

本书更加强调的是,民间志愿组织在面临着志愿行动资源缺乏的前提条件时,不必固守于"非营利"的限制,也不要"被动"地单纯依靠政府资源,而可以采取市场企业的经营形式,"主动"从市场经济社会中获取志愿行动资源。

2. 社会企业的基本属性

(1) 从公益视角来看,社会企业具有非营利组织特性。① 具体而言,社会企业的"非营利组织"属性包括:① 非营利性,社会企业获得的利润不能分配给投资者,不分红和无回报是社会企业的刚性约束,不断增加的企业收益将会不断增强社会企业的行动能力,使之能够持续增进社会公益和解决各种社会问题。② 非政府性,社会企业的决策机制独立于政府,其管理结构和价值体系都不同于政府机构。③ 志愿公益性,社会企业的组织宗旨、受益群体、价值倡导方向具有明确的公益性特征。

(2) 从市场视角来看,社会企业具有市场企业特征。具体而言,社会企业的"市场企业"属性包括:① 经营性,社会企业通过市场经营行为来获得利润收益。② 增值性,社会企业通过不断创造利润和积累财富来提高组织行动能力。③ 独立性,社会企业具有独立自主和自负盈亏的能力。

(3) 从文化视角来看,社会企业具有双重价值标准。由于社会企业同时具有非营利组织特性和市场企业特征,因此社会企业的行动策略也往往具有双重特征:① 在扮演"市场企业"角色时,社会企业要尽可能地增加利润和扩张经营领域,似乎是相当"贪婪"的。② 在扮演"非营利组织"角色时,社会企业要更多地追求社会关怀、社会公益、人文精神倡导,似乎是相当"慷慨"的。正是这种双重角色定位,影响着社会企业的价值判断标准,形成一种新的"企业家精神",不仅注重通过创新行为来获取更多的市场利益,而且注重通过创新行为来解决更多的社会问题,体现社会企业的更多社会责任。

3. 社会企业的基本类型

根据王名和朱晓红的观点[②],根据创建原因的不同,社会企业被分为四种类型。

(1) 市场实践型社会企业。这类社会企业在创建初期,登记注册为工商企业,并以市场企业形式不断扩大规模,当它发展到一定阶段之后,逐渐转向公益实践。在实践过程中,这类社会企业具有企业属性和公益导向的双重特征:基于市场实体,树立公益目标。

---

① 王名、朱晓红,《社会企业论纲》,载于《中国非营利评论》(第六卷),社会科学文献出版社,2010,第11页。
② 同上书,第14页。

（2）公益创新型社会企业。这类社会企业的最初身份为"非营利组织"，但在发展过程中引入越来越多的市场经营策略，逐渐发展为社会企业。这类社会企业采取市场经营策略的目标是增加行动资源和提高行动能力，这是在传统"非营利组织"基础上的"组织创新"，通过市场机制来实现公益目标。

（3）政策支持型社会企业。这类社会企业的创建原因主要是"政府需要"，具体而言：① 它的主要活动领域是救助失业、扶助落后地区、提供社区服务等政府关注的社会领域；② 它的主要资金来源是政府机构；③ 它享受政府规定的相应优惠政策；④ 它的服务对象主要是社会弱势群体和公共物品供给缺乏的地区。

（4）理想价值型社会企业。这类社会企业的创建动力主要源自具有"高度社会责任感和个人价值实现愿望"的社会企业家，他们通常是富有公益精神和具有高超市场驾驭能力的企业领袖。这类社会企业具有相当高的道德要求："在市场成就与公益奉献的基础上，追求更高层次的社会实现与创新；在引领市场的同时，引领公益；在引领市场和公益的同时，引领社会创新，通过实践探索逐渐形成社会企业的创新之路。"[①]

（二）中国民间志愿组织的整体结构调整：多元价值观念的组织网络

在考察中国民间志愿组织的过程中，"多元化"无疑是最重要的关键词。不同的创建途径、不同的社会价值观念、不同的社会关怀重点、不同的行动策略，构成中国民间志愿组织的"多元化"特征。事实上，我们很难用一种固定模式来描述中国民间志愿组织的发展过程；当我们通过一个一个案例来剖析中国民间志愿组织时，统一的"模式"已经失去意义。随着中国社会经济的不断发展，社会组织形态将会呈现更为丰富的图景。从这个角度来看，中国民间志愿组织的整体结构将会越来越复杂，具有不同特征的各种社会组织形态将会交织在一起，构成复杂的组织网络体系，这就是"多元价值观念的组织网络"。

1. 多元社会价值观念的并存

根据社会学的观点，民间志愿组织本身就是社会价值观念多元化的结果。我们可以设想，在一个思想高度统一和公众行为高度一致的社会场景中，社会

[①] 王名、朱晓红，《社会企业论纲》，载于《中国非营利评论》（第六卷），社会科学文献出版社，2010，第15页。

价值观念必然趋向于"一元化"。"高度一致"意味着缺乏丰富性,也就剥夺了社会选择的多样性,从而极大降低社会公众的福利水平。

相反,"一切皆有可能"的世界将是我们憧憬的社会场景:在这样的社会场景中,不同的价值观念都能够得到表达机会,不同的个人意愿都能够寻找到志同道合者和组织依靠。从这个意义讲,"多元社会价值观念"并不意味着混乱,而是意味着个人选择增加和社会福利增进,这是社会进步的标志之一。近年来流行的"非主流才是主流",其深刻寓意就是追求社会价值观念和文化崇拜的多元化。

在价值观念多元化的社会场景中,社会公众将会持有不同的价值观念,具有相同价值观念的志愿者们将会聚集起来,逐渐形成各种不同的民间志愿组织。事实上,不同民间志愿组织的组织宗旨和行动目标存在着显著差异:"北京富平学校"的行动目标是提高农民工群体的劳动者素质和就业能力;"绿色江河"关注的是环境保护和生态和谐;"番禺打工族文书处理服务部"则着眼于改善珠三角地区的打工者生存状态。

持有不同价值观念的各种民间志愿组织将会重点关注某些人群、某些地区、某些领域。然而,真正意义的"社会关怀"不能只把目光投向社会场景的某个局部,更不能将社会资源集中在社会强势集团,每一个人、每一个地区、每一个领域,都应当获得应有的社会关注,都应当让社会公众听到他们的声音。唯有如此,中国社会才能真正实现"和谐发展"。

2. 网络化的组织体系

由于各种民间志愿组织的价值观念和行动目标不同,中国民间志愿组织的整体结构不会呈现单一性特征。我们不能模仿政府管理体系,根据民间志愿组织的行动程序,依照直线型思维方式来描述"上游组织"、"下游组织"等。中国民间志愿组织更可能呈现"网络化"的整体发展图景。具体特征体现在两方面。

(1) 多向性。"社会公益"是所有民间志愿组织都追求的共同目标,在真实世界中,"社会公益"的具体含义相当丰富,它包括个人发展和社会关注的诸多方面。事实上,各种民间志愿组织都在用实际行动来践行着对"社会公益"的具体诠释,它们从不同角度来增进社会公益和改善公共物品供给状况。

由于不同的民间志愿组织关注的社会问题具有差异性,相应的组织行动目标就会选择不同的侧重点。因此,中国民间志愿组织的整体图景不会是单一指向的,它更可能向各个不同方向扩展开来,如同一张"网络",不断延伸到社会领域的各个角落。

(2)平等性。如果把民间志愿组织的整体结构视为一张"网络",那么这张"网络"中的每个节点就代表着一个民间志愿组织。从各种民间志愿组织的社会地位来看,它们没有先后次序之分;每个民间志愿组织都是平等的,体现为这些节点的"平等性"。既然各种民间志愿组织的行动目标是不同的,那么它们之间就缺乏对比基础,就无法给出优劣判断。

当然,"网络"中的节点没有先后次序,但有大小区别。某些民间志愿组织的规模更大,具有更强的社会影响力。无论这些民间志愿组织有多大的社会影响力,它仍然是这张"网络"中的一个节点;当我们拎起这个节点时,这张"网络"也会被整体拎起来。这意味着,单个民间志愿组织的突出表现,将会引起社会公众对这张"网络"的更多关注,这也就赋予了该民间志愿组织更多的社会责任。

由此可见,中国民间志愿组织的可能发展趋势将会呈现这样的图景:单个民间志愿组织借助于政府机构、市场企业、非营利组织的多种组织形式,获取足够的志愿行动资源,争取实现公共利益目标;各种不同的民间志愿组织聚集起来,形成了"多元价值观念的组织网络",在保证志愿行动目标多向性和志愿组织平等性的基础上,推动中国社会逐步进入"现代性轨道",在科学发展观的引导下,最终实现"和谐社会"。

第 7 章

中国民间公共组织的演进逻辑与未来发展格局

基于转型期中国"公共物品供求矛盾"的特定问题,本书重点剖析了四种典型的民间公共组织,即农村专业合作组织、工会、商会和民间志愿组织。当然,如果理论分析仅仅停留在历史资料和案例分析层面,这不符合严谨的学术研究态度。本书秉承的基本学术态度是"用事实是不能解释事实的"。对于任何理论问题而言,应当依托大量历史资料和案例分析提供的事实证据,进行适当归纳整理,提炼出具有一定解释能力的一般化理论框架。

循着这种学术态度,本书的基本研究思路分为三部分:① 理论基础部分,即"民间公共组织的社会起源和理论逻辑";② 案例分析部分,即"中国民间公共组织的历史演进";③ 构建关于中国民间公共组织命题的一般化理论框架,描述中国民间公共组织的演进规律和未来发展格局。

基于上述考虑,本章试图展示一幅中国转型期民间公共组织的整体图景。主要包括三部分:① 根据典型案例的历史资料,归纳"中国民间公共组织的演进逻辑"。② 在"政府—市场—社会"的三维空间视野中,阐释中国转型期的"公共领域混合格局"。③ 由经济解释拓展到社会解释,分析"组织变迁与社会制度演进的关系",描述和谐社会的未来图景。

第一节 中国民间公共组织的演进逻辑

在中国社会经济体制转型的历史场景中,各种类型的民间公共组织如雨后春笋般涌现出来。正如第 1 章所述,这些民间公共组织的生成原因各有不同,本书据此将它们分为三种类型:① 生产协作组织;② 利益诉求共同体;③ 社会价值观念共同体。无论从理论层面来看,还是从实践层面来看,不同类型的民间公共组织应该具有不同的演进逻辑。然而,为了展示一个简单而清晰的理论分析结果,根据第 3 章至第 6 章的案例分析,本书试图去做一件"明知不可为而为之"的事情,即抽象描述中国民间公共组织的演进逻辑。

严格意义上讲,民间公共组织的演进逻辑应该包括两个层面含义:① 民间公共组织的产生原因和途径,即"民间公共组织的生成机制";② 民间公共组织的发展演进,即"民间公共组织的演进过程"。简而言之,组织产生和组织发展构成了组织演进逻辑的两个重要方面。

一、民间公共组织的生成机制

针对"民间公共组织的生成机制"命题,目前学界存在着三种主要观点:① 陈宪认为,民间公共组织的生成机制有两种类型——体制内、体制外。[1] ② 余晖认为,民间公共组织有四种生成路径——体制内、体制外、体制内外结合、法律规定。[2] ③ 贾西津则提出民间公共组织的三种产生模式——自上而下模式、自发模式、中间模式。[3]

根据中国民间公共组织的演进事实,本书认为,民间公共组织的生成机制具有三种典型途径:①"自上而下"的体制内途径,主要依靠政府力量来推动体制内公共组织实现"民间化",可以简称为"供给主导型"。②"自下而上"的体制外途径,主要依靠民间力量来促进市场环境条件下的民间公共组织生成,可以简称为"需求诱致型"。③ 体制内途径和体制外途径的融合,即在政府力量的诱导和扶持下,调动民间力量,组建符合政府意志的"民间"公共组织,这种组织具有典型的"半官方"色彩。

(一)体制内途径:"自上而下"

社会转型的关键因素是各种社会组织的功能变化。在社会转型过程中,社

---

[1] 陈宪、徐振中,《体制转型和行业协会:上海培育和发展行业协会研究报告》,上海大学出版社,1999,第 48 页。
[2] 余晖,《行业协会及其在中国的发展:理论与案例》,经济管理出版社,2002,第 23 页。
[3] 贾西津、沈恒超、胡文安,《转型时期的行业协会——角色、功能与管理体制》,社会科学文献出版社,2004,第 103 页。

会组织发展存在着一种可能性:全盘否定原来的社会组织和政府机构,重新构建新的政治体系和社会结构。然而,"如果组织采取这种选择,获得成功的几率将极小。组织沿用过去的运作系统的趋势是很强的"。①

自 1992 年以来,中国社会经济体制转型的经验表明,社会转型的关键因素是体制内组织转型。如果体制内组织发生断裂,中国社会将可能面临更多的社会矛盾和更严重的公共服务供给不足局面,中国经济体制改革也将可能面临着更大的改革成本。事实上,体制内组织提供了社会发展的延续性载体,使得经济体制转型和社会转型能够在尽可能稳定的社会环境中进行。事实上,中国经济发展的"渐进式改革"模式正是重视体制内组织资源的结果,它没有贸然终止现有体制内组织的寿命,而是试图改造现有体制内组织来实现社会重构。根据中国经济发展的现有成果来看,毫无疑问,中国经济体制转型和社会转型在实践过程中选择了一条有效的制度变迁途径。

当然,在中国社会经济体制转型的宏大场景中,体制内组织必须实现组织形式和组织职能的转型,才能适应新的社会结构调整和社会发展要求。具体而言,体制内组织转型有两种基本方式。

1. 体制内组织的新兴功能调整

改变计划经济时期的组织职能,创新性地展开新形势下的组织活动。例如,针对行业协会发展问题,中央政府在政策层面和机构设置方面进行了一系列调整。

(1) 在政策层面表现为:① 1982 年国务院提出,"工业调整要从行业搞起,按行业组织、按行业管理、按行业规划",从而使得中国社会的经济管理方式由部门管理转变为行业管理。② 1993 年的中共十四届三中全会确立了中国构建社会主义市场经济体制的基本思路,同时提出"要发展市场中介组织,发展行业协会、商会等市场中介组织的服务、沟通、公证、监督作用"。③ 2002 年经贸委发布文件《关于加快行业协会规范管理和培育发展工作的通知》,强调加强行业协会的规范管理。

(2) 在机构设置方面表现为:① 1984 年国务院确定机械工业部和电子工

---

① 〔美〕理查德·H. 霍尔,《组织:结构、过程及结果》,张文星、刘五一、沈勇译,上海财经大学出版社,2003,第 26 页。

业部的行业管理体制试点,构建了中国汽车工业协会等一批工业行业协会。② 1986年国务院撤销一批省市级行政公司,改建为地区性行业协会。③ 1988年国务院进行机构改革,撤销各部委的产业司局,构建一批全国性行业协会。④ 2001年2月,国家经贸委所属的国家内贸局、冶金局、建材局、纺织局、轻工局、机械局、石化局、有色局、煤炭局等9个部门机构被撤销,相应成立机械工业协会、钢铁工业协会等十大行业协会。①

2. 体制内组织的正常功能恢复

排除计划经济时期对组织功能的误解和错误引导,恢复组织功能的本来面目。例如,针对工会发展问题,中国工会不断反思工会应该具有的现实功能,将其活动由"政治领域的阶级斗争"调整到"经济领域的利益协调"。自1979年全国总工会对"赖若愚、董昕事件"进行复查以来,工会组织的工作重点逐渐调整到"维权";中国工会第十次全国代表大会则强调:"以四化建设为中心,为职工说话办事,维护职工合法权益。"

正是在不断纠正以前错误认识的基础上,中国工会逐步确立了未来发展的基本思路,体现出转型时期中国工会应当具备的组织功能和组织行为策略。具体包括三方面②:①"五突破一加强"的工作框架;②"三个最大限度"的工作目标;③"抓机制、办实事、转作风、求实效、促发展"的工作方针。

然而,根据民间公共组织的发展事实,体制内途径生成的民间公共组织发展实际状况不尽理想。以行业协会为例,其发展状况缺陷主要体现在三方面:① 行业覆盖率较低,未能将大量非国有企业纳入行业协会的管理范围。② 行业协会的运行机制缺乏效率,特别是在信息交流和人员培训方面需要不断加强。③ 会员企业参加行业协会活动的积极性较低。

事实上,体制内途径体现着强烈的政府意志,也正是由于过度强调政府部门的权威和主导力量,这种"自上而下"模式生成的民间公共组织不容易适应中国社会经济体制转型时期的市场经济环境,难以充分满足市场经济主体的各种需求。

(二)体制外途径:"自下而上"

"体制外途径"是民间公共组织产生的最"自然"方式。在任何社会场景中,

---

① 贾西津、沈恒超、胡文安,《转型时期的行业协会——角色、功能与管理体制》,张文星、刘五一、沈勇译,社会科学文献出版社,2004,第105页。
② 高爱娣,《中国工人运动史》,中国劳动社会保障出版社,2008,第273页。

单个社会经济主体总会有一些利益诉求目标，无法通过独立行动来实现，这就产生了集体行动的需要。对于具有相同或相似利益诉求的大量单个社会经济主体而言，集体行动的目标指向是他们的共同利益，集体行动的组织载体是各种类型的集体组织，本书将之视为"公共组织"。

在传统经济学描绘的社会场景中，社会体系被划分为两个部分——市场和政府。它们分别代表着利益目标的两个极端：市场中的主要活动者是市场企业，其行为目标是自身个体利益；政府则承载着所有社会成员的整体利益。本书认为，在个体利益和整体利益之间，应该存在着一个中间状态——集体利益。换言之，在单个社会经济主体与所有社会成员之间，存在着某些具有一定同质性的社会成员，他们将会形成"共同体"，以谋求他们的共同利益。循着这种"体制外途径"，民间公共组织的产生需要两项前提条件。

1. 单个经济主体的自由选择意志

单个经济主体具有表达自己意愿和独立行动的自由选择意志。毫无疑问，只有在市场化程度较高的社会场景中，单个经济主体才可能具有自由选择意志；只有具有自由选择意志，单个经济主体才可能在单独行动和集体行动之间进行选择，从而做出对自己更加有利的抉择。

事实上，中国民间公共组织的发展确实与市场经济发展程度具有高度契合性：① 从空间特征来看，市场经济发展程度较高的温州地区，也是民间公共组织最活跃的地区。② 从时间特征来看，在中国市场化进程的初期，民间公共组织的数量较少，规模较小；随着中国经济体制改革的不断推进，越来越多的民间公共组织出现在社会公众的视野之中。

2. 集体行动的意愿和参与能力

具有同质性的社会成员们能够结成"民间公共组织"。这里的"能够"有着两层含义：① 内部意义的"能够"，意味着单个社会成员具有结成"民间公共组织"的意愿。在中国社会经济体制改革的过程中，某些社会成员将他们的共同意愿集合起来，构成推动民间公共组织产生的最重要力量；这种共同意愿也表明，社会公众需要这种民间公共组织。事实上，正是由于这种民间公共组织能够满足特定社会群体的集体需求，才能体现出其社会价值所在，进而形成这种民间公共组织的"社会合理性"。② 外部意义的"能够"，意味着外部社会经济环境允许"民间公共组织"的存在。可以想象，在一种高强度控制的社会场景中，所有社会经济事务都被纳入政府控制范围之内，"民间公共组织"不可能有存在空间。即使存在着某些冠以"集体组织"或"公共组织"的组织形式，它们也不可能真正体现特定社会成员群体的共同利益。理由很简单，在"总体性"社会中，政府机构只允许所有社会成员的"整体利益"存在，而不能接受部分社会成员的"共同利益"。

值得庆幸的是，伴随着中国社会经济体制转型，中国社会的"总体性"特征逐渐消解，政府机构对社会经济事务的控制程度不断减弱，对"民间公共组织"的容忍度不断增加。正是在这种背景下，中国民间公共组织才可能获得政府许可的"行政合法性"。

根据前文的大量案例分析，虽然中国民间公共组织仍然面临着"双重管理"的约束条件，但毕竟已经逐步实现由"社会合理性"向"行政合法性"的过渡。对于中国民间公共组织的发展前景而言，只有同时具备"社会合理性"和"行政合法性"，才可能争取更多的社会资源来推动组织的继续发展，也才能够"行之远矣"。

（三）体制内途径和体制外途径的融合

理论分析希望得到简单而明确的结论，因此它更倾向于描述极端状态；真实世界则是复杂而丰富的，它需要考察许多"混沌"的中间状态。中国民间公共组织的发展事实表明，在体制内途径和体制外途径的两种生成机制之间，存在着许多"中间道路"；它们具有体制内途径的某些特征，也具有体制外途径的某些特征，可以视为两种生成机制的融合。

这些"中间道路"的具体形式相当丰富，但其生成机制仍然具有一些线索可循。具体而言，这些线索体现为两个层面。

（1）社会经济环境变化促使政府机构产生利用"民间公共组织"进行社会经济管理的动机。例如，在温州民营经济发展迅速的条件下，地方政府一直在思考如何对民营经济力量进行合理有效的管理，以构建良好的经济秩序和社会环境。在借鉴国外行业管理经验的基础上，温州地方政府开始有意识地引导一些行业构建行业协会，通过民间力量的自我管理，来实现行业发展的有序进行，从而服务于温州地区的经济发展战略。

（2）在政府机构的诱导和扶持下，一些民营企业响应政府意图，初步构建具有一定组织架构和人员配备的公共组织载体。其形成步骤是，先由政府号召，再由民间力量跟进，最终构建民间公共组织。这种具有"融合"特征的"中间道路",正在成为中国民间公共组织产生的主要方式。需要说明的是,无论对于利益诉求共同体,还是各种民间志愿组织,政府意志无疑都是最重要的风向标,它同时也显示着强烈的社会公众需求。如果民间公共组织能够根据政府意志来选择组织发展的方向和领域,将会更容易获得"社会合理性"和"行政合法性"。事实表明,近年来在政府日益关注"民生"问题的时代背景中,大量民间公共组织涌现出来,在"实现政府意图"和"满足社会需求"的条件下,也证明了组织存在的合理性和可能性。

二、民间公共组织演进的动力机制

当民间公共组织产生之后,哪些因素将会影响它继续发展的方向呢?想得到这个问题的答案需要分析"组织演进的动力机制"。民间公共组织演进是外部环境因素与内部组织因素之间进行相互作用的过程,这两方面因素共同构成民间公共组织的发展动力,深刻影响着各种社会经济主体的主观动机,进而促使他们采取特定行动策略。从这个意义上来看,民间公共组织演进的动力机制包括两个层面:① 外部环境因素构成组织演进的外部拉力,即"外部动力机制";② 内部组织因素构成组织演进的内部推力,即"内部动力机制"。

(一)民间公共组织演进的外部动力机制

在任何社会场景中,组织发展的外部动力都源于各种外部环境因素。在中国社会经济体制转型时期,中国社会经济体系中的各种环境因素都在不断调整过程之中,从而构成民间公共组织的发展机遇,营造出各种组织形态的发展空间,这些环境因素变化构成中国民间公共组织演进的外部动力机制。根据"市场—政府—社会"的三维分析结构,转型期中国民间公共组织演进的外部动力机制主要包括三个层面:① 经济体制改革;② 政治环境;③ 社会文化氛围。

1. 外部动力机制之一:经济体制改革

根据经济学、政治学、社会学等领域的大量研究成果,学界形成一种共识:中国民间公共组织演进过程与中国经济体制改革历程具有高度相关性。这种现象表明,两者之间肯定存在着某种内在关联。基于研究命题的需要,本书在考察两者的内在关联时,强调经济体制改革对民间公共组织演进的影响,主要表现在三方面。

(1)经济体制改革提供了民间公共组织发展的物质财富基础。具体含义是,① 民间公共组织发展需要社会资源支持,如果没有经济体制改革创造的大量物质财富,即使部分社会成员具有建立"集体组织"的愿望和动机,也将受制于资源稀缺性;② 对于"社会价值观念共同体"而言,物质财富是追逐精神诉求的现实基础,"仓廪实而知礼节",社会成员只有在满足生存需要的基础上,才可能产生不断提高生活质量的发展要求。

(2) 经济体制改革激发了社会公众的权利意识。中国经济体制改革的重点内容是构建市场经济体系和培育市场经济主体,后者构成前者的微观基础。在构建市场经济体系的过程中,单个市场经济主体的行动有效性取决于"自由选择意志";多个市场经济主体的行动有效性取决于彼此之间的相互信任和权利维护,即"契约精神"。

事实上,市场经济体制的核心内容就是"权利",它意味着,每个经济主体都在特定权利界限范围之内谋求自身利益最大化,这是"经济人假定"的基本含义。唯有如此,每个人追逐自己私利的行动策略,才可能通过"看不见的手"促成社会经济秩序良好的局面。正是中国经济体制改革的不断推进,使得社会公众越来越意识到"权利"的重要性,这也就在客观上形成他们通过集体行动来实现共同利益的思想动力。

(3) 经济体制改革造就了民间公共组织发展的行业环境。对于"利益诉求共同体"类型的民间公共组织而言,它们追逐的共同经济利益必须在特定的行业环境中才能得以实现。通常情况下,行业环境中的经济利益集团主要分为三类:① 出租车司机协会、工会等"劳动者利益集团";② 行会、同业公会、商会、行业协会等"资本控制者利益集团";③ 消费者协会等"消费者利益集团"。

可以设想,在现有法律体系不完善、单个经济主体无法通过独立行动来维护自身权利的条件下,具有相同利益诉求的社会成员将会集聚起来,通过集体行动来实现这种"共同利益诉求"。毫无疑问,无论是"劳动者利益集团",还是"资本控制者利益集团"或"消费者利益集团",行业特征往往是界定"共同利益诉求"的重要标准,处于相同行业的社会成员具有高度同质性。行业环境是各种"利益诉求共同体"生存和发展的重要土壤,依据这种社会需求而形成的民间公共组织被嵌入市场经济体系中,发挥着重要的网络联结功能。

2. 外部动力机制之二:政治环境

随着中国经济体制改革的不断推进,政治领域变革的社会呼声越来越强烈。事实上,自1978年改革开放以来,中国政治环境中的各项因素正在逐渐变化:① 政治理念方面,由"管制型政府"转变为"治理型政府",由"善政"转变为"善治"。② 政治目标方面,由"权威"转变为"民主",由"管制"转变为"治理",由"精英政治"转变为"公民参与"。③ 地方政府职能方面,由"划桨"转变为"掌舵",由"管理社会"转变为"服务公众",再转变为向私人部门"授权"。① 毋庸置疑,政治环境因素变化深刻影响着政府机构与民间公共组织之间的关系,主要表现在两方面。

(1) 重新界定政府机构与民间公共组织之间的行为边界。在目前中国社会场景中,政府机构是"管理者",民间公共组织是协助政府机构进行社会管理的"助手",两者之间呈现出不平等关系。然而,在现代政治学描述的社会场景中,政府机构和民间公共组织之间存在着相互合作的可能性和现实需要,它们利用各自独特的组织优势,来谋求双方共赢的利益契合点。根据张静的观点②,民间公共组织和政府机构都能够从"合作行动"中增进自身利益:① "分散利益按照功能分化原则组织起来,有序地参与到政策形成过程中";② "国家权力获得稳定的支持来源和控制权"。

由此可见,政府机构与民间公共组织之间的行为边界必须进行重新界定。政府机构是通过社会公众投票而集体授权的代理机构,它应当集中力量履行社会公众授权处理的那些"公共事务",而不必过度扩张管辖范围。基于"父爱主义"的"无限政府",不仅会导致政府机构的"不能够",而且将会引起社会公众的"不愿意"。从这个角度来看,由"无限政府"转变为"有限政府",将是调整政府机构与民间公共组织之间行为边界的重要内容。

(2) 增强政府机构对民间公共组织行动的回应性。根据罗伯特·帕特南的观点,"一个好的民主政府不仅要考虑社会要求,而且要对这些采取有效的行动"。③ 唯有尊重各种社会群体的利益诉求,并给予及时的行动响应,政府机构才能真正获得社会公众的信任和支持。本书强调,社会利益整合是一个由分散到集体,再到整体的过程;相应的组织载体则是由私人到集体组织,再到政府机构。由此可见,在社会公众的个体利益诉求与政府机构关注的社会整体利益诉

---

① 谈志林,《走向公民社会:地方社团发展的制度分析》,中国社会出版社,2010,第204页。
② 张静,《法团主义》,中国社会科学出版社,1998,第7页。
③ 〔美〕罗伯特·帕特南,《使民主运转起来》,王列、赖海榕译,江西人民出版社,2001,第72页。

求之间,需要由民间公共组织来发挥中间性的信息传递渠道功能。

换言之,各种民间公共组织将具有同质性的个体利益诉求整合起来,通过各种渠道传递出来,希望引起更多社会公众和政府机构的重视。通过民间公共组织的这种行动,政府机构的信息搜寻成本已经被极大地降低,使之更容易观察到社会公众的利益诉求变化。如果政府机构能够对这些信息给予足够重视,及时采取相应的政策措施,将会更有利于解决各种社会问题,也能够更好地维护政府机构与民间公共组织之间的合作关系。

3. 外部动力机制之三:社会文化氛围

劳伦斯·哈里森认为:"文化是体制之母。"[①]社会文化氛围是影响社会组织发展的最重要和最持久的关键因素。如果说市场环境的基本内容是有形物质利益,那么政治环境的基本内容就是无形的上层建筑和制度安排,因此社会文化氛围更倾向于解释社会公众的行动方向和终极关怀。事实上,在中国民间公共组织的历史演进过程中,始终有一种"文化力量"在引导着组织成员的集体行动。这种"文化力量"究竟是什么?本书无法也无意给出一种简单答案。本书能够做到的,仅仅是在"视线可及的领域"内,探寻影响中国民间公共组织演进的文化因素。

(1)"全球结社革命"的示范效应。自20世纪90年代以来,全球范围内涌现出大量民间公共组织,它们的具体产生原因各有不同,但其行动都指向"先前未曾给予关注或留给国家去完成的目标"[②]。这些民间公共组织主要集中在"民间志愿领域",本书在第6章中对"全球结社革命"的时代背景和历史原因进行了详细阐述。

事实上,"全球结社革命"对中国民间公共组织演进的主要影响仍然停留在理念层面,着眼于改变社会公众对民间公共组织的基本认识,主要体现在两方面:① 民间公共组织的社会定位方面,它不是政府机构的"御用工具",也不是政治组织的"潜在竞争对手",而是政府机构的契约式"合作伙伴"。② 民间公共组织的行动领域方面,它不应当局限于弥补市场失灵和政府失灵的功能缺

[①] 〔美〕劳伦斯·哈里森,《文化为什么重要》,程克雄译,载于塞缪尔·亨廷顿、劳伦斯·哈里森编,《文化的重要作用——价值观如何影响人类进步》,新华出版社,2002,第16页。

[②] 〔美〕莱斯特·萨拉蒙,《非营利部门的兴起》,何增科译,载于何增科编,《公民社会与第三部门》,社会科学文献出版社,2000,第243页。

失,而应当动员社会公众参与各种公共活动,通过自身行动来促进医疗、教育、社会福利等方面的社会变革。

(2) 社会利益冲突的平衡机制。在中国社会经济体制转型的过程中,计划经济时期的"总体性社会"正在逐渐消解;与此同时,由于经济利益和社会地位的差异,社会成员们正在迅速发生分化。如果以收入水平作为标准,社会公众正在逐渐分化为"穷人"、"富人"和"中产阶层"。事实上,按照不同标准,社会成员们的阶层分化呈现出多维度和多层面的复杂趋势。正是这种复杂趋势,使得目前中国社会场景中的利益主体呈现出多元化特征。毫无疑问,多元利益主体之间必然存在着利益冲突和意见分歧,从而增加社会风险。

如果任由单个利益主体通过独立行动来实现自身利益,结果可能对弱势社会群体极端不利,他们的利益诉求很难通过正常途径得以满足,甚至有可能采取极端行为,这也是近年来出现大量群体性事件的主要原因。从这个角度来看,如果能够借助民间公共组织的利益整合功能,为这些弱势社会群体提供利益表达和利益实现的正常渠道,可以有效减少社会冲突事件的数量和规模。

(二) 民间公共组织演进的内部动力机制

如果设定民间公共组织行动的外部制度环境,那么推动组织演进的主要力量将来自单个组织成员的行动目标激励和各种民间公共组织之间的竞争压力,它们共同构成民间公共组织演进的内部动力机制。

1. 组织成员的行动目标激励

民间公共组织能够通过集体行动来增进单个社会成员的福利水平。换言之,当单个社会成员无法通过独立行动来实现某种利益目标时,它们将会通过集体组织来增强行动能力,进而实现它们期望的共同行动目标。正是在共同行为目标的激励作用下,组织成员们愿意聚集在一起,服从集体组织的纪律和领导,从而构成推动民间公共组织演进的重要力量。在本书的研究框架中,根据不同的产生原因,民间公共组织分为三种类型,这实际上意味着组织成员行动目标的三种来源:① 生产技术协作需要;② 经济利益和社会利益诉求;③ 社会价值观念认同。

特别需要强调的是,在中国社会经济体制转型的社会场景中,基于第二种行动目标而形成的"利益诉求共同体"是中国民间公共组织的主要类型。进而言之,社会公众的利益诉求包括三个层面:① 现有的具体利益,例如工资、社会福利、工作环境、销售限制等;② 现有的抽象利益,例如政治权利、言论自由、集会权利等;③ 潜在利益,例如民主参与权利、提升自身道德修养、平等意识等。

根据青木昌彦的观点,特定民间公共组织构成特定参与者之间的博弈场景。在这种博弈场景中,每个参与者都基于自身利益诉求采取一定行动策略,它们的行动结果就会形成制度化的博弈关联。"这种关联可以创造一定的外在性,使所有或部分参与者从中获取租金,从而促进这种关联的延续。"① 显然,组织成员们的利益诉求是这种制度化博弈关联的核心诱因,进而推动民间公共组织不断演进。

2. 各种民间公共组织之间的竞争压力

在中国社会的"公共空间"中,为了争夺有限的经济资源和社会资源,争取组织生存和发展的有限机会,各种民间公共组织之间必然存在着竞争。虽然政府机构只允许在同一地区和同一行业领域保留一个权威性公共组织,但由于行业领域的交叉特征,各种民间公共组织之间仍然存在着争夺组织资源的竞争行动。如果仔细考察温州地区的各种行业协会,将会得到大量的事实证据。

(1) 从竞争活动的内容来看,各种民间公共组织之间的竞争活动构成技术创新、管理创新、业务领域拓展的根本动力。换言之,在竞争性的博弈格局中,参与者将会不断开拓资源获取途径,寻找其他参与者未曾发现的活动空间,改善"公共物品"的供给方式。

(2) 从竞争活动的影响效果来看,各种民间公共组织之间的竞争压力可能产生两种结果:① 公共领域的"优胜劣汰"。通过争夺组织发展资源的竞争活动,一些运行效率较低的民间公共组织将会被淘汰,而稀缺性的经济资源和社会资源将会流向那些具有较高运行效率的民间公共组织,使之获得继续发展的动力。② 增强特定民间公共组织的内在凝聚力。在面临着组织生存和发展压力的条件下,组织成员们将会更加团结,也更容易推动民间公共组织内部的自主治理和组织成员之间的互助合作。

---

① 〔日〕青木昌彦,《比较制度分析》,周黎安译,上海远东出版社,2001,第188页。

三、民间公共组织的演进路径

根据新制度经济学的观点,制度演进是社会公众进行成本收益比较的结果,只有在新制度能够带来更大制度收益的条件下,人们才愿意接受新制度。① 民间公共组织的演进路径也遵循着这种规律,只有当新的组织载体能够带来更多收益时,组织形式变革才能获得组织成员的认同;只有当新的组织功能更能体现"与时俱进"的时代特征时,这种民间公共组织才能得到更多社会成员的支持。

根据民间公共组织调整组织形式和组织功能的行动层次,民间公共组织的演进路径包括两个层面内容:① 组织行动的战略层面体现为"组织发展模式选择";② 组织行动的策略层面体现为"治理机制变革"。

(一)组织发展模式选择

组织发展模式是组织演进的核心内容,它决定着民间公共组织的未来发展方向和领导力量来源。① 在目前中国社会经济的现实条件下,民间公共组织的未来发展方向将是"学习型组织"。② 在民间公共组织的领导力量来源方面,则呈现出由"单中心"转变为"多中心"的基本趋势。

1. 组织发展方向:学习型组织

根据彼得·圣吉的观点,学习型组织强调组织成员的个体积极性,通过单个组织成员的学习行动,构建组织成员的共同愿景,实现组织行动过程的"自我管理"和组织结构的"扁平化",从而增强组织的自我发展能力。② 根据中国民间公共组织的发展现状,学习型组织的现实操作难度较大,其意义主要体现在组织未来发展方向上。

在可以设想的社会场景中,基于学习型组织的组织发展方向,民间公共组织将会发生深刻变化,主要表现在三方面:① 扁平化的组织结构特征。学习型组织强调组织成员之间的互动过程,这必然会改变民间公共组织的传统结构特征,使之由"金字塔式的层级结构"转变为"扁平化的协作网络"。② 多元反馈的学习系统。通过组织成员与公共服务对象之间的信息交流,通过组织成员之间的相互学习,通过工作过程和学习过程的互动,民间公共组织逐渐拓宽信息

---

① 〔美〕科斯,《社会成本问题》,载于 R. 科斯、A. 阿尔钦、道格拉斯·诺斯等,《财产权利与制度变迁——产权学派与新制度学派译文集》,刘守英译,上海三联书店、上海人民出版社,2001,第52页。
② 〔美〕彼得·圣吉,《第五项修炼》,郭进隆译,上海三联书店,1998,第11页。

获取渠道,利用多维度的行动策略来实现组织行动目标,同时提升组织成员的创造能力。③ 和谐的组织文化氛围。通过构建学习型组织,民间公共组织将会逐渐形成彼此信任、相互宽容、合作共事等组织文化,不断协调组织成员之间的意见分歧,从而增强民间公共组织的自我发展能力。

2. 组织领导力量来源:由"单中心"转变为"多中心"

在中国民间公共组织的传统模式中,组织领导力量来源具有典型的"单中心"特征。具体而言,虽然绝大多数民间公共组织都采取"会员大会领导下的理事会负责制",但实际控制组织行动的最重要权力核心是理事会;理事会中的单一权力核心是常务理事会;常务理事会中的单一权力核心是理事长。

由此可见,民间公共组织的领导力量集中于组织领导者,组织领导者的个人权威、个人魅力、个人智慧是影响民间公共组织发展的最重要因素。事实上,许多民间公共组织的兴衰都与组织领导者具有密切关系,所谓"兴也勃焉,亡也忽焉",正是这种组织架构特征使然。这种精英行政模式实际上是"威权政治模式"的衍生品,它依赖于组织领导者的强权控制和道德感化,实现自上而下的权力运行。

1951 年迈克尔·博兰尼提出"多中心秩序"概念之后,埃莉诺·奥斯特罗姆将"多中心制度"扩展为一个制度分析框架。她认为,"多中心的制度安排把有限而独立的规则制定权力和执行权力分配给无数的管辖单位",推动组织架构中的"精英统治"转变为民主化行动。在"多中心"的组织架构中,组织领导力量来自于每个组织成员的参与行动,所谓的"组织领导者"则仅仅是行动召集人而已。

需要强调的是,"多中心"的民间公共组织具有更强的自我发展能力。当外部环境发生变化时,组织成员将会随之调整自己的利益博弈策略,从而促使组织形式和组织功能更适应新的外部环境。① 这就是青木昌彦所言的"自主性制度演进",也是中国民间公共组织的未来发展方向的合理选择。

(二)治理机制变革

自 1989 年联合国提出"治理"概念之后,世界各国纷纷将之引入社会制度变革领域,以"治理"来替代"管理",逐步实现哈耶克所言的"自发秩序"。"管

---

① 谈志林,《走向公民社会:地方社团发展的制度分析》,中国社会出版社,2010,第 242 页。

理"意味着控制,"治理"则意味着协调。对于民间公共组织而言,治理机制变革就是强调组织内部各单元的责任界限和权力界限,逐步形成组织内部各单元之间相互协作的运行网络。

根据组织行动过程的阶段特征,民间公共组织的治理机制变革包括三个层面内容。

(1) 事前的规则制定。特别是通过制定组织章程,确定民间公共组织的内部运行规范和行动方向,调整组织成员之间的权利义务关系。唯有如此,才能"通过组织自己来组织这个世界",从而实现民间公共组织的自我治理。①

(2) 事中的程序公正。通过公正的组织运行程序,保证每个组织成员参与公共活动,实现组织成员的个人行动目标,同时实现民间公共组织的民主化自我规制。

(3) 事后的监督救济。由于民间公共组织的领导层试图控制信息传递渠道,因此组织成员和公共服务接受者就可能受到不正当的利益侵害。"透明度是解决社会问题和经济问题的最佳药品……阳光是最好的防腐剂。"②对付这种局面的最有效方式就是"公开原则",尽可能将组织运行的各方面信息透露出来,让社会公众来监督民间公共组织的行动。事实上,美国政府规定,任何人都有权向非营利组织要求查看它们的原始申请文件和近三年的税务报表。

需要强调的是,民间公共组织演进是一个持续而漫长的过程,需要社会公众保持足够的耐心和坚持精神。特别是在中国社会经济体制转型的历史场景中,民间公共组织的独立自治、第三部门的兴起、公民社会的形成必然充满着各种不确定性。

第二节 "政府—市场—社会"三维空间视野中的公共领域混合格局

根据康晓光的观点,随着中国社会经济转型的过程深化,在政府领域与市场领域之间,存在着社会领域逐渐扩大的客观事实,从而逐渐形成"政府—市

---

① Piaget, J., *The Construction of Reality in the Child*, New York: Ballantine, 1976, p.36.
② 〔美〕里贾纳·赫兹琳杰,《非营利组织管理》,许朝辉等译,中国人民大学出版社,2002,第9页。

场—社会"的三维空间。① 沿着这种思路,本书认为,在这个三维空间体系中,主导力量分别是公权、私权和公共权力;主要行动者分别是政府机构、市场企业和民间公共组织。

在"政府—市场—社会"的三维空间视野中,三种主要行动者之间的关系深刻影响着它们之间的行为边界和社会经济结构:① 在稳定的社会经济环境中,三者之间的行为边界是清晰的;② 在转型社会中,三者之间的关系可能处于不断调整的过程之中,这必然会改变社会经济体系的整体结构特征。

根据研究命题的需要,本书基于"民间公共组织"的角度,在中国社会经济体制转型的历史背景中,关注各种行动者之间的关系,主要包括三个层面:① 民间公共组织与政府机构;② 民间公共组织与市场企业;③ 各种民间公共组织之间的关系结构。

一、民间公共组织与政府机构

在社会经济系统中,任意两个社会经济主体之间总是具有一定相关性。这种相关性没有单一的因果关系指向,这个经济主体可能会影响那个经济主体,那个经济主体也可能会影响这个经济主体。当然,如果通过假设条件来设定社会经济场景的具体特征,就可以在特定社会经济场景中进行具体的"因果关系分析"。针对民间公共组织与政府机构之间的关系,本书将从两个层面进行分析:① 政府机构对民间公共组织的影响;② 民间公共组织对政府机构的影响。由此确定政府机构与民间公共组织的行为边界,理解它们在三维空间视野中的社会定位。

(一)政府机构对民间公共组织的影响

根据索罗斯的"反射理论",任何事物之间的相互关系,必然同时存在着正向影响和负向影响,正向影响越强大,负向影响也会越强大。② 基于这种认识,政府机构对民间公共组织的影响也必然存在着两种趋势:正向影响和负向影响。

1. 正向影响

(1)政府机构为民间公共组织提供行政合法性来源。当单个经济主体无

---

① 康晓光,《权力的转移》,浙江人民出版社,1999,第3页。
② 〔美〕索罗斯,《超越金融:索罗斯的哲学》,宋佳译,中信出版社,2010,第22页。

法通过独立行为来获取某种利益时,它们将会通过集体行动来增进经济利益和社会利益,这种集体行动的组织载体就是集体组织,现实世界中大量存在的集体组织主要是民间公共组织。从这个角度来看,民间公共组织是民间力量聚集的结果,它天然地具有"社会合理性"。

然而,任何民间公共组织要在特定社会经济环境中生存和持续发展,都必须取得"行政合法性"。如果没有政府机构提供的官方认可,该民间公共组织将无法得到正式制度的保护,它就不能成为正式规则体系的组成部分,也无法通过正规途径获取发展机会和组织发展资源。正因如此,许多民间公共组织积极争取得到政府机构的官方认可,这是民间组织由"地下状态"转向"正式组织"的必经途径。唯有如此,该民间公共组织才能获得组织成员的认同,以保证集体组织的权威性。

事实上,在中国社会经济体制转型的过程中,政府机构越来越意识到民间公共组织的重要性,也愿意为之获得行政合法性提供更多便利条件。一方面,政府机构逐步减少民间公共组织申请成立的限制条件,降低民间公共组织的"进入门槛"。另一方面,缩短审批时间和审批流程,降低设立民间公共组织的时间成本和货币成本。

(2) 政府机构为民间公共组织提供生存和发展资源。民间公共组织的生存和发展需要两方面的资源支持:① 资金支持。随着行政机构改革和政府行为调整,政府机构对民间公共组织的资金支持力度不断增强。有些地方的政府机构甚至为社会公共事务提供专项经费,帮助一些民间公共组织渡过成立初期的艰难处境。② 增强社会公众的信任度。随着政府机构将部分社会管理职能转移给某些民间公共组织,政府权威也逐渐延伸到社会领域。通过资格认证、权威信息发布等途径,这些民间公共组织实际上扮演着"准政府机构"的角色,客观上将社会公众对政府机构的信任转移给它们,使之得到社会公众的认同和行动支持。

2. 负向影响

政府机构对民间公共组织的负面影响都源自政府机构的强烈"作为"意识。① 在计划经济时期,政府机构的"作为"意识表现为对民间公共组织的高度控制,甚至不允许由民间力量自发形成各种集体组织,只承认具有官方背景的"八大人民团体"。② 随着中国社会经济体制转型的不断推进,政府机构对民间公共组织的态度也逐渐由"控制"转变为"支持",但政府机构的"作为"意识仍然相当突出,这是制约民间公共组织可持续发展的重要障碍之一。

(1) 官方支持的许多"国字号"公共组织是行政体制改革的副产品。例如,20世纪80年代以来,政府机构运用行政手段建立了大批行业协会;目前许多全国性行业协会都有行政体制改革的背景。它们被视为行政机构裁员的"蓄水池",起着接纳政府机构的大量分流人员和退休干部的重要功能。

毋庸讳言,这种"蓄水池"降低了行政机构改革的成本和阻力,对中国行政体制改革起着重要作用。然而,行业协会的这项功能也极大影响着自身运行效率,使之难以较好履行行业协会的行业管理职责。特别是在人员安排方面,降低了行业协会的自主选择能力,限制了组织功能的不断扩展,难以形成行业协会的持续自我发展能力。

(2) 各种民间公共组织可能成为部门垄断利益的实施工具。在计划经济时期,不同生产领域的经济管理部门遵循着条块分割的划分原则,每个条块形成特定的部门利益,对应着相应的经济管理部门。在中国行政体制改革之后,各种民间公共组织都有对应的经济部门,它就可能成为部门利益的"俘虏",沦为部门垄断力量的延伸。

事实上,无论是生产协作组织,还是利益诉求共同体,它们都具有强烈的部门利益色彩。例如,一些行业协会就拥有原有产业部门转移出来的行业管理权力;一些生产协作组织是依据产品种类来划分行动边界,必然倾向于维护涉及该种产品的各种经济利益和社会利益。进而言之,当这些民间公共组织具有越来越多的部门利益目标时,它们也就会逐渐丧失"民间"属性,甚至难以保证其公共责任的履行。

(3) 政府机构"培育"民间公共组织的误区。基于"培育"概念,已经显示出政府机构的强烈"作为"意识。在一些民间公共组织的组建、初始发展、机制完善、继续拓展发展空间的过程中,几乎始终存在着政府机构的影响。特别是在近年来中央政府增强对民间公共组织的支持力度的条件下,各级政府机构更是积极主动地"帮助"民间公共组织发展。殊不知,这种"帮助"手段将会使民间公共组织逐渐背离其本身发展逻辑,从而制约其未来发展。

例如,在近年来中央政府日益关注"民生问题"的时代背景下,一些地方政府积极扶持"民间志愿组织",其范围涉及医疗、教育、环境保护、农民工群体等各领域。毫无疑问,在民间志愿组织的组建初期,这种积极"培育"行动起着重要的推动作用。然而,当该民间志愿组织发展到一定程度时,它就会面临一种两难选择:坚持民间意愿,还是遵从政府意志?① 如果坚持民间意愿,可能会违背政府意志,从而丧失民间志愿组织发展所需要的各种资源。② 如果遵从政府意志,则可能会违背民间志愿组织的成立初衷。正是由于这种艰难选择,大量民间志愿组织产生分化:一部分进行痛苦的机制转变和发展思路调整,逐渐摆脱政府机构的控制;另一部分则逐渐向政府机构靠拢,具有越来越强烈的"二政府"色彩。

本书认为,民间公共组织面临的这种两难境地是可以改变的,关键是政府机构的职能定位。政府机构应该意识到,它只是民间公共组织的初始扶持者;等民间公共组织发展到一定程度之后,政府机构应当稳步退出,留给民间公共组织更多的发展空间,使民间公共组织逐步形成自我发展能力。值得强调的是,政府机构的退出行为应当是"稳步"的,这种渐进式行为将会降低民间公共组织的转型成本,也更有利于社会稳定。

(二)民间公共组织对政府机构的影响

民间公共组织对政府机构的影响主要表现在两方面:① 在经济管理事务方面,政府机构将会调整经济管理方式;② 在社会管理事务方面,政府机构将会调整公共物品的供给方式。

1. 政府机构管理经济事务的行为调整

政府机构调整对经济事务的管理方式,源自民间公共组织的示范效应。在中国社会经济体制转型过程中,政府机构也在逐渐调整自己的行为,以适应不断变化的社会经济环境。特别是在政府机构与民间公共组织的交流合作过程中,政府机构发现:如果由民间力量来处理一些经济事务,可能会带来更好的效果,政府机构将会节省费用,社会公众也会对处理结果更加满意。

一些地区的行业协会和商会组织,就能够自主处理同行业内部的一些利益纠纷,甚至代表同行业利益与国外企业进行交涉。例如,在温州打火机行业的发展过程中,曾经一度出现大量不正当竞争行为,从而严重威胁着经济秩序。针对这种情况,1993年温州鹿城区烟具行业协会向地方政府申请获得了产品质量监督检测权等四项权力,并采取迅速行动来加强行业自律管理。由此可见,由民间公共组织来处理这些经济事务,其效果可能比政府机构的直接干预更好。

沿着这种思路,政府机构对各项经济事务的管理方式也逐渐调整,基本思路是:① 能够由市场主体解决的问题,就由市场主体来解决;② 市场主体不能解决的问题,那就交给商会等民间公共组织来解决;③ 民间公共组织也不能解决的问题,才需要政府机构出面解决。这样就将政府机构从大量具体经济事务中解脱出来,避免"费力不讨好"的局面。更重要的是,只有这样政府机构才有可能将大量行政资源转移到那些具有战略意义的重要领域,集中资源解决重点问题。这既体现了现代社会理论的"治理"理念,也符合中央政府的"抓大放小"战略意图。

2. 公共物品的供给方式

现代经济学认为,公共物品的"供给责任"和"生产责任"是可以分离的。政府机构天然具有公共物品的"供给责任",但它可以将"生产责任"转移出去,交给市场企业或者民间公共组织。这就导致了公共物品供给方式的第一种变化:政府机构与民间组织签订公共服务合同,即由后者直接生产公共物品和公共服务,由前者负责支付各项费用。值得强调的是,民间组织的公共服务合同履行责任,不仅要考虑价格因素,还要考虑质量因素。特别是那些影响范围广泛的公共服务项目,更要注重公共物品的质量和公平问题。

随着政府机构对职能定位的重新认识,它可能甚至会放弃部分公共物品的"供给责任"。这将会导致公共物品供给方式的第二种变化:公共部门的民营化。具体而言,政府机构将部分公共服务部门的所有权转移给民间组织,鼓励市场企业或民间公共组织进入公共服务领域。

(三) 民间公共组织与政府机构的关系

在中国社会经济体制转型过程中,政府机构与民间公共组织都在调整行为,从而改变两者之间的关系,进而影响特定时期的中国社会场景。具体表现在两方面。

(1) 政府机构退出某些公共事务领域,确实给民间公共组织提供了发展空间,但如果政府机构的退出速度过快,那就可能在一段时期内出现"社会缺位"。对于公共领域的某个局部区域,政府机构不再继续承担责任,市场企业又不愿意介入;民间公共组织尚未成长起来,不具有承担这些公共责任的能力,那就会导致部分必要的公共服务处于缺失状态。例如,近年来中国农村地区出现的公共物品短缺问题,就是"社会缺位"的典型例证。

(2) 民间公共组织具有典型的二重性特征。根据于晓虹的观点,"新生的民间社会团体不可避免地需要现有体制的权威认可,因而与原有的组织机构有着密不可分的联系,从而具有特定的官方性;同时它们又是新兴群体的利益代表,是民间自发的群众性组织,因此又必然具有民间性"。这种二重性质是中国民间组织发展的动力来源:"官方性降低了个人之间组成社会团体的成本";"民间性使政府在社会管理中节约了大量的行政管理成本"。[①]

事实上,民间公共发展和政府机构转型是一个渐进的互动过程。在两者的互动过程中,"市场领域的经济能量转换为社会机构的变化动力,进而把社会机构变迁的结果转换为权力结构的变化基础,最后权力结构变迁的结果合理地被国家体系所吸纳,这样社会发展就进入一个顺利的互动轨道"。[②] 新中国成立之后中国工会的发展和转变就是最好的证明。

本书认为,任何组织的生存和发展都取决于两种能力:资源获取能力和资源利用能力。在中国社会经济体制转型的现实场景中,"资源获取能力"依赖于民间公共组织与政府机构的关系密切程度,距离政府越近越强;"资源利用能力"则取决于组织自身的自主决策能力,距离政府越远越强。由此可见,民间公共组织与政府的关系远近,不能片面地以"好"或"不好"来判断,"适度"可能是更为合理的判断标准。问题在于,何为"适度"? 在社会经济发展的不同阶段,"适度"标准也在不断变化。从这个角度来看,社会经济问题分析更像是一门"艺术",而不是一门"科学"。

二、民间公共组织与市场企业

在"政府—市场—社会"三维空间视野中,市场场景中的主要行动者是市场企业,社会场景中的主要行动者是各种民间公共组织。根据民间公共组织的产生原因,本书将民间公共组织分为三种主要类型:① 生产协作组织;② 利益诉求共同体,主要包括劳动者利益集团(工会)和资本控制者利益集团(商会);③ 社会价值观念共同体(民间公共组织)。它们与市场企业的关系特征主要表

---

① 于晓虹、李姿姿,《当代中国社团官民二重性的制度分析——以海淀区个私协会为个案》,载于《开放时代》,2001(9)。

② 韩福国、骆小俊,《新型产业工人与中国工会》,上海人民出版社,2008,第439页。

现在三方面：

1. 生产协作组织、商会与市场企业

无论是生产技术协作组织，还是商会，其组织成员都是以市场企业身份进行登记。这就意味着，单个市场企业到公共组织之间，存在着由个体行动到集体行动的逻辑联系，这种逻辑联系的关键因素就是将"个体行为"整合到"整体行为"的有效途径。

任何社会经济主体的行为特征都是主观愿望和客观能力共同作用的结果，主观愿望决定着其行动目标，客观能力则影响着其实现目标的可能性和方式选择。沿着这种思路，由市场企业的个体行动，到生产协作组织或商会的集体行动，需要从行动目标和行动能力两方面进行整合。

(1) 行动目标整合。根据制度经济学的观点，只有当生产协作组织或商会能够给市场企业带来更大利益，而这种利益无法通过市场企业的单独行动来获得时，市场企业才愿意加入到该生产协作组织或商会。那么，生产协作组织或商会能够给市场企业带来什么特殊利益呢？

本书认为，这种特殊利益集中体现在两方面：① 在市场竞争环境中，单个市场企业都会极力追求私利最大化，很容易陷入"囚徒困境"；破解"囚徒困境"的重要方法之一就是引入第三方力量的强制干预，建立具有权威性的集体行动规则。事实表明，温州地区曾经由于市场企业之间的过度竞争而导致经济秩序混乱，而民间商会的兴起较好地解决了这个问题；依据"联络同行、保护利益、服务社会"[①]的基本宗旨，民间商会提供了单个市场企业无法提供和维护的行业行为规范。② 现代经济发展是一个不断强化分工和协作的过程，市场企业必须顺应这种历史趋势，才可能获得更多发展机会。事实上，农村地区的许多生产技术协作组织就是这种历史趋势的产物。当单个农户面临生产技术信息、销售信息、销售渠道等方面困难时，针对各种农产品的生产技术协作组织将提供解决这个困难的有效途径。它们通过生产技术服务体系、互联网平台、市场销售体系等现代手段，将单个农户整合起来，形成一个具有强大市场竞争力的产业链条。

---

① 浦文昌等，《市场经济与民间商会：培育发展民间商会的比较研究》，中央编译出版社，2003，第104页。

此外，市场企业加入生产协作组织或商会的原因还有很多。例如，一些市场企业认为，加入商会组织之后，能够增强市场企业之间的信任度，有效降低交易费用；能够获得商会组织提供的各种保护，以对抗来自地方政府等方面的制裁行动；能够获得商会组织提供的交易平台和政商联系平台，扩大企业经营领域等。

（2）行动能力整合。单个市场企业的行动能力是有限的，集体行动比单独行动具有更强的行动能力，更有利于实现既定的行动目标。当单个市场企业或单个农户的话语权很弱，无法及时有效地进行利益诉求表达时，生产技术协作组织能够扮演"能量放大器"，商会能够充当"扩音器"，它们将个体行动力量整合起来，形成集体行动力量，从而增强市场企业团体与政府机构、消费者团体等组织的谈判力量。

2. 劳动者利益集团与市场企业

本书所言的"劳动者利益集团"和"工会"，不仅仅是政党组织的延伸，还包括律师协会、会计师协会、出租车司机协会等利益诉求共同体。在企业内部的利益格局中，市场企业的控制者与劳动者利益集团之间存在着尖锐的利益冲突。

在近年来的劳资纠纷事件中，劳动者利益集团与资本者利益集团之间的利益冲突日益显性化，逐渐成为影响社会稳定的重要因素。根据中国社会经济体制转型的事实经验，在两者的利益冲突中，劳动者往往处于弱势地位。由于无法通过正常渠道表达劳动者的利益诉求，劳动者被迫采取一些极端行为，从而影响社会经济体系的正常秩序。

如果劳动者能够集结为劳动者利益集团，就可以建立劳动者利益表达的正常渠道，依靠集体行动来争取社会公众、市场企业、政府机构对劳动者利益的重视，进而有效维护劳动者利益集团的整体利益。更重要的是，中国转型期社会稳定的关键条件就是构建利益诉求的制衡机制。任何组织或个人的利益过于强大，将只能带来短期利益；从长期来看，这种历史状态是不稳定的，一定会有其他力量来替代它，从而打破现有的利益格局，同时也会带来社会经济体系的急剧动荡。

根据老子的观点，"示以弱形，方能长久"。对于单个组织而言，懂得克制自身的追逐利益动机，才能保持组织发展的持续动力。对于整个社会经济体系而言,代表各种社会群体利益的各种利益诉求共同体之间,应该形成利益对立和力量对等的制衡机制,才能保证各种利益诉求都能得到社会各界的广泛关注。即使是社会弱势群体,其利益诉求也应该得到社会公众和政府机构的充分重视;否则,他们将可能采取极端行为,增加社会风险。进而言之,如果把"社会风险"视为"公共物品"的基本内容,那么构建利益制衡机制将是增加公共物品供给的重要途径。

3. 民间志愿组织与市场企业

民间志愿组织的主要活动场景是"志愿领域",市场企业的主要活动场景则是"市场领域",两者之间也存在着相互影响。具体表现在两方面。

(1) 从市场企业对民间志愿组织的影响来看,市场企业是志愿资源的提供者。民间志愿组织的志愿行动对资金、人力、社会舆论等方面具有高度依赖性,而依据现行法律规定,民间志愿组织只能进行有限的营利行动,其营利范围只能局限于满足组织自身运行需要。如果民间志愿组织希望拓展志愿行动范围,就必然面临志愿行动资源匮乏的困境。针对这种局面,市场企业的适当介入将会增加民间志愿组织的志愿行动资源,从而帮助后者更好地实现志愿行动目标。

(2) 从民间志愿组织对市场企业的影响来看,由于民间志愿组织的示范效应,市场企业将会更加重视企业社会责任。中国古代商人强调,"君子爱财,取之有道";西方资本主义国家也不断重申,构建市场经济的道德基础是维护市场体系稳定的重要条件。事实上,在本书描绘的理想社会结构图景中,市场企业不仅是追逐利润的市场组织,也是维护特定社会价值观念的重要载体。一个具有社会责任感的市场企业将会着力于构建企业文化传统,其实质是将企业领导者的价值观念传递给所有企业员工,进而依靠企业员工和企业行为来体现企业社会责任。

三、各种民间公共组织之间的关系结构

在中国社会经济体制转型时期的"公共领域"中,各种民间公共组织的行为具有高度相互依存性。根据民间公共组织的行动领域差异,本书将它们之间的关系结构分为三个层面:① 在宏观层面,体制内组织与体制外组织之间存在着竞争关系;② 在中观层面,不同类型民间公共组织代表着不同社会群体的集体

利益,它们之间存在着利益冲突;③ 在微观层面,特定类型的民间公共组织将会争夺组织成员和组织行动资源,它们之间存在着内部竞争。

1. 体制内组织与体制外组织的竞争

在转型期中国社会场景中,民间公共组织有着两种基本生成途径:体制内途径和体制外途径。

(1) 体制内途径表明,在行政机构改革过程中,部分政府机构逐渐改变原有功能,演变为符合社会需要的新兴社会组织。这些新兴社会组织具有二重属性:一方面,它们是被冠以"协会"头衔的民间公共组织;另一方面,它们具有明显的政府背景,借助于政府机构的权威力量和社会资源,成为"公共领域"中的重要行动力量。

(2) 体制外途径表明,随着中国经济体制和社会运行方式的转变,中国社会的"公共领域"中涌现出许多新生社会群体。这些新生社会群体将会逐渐形成集体行动力量,结成各种类型的体制外组织,以协同行动来谋求共同利益。例如,在许多地区的经济发展过程中,都曾经出现各种形式的协会、社团、联合体、老乡会,甚至黑社会组织。

(3) 在中国社会结构的变迁过程中,体制内组织的转型和体制外组织的成长将会同时存在,两种类型的社会组织之间具有相互竞争关系。如果体制内组织不能通过组织转型来改变组织职能,不能适应社会转型条件下的新形势,它必然会被体制外组织替代。如果原来的体制内组织迅速消亡,那么社会转型将会面临着制度资源的流失,这不利于政治局面的稳定和社会转型的顺利实现。因此,体制内组织和体制外组织的竞争关系应当是良性的,两者通过竞争实现功能互补,促进组织结构和组织职能的改善,从而提供社会和谐发展的组织基础。

2. 不同类型民间公共组织之间的利益冲突

在各种民间公共组织中,利益诉求共同体将是最主要的组织类型。不同类型的民间公共组织代表着不同社会群体的利益诉求,由于社会地位和经济利益的差异,它们之间必然存在着利益冲突。当不同社会群体之间存在着利益冲突时,代表它们利益诉求的相应民间公共组织必然采取针锋相对的行动策略,由此演变为各种形式的社会冲突。

需要说明的是,正是由于不同类型民间公共组织代表着不同的社会群体利益,因此从属于特定社会群体的单个社会经济主体,可以通过各种民间公共组织进行正常的利益诉求表达,而不必采取极端行为。例如,出租车司机协会就发挥着重要的渠道功能和润滑功能,使出租车司机的利益诉求能够以组织形式传递给社会各界,使出租车司机们能够以集体行动力量与其他社会组织进行谈判。从这个意义上来看,不同类型民间公共组织之间的利益冲突,实际上提供了不同社会群体之间的利益制衡机制,从而避免更大范围的社会冲突。

3. 特定类型民间公共组织的内部竞争

中国民间公共组织的发展经验表明,在"公共领域"的部分特定领域,可能存在着两个以上具有高度相似性的相同类型民间公共组织,它们之间必然面临着对组织成员和组织行动资源的相互竞争。例如,虽然《温州市行业协会管理办法》强调,行业协会的设置原则应该是"一地一会"和"一业一会",但在温州地区的电气行业中,除电气行业协会之外,还有漏电断路器协会、防爆电器协会、电能表协会等二十多家行业协会。

显然,由于组织成员和组织行动资源的稀缺性,这些特定类型的民间公共组织将会在狭小的活动领域中,争夺有限的社会资源,从而形成激烈竞争局面。这种激烈竞争局面具有两方面意义:① 从正面意义来看,它将会迫使这些民间公共组织努力改善运行机制,提高组织运行效率。② 从负面意义来看,如果这种竞争活动过度激烈,可能会引起社会资源浪费,甚至扰乱社会经济秩序。

综合而言,在"政府—市场—社会"的三维空间视野中,民间公共组织与政府机构、市场企业之间,存在着资源互补和功能互补;在公共领域内部,各种民间公共组织之间,既有相互竞争,又有相互合作。正是由于政府机构、市场企业、民间公共组织之间的互动关系,转型期中国社会才逐渐形成多维度的社会结构,努力实现社会稳定和经济体系持续发展。

第三节 社会和谐:组织变迁与社会制度演进

经济分析是一种理解现实世界的重要工具,但如果仅仅将研究对象局限于"经济组织",那就会削弱经济分析的理论价值。正因如此,学界逐步将经济分析的研究对象拓展到整个社会领域。沿着这种思路,本书依托于民间公共组织的发展事实,从化解社会风险和谋求社会和谐发展的角度,尝试解释民间公共组织发展的社会意义。

针对"民间公共组织变迁与社会制度演进"的研究命题,本书将从三个层面进行分析:① 在静态环境条件下,组织功能定位与特定制度环境应该具有适应性;② 在动态环境条件下,组织变迁与制度环境变化具有互动性;③ 在中国社会经济体制转型时期,组织变迁和社会制度变革的最终目标将是实现社会和谐发展。

一、静态环境中的适应性特征:组织功能与社会价值

根据制度经济学的观点,特定组织形态必须实现由单个社会经济主体无法通过独立行动获取的各种利益目标,才能具有社会存在价值。换言之,组织功能与特定制度环境具有高度相关性,它深刻影响着社会组织的生存价值和发展前景。

1. 制度环境与社会组织的生存可能性

在特定制度环境中,特定社会组织必须满足社会公众和社会环境的某种需要,才能具有生存价值。正如在社会学意义上,单个人只有被更多的"别人"所需要,才能具有更高的社会认同和社会价值。进而言之,特定制度环境对特定社会组织的需要,体现为这种社会组织形态的组织功能。

需要说明的是两项要点:① 社会价值的载体是社会组织,社会组织则是由众多社会个体共同组建起来的。从这个意义上来讲,社会价值的基础是个体价值,社会价值必须通过个体活动来实现。例如,在 NGO 的社会行动中,民间志愿者的个体行动将具有很强的示范效应。② 社会组织的基本组织功能是决定组织结构和发展方向的重要因素。为了实现某种组织功能,各种社会组织构建适当的组织结构,探求实现组织功能的有效途径;社会组织也在履行社会责任和体现社会价值的过程中,不断改善组织结构和组织运行机制,增强组织本身的持续发展能力。

2. 特定组织形态的社会功能

任何组织形态都具有某些制度优势和制度劣势:① 制度优势体现其得以存在的社会价值;② 制度劣势则说明其他组织类型得以存在的活动空间。事实上,在中国社会经济体制转型的现实场景中,至少存在着三种主要的组织形态:政府机构、市场企业、民间公共组织。这三种组织形态能够同时存在,说明它们具有各自的制度优势,也说明它们不能独立解决所有问题,从而必须给其他组织类型留下发展空间。它们之间的关系存在着两种可能性。

(1) 功能替代。从这个角度来看,政府机构、市场企业、民间公共组织之间,存在着明确的行为边界:① 政府机构主要负责社会管理,协调不同利益群体之间的冲突,提供强制性的公共物品;② 市场企业主要通过市场交易体系,提供私人物品;③ 民间公共组织则依靠集体行动,提供选择性的公益服务。

如果这三种组织类型能够划定各自的作用领域,它们就能够在各自领域进行独立活动,以满足社会公众的不同类型需求。需要强调的是,如何界定三者之间的"行为边界",既是一个理论难题,也是一个实践难题。

(2) 功能互补。从这个角度来看,既然这三种组织类型都具有一定制度优势和制度劣势,那么,某种组织类型的制度劣势也许正好可以被另一种组织类型的制度优势所弥补。两者的相互补充和相互合作,可能比两者之一单独采取行动的效率都更高。

进而言之,无论在社会领域的哪一个部分,或是对哪一个问题,都不能单纯依靠某种社会组织来提供解决方案,这三种组织类型必须进行"合作",采取共同行动来解决各种社会问题。然而,在"合作关系"的整体框架中,不同的组织类型应该扮演什么角色?如何实现不同组织类型的"功能互补",进而提高组织运行效率?这些问题将是学界和社会公众需要继续深入思考的重要命题。

二、动态环境中的互动关系:路径依赖与自我发展

在静态条件的分析框架中,如果设定一种社会制度形态,那么总是能够找到特定社会组织的"最适合形态",然而,社会发展使得社会制度形态呈现动态特征,相应的社会组织形式也必须具有"动态适应性"。由此就会形成两种可能结果:① 如果制度环境与组织形态之间是相互适应的,则将推动该种组织形态发展和社会体系的正向演化;② 如果制度环境与组织形态之间是不适应的,则将导致该种组织形态逐渐萎缩和社会体系的逆向演化。基于制度环境与组织形态的互动关系,本书将从三个层面进行分析。

1. 组织变迁的基本规律

(1) 制度环境变化的主导力量是"张力"与"引力"。在中国社会经济体制转型的现实场景中,"公共领域"中的行动主体是各种各样的民间公共组织,各种民间公共组织之间存在着显著的利益差异性。基于不同的利益诉求,各种民间公共组织的目标函数不同,它们之间可能存在着利益冲突,它们将会采取竞争行动;同时,由于某些利益集团存在着利益一致性,它们之间又可能采取合作行动。

正是各种利益集团之间的竞争和合作,影响着社会经济环境的相对稳定性。从物理学的角度来看,各种利益集团之间的竞争行动,构成社会经济环境中的"张力";各种利益集团之间的合作行动,构成社会经济环境中的"引力"。在各种利益集团的相互博弈过程中,"张力"和"引力"的相对较量关系也在不断调整,进而影响着社会经济环境。

(2) 制度环境变化与组织变迁的互动影响。根据经济学的基本原理,目标函数和约束条件变化,必然引导经济主体行为的"条件极值"发生改变。沿着这种思路,在中国社会经济体制转型时期,民间公共组织必须根据不断变化的社会经济环境,分析社会公众对民间公共组织的要求变化,考察外部环境对民间公共组织行动的约束条件,进而调整组织内部结构和组织行动策略,努力增进民间公共组织与社会经济环境之间的"适合性"。

进而言之,民间公共组织变迁与社会制度演进具有相互影响:① 民间公共组织行为是社会环境的内生因素,行为调整的结果必然引起社会环境的变化,进而产生社会制度调整的需要。② 社会制度调整改变了组织行为的外在制度条件,根据社会制度提供的合法规则,民间公共组织将会选择合适方式来实现特定组织功能。这种相互影响过程将会不断持续下去,从而形成组织变迁和社会制度演进的互动过程。

2. 组织变迁的路径依赖性

根据制度经济学的观点,组织变迁过程存在着两种趋势:① 一种趋势是路径依赖性,它在历史惯性的推动力作用下,试图保持原来的组织变迁方向;② 另一种趋势是组织创新,它试图改变原来的组织变迁方向,以适应制度环境中变化的各种因素。

基于中国社会经济体制转型的实践经验,高度集中的"公权力"控制着社会经济活动的各个层面。体制转型的重要内容就是打破"公权力"的垄断地位,通过市场经济发展、行政体制改革、第三部门发展,逐步构建各种社会力量的相互制衡关系,从而使社会经济实现稳定而持续的发展趋势。

然而,在体制转型的过程中,"路径依赖"的制度运行惯性仍然存在。"公权力有着天然的扩张和滥用倾向,并不会自然而然地主动削减自身的权力,仍可采用多种方式或名义恢复既往的权威。"①这就使得中国的市场经济发展和第三部门发展具有显著的"路径依赖"特征,从而构成影响转型期中国民间公共组织发展路径的重要因素。

3. 中国民间公共组织的自我发展能力

对于中国民间公共组织而言,组织创新能力是自我发展能力的重要基础。随着外部社会经济环境的不断变化,民间公共组织必须不断调整组织结构和发展方向,重新确定组织功能的角色定位,才能取得生存机会和发展空间。在民间公共组织进行组织创新的过程中,需要面对两个重要命题。

(1) 组织形态的多样性。民间公共组织的演化过程与生物界的物种进化过程具有高度相似性,其基本规律是,组织形态由简单到复杂,然后到更加复杂;组织功能由单一化到多元化,然后不断拓展活动范围。进而言之,在不断变化的制度环境中,各种利益主体进行着复杂的博弈活动,从而形成各种各样的民间公共组织形态。

基于本书第 3 章至第 6 章的典型案例,本书逐渐表明对民间公共组织变迁的基本观点:民间公共组织的变迁过程不是由理论逻辑决定的,而是各种历史因素综合影响的结果。由于不同的地域条件和文化传统,各种民间公共组织将会沿着不同的变迁路径而"进化",形成不同的具体组织形态,从而使得转型期中国社会的"公共领域"呈现出"生物多样性"。

(2) 组织形态选择的稳定性和弹性。在本书的分析框架中,民间公共组织是提供"公共物品"的第三种重要主体,它能够有效化解社会风险和增加公共服务供给。那么,在民间公共组织提供公共物品的过程中,如何保证供给机制的稳定性和弹性呢?

本书认为,① "稳定性"意味着,一定能够找到最恰当的供给途径;② "弹性"则意味着,参与者需要根据当地社会的具体场景进行灵活处置,甚至随着社会经济场景的不断变化,逐渐调整公共物品的供给方式。当然,"稳定性"和"弹

---

① 鲁篱,《行业协会社会责任与行业自治的冲突与平衡》,载于《"NGO 的社会责任"国际学术研讨会论文集》,中国社会科学法学研究所,荷兰乌特勒支大学人权研究所,2007,第 167 页。

性"的同时实现是相当困难的,但本书试图表述的重要观点是,在两者之间必定存在着一系列中间状态。这就迫使我们继续思考,如何建立一种机制,使参与者能够"自动选择"适应于特定社会经济场景的某种特定中间状态?

三、社会和谐的"公共意义"

在本书的研究框架中,民间公共组织是"公共物品"的重要供给主体,通过提供更多的公共物品和化解社会风险,中国社会方能实现社会和谐。尤其是在中国社会经济体制转型的现实场景中,民间公共组织发展更加强调社会和谐的"公共意义"。

1. "社会和谐"的制度内涵

"社会和谐"是中国社会发展的重要目标,它的制度内涵就是"制度和谐",意指社会制度与社会变迁行动的协调性。根据韩福国的研究成果,制度和谐主要表现在三个层面:① 民间公共组织之间的良性互动,即民间公共组织通过组织变迁过程,充分利用各种组织之间的功能互补和学习机制,实现组织功能和组织结构的合理调整。② 政治制度与社会制度演变的良性互动,即政府机构因应社会发展需要不断进行制度创新,把各种社会压力转变为政治制度改革的动力。③ 执政党发展和社会制度演变的良性互动,即执政党不断提高执政能力,根据社会群体结构和社会制度演变来调整执政策略,从而增强执政基础。[①] 正因如此,民间公共组织能否与社会制度匹配,能否适应中国社会经济体制转型的现实需要,就是实现"制度和谐"的关键。

2. 政府主导与民间自发性

在中国社会努力实现社会和谐的过程中,无法回避一个基本事实:政府主导性与民间自发性之间的冲突。通过考察体制转型期的中国民间公共组织变迁历程,本书必须承认,政府力量始终是目前中国社会经济环境中的最强大资源控制者。事实上,由于大量的社会资源和经济资源被掌握在政府机构手中,因此它对各项社会经济事务都具有很强的话语权。

基于现实利益需要,各种民间公共组织都不得不积极地向政府机构靠拢,

[①] 韩福国,《新型产业工人与中国工会——"义乌工会社会化维权模式"研究》,上海人民出版社,2008,第442页。

寻求政府力量的庇护和支持。与此相应,政府机构和政府官员也就具有强大的直接干预能力,能够深刻影响地区经济发展和社会利益分配的各项可能方案。

进而言之,即使暂时放下"社会公平",仅从"社会稳定"的角度来看,这种"政府主导"的社会结构失衡局面也不利于中国社会的持续稳定发展。如果任由政府力量不断增强,甚至直接介入各种民间公共组织的日常事务,将会使中国社会经济体制改革发生"倒退"。根据演化博弈理论的观点,各种社会力量之间的相互制衡是维护社会环境稳定的最有效途径。

3. 社会和谐的"公共意义"

虽然中国社会经济体制转型时期出现了大量社会冲突事件,然而,社会矛盾的冲突性并不必然导致现有社会经济体系的崩溃。事实上,当大量社会矛盾出现的时候,人们总会"穷则思变",制度体系变革和社会组织创新将会逐渐缓解社会矛盾,继续推动社会进步。例如,20世纪30年代之后,西方主要资本主义国家就对资本主义生产关系和社会组织结构进行了大幅度调整,从而使西方社会实现长达30年的"黄金发展时期"。

当然,随着中国社会经济体制改革的不断推进,各种利益集团之间的利益冲突将会越来越尖锐,它们之间的相互争斗必然极大地增加中国改革的社会成本。正是在这种历史背景中,中国政府适时提出了"和谐社会"的发展目标,着眼于增强中国社会的持续发展能力。

需要说明的是,民间公共组织的行动动机也具有多样性,它们不仅关注经济利益,还关注社会公共利益,从而使得社会场景不再是单纯追逐经济利益的"动物世界",而是同时重视经济利益和社会公共利益的"人类社会"。这正是构建和谐社会的现实基础。

针对这种社会局面,本书的基本观点是,承认各种社会群体之间的利益分歧,在多元化利益诉求和集体行动策略的社会格局中,寻求协调各方利益的平衡点,以实现社会整体利益的最大化。毫无疑问,这正是社会和谐的"公共意义"所在,也是本书研究命题的最终目标和中国社会发展的长期愿景。

参考文献

(一) 书籍类

[1] 〔英〕A. R. 鲍尔,《英国政党》,王曾才等译,"国立"编译馆(台湾),1988。

[2] 〔美〕A. 阿尔钦、道格拉斯·诺斯等,《财产权利与制度变迁——产权学派与新制度学派译文集》,刘守英译,上海三联出版社、上海人民出版社,2001。

[3] 〔美〕阿尔蒙德,《比较政治学:体系、过程和政策》,曹沛霖译,上海译文出版社,1987。

[4] 〔美〕埃莉诺·奥斯特罗姆,《公共事物的治理之道》,余逊达、陈旭东译,上海三联书店,2000。

[5] 保罗·萨缪尔森、威廉·诺德豪斯,《宏观经济学》(第17版),人民邮电出版社,2004。

[6] 〔美〕彼得·德鲁克,《非营利组织的管理》,吴振阳译,机械工业出版社,2009。

[7] 〔美〕彼得·圣吉,《第五项修炼》,郭进隆译,上海三联书店,1998。

[8] 〔英〕布朗、杰克逊,《公共部门经济学》(第4版),张馨等译,中国人民大学出版社,2000。

[9] 常凯,《劳动关系·劳动者·劳权——当代中国的劳动问题》,中国劳动出版社,1995。

[10] 常凯,《中国劳动关系报告——当代中国劳动关系的特点和趋向》,中国劳动社会保障出版社,2009。

[11] 陈宪、徐振中,《体制转型和行业协会:上海培育和发展行业协会研究报告》,上海大学出版社,1999。

[12] 程延园,《集体谈判制度研究》,中国人民大学出版社,2004。

[13] 〔英〕大卫·休谟,《人性论》,关文运译,商务印书馆,1983。

[14] 邓国胜,《非营利组织评估》,社会科学文献出版社,2001。

[15] 邓小平,《邓小平文选》(第2卷),人民出版社,1994。

[16] 高爱娣,《中国工人运动史》,中国劳动社会保障出版社,2008。

[17] 郭铁民、林善浪,《中国合作经济发展史》(上),当代中国出版社,1998。

[18] 国民政府工商部编,《工商法规汇编》,1930。

[19] 哈耶克,《致命的自负》,中国社会科学出版社,1997。
[20] 哈耶克,《自由秩序原理》(上册),上海三联书店,1997。
[21] 韩福国、骆小俊,《新型产业工人与中国工会》,上海人民出版社,2008。
[22] 韩俊,《中国农民专业合作社调查》,上海远东出版社,2007。
[23] 〔美〕赫兹琳杰,《非营利组织管理》,北京新华信商业风险管理有限责任公司译,中国人民大学出版社,2000。
[24] 胡振华,《中国农村合作组织分析:回顾与创新》,知识产权出版社,2010。
[25] 黄胜忠,《转型时期农民专业合作社的组织行为研究:基于成员异质性的视角》,浙江大学出版社,2008。
[26] 贾西津,《第三次改革——中国非营利部门战略研究》,清华大学出版社,2005。
[27] 贾西津、沈恒超、胡文安等,《转型时期的行业协会——角色、功能与管理体制》,社会科学文献出版社,2004。
[28] 江苏省博物馆编,《江苏省明清以来碑刻资料选集》,三联书店,1959。
[29] 金志霖,《英国行会史》,上海社会科学院出版社,1996。
[30] 经济合作与发展组织,《社会企业》,刘继同译,社会科学文献出版社,2002。
[31] 康晓光,《权力的转移》,浙江人民出版社,1999。
[32] 康晓光、郑宽、蒋金富、冯利,《NGO与政府合作策略》,社会科学文献出版社,2010。
[33] 〔英〕克拉潘,《简明不列颠经济史》,上海译文出版社,1980。
[34] 〔美〕莱斯特·M.萨拉蒙,《公共服务中的伙伴》,田凯译,商务印书馆,2008。
[35] 〔美〕莱斯特·M.萨拉蒙,《公民社会与第三部门》,何增科译,社会科学文献出版社,2000。
[36] 李华锋,《英国工党与工会关系研究》,人民出版社,2009。
[37] 李建军、刘平主编,《农村专业合作组织发展》,中国农业大学出版社,2010。
[38] 李燕凌,《农村公共产品供给效率论》,中国社会科学出版社,2007。
[39] 〔美〕里贾纳·E.赫兹琳杰,《非营利组织管理》,许朝辉等译,中国人民大学出版社,2002。
[40] 〔美〕理查德·H.霍尔,《组织:结构、过程及结果》,张文星、刘五一、沈勇译,上海财经大学出版社,2003。
[41] 梁方仲,《明代粮长制度》,上海人民出版社,2001。
[42] 梁漱溟,《梁漱溟全集》(第一卷),山东人民出版社,1989。
[43] 刘元文,《工会工作理论与实践》,中国劳动社会保障出版社,2008。
[44] 鲁篱,《行业协会经济自治权研究》,法律出版社,2003。
[45] 吕新业、卢向虎,《新形势下农民专业合作组织研究》,中国农业出版社,2008。
[46] 〔美〕罗伯特·帕特南,《使民主运转起来》,王列、赖海榕译,江西人民出版社,2001。

[47] 马克思、恩格斯,《马克思恩格斯全集》第 4 卷,人民出版社,1957。
[48] 马克思、恩格斯,《马克思恩格斯全集》第 16 卷,人民出版社,1972。
[49] 马克思、恩格斯,《马克思恩格斯全集》第 23 卷,人民出版社,1957。
[50] 〔美〕曼瑟尔·奥尔森,《集体行动的逻辑》,陈郁等译,上海三联书店、上海人民出版社,1994。
[51] 〔美〕奈特,《风险部确定性与利润》,安佳译,商务印书馆,2006。
[52] 彭泽益,《中国工商行会史料集》(上),中华书局,1995。
[53] 彭泽益,《中国近代手工业史资料》(第 1 卷),中华书局,1962。
[54] 浦文昌等,《市场经济与民间商会:培育发展民间商会的比较研究》,中央编译出版社,2003。
[55] 〔美〕乔纳森·H. 特纳,《现代西方社会学理论》,范伟达译,天津人民出版社,2001。
[56] 秦孝仪,《抗战前国家建设史料——合作运动》,中国国民党中央党史委员会,1981。
[57] 〔日〕青木昌彦,《比较制度分析》,周黎安译,上海远东出版社,2001。
[58] 邱澎生,《十八、十九世纪苏州城的新型工商业团体》,台湾大学出版委员会,1990。
[59] 全汉升,《中国行会制度史》,百花文艺出版社,2007。
[60] 〔美〕萨瓦斯,《民营化与公私部门的伙伴关系》,周志忍译,中国人民大学出版社,2002。
[61] 〔美〕塞缪尔·亨廷顿,《市场逻辑与国家观念》,刘军宁译,上海三联书店,1995。
[62] 上海档案馆藏,《上海市棉布业同业公会报告书》。
[63] 上海档案馆藏,《上海同义善会征信录》。
[64] 上海档案馆藏,《上海震巽木业公会章程》。
[65] 史兵,《中国工人运动史话》(1),工人出版社,1985。
[66] 世界银行,《中国农民专业协会回顾与政策建议》,中国农业出版社,2006。
[67] 苏州档案馆编,《苏州丝绸档案汇编》(上),江苏古籍出版社,1995。
[68] 孙春苗,《论行业协会——中国行业协会失灵研究》,中国社会出版社,2010。
[69] 孙辉,《城市公共物品供给中的政府与第三部门合作关系——以上海市社区矫正为例》,同济大学出版社,2010。
[70] 孙中山,《孙中山选集》,人民出版社,1981。
[71] 〔美〕索罗斯,《超越金融:索罗斯的哲学》,宋佳译,中信出版社,2010。
[72] 谈志林,《走向公民社会:地方社团发展的制度分析》,中国社会出版社,2010。
[73] 汤蕴懿,《行业协会组织与制度》,上海交通大学出版社,2009。
[74] 《天津商会档案汇编(1903—1911)》(上),天津人民出版社,1987。
[75] 〔英〕托尼·布莱尔,《新英国:我对一个年轻国家的展望》,曹振寰等译,世界知识出版社,1998。

[76] 王笛,《跨出封闭的世界——长江上游区域社会研究(1644—1911)》,中华书局,2001。

[77] 王名、刘国翰、何建宇,《中国社团革命:从政府选择到社会选择》,社会科学文献出版社,2011。

[78] 〔美〕威廉·福斯特,《世界工会运动史纲》,李华等译,三联书店,1991。

[79] 〔德〕韦伯,《经济与社会》(下),林荣远译,商务印书馆,1995。

[80] 温铁军,《中国农村基本经济制度研究》,中国经济出版社,2000。

[81] 〔美〕文森特·奥斯特罗姆、埃莉诺·奥斯特罗姆,《公益物品与公共选择》,载于迈克尔·麦金尼斯,《多中心体制与地方公共经济》,毛寿龙、李梅译,上海三联书店,2000。

[82] 吴锦良,《政府改革与第三部门发展》,中国社会科学出版社,2001。

[83] 武汉档案馆藏,《汉口银行公会夜校简章》。

[84] 席恒,《公与私:公共事业运行机制研究》,商务印书馆,2003。

[85] 夏东元,《郑观应集》(上册),上海人民出版社,1982。

[86] 谢京辉等,《上海行业协会改革与发展:实践与经验》,上海社会科学院出版社,2009。

[87] 徐晞,《我国非营利组织治理问题研究》,知识产权出版社,2009。

[88] 许纪霖,《国家与社会》,浙江人民出版社,1998。

[89] 〔英〕亚当·斯密,《国富论》,唐日松译,华夏出版社,2005。

[90] 颜辉、王永玺主编,《中国工会纵横谈》,中共党史出版社,2008。

[91] 叶常林、许克祥、虞维华,《非政府组织前沿问题研究》,中国科学技术大学出版社,2009。

[92] 余晖,《行业协会及其在中国的发展:理论与案例》,经济管理出版社,2002。

[93] 〔英〕约翰·穆勒,《政治经济学原理》,赵荣潜等译,商务印书馆,1991。

[94] 约翰·伊特韦尔、默里·米尔盖特、彼得·纽曼,《新帕尔格雷夫经济学大辞典》(第三卷),经济科学出版社,1996。

[95] 〔美〕詹姆斯·布坎南,《公共物品的需求与供给》,马珺译,上海人民出版社,2009。

[96] 张静,《法团主义》,中国社会科学出版社,1998。

[97] 张晓山、苑鹏,《合作经济理论与中国农民合作社的实践》,首都经济贸易大学出版社,2009。

[98] 张钟汝、范明林,《政府与非政府组织合作机制建设——对两个非政府组织的个案研究》,上海大学出版社,2010。

[99] 郑振清,《工会体系与国家发展》,社会科学文献出版社,2009。

[100] 中关村科技园区管理委员会、北京大学光华管理学院,《中关村园区协会职能定位、运行模式及行为规范研究》,2005。

[101] 中国国民经济研究所编,《中外经济年报》(二),转引自沈云龙主编,《近代中国史料丛刊三编》,第60辑,台北文海出版社,1990。

[102] 《中华人民共和国年鉴》,中华人民共和国年鉴社,2006。

[103] 朱健刚,《行动的力量——民间志愿组织实践逻辑研究》,商务印书馆,2008。

[104] 朱英,《近代中国商会、行会及商团新论》,中国人民大学出版社,2008。

[105] Cunningham, William, *The Growth of English Industry and Commerce: During the Early and Middle Ages*, Cambridge: McMaster University Archive for the History of Economic Thought, 1910.

[106] Brenton, Maria, *The Voluntary Sector in British Social Services*, London: Longman, 1985.

[107] Cunningham, *The Growth of English Industry and Commerce: During the Early and Middle Ages*, Cambridge, 1910.

[108] Deutsch, Karl, *The Nerves of Government: Models of Political Communication and Control*, New York: Free Press, 1963.

[109] Dobb, M., *Studies in the Development of Capitalism*, New York: International Publishers, 1947.

[110] Douglas, David C. & Greenway, George W., *English Historical Documents Vol. 2*, London: Eyre & Spottiswoode, 1953.

[111] Flora, Peter, "Introduction", in *Growth to Limits: The Western European Welfare State Since World War(Ⅱ)*, Vol. 1, Berlin: Walter Gruyter, 1986.

[112] Gidron, B. & Kramer, R and Salamon, L., *Government and Third Sector: Emerging Relationship in Welfare States*, San Francisco, CA.: Jossey Bass Publishers, 1992.

[113] Gould, Stephen J., *Ever Since Darwin: Reflections in Natural History*, New York: Norton, 1977.

[114] Grindheim, Jan Erik, and Selle, Per, *The Role of Voluntary Social Welfare Organizations in Norway: A Democratic Alternative to a Bureaucratic Welfare State*, LOS-center Note, 1989.

[115] Gross, Charles, *Gild Merchant*, Vol. 1, Oxford: Clarendon Press, 1890.

[116] Horst Küsters, *Social Partnership: Basic Aspects of Labor Relations in Germany*, Friedrich-Ebert-Stiftung, Germany, 2002.

[117] Johnson, Norman, *The Welfare State in Transition: The Theory and Practice of Welfare Pluralism*, Amherst: University of Massachusetts Press, 1987.

[118] Kemble, J. M., *The Saxons in England Vol. 2*, London: Camden Society, 1849.

[119] Kramer, Stella, *The English Craft Gilds*, New York: Columbia University Press, 1927.

[120] Kuti, Eva, *The Possible Role of the Nonprofit Sector in Hungary* , Voluntas 1, No. 1, 1990.

[121] Lambert, Rev J. Mallet, *Two Thousand Years of Gild Life*, Hull: A. Brown and Sons, 1891.

[122] Leat D. , *Voluntary Organization and Accountability*, London: National Council for Voluntary Organizations, 1988.

[123] Lipson, Ephraim, *The Economic History of England Vol. 1*, London: Adam and Charles Black, 1949.

[124] McKisack, May, *The Oxford History of England: The Fourteenth Century*, 1307—1399, Oxford: Oxford University Press, 1959.

[125] Nisbet, Robert, *Community and Power*, 2nd edition, New York: Oxford University Press, 1962.

[126] OECD, *Development Assistance Committee*, *1991 Report*, Paris: OECD, 1991.

[127] Piaget, J. , *The Construction of Reality in the Child*, New York: Ballantine, 1976.

[128] Sir Pollock, Frederick, and Maitland, Frederic William, *The History of English Law: Before the Time of Edward I Vol. 1*, Cambridge: Cambridge University Press, 1952.

[129] Poole, A. L. , *The Oxford History of England: From Doomsday Book to Magna Carts*, 1087—1216, Oxford: Oxford University Press, 1964.

[130] Salamon Laser M. , "The Rise of the Nonprofit Sector", *Foreign Affairs*, 1994, 73 (4).

[131] Salamon, L. M. , H. K. Anheier & Associates, *The Emerging Sector Revisited: A Summary*, *Initial Estimates*, Baltimore: Johns Hopkins University, Institute for Policy Studies, and Center for Civil Society Studies, 1998.

[132] Smith, Brian H. , *More Than Altruism: The Politics of Private Foreign Aid*, Princeton: Princeton University Press, 1990.

[133] Stephenson, Carl, *Borough and Town: a Study of Urban Origins in England*, Cambridge, Mass. : The Mediaeval Academy of America, 1933.

[134] Unwin, George, *Industrial Organization in the Sixteenth and Seventeenth Centuries*, London: F. Cass, 1963.

[135] Unwin, George, *The Gilds and Companies of London*, London: F. Cass, 1963.

(二) 论文类

[1]《本埠机器工会会议》,载于《民国日报》,1920年1月6日。

[2] 陈洪涛,《为什么要用"社会组织"》,载于《中国非营利评论》(第二卷),社会科学文献出版社,2008。

[3] 邓小平,《邓小平在中国工会第九次全国代表大会上的致词》,载于《邓小平文选》(第2卷),人民出版社,1994。

[4] 邓正来,《国家与社会——回顾中国的市民社会》,载于《中国社会科学季刊》,1996年夏季卷,总第15期。

[5] 匪石,《两年来政党变迁之大势》,载于《民权报》,1913年11月13日。

[6] 《工商同业工会法》,载于《国民政府公报》,1929年8月17日。

[7] 郭悦,《消除原始式的劳动关系是当前刻不容缓的任务——中国劳动关系现状与调节模式选择》,载于《经济要参》,2004(15)。

[8] 胡锦涛,《在省部级主要领导干部提高构建社会主义和谐社会能力专题研讨班上的讲话》,载于《人民日报》,2005年2月20日。

[9] 华德安,《转型国家的公民社会:中国的社团》,载于《中国非营利评论》(第一卷),社会科学文献出版社,2007。

[10] 〔日〕加藤繁,《论唐宋时代的商业组织"行"并及清代的会馆》,载于《中国经济史考证》,吴杰译,商务印书馆,1962。

[11] 〔美〕莱斯特·M.萨拉蒙,《非营利部门的崛起》,载于《马克思主义与现实》,2002(3)。

[12] 〔美〕劳伦斯·哈里森,《文化为什么重要》,程克雄译,载于塞缪尔·亨廷顿、劳伦斯·哈里森编,《文化的重要作用——价值观如何影响人类进步》,新华出版社,2002。

[13] 李宝梁,《从超经济强制到关系性合意——对私营企业主政治参与过程的一种分析》,载于《社会学研究》,2001(1)。

[14] 李立三,《在全国工会工作会议上关于劳资关系的总结》(1949年8月13日),载于中国工运学院编,《李立三、赖若愚论工会》,档案出版社,1987。

[15] 李妍焱,《关于促进NPO与政府建立合作关系的有效条件之探讨》,载于《中国非营利评论》(第五卷),社会科学文献出版社,2010。

[16] 瞭望,《当前社会治安群体性事件成突出问题》,载于《南方日报》,2004年6月10日。

[17] 刘绪贻,《罗斯福"新政"、劳工运动与劳方、资方、国家间的关系》,载于《美国研究》,1992(2)。

[18] 刘永成、赫治清,《论我国行会制度的形成和发展》,载于南京大学历史系明清史研究室编,《中国资本主义萌芽问题论文集》,江苏人民出版社,1983。

[19] 鲁篱,《行业协会社会责任与行业自治的冲突与平衡》,载于"NGO的社会责任"国际学术研讨会论文集,中国社会科学法学研究所、荷兰乌特勒支大学人权研究所,2007。

[20] 毛泽东,《目前形势和我们的任务》,载于《毛泽东选集》(第4卷),人民出版社,1991。

[21] 毛泽东,《新民主主义论》,载于《毛泽东选集》(第 2 卷),人民出版社,1991。
[22] 《全面建设小康社会,开创社会主义事业新局面》,载于《人民日报》,2002 年 11 月 8 日。
[23] 《商会法》(1929 年 8 月 15 日国民政府通过),载于《商业月报》,1929(7)。
[24] 孙立平,《改革以来中国社会结构的变迁》,载于《中国社会科学》,1994(2)。
[25] 汪士信,《我国手工业行会的产生、性质及其作用》,载于《中国社会科学院经济研究所集刊》(第 2 辑),社会科学文献出版社,2006。
[26] 汪永成、黄卫平、程浩,《社会利益集团政治化趋势与政府能力建设》,载于《武汉大学学报(人文科学版)》,2005(1)。
[27] 王名、朱晓红,《社会企业论纲》,载于《中国非营利评论》(第六卷),社会科学文献出版社,2010 年。
[28] 王绍光,《金钱与自主:市民社会面临的两难境地》,载于《开放时代》,2002(3)。
[29] 杨海涛,《转型期中国行业协会的社会结构网络定位》,载于《中国经济问题》,2011(6)。
[30] 于晓虹、李姿姿,《当代中国社团官民二重性的制度分析——以海淀区个私协会为个案》,载于《开放时代》,2001(9)。
[31] 张静,《"法团主义"模式下的工会角色》,载于《工会理论与实践》,2001(1)。
[32] 张宇燕,《利益集团与制度非中性》,载于《中国经济学》(1994),上海人民出版社,1995。
[33] 张元善,《从定县回来》,载于《独立评论》,1934。
[34] 周祥、徐万彬,《农村流通现代化的路径:大力发展农村合作组织》,载于《商场现代化》,2007(8)。
[35] Beck, Bertram M., "Government Contracts with Nonprofit Social Welfare Corporations", In *The Dilemma of Accountability in Modern Government*, ed. Bruce L. R. Smith and D. C. Hague, New York: St. Martin's Press, 1971.
[36] Ben-Ner, A. & Hoomissen, T. V. "The Governance of Nonprofit Organizations: Law and Public Policy", *Nonprofit Management and Leadership*, 1994, 4(4).
[37] Breton, A., "A Theory of Government Grants", *Canadian Journal of Economics and Political Science*, May, 1965.
[38] Cernea, Michael, "Farmer Organizations and Institution Building for Sustainable Development", *World Bank Discussion Papers*, No. 40, Washington, D. C.: World Bank, 1988.
[39] Coston, "A Model and Typology of Government-Nonprofit Organization Relationships", *Nonprofit and Voluntary Sector Quarterly*, 1998, 27(3).
[40] El-Baz, Shahida A., "Historical and Institutional Development of Arab NGOs", Paper prepared for delivery at the Third International Conference on Research on Voluntary and

Nonprofit Organizations, Indianapolis (March 15), 1992.

[41] Fisher, Julie, "Micro politics: Third World Development Organizations and the Evolution of Pluralism", Paper prepared for the International Symposium on the Nonprofit Sector and the Welfare State, Bad Honef, Germany (June 10—13), 1987.

[42] Jessop, B., "The Rise of Governance and the Risks of Failure: The Case of Economic Development", *International Social Sciences Journal*, March, 1998.

[43] Kerrine, Theodore M., and Neahaus, Richard John, "Mediating Structures: A Paradigm for Democratic Pluralism", In *The Annual of the American Academy of Political and Social Science*, No. 446(November), 1979.

[44] Najam, A., "The Four-C's of Third Sector-Government Relations: Cooperation, Confront, Complementarities, and Co-optation", *Nonprofit Management and Leadership*, 2000, 10(4).

[45] Ostrom Elinor, "On the Meaning and Measure of Output and Efficiency in the Provision of Urban Police Service", *Journal of Criminal Justice*, Vol. 1(June), 1973.

[46] Salamon, Lester M., "Rethinking Public Management: Third-Party Government and the Changing Forms of Government Action", *Public Policy*, 1981, 29(3).

[47] Samuelson, P. A., "The Pure Theory of Public Expenditure", *Review of Economics and Statistics*, 1954, 36(4).

[48] Tchernonog, Vivianne, "Building Welfare Systems Through Local Associations in France", In Gidron, Kramer, and Salamon, 1992.

[49] Tiebout, C. M., "A Pure Theory of Local Expenditure", *Journal of Public Economy*, 1956(5).

后　　记

　　许多学者在选择研究命题时都经历着"痛并快乐着"的过程:"痛苦"源自对真实世界的苦苦思索而不得其解;"快乐"源自酣畅淋漓地倾吐观点。在选择该研究命题时,我深切体会到这种滋味。

　　在2005年取得经济学博士学位之后,我以"国家访问学者"身份赴德国进行学习。在游学德国和欧洲各国期间,我多次参加"欧盟总工会"召集的各种学术会议,逐渐了解西方世界的"劳动者权益维护"问题。2006年回国之后,我偶然接触到一些NGO组织,它们定期在成都市浣花溪公园进行聚会,畅谈社会关怀和民间公共事务。与此同时,媒体频繁曝光社会公共事件,例如,2006年"沃尔玛工会事件"、2008年9月"川渝地区部分中小学教师停课事件"、2008年11月"重庆出租车停运事件"。这些故事都隐约传递着一种信号:社会公共事务正在成为社会各界的关注热点。

　　在经历四年的苦苦思索之后,我终于将这些精彩故事贯穿起来;特别是借助2009年申请"国家社会科学基金项目"的机会,确定了自己的研究领域。我决定将"民间公共组织"作为自己未来的长期研究对象,以此作为理解转型期中国社会经济发展的重要切入点,探求"化解社会风险和促进中国社会稳定发展"的有效途径。

　　在本书写作过程中,我有两点深切体会:其一,"交叉领域"问题是我们认识真实世界的重要突破口,"民间公共组织"研究涉及经济学、政治学、社会学等多学科领域,必须从多角度来考察才能得到合理解释。其二,真实世界充满不确定因素,具有显著的"模糊"特征,它无法用精确的定量分析方法来进行研究;相对而言,案例研究的"模糊"描述和统计数据的趋势分析结合起来,则是我们观察世界的一种"另类"重要方法,它不符合目前经济学界的主流研究范式,但却符合中国社会的传统研究方法。

幸运的是,在2013年顺利完成国家社会科学基金项目"体制转型背景下的中国民间公共组织发展——公共物品的第三种供给主体研究"之后,我又在2014年成功申请到国家社会科学基金项目"体制转型背景下的中国劳资关系变化与工会组织发展路径"。随着研究过程的不断深入,我越来越强烈地意识到:"中国民间公共组织"是一个内容相当丰富的研究领域。即使设定"中国社会经济体制转型"的特定历史场景,这个研究命题仍然相当"巨大",足够我付出余生的所有努力!在我的长期研究规划中,这本书仅仅是一个开始;在未来的研究生涯中,我准备集中精力探讨本书中的四类主要中国民间公共组织,分别用三到四年进行专门研究。或许,在经历很多年的学术探索以后,我将会重新回到这本书的最初起点,在大量案例分析和事实探讨的基础上,重新梳理和构建关于"中国民间公共组织"的一般分析框架。

最后,在本书写作和出版过程中,得到许多长辈与朋友的关心和帮助,他们是西南财经大学刘灿老师、四川省社会科学院达凤全老师、北京大学出版社林君秀和郝小楠编辑等,以及对该研究课题提供前期研究成果和翔实资料的各位学界同仁,在此表达我的深深谢意!

同时,我将延续自己每本书的习惯,感谢我的父亲杨进康先生和母亲邓伦仪女士,感谢我的妻子潘纯琳和女儿杨晓凡,他们为我创造了闲适的生活环境,使我能够冷静地进行学术思考。

当然,"民间公共组织"是一个新颖的研究领域,必然存在着许多争议性问题。同时,鉴于作者的学识和眼界,这本书的内容和观点定然有所缺憾,欢迎各位学界同仁批评指正!